船舶结构与设备

惠子刚　成海涛 ◈ 主编

崔　　刚 ◈ 主审

大连海事大学出版社

DALIAN MARITIME UNIVERSITY PRESS

Ⓒ 惠子刚　成海涛　2024

图书在版编目(CIP)数据

船舶结构与设备 / 惠子刚, 成海涛主编. — 大连 ：
大连海事大学出版社, 2024.4
ISBN 978-7-5632-4545-1

Ⅰ. ①船… Ⅱ. ①惠… ②成… Ⅲ. ①船体结构②船
体设备 Ⅳ. ①U66

中国国家版本馆 CIP 数据核字(2024)第 073426 号

大连海事大学出版社出版

地址:大连市黄浦路523号　邮编:116026　电话:0411-84729665(营销部)　84729480(总编室)
http://press.dlmu.edu.cn　E-mail:dmupress@ dlmu.edu.cn
大连永盛印业有限公司印装　　　　　　　　大连海事大学出版社发行

2024 年 4 月第 1 版	2024 年 4 月第 1 次印刷
幅面尺寸:184 mm×260 mm	印张:20
字数:494 千	印数:1~2000 册

出版人:刘明凯

责任编辑:张　华	责任校对:刘长影
封面设计:张爱妮	版式设计:张爱妮

ISBN 978-7-5632-4545-1　　　定价:56.00 元

前　言

本教材根据高职高专航海类专业"船舶结构与设备"课程教学大纲及《中华人民共和国海船船员适任考试和评估大纲》的要求编写而成,主要介绍了船舶常识、船体结构与船舶管系、锚设备、系泊设备、舵设备、起重设备、船舶系固设备、船舶堵漏及船舶修理等内容。

本教材紧紧围绕航海职业教育"工学结合"的特点,紧扣大纲及国内外最新的法规与规范,力求做到理论结合实际,内容精炼准确,阐述简明扼要,并根据航运发展的新特点,补充了一些新内容,以期更好地满足实船工作的需要。本教材在内容上收集了大量船舶及其结构与设备的实物图片,图文并茂,具有较强的可读性,易于理解;在体例上力求有所突破,对部分内容的知识体系进行了重构,以适应航海职业教育的特点与要求,更贴近航运生产实际。

本教材明确了每一部分的学习任务,包括知识目标及能力目标,构建了学习导图,具有较强的启发引导性。本教材在学生完成学习任务的过程中,能使其了解职业、爱上岗位,帮助学生树立正确的价值观、择业观,培养学生的劳动精神、工匠精神及良好的职业道德。另外,本教材注重双语的学习,专业名词及注释采用中英双语,以满足培养国际航运人才的需要。

本教材可供高职高专航海院校航海技术专业教学使用,也可作为海船驾驶员适任证书考试培训教材及船舶驾驶人员工作学习的参考用书。

本教材由惠子刚、成海涛担任主编,崔刚担任主审。深圳远洋运输股份有限公司和青岛引航站给本书提供了大量的指导和建议,使教材的系统性和实用性更强。具体分工如下:惠子刚老师编写项目一至项目六,成海涛老师编写项目七,青岛引航站一级引航员裴剑锋编写项目八,李赞老师编写项目九。此外,本教材的编写得到了青岛远洋船员职业学院航海系领导的鼎力支持及船艺教研室其他各位同行的帮助,在此一并感谢。

由于作者水平所限,书中不足之处在所难免,竭诚希望前辈、同行和读者给予批评指正。

编　者

2024 年 1 月

扫码学习《深入学习贯彻党的二十大精神　加快建设交通
强国　当好中国式现代化开路先锋》

目 录

项目一
认识船舶

项目介绍 >

党的二十大报告做出"发展海洋经济,保护海洋生态环境,加快建设海洋强国"战略部署。海洋是高质量发展要地。船舶在建设海洋强国的过程中至关重要。本项目主要介绍有关船舶的基础知识,讲解不同类别船舶的基本组成、船舶的主要标志等内容,使学员具备正确识别船舶类型、布置和主要标志的能力。

学习目标 >

◆ **知识目标**

1.熟悉船舶种类与特点;
2.熟悉船舶的基本组成;
3.掌握船舶主要尺度与标志识读。

◆ **能力目标**

1.能够根据船舶外观判断出船舶的类型并描述其主要特点;
2.能够说出船舶各部位名称并掌握船舶各部位的具体位置和作用;
3.能够正确识别船体上的主要标志并说明其含义;
4.能够正确识读船舶吃水;
5.能够正确识读载重线标志并掌握其作用。

1

学习导图 ›

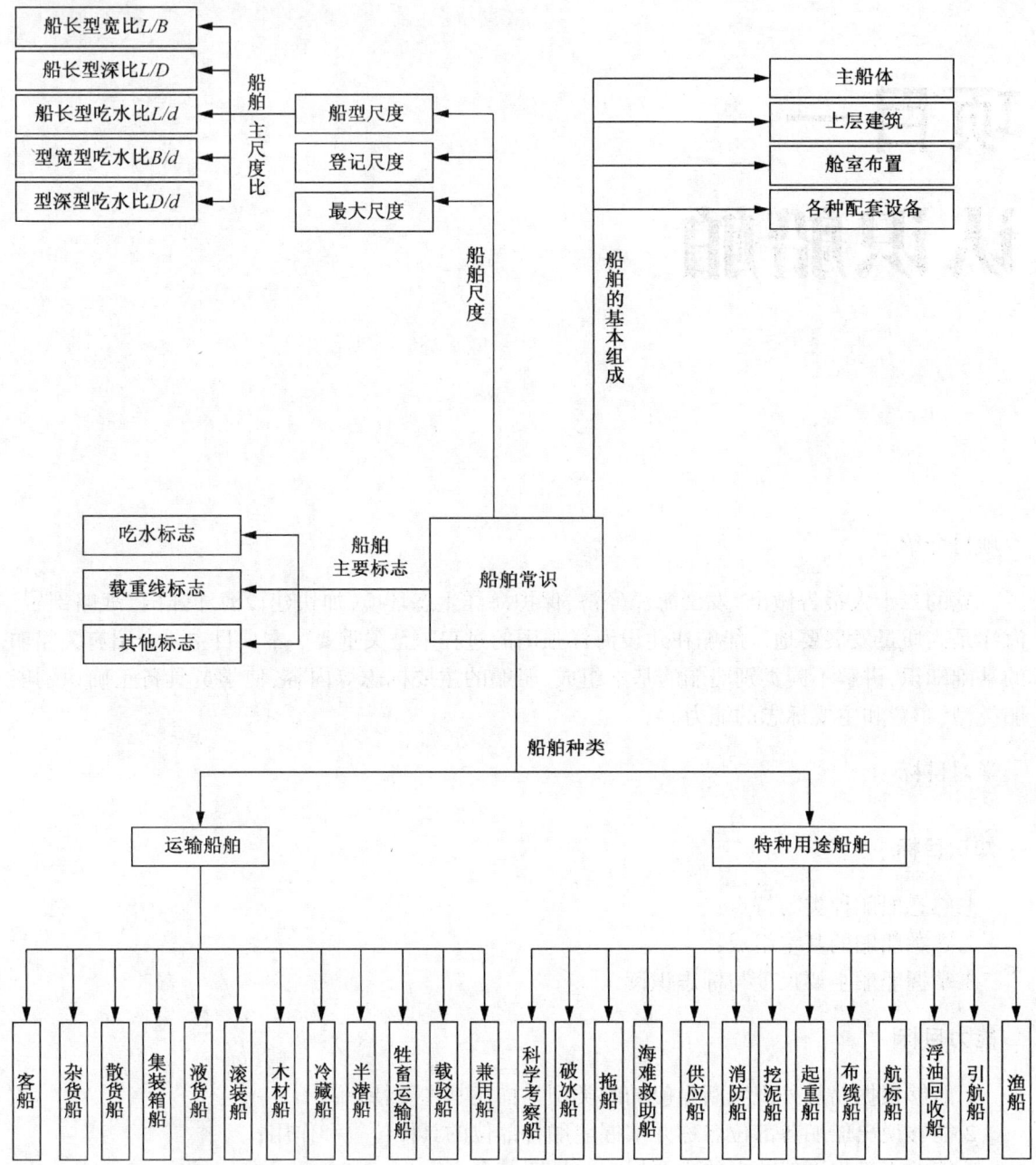

任务一 认识船舶种类与特点

【任务目标】

了解船舶分类,熟练掌握各种船舶的结构、特点和用途,能够根据船舶外观判断出船舶的类型并描述其主要特点。

【任务(知识)储备】

船舶是人们从事水上运输和水上作业的主要工具,其数目庞大,而随着科学技术的进步,人类需求不断变化,从而船舶种类不断增多。国际航运领域对于船舶种类按不同的依据进行了不同的划分:按船体材料分,有木船、金属船、水泥船和玻璃钢船等;按航行区域分,有远洋船、近海船、沿海船和内河船等;按动力装置分,有蒸汽机船、内燃机船、汽轮机船、电动船和核动力船等;按推进方式分,有明轮船、螺旋桨船、平旋推进器船和风帆船等;按航行方式分,有自航船和非自航船;按航行状态分,有排水型船和非排水型船。本书按照船舶的用途进行分类介绍。

一、运输船舶

(一)客船

客船是用于运送旅客及其携带行李的船舶。这类船舶多为定期定线航行,故又称为客班轮或邮轮。《国际海上人命安全公约》(《SOLAS 公约》)规定:凡载客超过 12 人的船舶均视为客船。

客船的特点是具有多层甲板(deck)的上层建筑(superstructure),设有较完善的生活设施,具有较好的抗沉性(floatability)(一般为“二舱不沉制”或“三舱不沉制”),船速较高(一般为16~20 kn,大型高速客船可达 24 kn 左右,另外还有短途运送旅客的气垫客船和水翼客船,其速度可达到 30 kn 以上),并设有减摇装置及侧推装置。

按载客性质的不同,客船有以下几种:

1.全客船(all-passenger ship)

全客船可分为两类,一类是指专用于运送旅客及其所携带行李和邮件的船舶,一般为“二舱或三舱不沉制”,为定期定线航行。另一类是用于休闲、娱乐、旅游的豪华邮轮,其吨位较大、生活娱乐设施豪华、通信导航设备先进,一般为非定期定线航行。图1-1所示为全客船。

图1-1 全客船

2.客货船(passenger-cargo ship)

客货船指在运送旅客的同时,还载运相当数量的货物,并以载客为主,载货为辅。客货船一般设计为"二舱不沉制"。图1-2所示为客货船。

图1-2 客货船

3.货客船(cargo-passenger ship)

货客船以载货为主,载客为辅。货客船在抗沉性方面一般以"一舱不沉制"为最低设计要求。图1-3所示为货客船。

图1-3 货客船

4.客滚船(ro-ro passenger ship)

客滚船指具有滚装装货处所或特种处所的客船。该种船舶具有航速快、操纵性能好、定班定线等特点,其结构与滚装船类似。图1-4所示为客滚船。

图1-4 客滚船

5.渡船(ferry)

渡船分为旅客渡船(passenger ferry)、汽车渡船(car ferry)和火车渡船(train ferry)。

(1)旅客渡船是专门用于旅客横渡海峡和江海的船舶,一般也归类于客船。旅客渡船通常适用于短途航行,客舱只设座位,乘客分布在多层甲板,如图1-5所示。

图1-5　旅客渡船

(2)汽车渡船的特点是甲板平直,艏艉对称,两端均设有推进器、吊架和跳板。汽车渡船两端均可靠岸,航行时不用调头,汽车上下不必开倒车。其驾驶室设于船的一舷。有的汽车渡船同时会搭载少量旅客,如图1-6所示。

图1-6　汽车渡船

(3)火车渡船俗称"火车轮渡",是装载铁路车辆航行于江河、海峡或岛屿之间的渡船。其甲板呈长方形,上铺轨道,并设有列车止滑器;艏艉形状相同,列车可从两端进出;还设有联系岸边的栈桥,栈桥能升降,以适应水位的变化,如图1-7所示。

图1-7　火车渡船

6.高速客船(high-speed passenger ship)

常见的高速客船有滑行艇、水翼船、气垫船、小水线面船和用于客运的地效应船等。

（1）滑行艇

航行时，船身绝大部分露出水面而处于滑行状态的船舶称为滑行艇。滑行艇航速高，航速可达40~50 kn，稳性好，摇摆不大，航向稳定，如图1-8所示。

图1-8　滑行艇

（2）水翼船

水翼船底部前后装有一对水翼，船在高速航行时，水翼产生的升力将船体托出水面，因而能减少水对船的阻力，并能减少波浪对船的作用，航速约为40~60 kn。水翼船有浮航和翼航两种航行状态，一般不适合在浅水域航行，如图1-9所示。

图1-9　水翼船

（3）气垫船

气垫船是利用船上的大功率风机产生高于大气压的空气，把空气压入船底并与水面或地面之间形成气垫，将船体全部或大部分托离水面而高速航行的船舶，其航速可达80~100 kn。气垫船按航行状态分为全垫升式和侧壁式气垫船，如图1-10所示。

图1-10　气垫船

（4）小水线面船

小水线面船也称为穿浪双体船，具有长宽比小，水线面小，因而兴波阻力小，航速高等优点。但是它吃水较深，船宽较大，故容易受到航道的限制，如图1-11所示。

图 1-11　小水线面船

（5）地效应船

地效应船是一种在水面低空飞行的新型交通运输工具。它贴水面飞行,使升阻比高于飞机,产生除了普通意义上的升力之外的"地（水）面效应力",其航速可达 100~300 kn,如图 1-12所示。

图 1-12　地效应船

（二）杂货船

杂货船(general cargo ship)又称为普通货船,是最早出现的一种干货船,主要装运各种成捆、成包、成箱和桶装的件杂货。

其特点是具有多层甲板(通常2~3层),舱口尺寸较大以便于装卸,并配有甲板起重机(老式船配有吊杆装置),在抗沉性方面一般设计成"一舱不沉制"。目前,杂货船正向多用途船和重大件船舶转型和发展,如图 1-13 所示。

图 1-13 杂货船

(三) 散货船

散货船(bulk carrier)是指专门装运散装谷物(bulk grain)、煤炭(coal)、矿砂(ore)、糖(sugar)等大宗散货的船舶。由于散货不怕压,为装卸方便,其货舱均为单层甲板,舱口也较宽大,且大多不设起货设备。

1.根据船型和吨位级别分类

(1)灵便型散货船(handy size bulk carrier)

灵便型散货船指载重量在 2 万~5 万 t 的散货船,其中超过 4 万 t 的散货船又称为大灵便型散货船,载重量在 2 万~2.7 万 t 级的散货船称为小型散货船。

(2)巴拿马型散货船(panamax bulk carrier)

巴拿马型散货船指在满载情况下可以通过原巴拿马运河的最大型散货船,其总长不超过 274.32 m,型宽不超过 32.30 m,该类型船舶载重量一般在 6 万~8 万 t。

(3)T-MAX 型散货船(terminal-max bulk carrier)

T-MAX 型散货船载重量在 9 万 t 左右或者以上,主要是为了弥补好望角型和巴拿马型散货船之间无标准型散货船而出现的货船。

(4)海岬型散货船(capsize bulk carrier)

海岬型散货船指载重量在 15 万 t 左右的散货船,该型船以运输铁矿石为主,早前由于尺度限制不能通过巴拿马运河和苏伊士运河,需绕行好望角和合恩角。然而,2008 年 1 月后,由于苏伊士运河水深加深,苏伊士运河当局放宽对通过运河船舶的吃水限制,大部分海岬型散货船可以满载通过苏伊士运河。

(5)超大型矿砂船(very large ore carrier,VLOC)

载重量在 20 万 t 以上,为超大型矿砂船(ultra-large ore carrier,ULOC,也称作 very large ore carrier,简称 VLOC,本书中统称为 VLOC),仅用于煤炭和铁矿石的远距离运输,煤炭主要为北美、澳大利亚、远东航线运输服务。铁矿石主要为南美、澳大利亚至日本、中国及远东、地中海和欧洲地区运输服务,由于油船双壳化的趋势,很多单壳 VLCC(very large crude oil carrier)改造成双壳 VLOC,运输铁矿石。

2.根据货种和船舶结构形式的不同分类

(1)通用型散货船(general bulk carrier)

该船型是指装运散装谷物、煤炭等普通散货的船舶,其中专运散装谷物的称为散粮船

（bulk grain carrier），专运煤炭的称为运煤船（coal carrier），如图 1-14 所示。

图 1-14　通用型散货船

通用型散货船的主要特点是：

①舱口围板（hatch coaming）高而大，货舱横剖面（cross-section）呈菱形，货舱内横舱壁的上、下部通常设有顶凳（top stool）及底凳（lower stool）。

②货舱设有上下边舱，纵骨架式底边舱和顶边舱在货舱水密舱壁处设有水密隔壁或制荡舱壁。这样既可装满货舱，减少平舱工作，又可防止航行中因横摇过大而危及船舶的稳性。

③货舱四角的三角形水柜为压载水舱（ballast tank），可用于调节吃水和稳性，船型肥大，一般单向运输。

④通常采用艉机型布置。

（2）矿砂船（ore carrier）

矿砂船是指专运矿砂的散货船，为单向运输船舶，如图 1-15 所示。

图 1-15　矿砂船

其船舶的主要特点是：

①矿砂船均为艉机型,航速较低。

②一般由两道纵向舱壁将整个装货区域分隔成中间舱和两侧边舱,在中间舱下部设置双层底,中间舱装载矿砂,两侧边舱用作压载舱。图1-16所示为散货船货舱横剖面结构示意图。

③由于矿石比重大,所占舱容小。这样会使船舶的重心过低,航行中产生剧烈摇摆。为提高重心高度,其双层底设置较高(可达型深的1/5),货舱两侧的侧压载舱(side ballast tank)也比通用型散货船压载舱大得多。

④为适应所载货物的特点,减轻船体重量,一般采用高强度钢。其双层底的结构采用重货加强的结构形式,即满足实肋板间距不大于2.5 m、桁材间距不大于3.6 m等要求。

⑤为保证横向强度,边舱内的水密横舱壁与中舱内的水密横舱壁位置一致,边舱内在纵舱壁的折角处设有开孔的水平隔板或水平框架,以保证纵舱壁的横向抗压能力。而在内底板与纵舱壁折角处的双层底内设有旁桁材。

⑥为保证纵向强度,货舱区域的船底和货舱开口线外的强力甲板均为纵骨架式结构。

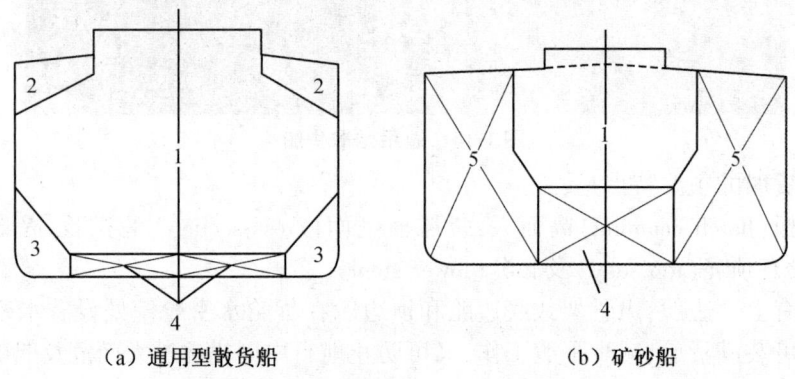

（a）通用型散货船　　　　　　　（b）矿砂船

图1-16　散货船货舱横剖面结构示意图

1—货舱(cargo hold);2—上边舱(upper side tank);3—下边舱(lower side tank);4—双层底舱(double bottom tank);
5—边舱(side tank)

（3）自卸式散货船(self-discharging bulk carrier)

该种船舶是一种采用自卸系统的散货船。其货舱底部呈W形,下面尖顶部位有开口,可将货物漏到下面的纵向传动皮带上,再经垂直提升机和悬臂运输皮带输送到码头上,如图1-17所示。这种船不仅显著地缩短了停港时间,且对码头要求不高,对需要中转的航线,也可避免码头的再装卸。

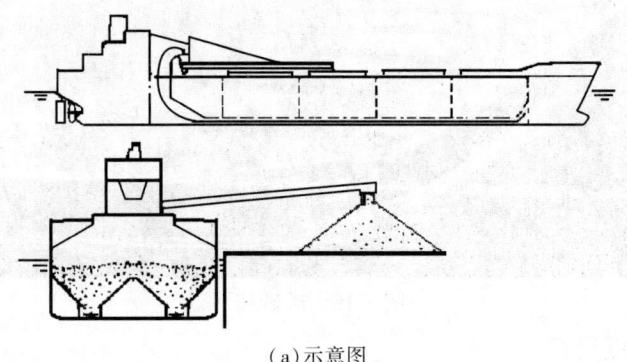

（a）示意图

（b）实物图

图 1-17　自卸式散货船示意图

（四）集装箱船

集装箱船（container ship）指以装运集装箱货物为主的船舶，又称为货柜船或货箱船。其载运能力是以国际通用的标准箱（TEU）作为换算单位来衡量的。

集装箱船基本上可以分为全集装箱船（如图 1-18 所示）和半集装箱船两大类。

图 1-18　全集装箱船

全集装箱船的主要特点是：

（1）货舱和甲板均能装载集装箱，舱盖强度大。

（2）大多全集装箱船为单层甲板，舱口宽且长，舱口总宽度可达 0.7~0.8 倍船宽，舱口总长度为船长的 0.75~0.8 倍。

（3）为保证船体强度、提高船舶的抗扭强度及抗沉性，船体设计采用双层底及双层船壳舷侧结构，两层船壳之间可作为压载水舱；且在双层壳舷侧的顶部设有抗扭箱结构，或在保证船体结构强度的前提下，采用双层底和具有抗扭箱或其他等效结构的单层壳舷侧结构代替。

（4）为保证船舶纵向强度，舷侧顶部、双层底及货舱区域内的强力甲板通常采用纵骨架式结构。

（5）在舱内集装箱角座下方的双层底内设有纵向及横向的加强构件。

（6）为了防止货箱移动和固定货箱，在甲板上设有固定集装箱用的专用设施，在货舱内设置箱格导轨、柱、水平桁等组成固定集装箱用的格栅式货架。

（7）主机马力大、航速高，远洋高速集装箱船的方形系数 C_b 小于 0.6。

（8）通常不设起货设备，利用码头上的专用设备装卸；半集装箱船因货源不稳定而在部分货舱装运集装箱，其他货舱装运杂货或散货，船上通常设有起货设备，如图 1-19 所示。

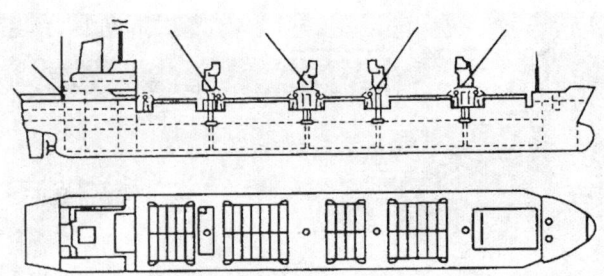

图 1-19　半集装箱船

(五)液货船

液货船(liquid cargo ship)是指运输散装液体货物的船舶,包括油船(oil tanker)、液化气船(liquefied gas carrier)和液体化学品船(liquid chemical tanker)。

1.油船

油船是指专门从事海上石油运输的船舶。随着石油工业的迅速发展,油船在海运船舶中占有很大的比例,有原油油船和成品油油船两种,如图 1-20 及图 1-21 所示。

图 1-20　原油油船

图 1-21　成品油油船

由于石油的特性及防止石油污染海洋,油船和其他货船相比有许多不同之处,其主要特点有:

(1)为防止油船因发生海损事故而污染海洋,油船均采用双层底及双层船壳结构(老式油船为单层甲板、单层底结构)。

(2)甲板上无起货设备和大舱口,仅有几个圆形小舱口,用油泵、管路及各种控制阀配合完成装卸油作业。

(3)油船一般采用纵骨架式船体结构,以保证纵向强度和减轻船体重量。

(4)油船的船长、宽度比 L/B 较小,而船宽吃水比 B/d 和方形系数 C_b 较大,属肥胖型船舶。

(5)油船都是艉机型船,机舱、锅炉舱布置在艉部,使货油舱连接成一个整体,增加货舱容积,对于防火、防爆、油密等亦有利。

(6)为了减少自由液面对稳性的影响及提高船舶的总纵强度,油船必须设置纵向舱壁。对于船长大于 90 m 的油船,要求在货油舱区域设置两道纵向连续的纵舱壁。为保证足够的横向强度及适应装载不同品种的油类,还应设置多道横舱壁和大型肋骨框架。

(7)在货油舱区域的前后两端设隔离空舱,与机炉舱、居住舱室等隔开,以防止油类的渗漏和防火、防爆;也有用泵舱、压载舱及燃油舱兼作隔离舱的。

(8)设有专用压载舱。油船都是单向运输的,且船型肥大,为了保证空载时必要的吃水和稳性,需要装载大量的压载水。过去是采用货油舱装压载水,当排放压载水时含有油分造成海洋污染;而《MARPOL 73/78》规定新造油船应设专用压载舱。

设置专用压载舱的优点是:

(1)防止含油压载水排放而造成海洋污染。

(2)减轻货油舱装压载水时对舱内结构的锈蚀。

(3)提高了结构强度和抗沉性。

(4)可在装卸油的同时排出或打入压载水,缩短了停港的时间。

其缺点则是:减少了油船的有效载货舱容,船体重量及造价均有所增加。

2.液化气船

按所载运液化气种类的不同,液化气船有液化天然气运输船(liquefied natural gas carrier,LNG carrier)、液化石油气船(liquefied petroleum gas carrier,LPG)两种。

(1)液化天然气运输船

液化天然气运输船最早出现在 20 世纪 50 年代末。天然气的主要成分是甲烷,为便于运输,通常采用在常压下极低温(-165 ℃)冷冻的方法使其液化。液舱要求有严格的隔热结构,要求能保证液舱恒定低温。设有绝热装置和再液化装置,船舶规模较大。常见的货舱形状有球形和矩形,也有极少数液舱设计成棱柱形或圆筒形,如图 1-22 所示。

图 1-22 液化天然气运输船

（2）液化石油气船

液化石油气船始建于20世纪30年代,如图1-23所示。石油气的主要成分是丙烷,目前运输液化石油气的方法有三种:第一种是将其加压液化,可在常温下进行装卸,这种船叫全加压式液化石油气船,其货舱常为球形或圆柱形罐;第二种是冷冻液化,叫全冷冻式液化石油气船,其货舱可制成矩形,舱容利用率高,但需设置良好的隔热层;第三种是既加压又冷冻液化,叫半加压半冷冻式液化石油气船。

图1-23　液化石油气船

3.液体化学品船(liquid chemical tanker)

液体化学品船主要是为了运输石油化工产品、煤焦油产品、碳水化合物的衍生物(糖蜜与酒精制品、动植物油)、强化学剂等液体化学物质。

液体化学品运输船与油船相似,但液舱分得更小,数目更多,并有多个泵舱,以便装载多种不同的液体化学品。为防止船底触破后造成化学品液体外漏而污染海洋,均设有双层底。配载时,应将有毒物品装于中间一列货舱内,不可装在两舷侧的舱内。甲板上带有不锈钢液罐,供装载强腐蚀性货物。为了方便液货舱的清洗,增强液货舱的抗腐蚀能力,扩大使用范围,有的船有1/3~1/2液货舱采用不锈钢材料。液体化学品船如图1-24所示。

图1-24　液体化学品船

(六) 滚装船

滚装船(roll-on/roll-off ship, Ro-Ro ship)是一种设计和制造成能装载车辆或装载固放在车辆上的集装箱或托盘货物的专用船舶。将传统的船舶垂直上下装卸改成水平方向的滚动装卸。装卸时,在艉部、舷侧或艏部,有跳板放到码头上,汽车或拖车通过跳板开上开下,实现货物的装卸。滚装船又称为开上开下船或滚上滚下船,如图1-25所示。

图1-25 滚装船

滚装船的主要特点有:

(1)结构较特殊,上层建筑高大,上甲板平整,无舷弧和梁拱,露天甲板上无起货设备。

(2)多层甲板和双层底结构,货舱内支柱极少,一般为纵通甲板,抗沉性较差,主甲板以下设有双层船壳,两层船壳之间可作为压载水舱。

(3)为便于拖车开进开出,货舱区域内不设横舱壁,采用强横梁和强肋骨保证横强度。

(4)在各层甲板上设有升降平台或内跳板供车辆行驶,通常在船的艉部或舷侧或艏部设有供车辆上下的跳板(其中艉跳板有艉直跳板和艉斜跳板,如图1-26所示)。

图1-26 滚装船的艉斜跳板

(5)为保证航行安全,在滚装船跳板的外侧船壳处设置艉门或舷门或艏门,并在其内侧布置内门,但除艏跳板处必须设置艏门与内门外,艉跳板与舷侧跳板处有时仅设内门。滚装船的艏门有罩壳式和边铰链(图1-27所示为滚装船的艏门及跳板)两种形式,且位于干舷甲板上。为保证装卸作业的安全,跳板工作坡度应不大于8°,通常为4°～5°,当船舶横倾小于4°时,跳板对码头的负荷不超过2～3 t/m²。艉斜跳板可向船的一个舷侧方向偏斜30°～40°。

(6)装卸作业时,因为跳板与码头的坡度不能太大,所以要求船舶吃水在装卸过程中变化不能太大,因此必须用压载水来调节吃水、纵横倾和稳性等。

(7)滚装船大多数装有艏侧推装置,以改善靠离码头的操纵性。滚装船的方形系数 C_b 不大于0.6,舱容利用率低,造价高。

图1-27　滚装船的艉门及跳板

(七) 木材船

木材船(lumber cargo ship)是指专门运输原木和木材,备有专用木材系固设备的船舶。木材船的特点是:为便于装卸和堆放,货舱要求长而大,舱内无支柱;为防止甲板木材滚落舷外,规定两舷设立柱,而且舷墙也较高;为不影响货物堆放和人员操作,起货机均安装在桅楼平台上;因甲板需装载木材,故甲板强度要求高,如图1-28所示。

图1-28　木材船

(八) 冷藏船

冷藏船(refrigerator ship)是指运送及冷藏鱼、肉、蛋、水果等易腐货物的专用船,如图1-29所示。冷藏船的特点是具有良好的隔热设施和制冷设备,其货舱口也比较小,货舱甲板层数较多(3~4层)。由于货源限制,冷藏船吨位一般不大。由于现代更便捷的冷藏集装箱的出现,代替了大部分的冷藏船运输,故冷藏船的数量也在逐年下降。

图 1-29　冷藏船

(九) 半潜船

半潜船 (semi-submerged ship) 又称为半潜式母船,它是专门从事运输无法分割的超大型整体设备、特重、特长的重大件货物的船舶,如图 1-30 所示。半潜船按其航行方式可分为自航式半潜船和非自航式半潜船两种类型。一般非自航式半潜船排水量较小,船舶自身不产生推进力,而是依靠拖船的动力在近海或邻近国家海域之间从事运输作业。自航式半潜船是真正意义上专门从事远洋运输重大件货物的专用船。这种船舶有自己的动力系统,能够产生推进力推动船舶航行。相比非自航式半潜船,大大缩短了运输周期,且安全可靠、续航能力强、航行平稳。

图 1-30　半潜船

(十) 牲畜运输船

牲畜运输船 (livestock carrier) 是指专门运输羊、牛等牲畜的海洋船舶。船上设有多层甲板(有开敞式和封闭式 2 种),每层甲板上又设有许多围栏,用于安置牲畜。目前这种船主要运营于澳大利亚、新西兰等畜牧业大国至欧洲、北美以及中东地区的航线上。图 1-31 所示是一艘现代化的牲畜运输船。

图 1-31　牲畜运输船

牲畜运输船的主要特点是:上层建筑高大;设有多层甲板以安置数量巨大的牲畜;通风能力强,为牲畜提供良好的生存环境;设有大容量淡水舱和饲料舱,并设有海水淡化装置;现代化船上供水、供饲料均为自动操作;航速一般在 18 kn 左右。

(十一)载驳船

载驳船(barge carrier)是运输载货驳船的专用船舶,又称为子母船。通俗地讲,就是先将货物装到驳船上,再将驳船装到大船(母船)上一起运输,这个母船即载驳船。每艘载驳船可同时运载数十艘以上的驳船,每艘驳船一般可以装载数百吨货物。载驳船通常有三种类型:

(1)驳船靠母船艉部的龙门吊进行装卸的 LASH(lighter aboard ship)型载驳船,如图 1-32 所示。

图 1-32　LASH 型载驳船

(2)驳船由母船艉部的升降平台从水中托起,再由输送机运到舱内的 sea-bee 型载驳船,如图 1-33 所示。

图 1-33　sea-bee 型载驳船

(3)驳船靠拖船直接浮进浮出,以浮船坞原理进行装卸的 baco 型载驳船。

三种类型载驳船的特点各不相同,但其共同特点是:装卸效率高,不需要码头,非常适合海、河联运,桥楼、驾驶台位于船首,船型瘦长,航速为 15~20 kn。但其缺点是造价高,货驳集散组织复杂,正是由于这个原因,载驳船的发展受到了限制。

(十二)兼用船

1.矿砂-石油船(ore/|oil carrier)

矿砂-石油船是用于运输矿砂和原油的,简称 O.O 船。由两道纵舱壁将整个装货区域分隔成中间舱(约占整个船舶货舱舱容的 40%~50%)和左右两侧边舱,双层底设于中间舱下部且没有矿砂船那样高。运输矿砂时装在中间货舱内;而运输原油时,装在两侧边舱和中间舱内,如图1-34所示。

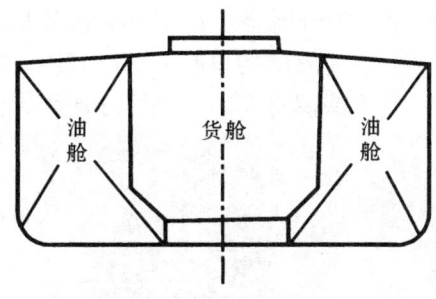

图1-34　矿砂–石油船

2.油散矿船(ore/bulk/oil carrier)

油散矿船是用于运输矿砂、较轻的散货和原油的,简称OBO船。其货舱的横剖面形状和散货船的货舱类似(呈菱形),但一般为双层船壳并具有双层底舱和上、下边舱。中间舱(占整个船舶货舱容积的70%~75%)的全部或大部分用来装载散货或矿砂,两侧边舱、上边舱和部分中间舱用来装载原油,下边舱为压载舱,如图1-35所示。

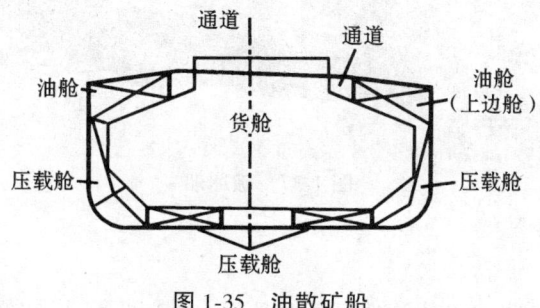

图1-35　油散矿船

二、特种用途船舶

(一)科学考察船

科学考察船(scientific research ship)又称海洋调查船,指用于海洋水文、气象、地质和生物等研究考察的船舶。其特点是仪器设备齐全,生活设施比较完善,船舶的航海性能要求较高,并设有实验室和配备研究设备,它是活动的研究基地,有综合调查、气象调查、渔业调查和定点调查等类型,如图1-36所示。

图1-36　科学考察船

(二)破冰船

破冰船(icebreaker)是专门用于破开航道上冰层和救助冰困船舶的工作船。其特点是船首呈前倾状并予以特别加强,艏艉的左右舷均设有大的压载舱。破冰时使船首冲上冰层,再将船尾压载水打到船首压载舱,靠重力或船身左右晃动将冰压碎,如图 1-37 所示。

图 1-37　破冰船

(三)拖船

如图 1-38 所示,拖船(tug)的尺寸较小,但功率大、强度高、稳性好、操作灵活,多用于协助他船进行港内操纵。大功率拖船还可用于海上拖带。

图 1-38　拖船

(四)海难救助船

海难救助船(salvage and rescue ship)指专用于救援遇难船舶的工作船。其外形与大型拖船相似,但航速快,有良好的航海性能,并设有各种救助设备,能在恶劣气象条件下驶近遇难船,对遇难船进行救助及拖带,如图 1-39 所示。

图 1-39　海难救助船

(五) 供应船

供应船(supply ship)指专门向到港船舶供应燃油的供油船和供应淡水的供水船,如图1-40所示。

图 1-40　供应船

(六) 消防船

消防船(fire boat)指扑救港内船舶火灾或码头上邻近建筑物火灾的工作船,如图 1-41 所示。船上设有多门消防炮,用以喷射泡沫或高压水柱。还设有液压升降台,用于扑救高处火灾。

图 1-41　消防船

(七) 挖泥船

挖泥船(dredger)指专用于疏浚航道的工程船舶。按其工作原理分为耙吸式、吸扬式、链斗式、抓斗式等几种类型,如图 1-42 所示。

图 1-42　挖泥船

(八) 起重船

起重船(floating crane)是专用于起重的工程船,又叫浮吊,如图 1-43 所示。它大多为非自航式,由拖船拖带移动。浮吊的起重量从几十吨到几百吨不等,大型浮吊的起重量可达几千吨。

图 1-43　起重船

(九) 布缆船

布缆船(cable layer)又称为敷缆船,指敷设海底电缆的专用船,亦可兼作电缆维修船,如图 1-44 所示。其艏部形状较特殊,设有几个大直径的倒缆滚轮。由于海底敷缆耗资较大,部分布缆船被卫星通信取代。

图 1-44　布缆船

除上所述外,还有航标船(图 1-45)、浮油回收船(图 1-46)、引航船(图 1-47)、渔船(图 1-48)等。

图 1-45　航标船

图 1-46　浮油回收船

图 1-47　引航船

图 1-48　渔船

任务二　认知船舶的基本组成

【任务目标】

掌握船舶的基本组成,能够说出船舶各部位名称并掌握船舶各部位的具体位置和作用。

【任务(知识)储备】

船舶由主船体(main hull)和上层建筑(superstructure)及其他各种配套设备(equipment)所组成,如图 1-49 所示。

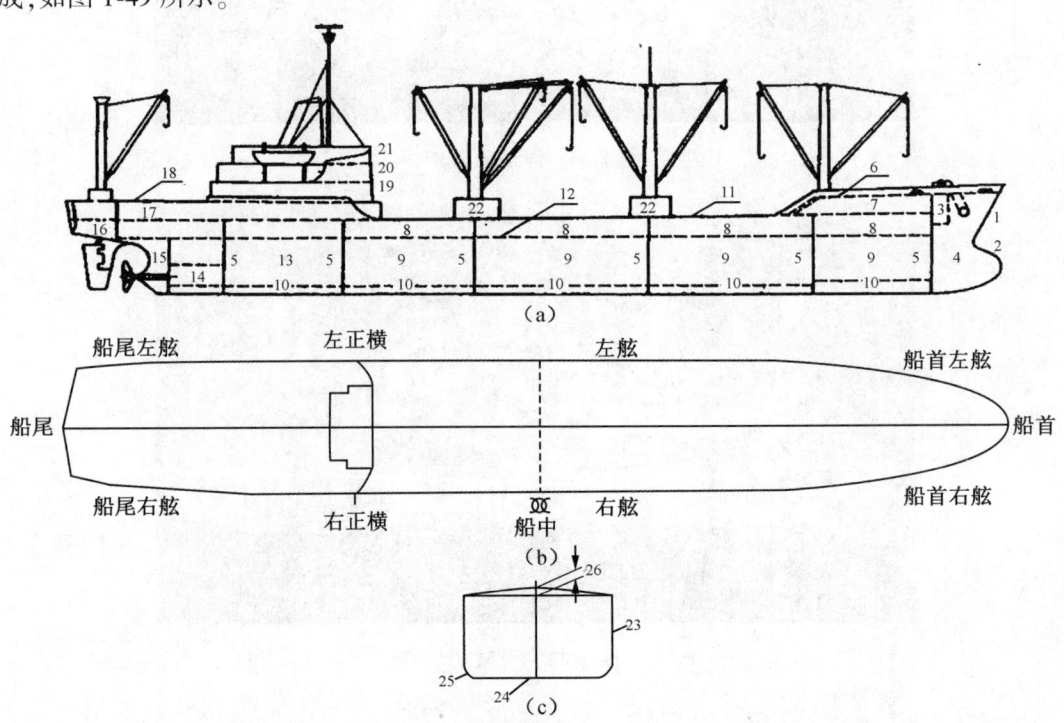

图 1-49　船体外形示意图

1—艏柱(stem);2—球鼻艏(bulbous bow);3—锚链舱(chain locker);4—艏尖舱(forepeak tank);5—水密舱壁(watertight bulkhead);6—艏楼甲板(forecastle deck);7—艏楼(forecastle);8—甲板间舱(tweendeck hold);9—货舱(cargo hold);10—双层底(double bottom);11—上甲板(upper deck);12—下甲板(lower deck);13—机舱(engine room);14—轴隧(shaft tunnel);15—艉尖舱(aft-peak tank);16—舵机舱(steering engine room);17—艉楼(poop);18—艉楼甲板(poop deck);19—艇甲板(boat deck);20—驾驶甲板(bridge deck);21—罗经甲板(compass deck);22—桅屋(mast house);23—舷侧(broadside);24—平板龙骨(flat plate keel);25—舭部(bilge);26—梁拱(camber)

一、主船体

主船体(main hull)也可称为船舶主体,是指上甲板(upper deck)及以下由船底(bottom)、舷侧(broadside)、甲板(deck)、艏艉(fore and aft)与舱壁(bulkhead)等结构所组成的水密空心结构。

主船体各组成部分的含义如下:

1.船底

船底为主船体的底部结构,有单层底和双层底两种结构形式。其横向两侧以圆弧形式(称其为舭部,bilge)逐渐向上过渡至舷侧。

2.舷侧

舷侧为主船体两侧的直立部分。两舷舷侧在过渡至近船舶前、后两端时,逐渐成线性弯曲接近并最终会拢(该两会拢段部分分别称为船首和船尾),其中前部的线性弯曲部分称为艏舷(又称为艏部,bow),后部的线性弯曲部分称为艉舷(又称为艉部,quarter)。

构成船体底部、舭部及舷侧外壳的板,通常称为船舶外板,俗称船壳板。

3.甲板

甲板为主船体垂向上呈上下层并沿船长方向水平布置的纵向连续的大型板架。按照甲板在船深方向位置的高低不同,自上而下分别将甲板称为:上甲板(upper deck)、二层甲板(第二甲板,second deck)、三层甲板(第三甲板,third deck)等。

(1)上甲板(upper deck):是船体的最高一层全通(纵向自船首至船尾连续的)甲板,又称为上层连续甲板。第二、三……甲板,统称为下甲板(lower deck)。

(2)平台甲板(platform deck):为沿着船长方向布置并不计入船体总纵强度的不连续甲板,简称为平台,如舵机间甲板即为平台甲板。

4.舱壁(bulkhead)

舱壁是将船体内部空间分隔成舱室的竖壁或斜壁,沿着船宽方向设置的竖壁,称为横舱壁(transverse bulkhead);沿着船长方向布置的竖壁,称为纵舱壁(longitudinal bulkhead)。在船体最前面一道位于艏尖舱后端的水密横舱壁,称为防撞舱壁(collision bulkhead),又称为艏尖舱壁(fore peak bulkhead)。位于艉尖舱前端的水密横舱壁,称为艉尖舱壁(aft peak bulkhead)。

二、上层建筑

在上甲板上,由一舷伸至另一舷的或其侧壁板离舷侧板向内不大于船宽 B(通常以符号 B 表示船宽)4%的围蔽建筑物,称为上层建筑(superstructure),包括艏楼、桥楼和艉楼。其他的围蔽建筑物称为甲板室。但是,通常不严格区分时,将上甲板以上的各种围蔽建筑物,统称为上层建筑。

1.艏楼(forecastle)

位于艏部的上层建筑称为艏楼。艏楼的长度一般为船长 L(通常以符号 L 表示船长)10%左右。超过 $25\%L$ 的艏楼被称长艏楼。艏楼一般只设一层。艏楼的作用是减小艏部上浪,改善船舶航行条件。艏楼内的舱室可作为储藏室等舱室。

2.桥楼(bridge)

位于船中部的上层建筑称为桥楼。长度大于15%L,且不小于本身高度6倍的桥楼被称为长桥楼。桥楼主要用来布置驾驶室和船员居住处所。

3.艉楼(poop)

位于艉部的上层建筑称为艉楼。艉楼的长度超过25%L时被称为长艉楼。艉楼的作用可减小船尾上浪,保护机舱,并可布置船员住舱及其他舱室。现代船舶基本都为艉机型或中艉机型船,桥楼直接设在近船尾处,故无艉楼。

4.甲板室(deck house)

对于大型船舶,由于甲板的面积大,布置船员房间等并不困难,在上甲板的中部或尾部可只设甲板室。因为在甲板室两侧外面的甲板是露天的,所以有利于甲板上的操作和便于前后行走。

5.上层建筑各层甲板

根据船舶的种类、大小不同,上层建筑所具有的甲板层数及命名方法均有所不同。如有的船舶从上层建筑下部的第一层甲板开始向上按 A、B、C⋯⋯的方式命名各层甲板;有的船舶则按各层甲板的使用性质不同命名,如罗经甲板、驾驶甲板、艇甲板、起居甲板等,如图 1-50 所示。

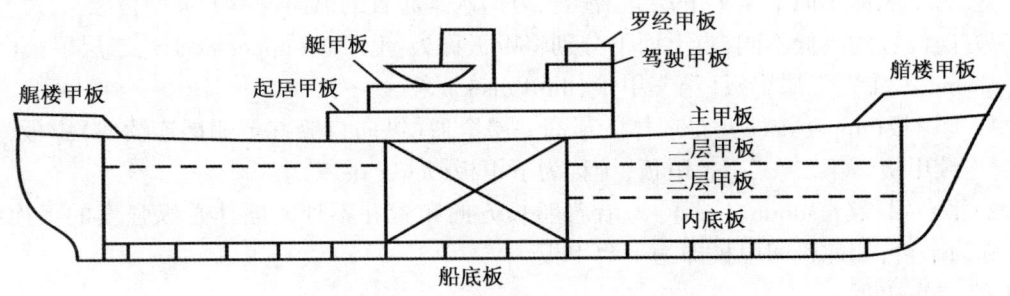

图 1-50 船舶各层甲板名称及位置

(1)罗经甲板(compass deck)

罗经甲板又称顶甲板,是船舶最高一层露天甲板,位于驾驶台顶部,其上设有桅桁及信号灯架、各种天线、探照灯和标准罗经等。

(2)驾驶甲板(bridge deck)

驾驶甲板是设置驾驶台的一层甲板,位于船舶最高位置,操舵室、海图室、报务室和引航员房间都布置在该层甲板上。

(3)艇甲板(boat deck)

艇甲板是放置救生艇或救助艇的甲板,要求该层甲板位置较高,艇的周围要有一定的空旷区域,以便在紧急情况下能集合人员,并能迅速登艇。救生艇布置于两舷侧,并能迅速降落水中。船长室、轮机长室、会议室、接待室一般多布置在该层甲板上。

(4)起居甲板(accommodation deck)

起居甲板在艇甲板下方,主要用来布置船员住舱及生活服务的辅助舱室的一层甲板,大部分船员房间及公共场所一般都布置在这一层甲板上。

（5）游步甲板（promenade deck）

游步甲板是在客船或客货船上供旅客散步或活动的一层甲板,甲板上有较宽敞的通道及供活动的场所。

三、舱室布置

除上层建筑内具有各种功能不同的舱室外,主船体亦由各甲板与舱壁将其分隔成若干舱室,这些舱室按其用途的不同主要有:

1.机舱（engine room）

机舱是指用于安装主机、辅机及其配套设备的舱室,为船舶的动力中心。机舱通常一般位于桥楼正下部的主船体区域。一般商船只设置一个机舱,要求与货舱必须分开,因此,在机舱的前后端均设有水密横舱壁。

机舱内的双层底较其他货舱内的双层底高些,这主要是为了和螺旋桨轴线配合不使主机底座太高,减少振动。另外,双层底高些可增加燃料舱、淡水舱的容积。

2.货舱（cargo hold）

货舱是指用于载货的舱室。根据船舶种类的不同,有干货舱、液货舱及液化气体货舱。一般货船在内底板和上甲板之间,从艏尖舱壁至艉尖舱壁的这一段空间,除了布置机舱外,基本上都是用来布置货舱的。

在两层甲板之间的船舱,称为甲板间舱;最下层甲板下面的船舱,称为底舱。货舱的排列是从船首向船尾数的。通常,每一个货舱只设一个舱口,有的船设有纵向舱壁,则在横向并排设置2~3个货舱口,如油船、集装箱船和较大型的杂货船等。

3.液舱（liquid tank）

液舱是指用来装载液体的舱,如燃油、淡水、液货、压载水等。由于液体的密度大,一般都设在船的低处,有利于船舶稳性。为了减小自由液面对稳性的影响,其横向的尺寸都较小,且对称于船舶纵向中心线布置。

（1）燃油舱（fuel oil tank）

燃油舱是供贮存主、辅机所用燃油的舱,一般都布置在双层底内。由于主机用的重油需要加温,为了减少加热管系的布置,重油舱多在机舱附近的双层底内。

（2）滑油舱（lubricating oil tank）

滑油舱通常设在机舱下面的双层底内,为了防止污染滑油,四周设有隔离空舱。

（3）污油舱（dirty oil tank）

污油舱是供贮存污油用的舱,舱的位置较低,以利外溢、泄漏的污油自行流入舱内。

（4）淡水舱（fresh water tank）

淡水舱是饮用水、锅炉水舱的统称,生活用水一般靠近生活区下面的双层底内,亦有布置在艏、艉尖舱内的。炉水舱多在机舱下的双层底内,是为机舱专用的。

（5）压载水舱（ballast water tank）

压载水舱专供装载压载水,用以调整吃水、纵横倾和重心用,双层底舱、艏尖舱、艉尖舱、深舱、散货船的上下边舱、集装箱船与矿砂船的边舱等都可以作为压载水舱。

（6）深舱（deep tank）

深舱为双层底以外的压载舱、船用水舱、货油舱（如植物油舱）及按闭杯试验法闪点不低于60℃的燃油舱等。深舱由船舶中纵剖面处设置的纵舱壁或制荡舱壁分隔为左右对称的舱室，以减小自由液面的影响。

4. 空隔舱（cofferdam）

空隔舱是一个狭窄的空舱，一般只有一个肋骨间距，专门用来隔开相邻的两舱室，如油舱与淡水舱，又如油船上的货油舱与机舱均必须隔离。空隔舱又称干隔舱，一般油船都设有空隔舱，现在的船舶建造规范都以泵舱作空隔舱。

5. 锚链舱（chain locker）

锚链舱是位于锚机下方艏尖舱内、用钢板围起来的两个圆形或长方形的水密小舱，并与船舶中心线对称布置，底部设有排水孔。

6. 轴隧（shaft tunnel）

中机型和中艉机型船推进轴系要穿过机舱后的货舱。机舱后壁与艉尖舱之间设置的一个水密的结构即为轴隧，用来保护轴系不受损坏，并防止水从艉轴管进入货舱内。

7. 舵机间（steering gear room）

舵机间是布置舵机动力的舱室，位于舵上方艉尖舱的顶部水密平台甲板上。

8. 应急消防泵舱（emergency fire pump room）

根据《SOLAS公约》要求，应急消防泵应设在机舱以外，一般多位于舵机间内，要求在最轻航海吃水线时也能抽上水。

另外，布置在上层建筑和甲板室内的一些工作舱室和贮藏室等就不再做陈述了。

四、各种配套设备

船舶的配套设备主要有：主辅机及配套电气、各种管系、甲板设备（锚、舵、系泊及起重）、安全设备（消防、救生）、通信导航设备及生活设施配套设备等。

任务三　认识船舶主要标志

【任务目标】

掌握船舶尺度，熟悉船舶主尺度的定义及作用，能够正确识读吃水标志、载重线标志等船舶标志。

【任务(知识)储备】

一、船舶尺度

(一)船舶尺度及其用途

船舶尺度主要是指表示船体外形大小的尺度,即船的长、宽、深和吃水等。它是根据各种船舶规范和船舶在营运中使用上的要求定义的,按照不同的用途主要可分为三种:船型尺度、登记尺度和船舶最大尺度,如图 1-51 所示。

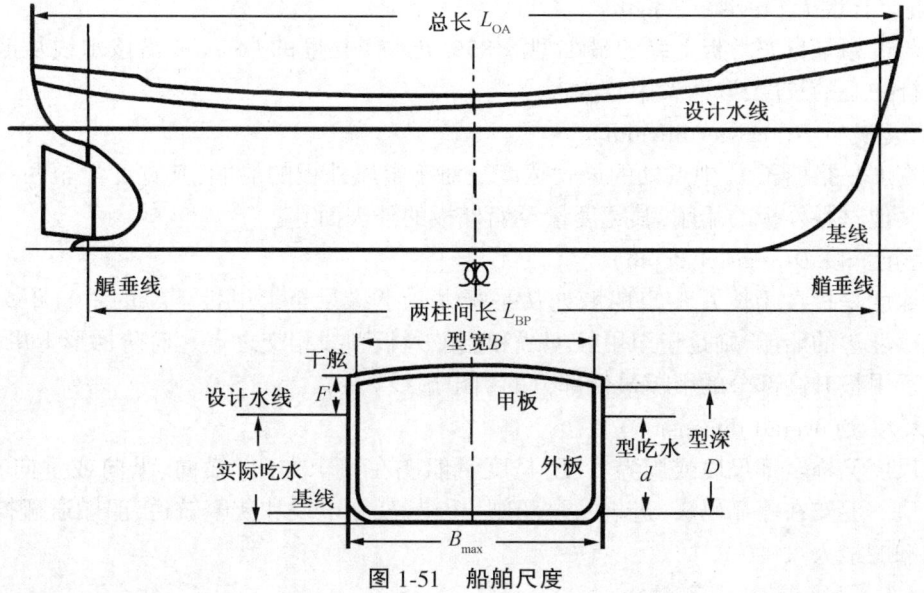

图 1-51　船舶尺度

1.船型尺度(molded dimension)

船型尺度是《钢质海船入级规范》(以下简称"规范")中定义的尺度,又称型尺度或主尺度。它主要是从船体型表面上量取的尺度,在一些主要的船舶图纸上,均使用和标注这种尺度,且用于计算船舶稳性、吃水差、干舷高度、水对船舶的阻力和船体系数等,故也称为理论尺度和计算尺度。

(1)型长 L_{BP}(length between perpendiculars)

型长是指沿设计夏季载重水线,由艏柱前缘量至舵柱后缘的长度;对无舵柱的船舶,由艏柱前缘量至舵杆中心线的长度,即艏、艉垂线间的长度,但均不得小于设计夏季载重水线总长的 96%,且不必大于 97%。型长又称船长、垂线间长。

(2)型宽 B(molded breadth)

型宽是指在船体的最宽处,由一舷的肋骨外缘量至另一舷的肋骨外缘之间的横向水平距离。

(3)型深 D(molded depth)

型深是指在船长中点处,由平板龙骨上缘量至上层连续甲板(上甲板)横梁上缘的垂直距离;对甲板转角为圆弧形的船舶,则由平板龙骨上缘量至横梁上缘延伸线与肋骨外缘延伸线的交点。

(4)型吃水 d(molded draft)

型吃水是指在船长中点处,由平板龙骨上缘量至夏季载重水线的垂直距离。

通常用垂线间长、型宽、型深表示船体外形的大小。这三个尺度称为船舶主尺度,一般写成下面的形式:

$$主尺度 = 垂线间长 L_{BP} \times 型宽 B \times 型深 D$$

2.登记尺度(register dimension)

登记尺度为《1969年国际船舶吨位丈量公约》中定义的尺度,是主管机关登记船舶、丈量和计算船舶总吨位及净吨位时所使用的尺度,它载明于船舶的吨位证书中。

(1)登记长度 L_R(register length)

登记长度指量自龙骨板上缘的最小型深85%处水线长度的96%,或沿该水线从艏柱前缘量至上舵杆中心的长度,取两者中较大者。

(2)登记宽度 B(register breadth)

登记宽度是指船长 L_R 中点处的最大宽度。对于金属外板的船舶,其宽度量至两舷的肋骨型线。对其他材料外板的船舶,其宽度量至船外板的外表面。

(3)登记深度 D(register depth)

登记深度是指在船长 L_R 中点船舷处从平板龙骨上缘量至上甲板下缘的垂直距离。对于具有圆弧形舷边的船舶,则是量至甲板型线和船舷外板型线相交之点。对阶梯形上甲板,则应量至平行于甲板升高部分的甲板最低部分的引申虚线。

3.最大尺度(overall dimension)

最大尺度又称全部尺度或周界尺度,是度量船舶在某个方向(横向、纵向或垂向)上的尺寸的最大值。船舶在停靠码头、进坞及过船闸、桥梁、架空电线和狭窄航道、船舶避碰操纵等都要用到船舶的最大尺度。

(1)最大长度(length overall)

最大长度又称全长或总长,是指从船首最前端至船尾最后端(包括外板和两端永久性固定突出物)之间的水平距离。

(2)最大宽度(extreme breadth)

最大宽度又叫全宽,是指包括船舶外板和永久性固定突出物在内并垂直于中线面的最大横向水平距离。

(3)最大高度(maximum height)

最大高度是指自平板龙骨下缘至船舶最高桅顶间的垂直距离。最大高度减去吃水即得到船舶在水面以上的高度,称净空高度(air draught)。

(二)船舶主尺度比

船舶主尺度比(principal dimension)是表示船体几何形状特征的重要参数,其大小与船舶的航海性能有密切关系,常用的有:

1.船长型宽比 L/B

船长型宽比一般是指垂线间长与型宽的比值,其大小与快速性和航向稳定性有关。该比值越大,船体越瘦长,其快速性和航向稳定性越好,但港内操纵不灵活。

2.船长型深比 L/D

船长型深比是指垂线间长与型深比值,其大小与船体强度有关。该比值大对船体强度不利。

3.船长型吃水比 L/d

船长型吃水比一般是指垂线间长与型吃水比值,主要与船舶的操纵性有关。该比值大,则船舶的操纵回转性变差。

4.型宽型吃水比 B/d

型宽型吃水比一般是指型宽与型吃水比值,该比值的大小与稳性、横摇周期、耐波性、快速性等因素有关。该比值大,船体宽度大,船舶稳性好,但横摇周期小,耐波性变差,航行阻力增加。

5.型深型吃水比 D/d

型深型吃水比是指型深与型吃水比值,该比值的大小与稳性、抗沉性等因素有关。该比值大,干舷高,储备浮力大,抗沉性好;船舱容积增大,重心升高。

二、船舶主要标志

在船体外面有各种标志,主要有:

(一)吃水标志

船舶的吃水标志(draft mark)也叫水尺。它绘在船首、船尾及船中两侧船壳上,俗称六面水尺。

水尺采用米制(又称为公制),用阿拉伯数字标绘,每个数字的高度为 10 cm,数字与数字的间距也是 10 cm,且读数以数字下缘为准。采用英制水尺时,用阿拉伯数字或罗马数字标绘,每个数字高度为 6 in,数字与数字的间距也是 6 in,读数也以数字下缘为准,如图 1-52、图 1-53 所示。

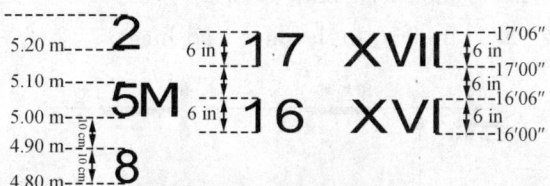

图 1-52　两种水尺制式

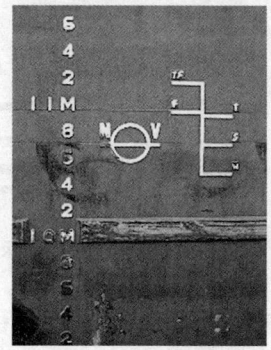

图 1-53　水尺标志

31

观测船舶吃水时,根据实际水线在数字中的位置,按比例取其读数。有波浪时应取其最高及最低时读数的平均值。有些大型船舶设有吃水的指示系统,可以在驾驶台上直接读出六面水尺的读数。

(二) 载重线标志

船舶载重线标志(load line mark)是指为标明船舶载重线位置,用以检查装载状态使之不小于已核定的最小干舷,而按载重线公约或规范所规定的式样勘绘于船中两舷的标志。现根据规范,就各类国际航行船舶的载重线标志说明如下:

1.散装液体货船及一般货船载重线标志

如图1-54所示,它由一外径为300 mm,宽为25 mm的圆环与长为450 mm,宽为25 mm的水平线相交组成,水平线的上缘通过圆环中心,圆环中心位于船中,它的上方有与圆环外径等长的一甲板线,甲板线的上缘通过干舷甲板上表面与船壳板外表面的交点,从甲板线上边缘垂直向下量至圆环中心的距离等于所核定的夏季干舷。在勘绘载重线时,还应在载重线圆环两侧并在通过圆环中心的水平线上方或圆环的上方和下方加绘表示勘定当局的简体字母,如圆环两侧加绘"C""S"表示勘定干舷高度的主管机关是"中国船级社"。

图1-54中的圆环叫载重线圆盘。圆盘向船首方向还绘有各区域和季节区的载重水线,各线段长为230 mm,宽为25 mm,这些线段与标在圆环中心前方长540 mm,宽25 mm的垂线成直角。度量时应以载重线的上边缘为准。各载重线的含义如下:

(1)夏季载重线"S"(summer load line),该水线与圆盘中心线处于同一高度。

(2)冬季载重线"W"(winter load line)。

(3)冬季北大西洋载重线"WNA"(Winter North Atlantic load line)(船长大于100 m的船舶可以不勘绘)。

(4)热带载重线 T(tropical load line)。

(5)淡水载重线"F"(fresh water load line)。

(6)热带淡水载重线"TF"(tropical fresh water load line)。

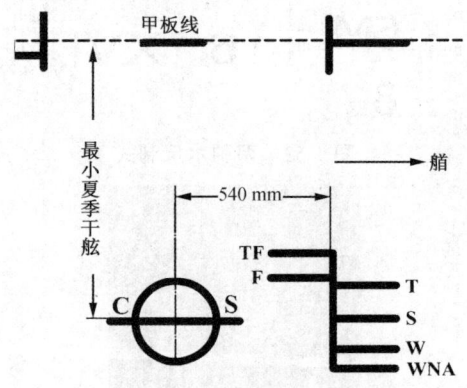

图1-54 一般货船载重线标志

2.木材船载重线标志

木材船是指在干舷甲板或上层建筑的露天部分装载木材货物,但不包括木质纸浆或类似货物的船舶。对于船舶结构、设备、装载满足规范要求的木材船才勘绘木材载重线。木材船载重线应在通常的货船载重线以外勘绘,位于船中舷侧载重线圈的后方(向船尾),如图 1-55 所示,在圆盘的左侧。圆盘右侧还勘绘不专门装运木材的正常的载重线。各木材载重线上除上述规定字母外,均附加上"木"字的英文词头"L"(Lumber)。载重线公约认为,木材甲板货可以给船舶一定的附加浮力和增加抗御海浪的能力。因此,专门装运木材的船舶干舷比一般货船为小。

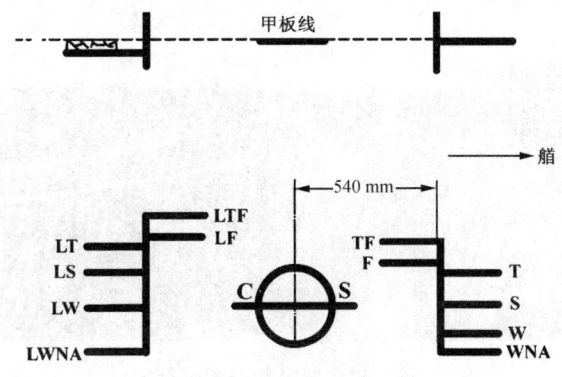

图 1-55 木材船载重线标志

3.客货船载重线标志

国际航行的客货船除绘有通常的货船载重线标志外,根据海船分舱和破舱稳性规范的规定,为了保持所要求的分舱程度,应在船舶两舷勘绘相当于所核准的分舱吃水的载重线标志。分舱载重线是用以决定船舶分舱的水线,与通常的载重线标志勘绘在一起,位于垂直线的船尾方向并与之垂直,如图 1-56 所示。

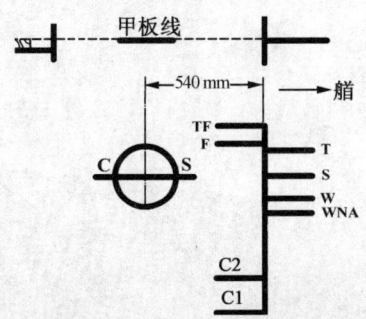

图 1-56 客货船载重线标志

C1:客船分舱载重线,说明主要载客时要保留的最小干舷。

C2:交替运载客货分舱载重线,说明交替使用的舱室作为客运舱室时要保留的最小干舷。

(三)其他标志

1.船名和船籍港标志

每艘船都在船首两侧明显位置写上船名。船名一般写在艏楼中部,字的高度视字的多少及船的大小确定,5 000 t 左右的船,中文字高为 1 m 左右,并在船名下面加注汉语拼音。每艘船在船尾明显位置还写上船名和船籍港,船名字高比船首小 10%~20%,船籍港字高为船名字高的 60%~70%,如图 1-57 所示。

图 1-57　船名和船籍港标志

2.烟囱标志

烟囱标志是轮船公司自行规定的。各轮船公司规定本公司所有船舶的烟囱颜色与标志图案,并且往往还规定船体各部分统一的油漆颜色,便于在海上及港内互相识别,如图 1-58 所示。

图 1-58　烟囱标志

3.球鼻艏标志和侧推器标志

有球鼻艏的船舶,在船首两侧满载水线以上船壳上绘有球鼻艏标志(bulbous bow mark),如图 1-59(a)所示。有艏侧推器的船舶在球鼻艏标志后面绘有艏侧推器标志(bow thruster mark),如图 1-59(b)所示,以引起靠近船舶的注意。

4.分舱标志及顶推位置标志

有的船在货舱与货舱之间的舱壁两侧舷外船壳满载水线以上,通常勘绘有表示各货舱位置的分舱标志,如图 1-59(c)所示。此外,为避免因拖船盲目顶推而造成船壳板凹陷甚至损坏,在两舷首、中、尾舷侧外板满载水线以上的适当位置勘绘有拖船的顶推位置,如图 1-59(d)所示,表示拖船可以在此处顶推。

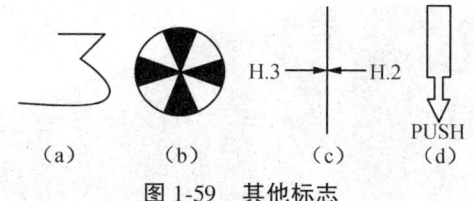

图 1-59 其他标志

5.IMO 识别号

根据国际海事组织(IMO)相关规定,对于在 2004 年 7 月 1 日之前建造的,从事国际航行的总吨位 100 及以上的客船和总吨位 300 以上的所有货船,应在不迟于 2004 年 7 月 1 日以后的第一次计划进坞之日,按照国际海事组织(IMO)船舶编号体系标绘识别号。船舶识别号应永久性标记在船尾或船体中部左舷和右舷的最深核定载重线以上或上层建筑正面的可见位置或者就客船而言在可从空中看见的水平表面;机器处所的一个端部横舱壁上或在一个舱口上或者就油船而言在泵舱内或者在滚装处所的一个端部横舱壁上容易接近的位置。该永久性标记应清晰可见与船体的任何其他标记分开并涂成有对比性的颜色。该永久性标记可制成凸出的字符或刻入或用中心冲头冲制,如图 1-60 所示。

(a)

(b)

图 1-60 IMO 识别号

6.暗车标志

有的船舶,尤其是双车船,在船尾两侧推进器上方明显位置绘有车叶状的标志,并加上简单的中文或英文警句,以引起对水下螺旋桨的注意,如图 1-61 所示。

7.引航员标志

船舶引航员标志是标明引航员登船的位置,是在引航员登船位置的船舶外板上,用油漆刷成红白的矩形标记,供引航船识别,如图 1-62 所示。

图 1-61　暗车标志

图 1-62　引航员标志

复习思考题

1. 集装箱船舶的主要结构特点有哪些？
2. 木材船的主要结构特点有哪些？
3. 油船的主要结构特点有哪些？其设置的专用压载舱有何优缺点？
4. 滚装船的主要结构特点有哪些？
5. 船舶的基本组成有哪些？

6.简述船舶上层建筑一般具有的甲板及相应的名称。

7.船舶所具有的舱室有哪些？

8.球鼻艏和侧推器标志有何作用,如何勘绘？

9.吃水标志的种类及船舶吃水的读取方法有哪些？

10.载重线标志中各条载重线表示的含义是什么？有何作用及如何度量？

11.船舶尺度有哪些种类？各有何用途？

12.船舶主尺度比有哪些？其作用是什么？

13.船型尺度包括哪些基本尺度？

项目二
识别船体结构与构件

项目描述

经济强国必定是海洋强国、航运强国。海洋强国、航运强国离不开船舶。通过学习,了解船体结构类型,船底、舷侧、甲板、舱壁、艏艉以及其他结构的组成及作用,达到认识船体结构和维护保养的目的。

学习目标

◆ **知识目标**

1. 了解船用钢材及连接方法;
2. 掌握船舶骨架形式及特点;
3. 掌握船体外板、船底结构、舷侧结构、甲板结构、舱壁结构、艏艉等结构的组成及作用;
4. 掌握航行冰区结构加强措施;
5. 掌握船舶防火结构的类别及要求;
6. 掌握船体开口处的水密装置及要求;
7. 掌握船舶管系的种类、作用及组成;
8. 认识船舶图纸的种类与用途。

◆ **能力目标**

1. 能判别船体结构的类型及各部位构件的种类;
2. 具有识别船上各水密设备的能力,了解其作用及相关规范对它的要求;
3. 能识读船体结构的主要图纸。

学习导图 >

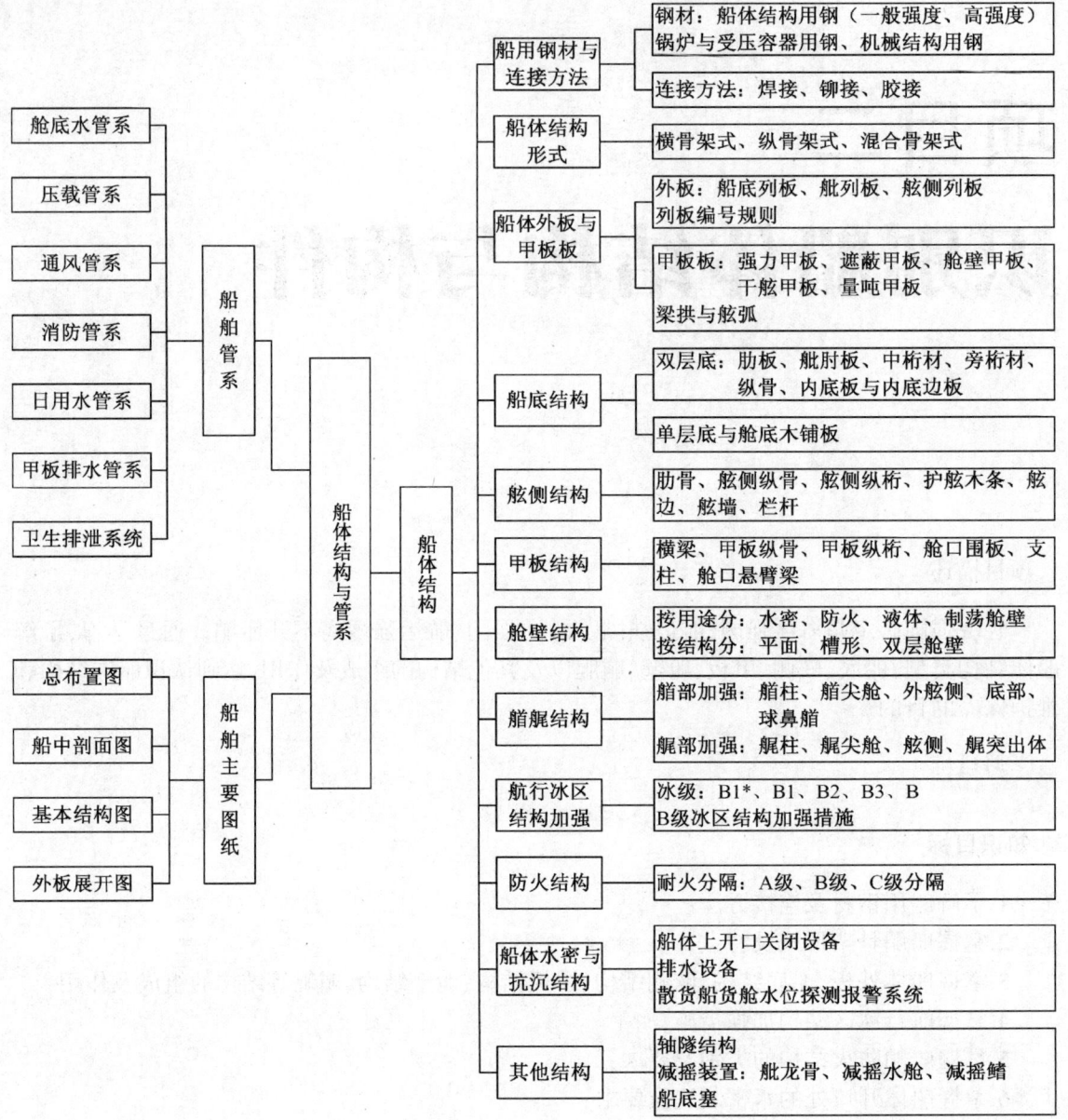

任务一　掌握船用钢材及连接方法

【任务目标】

了解船用钢材的种类,掌握船用钢材的标注和船体构件的连接方法。

【任务(知识)储备】

一、船用钢材的种类

船用钢材一般可分成船体结构用钢、锅炉与受压容器用钢及机械结构用钢等。

(一)船体结构用钢

所有船体结构用钢,均应由船级社认可的钢厂生产,检验合格的产品应有船级社的印记。对制成的钢材按规定还应进行试验,试验内容包括化学成分分析、力学性能试验,其化学成分应满足规范的相应要求,力学性能试验项目主要有:拉伸试验、冲击试验、弯曲试验及 Z 向拉伸试验等。

船体结构用钢按化学成分和性能分为一般强度船体结构钢和高强度船体结构钢两种。

1.一般强度船体结构钢

一般强度船体结构钢也叫作船用碳素钢或低碳钢,其特点是韧性好,容易焊接和冷加工,不易产生脆性破坏,结构中产生裂纹扩大的可能性较小。适用于厚度不超过 100 mm 的宽扁钢以及厚度不超过 50 mm 的型钢和棒材,按脱氧方法分 A、B、D、E 四级。A 级为沸腾钢,是指钢液在冷却过程中,不断析出 CO_2 气体,使钢液出现沸腾现象。B 级为镇静钢,是指钢液浇铸前用锰、硅和铝等元素充分脱氧,使钢液含氧量极低,在钢液冷却过程中表面无沸腾现象,最终得到成分比较均匀、组织比较细密的钢锭。沸腾钢成本低,但性能相对不高,宜于轧制薄钢板。镇静钢质量高、性能好,但成本高,在船舶修造中应用很广。D 级和 E 级为全镇静细晶粒(铝处理)钢,性能要比 A 级和 B 级钢更优良,E 级钢中的含锰量高于 D 级钢而含碳量低于 D 级钢。

一般强度船体结构钢中的微量元素主要有碳、锰、硅、硫和磷。钢材中碳含量的高低直接影响其强度,含碳量越高,强度越高,但韧性和延展性变差。规范规定,A、B、D 级钢的含碳量应不高于 0.21%,E 级的应不高于 0.18%。一般来讲,在这个含碳量范围,钢材的强度和韧性均很好,但含碳量增加后,钢材的焊接性能变差。通常认为,锰和硅是钢材中的有益元素。锰可以改善钢材的焊接性能,硅可以提高钢材的强度和硬度。而硫和磷是钢材中的有害元素,硫和铁会形成硫化铁存在于钢材的结晶中,易使钢材形成裂缝,发生撕裂现象,这种现象叫作热脆,使钢材焊接性能变差;磷会增加钢材的冷脆性,减少延展性,降低冲击韧性,当磷的含量达3%时,钢材的冲击韧性几乎降至零。故规范规定 A、B、D、E 四个级别钢材中硫和磷的含量均不得超过 0.035%。

目前,一般强度船体结构钢在中小型船舶的修造中应用较多。

2.高强度船体结构钢

高强度船体结构钢又称为船用低合金钢。其按最小屈服点应力划分为三个强度级别,分别以 32、36、40 来表示,每一强度级别又按其冲击韧性不同细分为 AH、DH、EH、FH 四级,共 12 个等级。均为经过细化晶粒处理的镇静钢。规范对每一等级钢的化学成分和性能均做了详细的规定。

由于高强度船体结构钢是在一般强度船体结构钢的基础上再加入少量的锰、铌、钒、铝和硅等合金元素冶炼而成的,其强度、机械性能、焊接性、耐腐蚀性和耐磨性等各项指标均优于一般强度船体结构钢。尽管钢材本身的价格昂贵,但因其具有上述各项性能,在造船时可减少钢材的用量,从而减轻船体结构的重量,降低造船成本,最终的经济指标与一般强度船体结构钢相近。

(二) 锅炉、受压容器用钢及机械结构用钢

锅炉、受压容器用钢有镇静钢、镇静并细化晶粒钢和铬(Cr)钼(Mo)镇静合金钢等,《材料与焊接规范》中对此类钢材的脱氧、化学成分及热处理等均有具体的要求,并要求对试样进行拉伸与冲击力学性能试验,且对用于工作温度不低于 50 ℃的钢材,应进行高温拉伸力学性能试验。

机械结构用钢可以用一般船体结构用钢、高强度船体结构用钢及锅炉与受压容器用钢,对于工作温度高于 50 ℃的重要机械构件,应将设计高温下的力学性能资料提交船级社备查。

二、船用钢材的应用类型及其标注方法

(一) 船用钢材的应用类型

为满足船体各部分结构的不同需要,船用钢材在实际应用时主要有以下几种类型:

1.钢板(plate)

钢板是船体结构的主要组成部分,约占 60%~65%,如船壳板、甲板板及分舱隔板。一般厚度在 4 mm 及以下的钢板称为薄板,4 mm 以上的称为厚板。船用钢板的尺寸范围一般为:厚 6~40 mm、宽 1 200~3 000 mm、长 6 000~14 000 mm。

2.型钢(standard steel section)

型钢在船体结构中所占的比例仅次于钢板,约为 35%~40%,主要用作船体骨架,一般由轧钢厂滚轧成型。型钢是标准件,按其横剖面形状可分为:扁钢、球扁钢、角钢、工字钢、T 形钢及槽钢等,如图 2-1 所示。

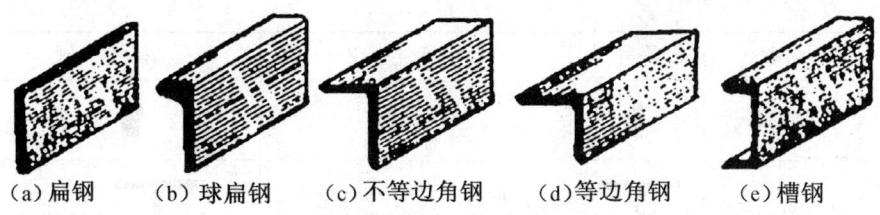

(a)扁钢　　(b)球扁钢　　(c)不等边角钢　　(d)等边角钢　　(e)槽钢

图 2-1　船体结构常用型钢

3.铸钢(casting steel)与锻钢(forging steel)

铸钢是用钢液在砂模中浇注成型的钢件。船舶的艉柱、锚、导缆孔、缆桩及艉轴管等常采用铸钢。锻钢是将红热钢坯经过反复锤炼而成型的钢件。锻钢的机械强度和韧性优于铸钢,但因加工工艺的限制,其构件结构不宜太复杂。船舶的舵杆、轴等形状简单的构件则较多采用锻钢。

(二)船用钢材的标注方法

船舶在建造或修理前,首先必须根据各部位的需要确定所用的钢材类型,然后再在图纸上具体标注尺寸,单位统一用"毫米(mm)",为方便起见,通常在标注时单位可省略不写。具体标注方法如表 2-1 所示。

表 2-1　船用钢材的标注方法

序号	名称	符号	尺寸标注含义	标注举例
1	钢板		$\dfrac{厚度}{厚度 \times 宽度 \times 长度}$	$\dfrac{10}{10 \times 1\,500 \times 6\,000}$
2	扁钢	▬	宽度×厚度	▬ 150×8
3	等边角钢	└	边宽×边宽×厚度	└ 100×100×6
4	不等边角钢	└	长边宽×短边宽×厚度	└ 100×63×6
5	工字钢	I	高度×边长×厚度	I 160×88×6
6	槽钢	⊏	高度×边长×厚度	⊏ 160×65×8.5
7	球扁钢	⌐	高度×球边宽×厚度	⌐ 160×38×10
8	钢管	○	外径×厚度	○ 108×8
9	圆钢	●	直径	● 50

续表

序号	名称	符号	尺寸标注含义	标注举例
10	半圆钢	◖	直径×厚度	◖40×30
11	T形焊接材	T	$\dfrac{(面板)厚度×宽度}{(腹板)厚度×高度}$	T$\dfrac{8×20}{12×200}$
12	花钢板		$\dfrac{厚度}{厚度×宽度×长度}$	花钢板$\dfrac{5}{5×800×6\ 000}$

三、船体构件的连接方法

船体构件是由大量钢材经连接而成的,必须有极高的连接工艺,才能保证其有足够的强度和良好的水密性。船体构件的连接方法主要有焊接和铆接两种。

由于焊接工艺的飞速发展,且焊接比铆接又具有更多的优越性,因此目前在船舶修造中基本都采用焊接法。

1.焊接(welding)

焊接是对连接构件采用局部加热方法,使之达到液态或接近液态而熔接的过程。焊接的方法主要有电弧焊(electrical welding)和气焊(gas welding)。电弧焊俗称电焊,是以电弧作为加热源,工作效率高,使用方便,在船舶修造中应用最广。气焊是以氧乙炔气(氧炔焰)燃烧作加热源,主要用于对薄板的焊接和铸钢的补焊。

船体构件焊接连接的种类主要有对接、角接、搭接、塞焊,相应的焊缝种类有对接焊缝、角接焊缝、搭接焊缝、塞焊缝等。接头与焊缝如图2-2所示。

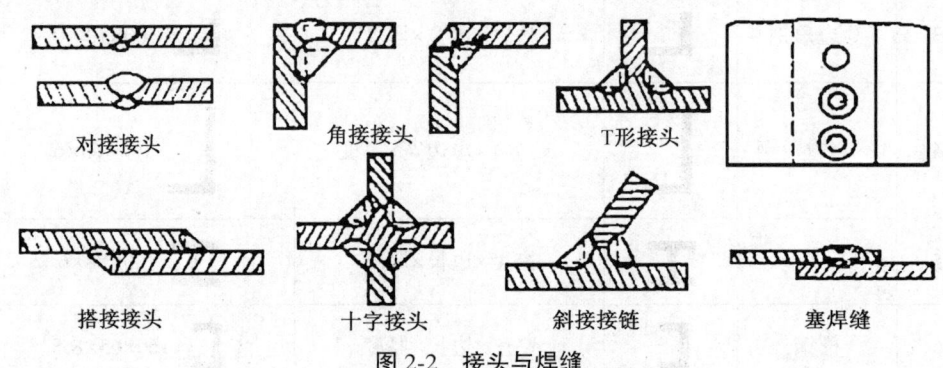

对接接头   角接接头   T形接头

搭接接头   十字接头   斜接接链   塞焊缝

图2-2 接头与焊缝

对接(butt welding)常用于两块钢板的拼接。手工焊接在板厚大于5~6 mm时需对被焊钢板边缘加开坡口(groove),以保证在焊接时能焊透。较薄的板材一般单面开坡口,对较厚的板材一般需双面开坡口,坡口角度一般在40°~60°之间。坡口的截面形状有V形、U形、半V形、半U形、X形、双U形和K形等,如图2-3所示。

角接(fillet welding)常用于相互垂直或交叉构件之间的连接。对有水密要求或构件受力大的部位需双面连续焊接,板材厚时要开坡口以保证焊透。在一般构件上有双面链式间断焊、双面交错间断焊和一面间断一面连续焊等焊接形式。

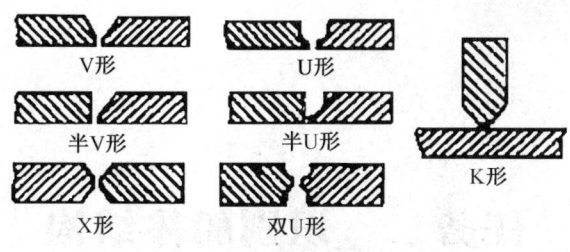

图 2-3 坡口的形式

搭接(lap welding)和塞焊(plug welding)常用于强度要求不高部位的覆补及某些需要覆板加强的部位,即首先在原钢板上覆贴一层钢板,称覆板(doubling plate),将其四周焊妥,这种方法叫搭接,其牢度较差。为增加牢度,在覆贴的钢板上再开一些圆形或椭圆形小孔,然后把覆贴钢板和原钢板在小孔处焊在一起并将小孔堆焊至与覆贴钢板平齐,这种方法叫塞焊。

规范规定:船体结构采用对接焊缝之间的平行距离应不小于 100 mm,对接焊缝与角接焊缝的平行距离应不小于 50 mm。

2.铆接(riveting)

铆接是在焊接工艺普及前船体构件的主要连接方法,现代造船中除铝合金船体外,钢制船舶已不再采用铆接技术。

铆接的过程大致为:先在被连接件上钻孔、冲孔和扩孔,并把铆钉加热至 1 000~1 100 ℃,使铆钉呈黄红色,然后将铆钉插入被连接件上加工好的孔内,在其头部一面用锤衬垫,另一面用锤敲击铆钉伸出部分成圆球形,待冷却后,利用它的收缩力将构件贴紧密封。对有水密要求的部位,必须在铆接后进行捻缝并做水密试验,试验中若发现有渗漏严重的铆钉应拆除重铆,若略有渗漏,则可用碾压或捻缝来止漏。

3.胶接(glue joint)

随着化学工业的发展,各种高强度胶黏剂的出现,使造船工业又多了一种新的连接工艺——胶接。胶接可以代替部分焊接和铆接,减轻劳动强度,简化施工工艺。它不仅可以连接两种不同金属,还可以将金属与其他非金属材料进行连接,如橡胶、塑料、陶瓷、玻璃等。尤其是作为临时性的应急修补,更显其优越性。

4.焊接与铆接相比具有的优缺点

焊接与铆接相比具有更多的优越性。首先,其焊接强度较高,连续焊缝的强度可达被连接构件强度的 90%~100%,而铆接只有 65%~80%。其次,焊接可减轻结构的重量,简化结构而使其更合理。另外,焊接施工方便,容易达到水密和油密的要求,从而可加快修造船的速度、降低劳动强度、简化工艺和降低修造费用;焊接的船壳比铆接的光顺,可减小船体的摩擦阻力,进而减小航行阻力等。但焊接也有缺点,由于焊接是在高温下进行的,且是局部加热,易由于加热和冷却不均匀而产生变形和剩余应力,一旦在其上产生细小的裂纹就会迅速蔓延,且难以防止其扩散而导致海损事故。因此,若发现钢板上有裂纹,为防止其继续发展下去,可在裂纹两端各钻一小圆孔止裂。

5.焊接焊缝质量的检查

首先进行外观检查,常见的外部缺陷有表面不规整,存在气孔、裂纹等;再用超声波、X 射线或 γ 射线等进行无损探伤检查。常见的内部缺陷有未焊透、夹渣、存在气孔、裂纹等。质量检查不合格的焊缝应修补后重新检查。

任务二　识别船体结构

【任务目标】

熟悉船舶三种骨架形式和优缺点,掌握主要骨架的名称和作用。

【任务(知识)储备】

无论是航行、停泊,还是在坞内,船舶都会不可避免地受到各种力的作用,归纳起来主要有:船舶重力、货物重力、浮力、水压力、波浪冲击力、扭力、冰块挤压力、水阻力、推力和机械振动力及坞墩反力等外力的作用,这些力的最终效果就是使船舶产生总纵弯曲、扭转、横向及局部变形。因此,船体结构必须具有承受和抵抗上述各种变形的能力。这种能力就叫作船体强度,也就是说船体应能在保证船体总纵强度(total longitudinal strength)、扭转强度(torsional strength)、横向强度(transverse strength)和局部强度(local strength)及坐坞强度(docking strength)的基础上,保持船舶的形状空间,保证船舶的水密,安装各种船舶设备和生活设施,载运旅客和货物。

一、对船体结构的设计与建造要求

不同种类和航区的船舶在船体结构的设计和建造方面虽有着各自的特点,但不论何种结构均应做到:

(1)具有足够的强度(strength)、刚度(rigidity)和稳定性(stability),保持可靠的水密性,并能满足营运上的要求。

(2)构件本身应有良好的连续性,避免应力集中(stress concentration),同时应能保证安装在其上的机械设备具有良好的工作性能。

(3)应有合理的施工工艺,以提高劳动效率,减轻劳动强度,缩短船台(building berth)建造周期,降低成本。

(4)充分考虑整个船体的美观和今后维修保养的方便性。

二、船体骨架形式

研究船体结构,主要是研究主船体的结构。主船体是指上甲板(upper deck)以下包括船底(bottom)、舷侧(broadside)、各层甲板(deck)、舱壁(bulkhead)和艏艉(fore and aft)等结构所组成的大型水密(watertight)刚性空腔。巨大的空腔可以排开大量的水,获得巨大的浮力,空腔内部的容积又为货物的装载提供了必要的空间。由钢板和骨架构成的结构称为板架结构，再由各种相应的板架组成整个船体。

(一)船体板架结构形式

船体板架中，骨材一般沿着船长和船宽方向布置，形成纵横交错的方格，沿某一方向布置数量多的一组骨材，在结构术语中称为主向梁，而与之垂直的另一个方向上的骨材称为交叉构件。一般情况下，交叉构件的尺寸都要比主向梁的尺寸大，是船体的主要支撑构件，所以也称交叉构件为主要构件，如强肋骨、舷侧纵桁、强横梁、甲板纵桁、实肋板、船底桁材、舱壁桁材等。而主向梁则称为次要构件，一般是指板的扶强构件，如肋骨、纵骨、横梁、舱壁扶强材、组合肋板的骨材等。

1.横骨架式板架结构

在该结构中，主向梁沿船宽方向布置，由主向梁和交叉构件所形成的方格的短边沿船长方向分布。这种骨架形式横向构件排列密集而尺寸较小，纵向构件排列间距大，尺寸也大。

2.纵骨架式板架结构

在该结构中，主向梁沿船长方向布置，由主向梁和交叉构件所形成的方格的长边沿船长方向分布。这种骨架形式纵向构件排列密集而尺寸较小，横向构件排列间距大，尺寸也大。

(二)船体结构形式

上述的纵、横式板架结构是船上局部的板架结构形式，而整个船体是由若干板架结构组成的，根据板架结构在船上的布置情况，船体结构的形式可分为三种，即横骨架式、纵骨架式和纵横混合骨架式。

1.横骨架式

横骨架式(transverse framing system)船体结构全部由横骨架式板架结构组成，横向构件(transverse member)排列密、尺寸小、数目多，纵向构件(longitudinal member)排列间距大、尺寸大、数目少，如图2-4所示。这种骨架形式的特点是结构简单、建造容易、横向强度和局部强度好，又因其肋骨(frame)和横梁(beam)尺寸较小，故舱容(hold capacity)利用率较高，且便于装卸。横骨架式船舶的总纵强度主要由外板(shell plate)、内底板(inner bottom plate)、甲板板(deck plate)以及分布在其上的纵向构件(longitudinal member)来保证，在较长的船上则需加厚钢板来保证总纵强度，因此增加了船舶的自重(sole weight)，同时这种结构在每个肋位上都设置横向构件，船舶的横向强度比纵向强度大，所以横骨架式结构主要用于对总纵强度要求不高的沿海中小型船舶和内河船舶。

2.纵骨架式

纵骨架式(longitudinal framing system)船体结构全部由纵骨架式板架结构组成，纵向构件(longitudinal member)排列密、尺寸小、数目多，横向构件(transverse member)排列间距大、尺寸大、数目少，如图2-5所示。由于纵向构件的增多大大提高了船体的总纵强度，因此可选用较薄的板材，使船舶自重减轻；但施工建造比较复杂，同时由于横向构件尺寸的加大使货舱舱容得不到充分利用而影响载货量，且装卸也不便。因此纵骨架式结构常见于对总纵强度要求较高的大型油船和矿砂船。

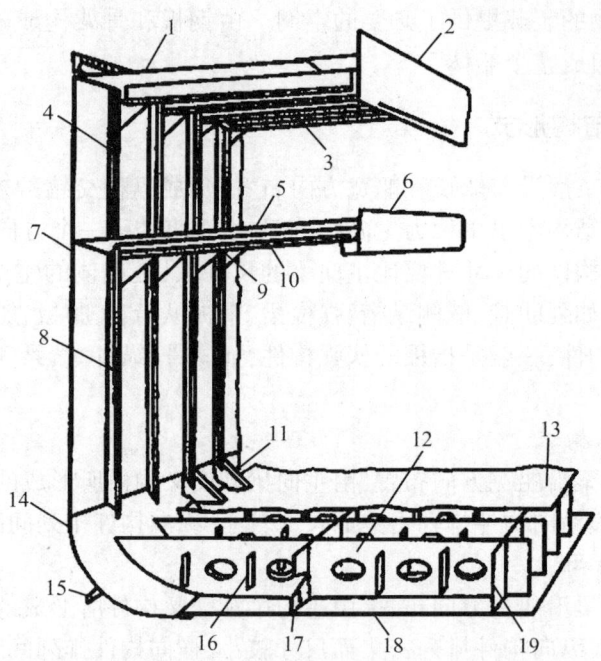

图 2-4　有二层甲板横骨架式船体结构

1—上甲板(upper deck);2、6—舱口围板(hatch coaming);3—横梁(deck beam);4—甲板间肋骨(tweendeck frame);5—下甲板(lower deck);7—舷侧外板(side plate);8—肋骨(frame);9—肘板(bracket);10—横梁(beam);11—舭肘板(bilge bracket);12—主肋板(main floor);13—内底板(inner bottom plate);14—舭部外板(bilge strake);15—舭龙骨(bilge keel);16—扶强材(rib);17—旁桁材(side girder);18—船底板(bottom plate);19—中桁材(central girder)

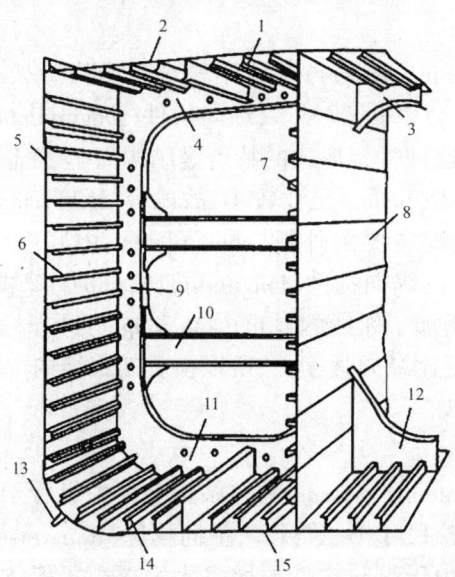

图 2-5　纵骨架式船体结构

1—甲板纵骨(deck longitudinal);2—上甲板(upper deck);3、4—强横梁(web beam);5—舷侧外板(side plate);6—舷侧纵骨(side longitudinal);7—水平扶强材(horizontal stiffener);8—纵舱壁(longitudinal bulkhead);9—强肋骨(web frame);10—撑材(strut);11、12—肋板(floor);13—舭龙骨(bilge keel);14—船底纵骨(bottom longitudinal);15—船底外板(bottom plate)

3.纵横混合骨架式

纵横混合骨架式(combined framing system)船体结构是指在主船体中的一部分结构采用纵骨架式而另一部分结构则采用横骨架式。

通常船中部位的强力甲板(strength deck)和船底结构(bottom structure)因所受的总纵弯矩大,故采用纵骨架形式;而下甲板(lower deck)、舷侧(broadside)及在受总纵弯矩较小、建造施工不便和波浪冲击较大的艏、艉部则采用横骨架式。

在图 2-6 中,船底和上甲板结构采用了纵骨架式,二层甲板(tween deck)和舷侧则采用了横骨架式结构。混合骨架式综合了上述两种骨架形式的优点,既保证了总纵强度,又有较好的横向强度。同时,这种骨架形式也减轻了结构重量,简化了施工工艺,并比较充分地利用了舱容且方便装卸。但在纵横构件交界处结构的连接性较差,连接节处容易产生较大的应力集中。纵横混合骨架式结构主要应用于大中型的干散货船。

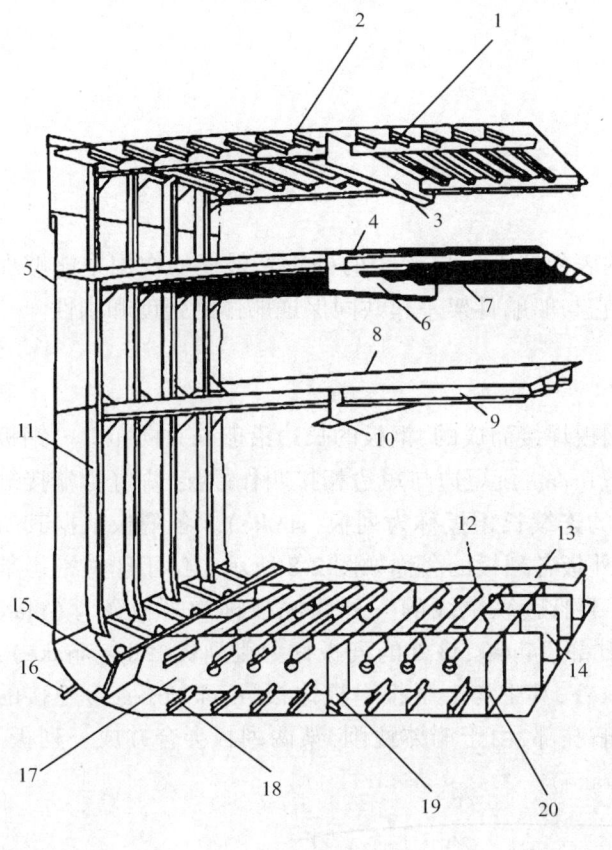

(a)结构图　　　　　　　　　　　　　　(b)实物图

图 2-6　纵横混合骨架式船体

1—甲板纵骨(deck longitudinal);2—上甲板(upper deck);3、6、10—甲板纵桁(deck girder);4—二甲板(second deck);5—舷侧外板(side plate);7—甲板横梁(deck beam);8—第三甲板(third deck);9—甲板横梁(deck beam);11—肋骨(frame);12—内底纵骨(inner bottom longitudinal);13—内底板(inner bottom);14—肘板(bracket);15—内底边板(margin plate);16—舭龙骨(bilge keel);17—主肋板(main floor);18—船底纵骨(bottom longitudinal);19—旁桁材(side girder);20—中桁材(center girder)

任务三　认识船体外板和甲板板

【任务目标】

了解船体外板组成,熟悉船底板、舷侧板甲板板的排列及厚度分布,掌握船舶外板的编号方法,具有识别船体外板的能力。

【任务(知识)储备】

一、船体外板

为了保证船舶能够在水上漂浮,船体的表面覆有一层水密的外板。外板的作用是能够保证船体水密,使船舶具有漂浮及载运能力,它与船舶骨架一起共同保证船体的强度和刚性。

(一)船体外板的组成及表示

船体外板也叫作船壳板,是由许多块钢板焊接而成的,钢板的长边沿船长方向布置。钢板的长边与长边相接叫作边接,焊缝为边接缝(seam);短边与短边相接叫作端接,焊缝称端接缝(butt),如图 2-7 所示。钢板逐块端接而成的连续长条板称为列板(strake)。各列板根据其所处的位置不同而有不同的名称。组成船壳外板各列板的名称如图 2-8 所示。位于船底平坦部分的各列板称为船底板(bottom plate);位于船底纵中线的一列船底板称为平板龙骨(plate keel);由船底过渡到舷侧的圆弧部分称为舭部(bilge),该处的列板称为舭列板(bilge strake);舭列板以上的列板称为舷侧列板(side strake),其中与上甲板甲板边板(deck stringer)连接的这一列板称为舷顶列板(sheer strake)。在艏艉部,由于船体瘦削,某两列板会合并成一列板。这种合并而成的一列板称为并板(stealer strake)。

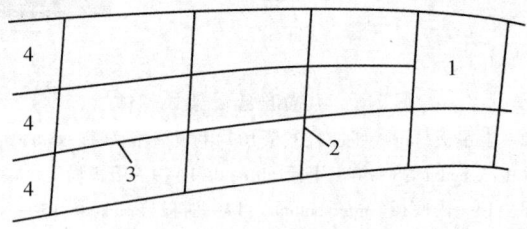

图 2-7　接缝与列板

1—并板(stealer strake);2—端接缝(butt);3—边接缝(seam);4—列板(strake)

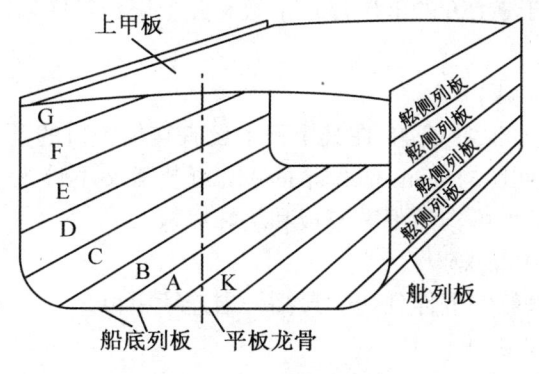

图 2-8　列板的名称

组成船壳外板的每块钢板在外板展开图中的确切位置用编号的方式表示。编号由列板与钢板序号两部分组成,用英文字母表示列板的编号,以位于船体纵中线的平板龙骨为基准将船体分成左右两部分,并冠以左舷(P)或右舷(S)。平板龙骨称为 K 列板,与其相邻的列板为 A 列板,再次的列板为 B 列板,以此类推,但 I、O、Q 三字母不参与编号;对于同一列板中每块钢板的排列序号可从船首排起,也可从船尾排起,用阿拉伯数字表示。图 2-8 中船壳外板左舷 C 列第四块板(从船首算起),则可表示为"PC4",同样"K6"则表示平板龙骨第六块板(从船首算起)。

(二)外板的厚度分布

外板厚度分布的原则是:根据船体总纵强度的要求分配,受总纵弯曲大的部位厚度要大些,受总纵弯曲小的部位厚度就可以小些;对于个别受局部力较大的部位,则应局部加强。

1.沿船长方向

根据船体的受力分析,总纵弯矩在船中附近为最大,向两端逐渐减至零。因此,外板在船中 $0.4L$(L 为船长)范围内厚度最大,向艏艉两端逐渐减薄。

2.沿船宽方向

平板龙骨位于船底中心线处,因其要参与总纵弯曲、承受坞墩反力等,要求其厚度比相邻船底列板大 2 mm,宽度沿船长方向不变,但其宽度不必大于 1 800 mm。舷顶列板距总纵弯曲中性轴远,承受总纵弯矩作用较大,因而厚度也大。规范规定在船长范围内舷顶列板宽度不得小于 $0.1D$(D 为型深),在船中 $0.4L$ 范围内,厚度不得小于强力甲板边板厚度的 0.8 倍。其余从船底列板向上的各舷侧列板,随着水压力减小而逐渐减薄,同时在靠近艏艉局部受力大的部位和艉轴附近的包板等也要加厚,对航行于冰区的船舶应根据规范的相应规定对它进行加厚。

二、甲板板

(一)甲板

甲板按其作用可分为:强力甲板、遮蔽甲板、舱壁甲板、干舷甲板、量吨甲板等。

1.强力甲板(strength deck)

强力甲板是指船体受总纵弯矩时受力最大的一层甲板,如上甲板(upper deck)及在船中部 0.5L 区域内长度不小于 0.15L 的上层建筑甲板和此上层建筑区域以外的上层连续甲板均为强力甲板。

2.遮蔽甲板(shelter deck)

20 世纪 60 年代建造的某些船舶,在其甲板上设有吨位舱口的开口,并在舱口设暂时性非水密封闭装置,这种甲板间舱(tween deck space)既可装货又不计入总吨位和净吨位,其甲板叫作遮蔽甲板。遮蔽甲板不可作为干舷甲板和量吨甲板。

3.舱壁甲板(bulkhead deck)

舱壁甲板是指水密横舱壁上伸到达的最高一层连续甲板。

4.干舷甲板(freeboard deck)

按《1966 年国际载重线公约》量计干舷高度的甲板称为干舷甲板,通常为上甲板。

5.量吨甲板(tonnage deck)

按《1969 年国际船舶吨位丈量公约》,此为丈量船舶吨位时的基准甲板,通常也为上甲板。

(二)甲板板的布置

从舱口边至舷边的甲板板,钢板的长边沿船长方向布置。这些板通常是首尾连接的,对船体总纵强度有贡献。舱口之间及艏艉端的甲板,由于不参与总纵弯曲且面积狭窄,可以将钢板横向布置。

甲板板布置时,应注意甲板板的端接缝不宜设于大开口的四角,因为该处是应力集中的区域,板缝与舱口横端至少应相距 500 mm。此外,甲板板排列时也应注意甲板上下构件的位置,避免使甲板板缝与这些构件的焊缝相重合或太接近,一般要求两者的间距应不小于 50 mm。

(三)甲板板的厚度分布

1.沿船长方向

船中 0.4L 范围内受总纵弯曲作用最大,因此该区域甲板板的厚度最大,向艏艉两端逐渐减薄。但在艏艉端,由于局部受力大,故厚度又有所增加。

2.沿船宽方向

甲板沿着舷边的一列板称为甲板边板(deck stringer)。它首尾连续,参与总纵弯曲,在甲板板中受力最大,并且容易被甲板积水所腐蚀,因而在甲板板中厚度最大,且其在端部的宽度应不小于船中部宽度的 65%。在舱口之间的甲板板,由于被舱口切断,不参与总纵弯曲,其厚度较其他甲板板薄。

若货舱内有多层甲板,对总纵强度贡献最大的强力甲板(上甲板)的厚度应是各层甲板中最厚的,规范规定强力甲板(包括端部甲板)的最小厚度应不小于 6mm,在船中部 0.4L 区域内强力甲板的厚度应保持相同,并逐渐向端部甲板厚度过渡。为防止甲板开口角隅处因应力集中而产生裂缝,该处应为抛物线形、椭圆形或圆形,并应采取加强措施。

(四)梁拱和舷弧

船舶的上甲板并不是一块平整的钢板,它有横向和纵向的曲度,横向上的曲度为梁拱,纵向上的曲度为舷弧,如图 2-9 所示。

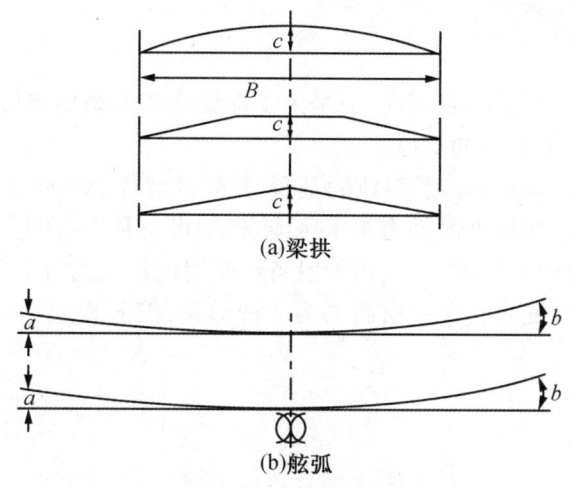

图 2-9 梁拱和舷弧

1.梁拱(camber)

梁拱是甲板板在两舷与舷顶列板交点的连线与纵中剖面的交点至纵中剖面与甲板板交点的垂直距离。梁拱可增加甲板强度,便于排泄甲板积水以及增加船舶的储备浮力。其取值范围一般在船宽(B)的 1/100~1/50 之间,干货船的梁拱通常取 $B/50$,客船的梁拱取 $B/80$。

2.舷弧(sheer)

在甲板的纵向上,艏艉高而中间低,这条曲线叫舷弧线(sheer curve)。在船长中点处的舷弧最低,从该点画一条与基线(base line)平行的直线,则舷弧线上任一点量至该线的垂直距离就称为该点的舷弧。舷弧可增加储备浮力,减少甲板上浪,便于甲板排水以及使船体外形显得更加美观。其中位于艏垂线处的舷弧叫艏舷弧(fore sheer),位于艉垂线处的舷弧叫艉舷弧(after sheer),船中的舷弧为 0,艏舷弧为艉舷弧的 2 倍。其值为:

$$标准艏舷弧 = 50(L/3+10)(mm)$$
$$标准艉舷弧 = 25(L/3+10)(mm)$$

其中,L——船长。

任务四　认识船底结构

【任务目标】

熟练掌握双层底结构的组成、作用及布置要求,具有识别船底构件的能力。

【任务(知识)储备】

船舶的外板能够保证船舶的水密性,但是为了保证船舶的结构强度,仅有外板还是远远不够的,还需要内部骨架的强有力的支撑。

船底结构(bottom construction)是船体的基石,是保证船体总纵强度、横向强度和船底局部强度的重要结构。作用于船底上的外力有水压力、机械设备和货物的负载、总纵弯曲引起的拉伸力和压缩力,进坞坐墩时墩木的反力、机械设备运转时的振动力等。

船底结构主要有双层底结构和单层底结构两种类型,按其骨架形式又可分为横骨架式和纵骨架式船底结构。

一、双层底结构

双层底结构(double bottom construction),是指由船底板(bottom plate)、内底板(inner bottom plate)、内底边板(margin plate)、舭列板(bilge strake)及其骨架(framing)组成的船舶底部空间。根据《钢质海船入级规范》的要求,船舶应尽可能在船首防撞舱壁(fore collision bulkhead)至船尾的艉尖舱壁(after peak bulkhead)间设置双层底(double bottom)。对于客船,双层底的设置还应符合下述要求:长度在 50 m 及以上至 61 m 以下的船舶,应至少自机器处所至艉尖舱壁或尽可能接近该处之间设置双层底;长度在 61 m 及以上至 76 m 以下的船舶,应至少在机器处所外设置双层底,并应延伸至艏、艉尖舱壁,或尽可能接近该处;长度在 76 m 及以上的船舶,应在船中部设置双层底,并应延伸至艏、艉尖舱壁,或尽可能接近该处。双层底内的油舱与锅炉给水舱、饮用水舱之间应设置隔离空舱(cofferdam),其舱壁之间的距离应不小于 760 mm,以便于人员进入。

(一)双层底的作用

双层底可以增加船体的总纵强度、横向强度和船底的局部强度;可用作油水舱装载燃油、润滑油和淡水;也可用作压载水舱以调整船舶的吃水、纵横倾、稳性和提高空载时车叶和舵的效率,进而改善航行性能;如果船底板意外破损,内底板仍能防止海水进入舱内,从而提高了船舶的抗沉性(floatability),对液货船来说亦可提高船体的抗泄漏能力。此外,它还能承受舱内货物和机械设备的重量。

(二)双层底的组成

双层底按骨架形式的不同分横骨架式和纵骨架式两种,如图 2-10 和图 2-11 所示。其主要组成部分有船底板、肋板、舭肘板、桁材、纵骨、内底板及内底边板等。

1.横向构件

(1)肋板

肋板(floor)是连接内底板和船底板的横向构件,并是保证船体横向强度和船底局部强度的重要构件。按其结构与用途的不同可分成实肋板、水密肋板、组合肋板和轻型肋板。

①实肋板(solid floor)

实肋板又称主肋板,是非水密的横向构件。为减轻结构重量及便于舱室之间空气和油水

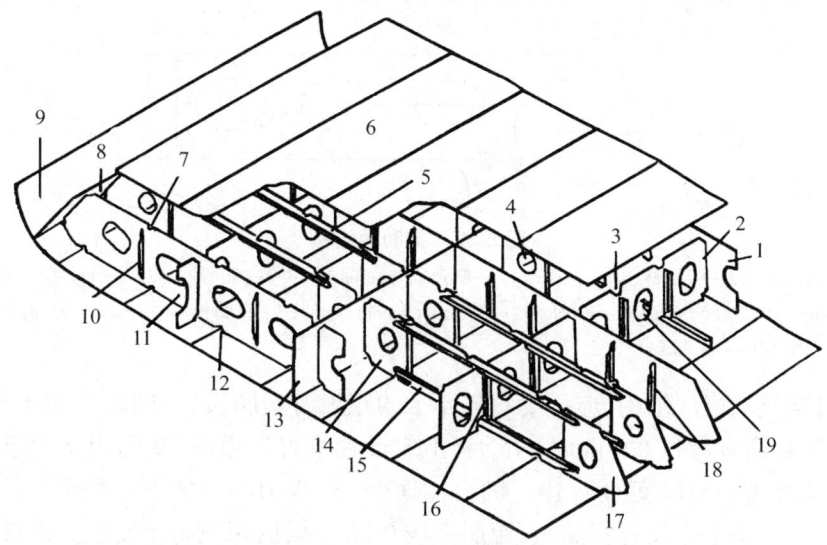

图 2-10　横骨架式双层底结构

1、11—主肋板（main floor）；2—旁桁材（side girder）；3—透气孔（air hole）；4—减轻孔（lightening hole）；5—内底横骨（inner bottom frame）；6—内底板（inner bottom）；7—透气孔（air hole）；8—内底边板（margin plate）；9—舭列板（bilge plate）；10—加强筋（stiffener）；12—流水孔（drain hole）；13—中桁材（center girder）；14—框架肋板（bracket floor）；15—船底横骨（bottom frame）；16—扶强材（rib）；17—肘板（bracket）；18—加强筋（stiffener）；19—人孔（man hole）

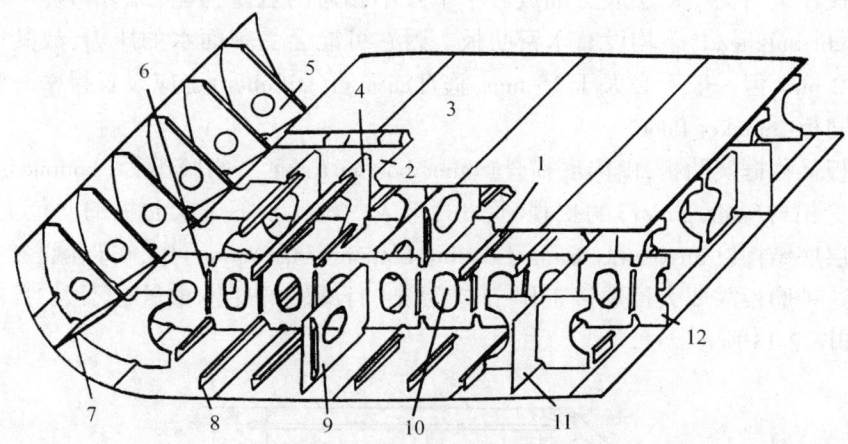

图 2-11　纵骨架式双层底结构

1—内底纵骨（inner bottom longitudinal）；2—水密肋板（watertight floor）；3—内底板（inner bottom）；4—肘板（bracket）；5—舭肘板（bilge bracket）；6—加强筋（stiffener）；7—内底边板（margin plate）；8—船底纵骨（bottom longitudinal）；9—旁桁材（side girder）；10—人孔（man hole）；11—中桁材（center girder）；12—实肋板（solid floor）

的流动，气孔（air hole）和流水孔（drain hole），有些减轻孔专门设计成便于人员通过的人孔（manhole）。除轻型肋板外，人孔的高度应不大于该处双层底高度的 50%，且其位置在船长方向上应尽量按直线排列，以便人员出入。同时为增加其强度，在上面焊有加强筋（stiffener），如图 2-12 所示。

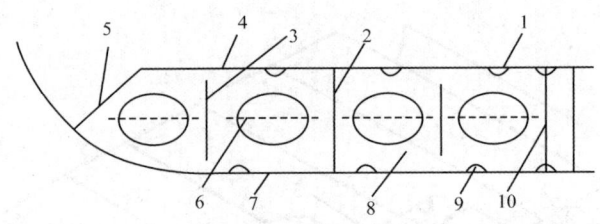

图 2-12　实肋板结构

1—气孔(air hole);2—旁桁材(side girder);3—加强筋(stiffener);4—内底板(inner bottom);5—内底边板
(margin plate);6—减轻孔(lightening hole);7—船底板(bottom plate);8—实肋板(solid floor);9—流水孔(drain
hole);10—中桁材(center girder)

对于横骨架式双层底结构,应至少每隔 4 个肋距设置实肋板,且间距不大于 3.2 m。船长超过 90 m 或肋板高度超过 0.9 m 时,实肋板上应设置垂直加强筋,其间距不大于 1.5 m,厚度与肋板相同,宽度为肋板高度的 1/10。机舱、锅炉座下、推力轴承座下应每个肋位上设置实肋板。横舱壁以及支柱下应设置实肋板,距艏垂线 0.2L 以前区域应每个肋位上设置实肋板。

对于纵骨架式双层底结构,在机舱区域,至少每隔 1 个肋位上应设置实肋板,但在主机座、锅炉座、推力轴承座下的每个肋位处均应设置实肋板。横舱壁下和支柱下应设置实肋板,距艏垂线 0.2L 以前区域应在每隔 1 个肋位上设置实肋板,其余区域实肋板间距应不大于 3.6 m。

②水密肋板(watertight floor)

水密肋板在纵向上将双层底分隔成若干个互不相通的舱室,其上无开口。一般在水密横舱壁(watertight bulkhead)下均设有水密肋板。因它可能会受单面水的压力,故其厚度比实肋板厚度增加 2 mm,但一般不必大于 15 mm,垂直加强筋(stiffener)也应设置得密一些。

③组合肋板(bracket floor)

组合肋板又称框架肋板,由内底横骨(inner bottom frame)、船底横骨(bottom frame)、肘板(bracket)和旁桁材(side girder)的扶强材(rib)组成。设置于不设实肋板的肋位上,并多见于横骨架式双层底结构(transversely framed double bottom construction)中,可以减轻船体重量、节约材料。但这种肋板需要大量焊接工作,工艺复杂,且减轻的船体重量也不大,目前已较少采用,其结构如图 2-13 所示。

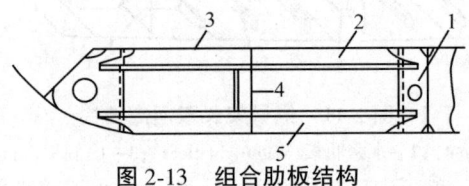

图 2-13　组合肋板结构

1—肘板(bracket);2—内底横骨(inner bottom frame);3—内底板(inner bottom);4—旁桁材(side girder);5—船底横骨(bottom frame)

组合肋板可用轻型肋板(lightened floor)代替,该肋板的厚度与高度均和实肋板相同,但允许有较大的减轻孔,且与组合肋板相比,施工方便。轻型肋板结构如图 2-14 所示。

(2)舭肘板(bilge bracket)

舭肘板是连接肋板和肋骨,使其组成横向框架的一块板材,俗称污水沟三角板,应在每个肋位上设置。其上有面板(face plate)或折边(flanging)以增强其刚度,面板或折边的宽度一般为其厚度的 10 倍。板上开有减轻孔和污水孔,但孔缘任何地方的板宽均应不小于舭肘板宽度的 1/3,如图 2-14 所示。它可保证舯部的局部强度和船体的横向强度。

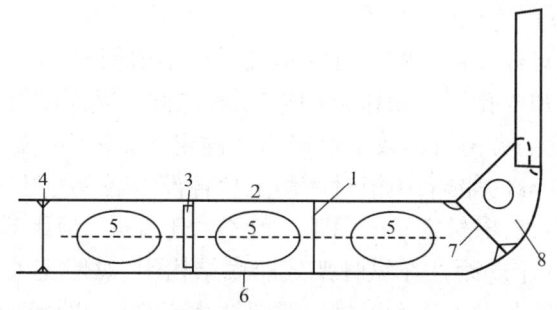

图 2-14　轻型肋板结构

1—旁桁材(side girder);2—内底板(inner bottom plate);3—加强筋(stiffener);4—中桁材(center girder);5—减轻孔
(lightening hole);6—船底板(bottom plate);7—内底边板(margin plate);8—舭肘板(bilge bracket)

2.纵向构件

(1)桁材

①中桁材(center girder)

中桁材又称中底桁,置于船底艏艉中心线上的纵向梁。它与平板龙骨(flat plate keel)、中内底板(center inner bottom plate)组成工字型纵向构件,是船底结构中重要的强力构件,俗称龙骨(keel)。规范规定,在船中 0.75L 区域内,中桁材上不得开人孔或减轻孔,且应尽量向艏艉柱延伸,并应在中部 0.75L 范围内保持连续,其厚度在船端 0.075L 区域内可比船中 0.4L 区域内减少 2 mm、锅炉舱内应较船中 0.4L 区域内增厚 2.5 mm。

②箱形中桁材(duct keel)

箱形中桁材又称箱形龙骨,它是由两道对称布置于船底纵中线两侧的纵桁及内底板、船底板和骨材等组成的水密箱形结构,如图 2-15 所示。一般设置于机舱舱壁与防撞舱壁之间。箱形龙骨不仅能起到中桁材所能起的作用,同时还能将其用于集中布置。

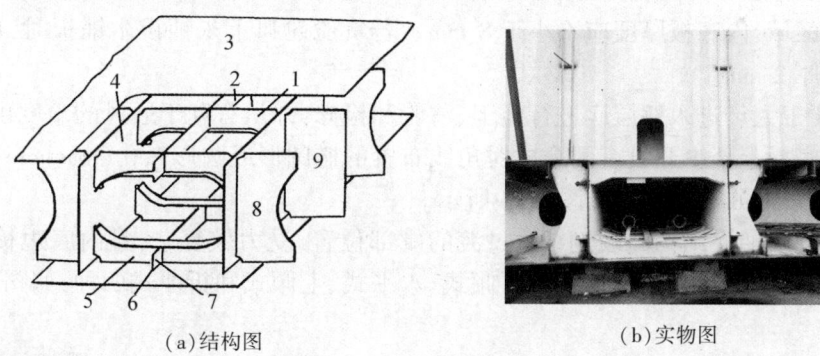

(a)结构图　　　　　　　　　　　(b)实物图

图 2-15　箱形中桁材结构

1—内底横骨(inner bottom frame);2—内底纵骨(inner bottom longitudinal);3—内底板(inner bottom);4—水密纵桁(watertight girder);5—船底横骨(bottom frame);6—船底纵中线(bottom centerline);7—船底纵骨(bottom longitudinal);8—肘板(bracket);9—主肋板(main floor)

各种管路和电气线路,便于保护和维修这些设备,避免管路穿过货舱而妨碍装卸货,故又称管隧(pipe tunnel)。其缺点是要占去一部分双层底舱容。按规定箱形中桁材侧板厚度应不小于水密肋板的厚度,两侧板之间的距离应不超过 2 m,且箱形中桁材区域的船底板和内底板应适当增厚。箱形中桁材设有水密人孔和通向露天甲板的应急出口,其出口的关闭装置能两面操纵。

③旁桁材(side girder)

旁桁材又称旁底桁,对称设置于中桁材两侧且平行于中桁材,并与船底板和内底板相连,其上开有减轻孔、流水孔和气孔等,一般间断于实肋板之间。其厚度可比中桁材减少3 mm,但均不小于相应的肋板厚度。旁桁材的数量根据船宽确定,但应尽可能均匀设置。在横骨架式船底结构中,船宽大于10 m的船舶,中桁材两侧至少各设1道旁桁材;船宽大于18 m时,中桁材两侧至少各设2道旁桁材,桁材之间的间距一般不大于4 m。但距艏垂线0.2L以前区域,旁桁材设置间距应不大于3个肋距。在纵骨架式船底结构中,对船宽大于12 m但不大于20 m的船舶,中桁材两侧至少应各设1道旁桁材。对船宽大于20 m的船舶,中桁材两侧至少应各设2道旁桁材,桁材之间的间距一般不大于5 m。

(2)纵骨(longitudinal)

纵骨是纵骨架式船底结构中设置的纵向构件,一般用尺寸较小的不等边角钢制成,是保证船体总纵强度的重要构件。有内底纵骨(inner bottom longitudinal)和船底纵骨(bottom longitudinal)两种,分别连接在内底板和船底板上,上下相对应,它是连续构件,穿过实肋板。当船长超过200 m或纵骨采用了高强度钢时,船底纵骨应穿过水密肋板,但也可采用相应的替代结构。内底纵骨的剖面模数为船底纵骨剖面模数的85%,且船底纵骨的最大间距应不大于1 m。

3.内底板和内底边板

内底板(inner bottom plate)是双层底上面的水密铺板,其两侧边缘与舭列板相连接的一列板叫作内底边板(margin plate)。内底板和内底边板构成了双层底的内底,其长度也就是双层底的长度。

内底板的厚度分布情况与船底板相似,即船中部较厚,两端稍薄,而中内底板因与中桁材相连接,受力较大,其厚度也稍厚一些。在船端部0.075L区域内的厚度为船中部0.4L区域内厚度的0.9倍。其他区域的厚度应自船中部0.4L区域的厚度向端部的厚度逐渐过渡。双层底内为燃油舱的区域,内底板厚度应不小于8 mm。若货舱舱口下未铺设木铺板时,应将舱口下内底板至少增厚2 mm。

此外,为便于人员进入双层底进行施工、清舱和检修,并从有利于通风的角度出发,在每个双层底舱的内底板上至少开设有两个成对角线布置的椭圆形或圆形人孔(manhole),同时配有水密的人孔盖(manhole cover),如图2-16所示。

内底边板处于船底结构向舭侧结构过渡的舭部位置,受力较复杂,且内底边板处易积水、腐蚀,故比内底板厚些。其结构形式有下倾式、水平式、上倾式和折曲式四种,如图2-16所示。

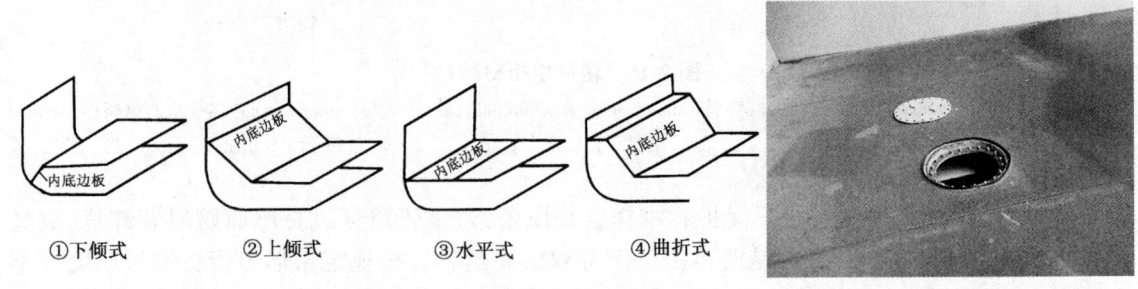

①下倾式   ②上倾式   ③水平式   ④曲折式

(a)内底边板的形式   (b)舱底人孔

图2-16   内底边板的形式与舱底人孔

下倾式内底边板与舭列板可构成污水沟(bilge drainage),普通干货船较多采用。

水平式内底边板施工方便,舱内平坦且强度好,一般客船、集装箱船、油船的油舱区域、一些干货船的货舱区域及其他船舶的近艏艉区域较多采用;上倾式内底边板便于散货的装卸,故散货船较多采用;而折曲式内底边板则因其结构特殊,相比可提高船舶的抗沉性,主要用于经常航行在有浅滩、暗礁等复杂水域的船舶。

上述四种内底边板的结构形式除下倾式外,其他三种均只能在艏部设置污水井(bilge well)。

二、单层底结构

单层底结构(single bottom construction)主要用于小型船舶、老式油船及内河船舶。结构简单,施工方便,但抗沉性和防泄漏能力差。主要构件有中内龙骨(center keelson)、旁内龙骨(side keelson)、船底纵骨(bottom longitudinal)和肋板(floor)等,如图 2-17 所示。

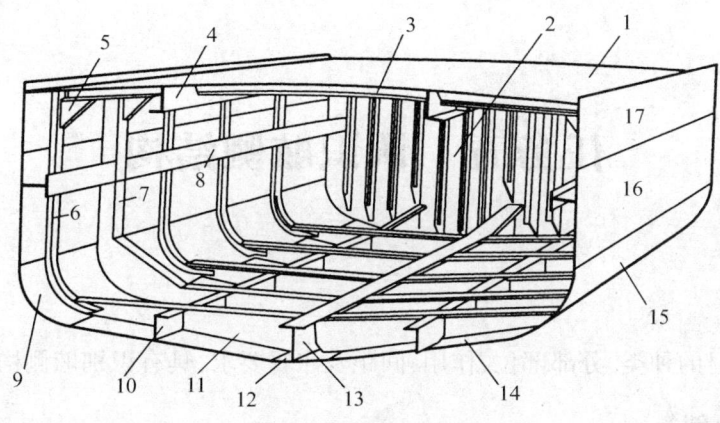

图 2-17　单层底结构

1—甲板板(decked plate);2—横舱壁板(transverse bulkhead plate);3—横梁(beam);4—甲板纵桁(deck girder);5—梁肘板(beam knee);6—肋骨(frame);7—强肋骨(web frame);8—舭侧纵桁(side stringer);9、15—舭列板(bilge strake);10—旁内龙骨(side keelson);11—肋板(floor);12—平板龙骨(plate keel);13—中内龙骨(center keelson);14—船底板(bottom plate);16—舷侧列板(side plate);17—舷顶列板(sheer strake)

三、木铺板

在单层底船的肋板、舭肘板上以及双层底船的艏部污水沟上,应铺设遮蔽板并设有局部的活动铺板以便掀开进行检查,有些干货船货舱底部也设有木铺板。其具体要求如下:

(1)若在货舱口下方的内底板上铺设木铺板,则木铺板下面应垫木条,该木条的厚度至少应为 30 mm。若双层底柜内不装燃油,可直接铺设在先涂好一层沥青化合物或其他有效敷料的内底板上。

(2)不论单层底或双层底船,若在货舱内铺设木铺板,其厚度应根据船长 L 按下述规定选取:

①$L \leqslant 60$ m:木铺板厚度应不小于 50 mm。

②60 m<$L \leqslant 90$ m:木铺板厚度应不小于 55 mm。

③$L>90$ m:木铺板厚度应不小于 60 mm。

(3)位于货舱口下方的内底板或轴隧顶板若增厚 2 mm,可免于铺设木铺板。

(4)若使用抓斗或其他类似机械进行装卸,则在货舱口下方的内底板上铺设双层木铺板[每层厚度按前述第(2)项的规定]。若内底板已增厚 5 mm,可免于铺设木铺板。

(5)若货舱舱壁的另一侧为深油舱且具有加热设备时,应在货舱一侧铺设木铺板或敷设绝缘。若铺设木铺板,其厚度应按第(2)项的规定。

(6)货舱内的人孔盖及其附件,应尽量不高出内底板或木铺板。若高出内底板,则对每一人孔应先加钢镶框,再加上木铺板或钢盖板,使其逐渐过渡。

(7)铺设木铺板的双层底柜顶板或轴隧顶板的外表面,应涂刷沥青溶液或其他有效的涂料;不铺设木铺板的双层底柜顶板或轴隧顶板则应涂刷油漆。

任务五　认识舷侧结构

【任务目标】

掌握舷侧骨材的种类、分部部位、作用、间距及布置要求,具有识别舷侧构件的能力。

【任务(知识)储备】

舷侧结构(side shell construction)是指连接船底和甲板的侧壁部分,它要承受水压力、波浪冲击力、碰撞力、冰块的冲击和挤压力、甲板负荷、舱内负荷、总纵弯曲应力和剪切应力等外力的作用,是保证船体的纵向强度、横向强度,保持船体几何形状和侧壁水密的重要结构。

对于大部分船舶来说,舷侧部位只有一层外板,但某些大型油船和具有甲板大开口的船上,有时将舷侧做成双层壳。舷侧结构按骨架排列形式的不同分为横骨架式和纵骨架式两大类,其主要组成部分有:肋骨、舷侧纵桁和舷侧纵骨、护舷木条、舷边、舷墙与栏杆等。

一、肋骨

肋骨(frame)是从肋板(floor)、舭肘板(bilge bracket)向上延伸,并与梁肘板(beam knee)和横梁(beam)组成船体横向框架的横向构件。肋骨的间距一般为 500~900 mm,最大间距不得大于 1 000 mm。

(一)肋骨的作用

肋骨的作用是支持舷侧外板,保证舷侧的强度和刚性。与其他横向构件组成坚固的框架,可达到保证船体的横向强度,防止船舶在摇摆和横倾时产生过大的横向变形。

(二)肋骨的分类

1.按位置分类

肋骨按其所在位置一般可分为主肋骨(main frame)、甲板间肋骨(tweendeck frame)和尖舱肋骨(peak frame)三种。

主肋骨是位于防撞舱壁与艉尖舱壁之间,在最下层甲板以下船舱内的肋骨。甲板间肋骨是位于两层甲板之间的肋骨,又称间舱肋骨。由于跨距和受力均较小,故尺寸也比主肋骨小。尖舱肋骨是指位于艏、艉尖舱内的肋骨。对某些需要进行局部加强(如冰区加强)的船舶,还需在位于水线附近每一肋距(frame space)中间增设一短肋骨——中间肋骨(intermediate frame)。其作用是加强舷侧外板以抵抗浮冰的撞击和冰块的挤压。中间肋骨一般采用比主肋骨小的型钢制成,两端削斜,为自由端,不与甲板及船底连接。图 2-18 所示为横骨架式舷侧结构,图 2-19 所示为中间肋骨结构。

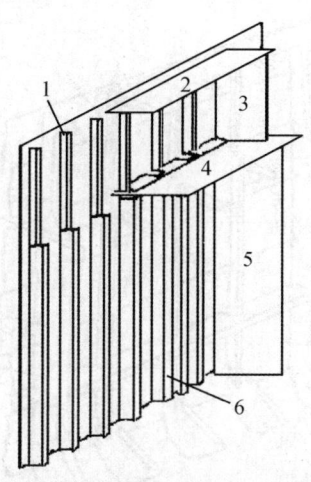

图 2-18　横骨架式舷侧结构

1—甲板间肋骨(tweendeck frame);2—上甲板(upper deck);3、5—横舱壁(transverse bulkhead);4—下甲板(lower deck);6—主肋骨(main frame)

2.按受力分类

肋骨按受力不同可分成普通肋骨(ordinary frame)和强肋骨(web frame)两种。

普通肋骨一般可用不等边角钢、球扁钢做成,如前述的主肋骨、甲板间肋骨和尖舱肋骨等;而强肋骨则由尺寸较大的 T 形组合材或折边钢板制成,强度要比普通肋骨大得多。在横骨架式舷侧结构中,一般每隔几个肋位设置一强肋骨,其目的是增加局部强度,如机舱、货舱的舱口端梁处等;在纵骨架式舷侧结构中,强肋骨是唯一的横向构件,其在支持舷侧纵骨的同时,还起着保证船体横向强度的作用,如图 2-20 所示。

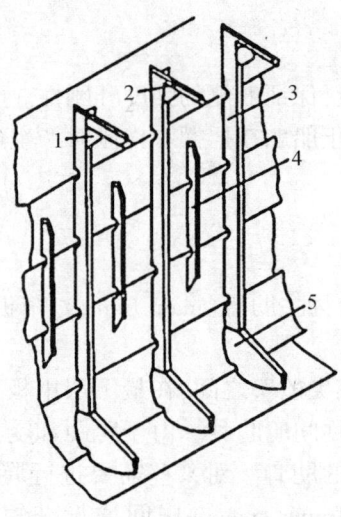

图 2-19　中间肋骨结构

1—梁肘板(beam knee);2—横梁(beam);3—主肋骨(main frame);4—中间肋骨(intermediate frame);5—舭肘板(bilge bracket)

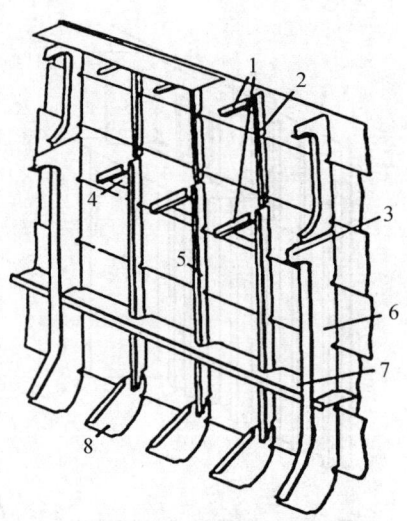

图 2-20　强肋骨与舷侧纵桁

1—横梁(beam);2—甲板间肋骨(tweendeck frame);3—强横梁(web beam);4—梁肘板(beam knee);5—主肋骨(main frame);6—强肋骨(web frame);7—舷侧纵桁(side stringer);8—舭肘板(bilge bracket)

(三) 肋骨编号

为便于在船舶修造中指明肋骨位置及海损事故后能迅速准确地报告受损部位,必须对肋骨进行编号。肋骨编号以尾垂线为基准,主要有两种方法:一种是较普遍采用的编号方法,即以舵杆中心线处的肋骨为0号(无论有无舵柱),向船首排列取正号1,2,3…,向船尾排列取负号-1,-2,-3…;另一种是少数有舵柱的船舶以舵柱后缘为0号,向船首排列取正号,向船尾排列取负号。

二、舷侧纵桁和舷侧纵骨

舷侧纵桁(side stringer)多为横骨架式舷侧结构中设置的纵向构件,如图 2-20 所示。通常采用 T 形组合材或折边钢板做成,其腹板(web)与强肋骨(web frame)腹板同高,主要用来支承肋骨。遇主肋骨时,覆板开口让主肋骨通过;遇强肋骨时,切断舷侧纵桁使强肋骨保持连续。舷侧纵骨(side longitudinal)是纵骨架式舷侧结构中的主要纵向构件,一般用尺寸较小的不等边角钢或球扁钢制成,如图 2-5 所示。舷侧纵骨的作用是参与总纵强度,支持外板并承受舷外水压力,故在遇到强肋骨时穿过强肋骨的腹板保持连续,但在水密横舱壁处截断。舷侧纵骨的间距一般为 600～900 mm,最大不超过 1 000 mm。

三、护舷木条

装运杂货的处所,应沿船舷内侧装设护舷木条,其边缘之间距应不超过 300 mm,其宽度与厚度应根据船长 L 按下列规定选取:

①L≤60 m:宽度应不小于 100 mm,厚度应不小于 30 mm。

②60 m<L≤90 m:宽度应不小于 120 mm,厚度应不小于 40 mm。

③L>90 m:宽度应不小于 150 mm,厚度应不小于 50 mm。

护舷条亦可采用钢质材料。

四、舷边

舷顶列板与甲板边板的连接处称为舷边(gunwale)。舷边处于高应力区域,受力大,此处的连接强度,对于船体承受总纵弯曲的能力具有重要作用,因此有其特殊的连接方法,一般有下列三种:

1.舷边角钢铆接法

这是一种老式的舷边连接形式,它是将等边角钢,即舷边角钢(gunwale angle bar)的两边分别与舷顶列板和甲板边板铆接,如图 2-21(a)所示。这种方法利用了铆接能重新分布应力(stress)和止裂(crack arrest)的特点,但其工艺复杂、工作量大,不适合现代化工艺的要求,因此在有些船上用扁钢代替角钢,即先将扁钢垂直焊接在甲板边板上,再把扁钢与舷顶列板铆接,如图 2-21(b)所示,这种形式仅作为过渡连接形式,最终也将会被淘汰。

2.圆弧连接法

这种方法是通过圆弧舷板使舷顶列板和甲板边板连成一个整体,如图 2-21(c)所示。采用这种连接方法能使甲板和舷侧的应力过渡较为顺利、分布均匀,且结构刚性较大,但甲板有效利用面积减少,甲板排水易弄脏舷侧。此外,由于线型变化问题,这种方法较适用于船中部位。规范规定圆弧舷板厚度至少应等于甲板板厚度,它的圆弧半径不得小于板厚的 15 倍,且在船中 0.5L 区域内的圆弧舷板上应尽量避免焊接甲板装置。

3.舷边直角焊接法

这种方法是把舷顶列板和甲板边板直接焊接起来,如图 2-21(d)和图 2-21(e)所示。此种连接法施工简单,但易造成应力集中而产生裂缝,多用于中小型船舶及有舷边水柜的散货船等。

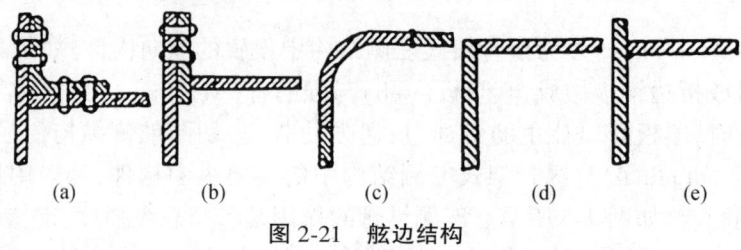

图 2-21 舷边结构

五、舷墙与栏杆

船舶在露天甲板以及在上层建筑和甲板室甲板的露天部分均设置舷墙或栏杆。按规定,露天干舷甲板及上层建筑甲板和第一层甲板室甲板的舷墙或栏杆的高度除经特别同意可适当降低高度外,其高度应不小于 1.0 m。但对甲板上设计成装运木材的船舶,其舷墙高度至少为 1.0 m。

1.舷墙(bulwark)

为保障人员安全,减少甲板上浪,防止甲板上的物品滚落入海,一般在舷边设置舷墙,如图 2-22 所示。舷墙由舷墙板(bulwark plate)、支撑肘板(buttress bracket)和扶手(armrest)等组成。在船中部,舷墙板不和舷顶列板连接,而是由支撑肘板支撑在甲板边板上,其下端与舷顶列板上端间留有一定空隙以利于排水,上端由扁钢或型钢做成扶手。对于船长等于或大于 65 m 的船舶,干舷甲板上的舷墙板厚度应不小于 6 mm。露天甲板舷墙上开有导缆孔或有吊杆稳索系固的地方,舷墙板必须加厚,其他开口处也需局部加强。甲板装货船舶和木材船的舷墙结构应特别加强。舷墙不参与总纵弯曲。

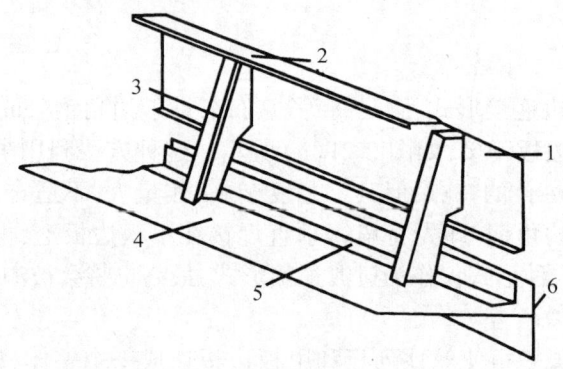

图 2-22 舷墙结构

1—舷墙板(bulwark plate);2—扶手(handrail);3—支撑肘板(buttress bracket);4—甲板边板(deck stringer);5—舷边角钢(gunwale angle bar);6—舷顶列板(sheer strake)

2.栏杆(hand rail)

栏杆的作用主要是保障人员安全,防止甲板上的物品滚落入海。栏杆的最低一根横杆距甲板应不超过 230 mm,其他横杆的间距应不超过 380 mm。

任务六　认识甲板结构

【任务目标】

掌握甲板构件的组成、分布、布置要求及作用,具有识别甲板构件的能力。

【任务(知识)储备】

甲板结构(deck construction)须承受总纵弯曲应力,货物的负载和波浪的冲击力等外力的作用,是保证船体总纵强度、横向强度、保持船体几何形状及保证船体上部水密的重要结构。由于营运、安装设备和进出人员的需要,在甲板上设置了各种不同的开口。这些开口破坏了甲板的连续性,减弱了结构的强度、刚度和稳定性,并在开口的角隅处易造成应力集中现象,因此在开口处都要对结构进行加强,从而使甲板结构显得比较复杂。

按骨架结构形式的不同,甲板结构可分成横骨架式(图 2-23)和纵骨架式(图 2-24)两种,其主要组成部分有甲板板(deck plate)、横梁(beam)、甲板纵桁(deck girder)、甲板纵骨(deck longitudinal)、舱口围板(hatch coaming)及支柱(pillar)等。

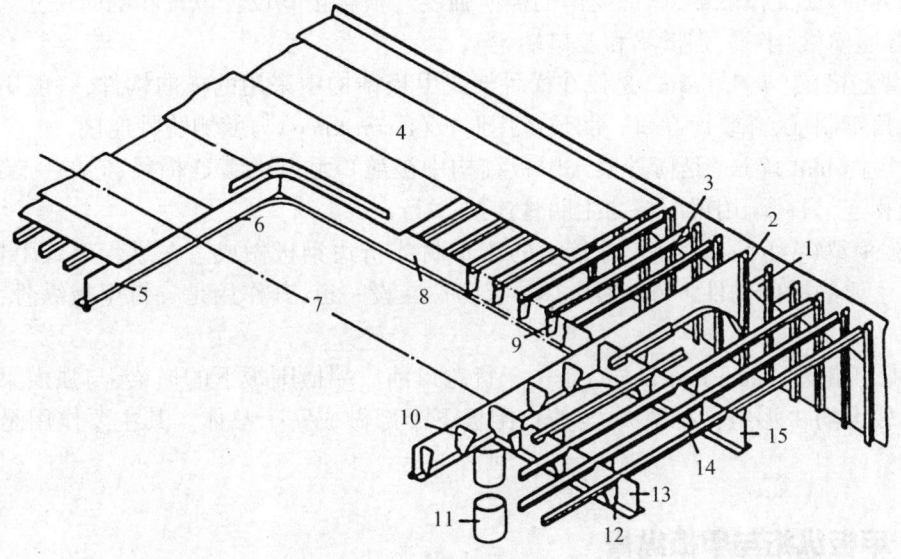

图 2-23　横骨架式甲板结构

1—梁肘板(beam knee);2—主肋骨(main frame);3—半梁(half beam);4—下甲板(lower deck);5—舱口端梁(hatch end beam);6—圆钢(round bar);7—甲板纵中线(deck centerline);8—舱口纵桁(hatch side girder);9—肘板(bracket);10、12—防倾肘板(tripping bracket);11—支柱(pillar);13、15—甲板纵桁(deck girder);14—横梁(beam)

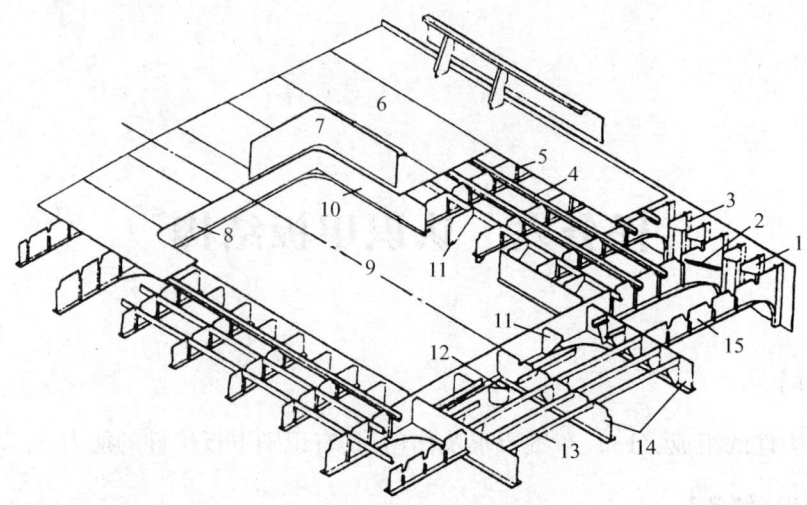

图 2-24　纵骨架式甲板结构

1—肘板(bracket);2—斜置加强筋(tilt stowing stiffener);3—主肋骨(main frame);4、14—甲板纵桁(deck girder);
5—加强筋(stiffener);6—上甲板(upper deck);7—舱口围板(hatch coaming);8—舱口端梁(hatch end beam);9—甲板纵中线(deck centerline);10—舱口纵桁(hatch side girder);11—防倾肘板(tripping bracket);12—支柱(pillar);13—横梁(beam);15—强横梁(web beam)

一、横梁

横梁(beam)是甲板结构中的横向构件,起着承受甲板货、机器设备和甲板上浪时的水压力的作用,同时还支撑舷侧,保证船体的横向强度。横梁按其设置位置和剖面尺寸大小的不同可分为:普通横梁、半梁、强横梁和舱口端梁。

(1)普通横梁(deck beam)是仅在横骨架式甲板结构中采用的横向构件,一般用尺寸较小的不等边角钢制成,并装设在每一肋位上用肘板(beam knee)与舷侧肋骨连接。

(2)半梁(half beam)是横骨架式甲板结构中被舱口截断的普通横梁,它的一端与舱口纵桁用肘板相连,另一端用梁肘板与主肋骨连接。

(3)强横梁(web beam)由尺寸较大的 T 形材或折边钢板做成。在纵骨架式甲板结构中,强横梁是主要的横向构件,一般每隔 3~5 个肋位装设一道,其作用是支持甲板纵骨,保证横向强度。

(4)舱口端梁(hatch end beam)是位于货舱口前后端横围板下的横梁,与强横梁一样采用剖面尺寸较大的 T 形组合材做成,与舱口围板下半部做成一个整体。其主要作用是增加舱口处的强度。

二、甲板纵桁与甲板纵骨

(1)甲板纵桁(deck girder)是甲板结构中沿舱口两边和甲板中心线布置的纵向构件,用尺寸较大的 T 形组合材制成。其作用是支撑横梁,承受总纵弯矩,增加舱口处的强度。

(2)甲板纵骨(deck longitudinal)是仅在纵骨架式甲板结构中设置的纵向构件,一般用不等边角钢或球扁钢制成,其间距与船底纵骨相同。主要用来保证船体的总纵强度,增加甲板板的稳定性,承受甲板上的载荷。

三、舱口围板

舱口围板(hatch coaming)是指设置于露天甲板(上甲板)货舱开口四周的纵向和横向并与甲板垂直的围板。其作用是保障工作人员安全,防止海水灌入舱内和增加甲板开口处的强度。

舱口围板在甲板上的高度是依据《1966 年国际载重线公约》来确定的。若舱口位于"露天的干舷甲板上和后升高甲板上以及位于自艏垂线起 0.25L 以前的露天上层建筑甲板上",其最小高度应不小于 600 mm;若舱口位于"自艏垂线起 0.25L 以后,且在干舷甲板以上至少一个标准上层建筑高度的露天上层建筑甲板上,以及在位于自艏垂线起 0.25L 以前,且在干舷甲板以上至少两个标准上层建筑高度的露天上层建筑甲板上",则其最小高度应不小于 450 mm。

舱口围板上缘一般用半圆钢加强,围板的外侧还有水平加强筋(horizontal stiffener)和防倾肘板(tripping bracket),以增加围板的刚性和防倾,纵向围板的下部与甲板纵桁处于同一直线上,兼作甲板纵桁的一部分。

舱口角隅处的加强方法有两种:一种是将舱口围板下伸超过甲板,与甲板开口四周焊接,这种形式有利于减轻角隅处的应力集中,并且围板下缘光滑,不会磨损吊货索;另一种是将围板分成两块,分别焊在甲板开口边缘的上下面,在下面用菱形面板加强,如图 2-25 所示。

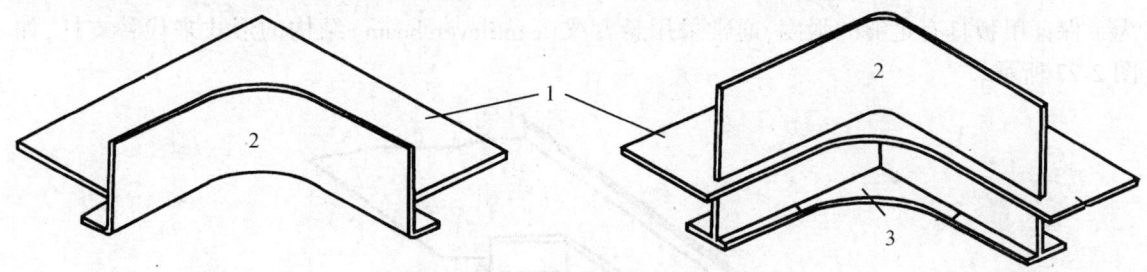

图 2-25　舱口角隅的加强方法

1—甲板(deck);2—舱口围板(hatch coaming);3—菱形面板(diamond plate)

四、支柱

支柱(pillar)是舱内的竖向构件,由钢管或工字钢等做成,如图 2-26 所示。其作用是支撑甲板骨架,承受轴向压缩力,保持船体竖向形状。

货舱内支柱数目应尽可能少,以免妨碍装卸货物。通常用四根设置在舱口的四角或用两根设置在舱口端梁的中点。为了有效地支持甲板骨架,实现力的传递,支柱上下端应尽量设置在强骨材的交叉点上,即支柱的上端应位于甲板纵桁和横梁的交叉节点处,下端应在船底纵桁与肋板的交叉节点处。多层甲板船上下层甲板间的支柱一般应设置在同一垂直线上。

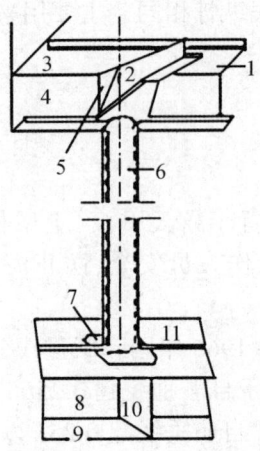

图 2-26　甲板间支柱结构

1—横梁(beam);2—甲板纵桁(deck girder);3—甲板(deck);4—舱口端梁(hatch end beam);5—肘板(bracket);
6—支柱(pillar);7—垫板(template);8—肋板(floor);9—船底外板(bottom plate);10—纵桁(girder);11—内底板
(inner bottom plate)

五、舱口悬臂梁

对于一些载运特大特重货物的货船,为不妨碍货物的装卸,其舱口较大且舱内不设支柱。为了保证甲板具有足够的强度,通常采用悬臂梁(cantilever beam)结构的形式来代替支柱,如图 2-27 所示。

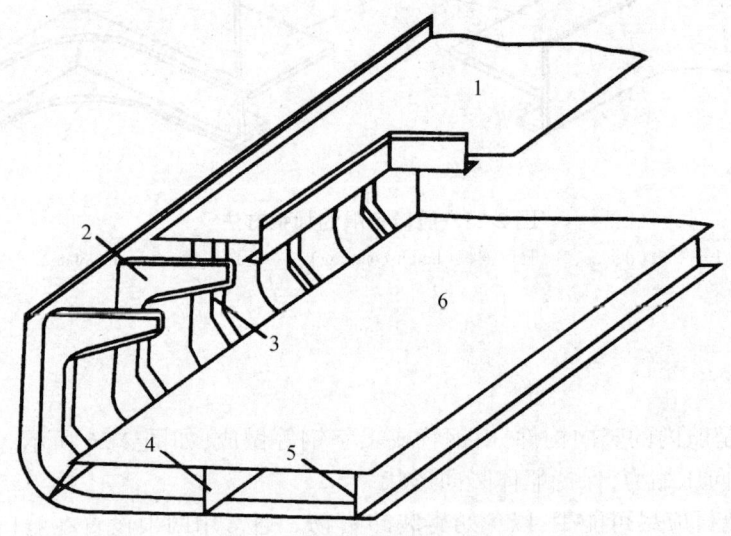

图 2-27　甲板货舱口处悬臂梁结构

1—甲板(deck);2—悬臂梁(cantilever beam);3—肋骨(frame);4—旁桁材(side girder);5—中桁材(center girder);
6—内底板(inner bottomplate)

任务七 认识舱壁结构

【任务目标】

掌握舱壁结构分类、组成及作用，具有辨识舱壁结构的能力。

【任务(知识)储备】

一、舱壁的作用

主船体(main hull)在设计和建造时按要求设置了若干的横向和纵向舱壁(bulkhead)，这些舱壁所起的作用归纳起来有如下几个方面：

(1)将船体内部分隔成若干个舱室，以便安装各种机械设备及装载货物、燃油、淡水、备品和压载水等。

(2)横舱壁(transverse bulkhead)对保证船体的横向强度和刚性起很大作用，它是船底、舷侧和甲板等结构的支座，可使船体各部位构件之间的作用力相互传递，其中水密横舱壁(watertight transverse bulkhead)是保证船舶抗沉性能的重要结构。

(3)纵舱壁(longitudinal bulkhead)可有效减少自由液面对船舶稳性的影响，较长的纵舱壁还可增强船舶的总纵强度(longitudinal strength)。

(4)某些舱壁采用了防火结构，可在一定时间内防止火灾蔓延。

二、舱壁的分类

舱壁一般按用途和结构形式两种分类依据来分类。

(一)按用途分类

1.水密舱壁(watertight bulkhead)

水密舱壁是指自船底(船底板或内底板)至舱壁甲板(上甲板)的主舱壁(main bulkhead)，它将船体分隔成若干个水密舱室。

水密舱壁主要有两种：

(1)水密横舱壁(watertight transverse bulkhead)，能保证船体因海损事故造成某舱破损进水时不会蔓延至其他相邻舱室，使船舶仍有一定的浮力和稳性，从而提高船舶的抗沉性能。其设置数量依据船长和船型不同而异，一般万吨级船按规定需设置6~7道，其中位于艏尖舱

(fore peak tank)与货舱(cargo hold)之间的艏尖舱壁(fore peak bulkhead)即船舶最前的一道水密横舱壁，又称为防撞舱壁(collision bulkhead)，也是最重要的一道水密横舱壁，其上不得开设任何门、人孔、通风管道或任何其他开口，且应水密延伸到干舷甲板。位于船尾的最后一道水密横舱壁即艉尖舱壁(after peak bulkhead)。

（2）水密纵舱壁(watertight longitudinal bulkhead)，一般仅见于液货船(liquid cargo ship)。

2.防火舱壁(fireproof bulkhead)

防火舱壁是根据规范对船舶防火结构要求而设置的具有一定隔热能力并能在一定时间内防止火灾蔓延的舱壁。按规定，机舱和客船起居处所的舱壁应采用防火舱壁。

3.液体舱壁(liquid bulkhead)

液体舱壁是液舱(油舱、水舱等)的界壁，它经常承受液体压力与振荡冲击力，故舱壁板较厚且其上的骨架尺寸也较大，并需保证水密或油密(oil tight)。

4.制荡舱壁(swash bulkhead)

制荡舱壁是设于液舱内的舱壁，主要用来减小自由液面的影响。制荡舱壁多为纵向设置，一些较长的液舱里也有横向设置的，与水密纵舱壁不同，其上开有气孔、油水孔和减轻孔。

（二）按结构形式分类

舱壁按结构形式来分，可分为平面舱壁、槽形舱壁及双层板舱壁等。

1.平面舱壁

平面舱壁(plain bulkhead)由舱壁板(bulkhead plate)和其上的垂直与水平骨架组成。大型船舶舱壁板的钢板长边沿水平方向布置，其厚度自下而上逐渐减薄，其上骨架竖向排列的称为扶强材(bulkhead stiffener)，水平方向排列的称为水平桁(horizontal girder)。

2.槽形舱壁

槽形舱壁(corrugated bulkhead)由钢板压制而成，以其槽形曲折来代替扶强材。其优点是在保证具有同等强度的条件下，可减轻结构的重量，节约钢材，减少装配与焊接的工作量，便于清舱工作。其缺点是所占舱容较大，不利于舱容的有效利用，故一般用于油船和散货船。槽形舱壁的剖面形状有三角形、矩形、梯形和弧形，其中梯形和弧形用得较为广泛，如图 2-28、图 2-29及图 2-30 所示。

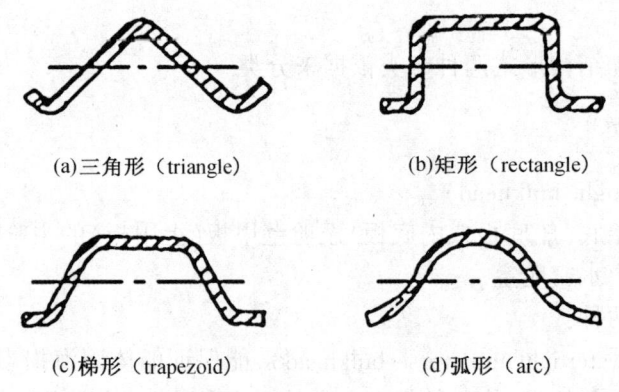

(a)三角形（triangle）   (b)矩形（rectangle）

(c)梯形（trapezoid）   (d)弧形（arc）

图 2-28　槽型舱壁剖面形状

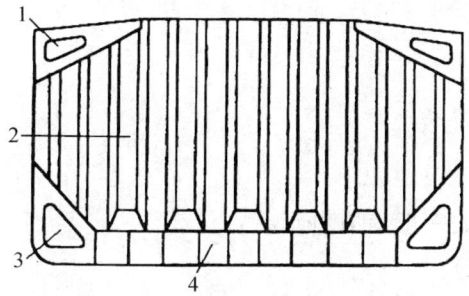

图 2-29 无底凳对称梯形舱壁

1—顶边舱(top side tank);2—对称梯形舱壁(symmetrical trapezoid bulkhead);3—底边舱(lower side tank);4—双层底(double bottom tank)

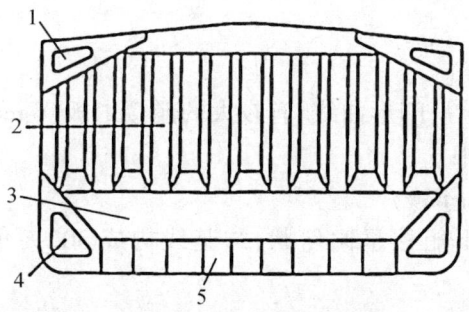

图 2-30 有底凳对称梯形舱壁

1—顶边舱(top side tank);2—对称梯形舱壁(symmetrical trapezoid bulkhead);3—底凳(lower stool);4—底边舱(lower side tank);5—双层底(double bottom tank)

任务八 认识艏艉结构

【任务目标】

了解艏艉结构形式,掌握艏艉结构组成、作用以及加强方法。

【任务(知识)储备】

船舶的艏部和艉部位于船舶的最前端和最后端,艏艉线型变化复杂,受总纵弯曲作用较小,而受局部作用力较大,如艏部的碰撞力、拍底力,艉部的转舵力、螺旋桨振动力等。因此,艏艉部结构与船体中部有很大不同,多采用横骨架式结构,并做特别加强。

一、艏艉端的形状

(一) 艏端形状

艏端形状如图 2-31 所示,一般有五种形状:

1. 直立型艏(straight bow)

该型艏的艏柱(stem)呈直线型,与基线(baseline)基本垂直,多见于驳船(barge)和特种船。

2. 前倾型艏(raked bow)

该型艏的艏柱呈直线前倾或微带曲线前倾。这种型式艏部不易上浪,万一发生碰撞,船首水线以下部分也不易受损。

3. 飞剪型艏(clipper bow)

该型艏的设计水线以上呈凹形曲线,有较大的艏楼甲板(forecastle deck),利于锚和系泊设备的布置,船首也不易上浪。

4. 破冰型艏(ice resistant bow)

该型艏的设计水线以下艏柱呈倾斜状,与基线构成 30° 夹角,一般多见于破冰船(ice breaker)。

5. 球鼻型艏(bulbous bow)

该型艏的设计水线以下艏部前端有球鼻型突出体,其作用是减小兴波阻力(wave making resistance)和形状阻力(form resistance),目前海船广泛采用。

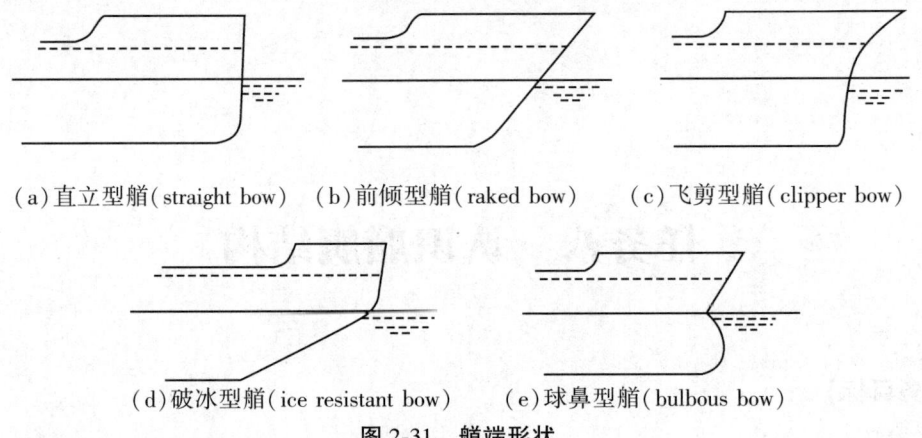

(a)直立型艏(straight bow)　(b)前倾型艏(raked bow)　(c)飞剪型艏(clipper bow)

(d)破冰型艏(ice resistant bow)　　(e)球鼻型艏(bulbous bow)

图 2-31　艏端形状

(二) 艉端形状

艉端形状如图 2-32 所示,一般有三种形状:

1. 椭圆形艉(elliptical stern)

椭圆形艉的船尾有短的尾伸部,折角线以上呈椭圆体向上扩展。

2. 巡洋舰型艉(cruiser stern)

巡洋舰型艉有光顺曲面的尾伸部,有利于减少阻力,保护车叶与舵叶,海船广泛采用。

3.方形艉(transom stern)

方形艉的末端有横向的艉封板(stern transom plate),以往多用于军舰,近年来商船也采用,如集装箱船。

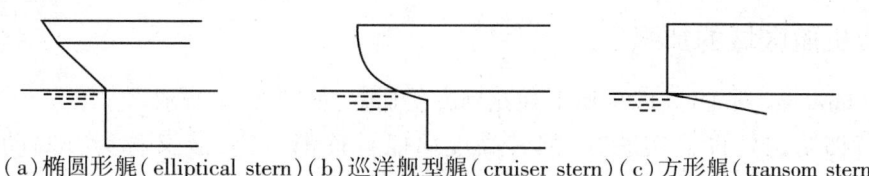

(a)椭圆形艉(elliptical stern)　(b)巡洋舰型艉(cruiser stern)　(c)方形艉(transom stern)

图 2-32　艉端形状

二、艏部结构的加强

艏部结构(bow construction)通常是指从艏部船底平坦部分起向着船首部分的船体结构。艏部要受波浪、冰块的冲击和水阻力的作用,一旦发生碰撞,应有足够的强度保证船舶的安全,同时船壳外板在此汇拢,其外形应尽可能减少水阻力。为此,需要对艏部结构的各部分进行加强。

(一)艏柱

艏柱(stem)位于船体最前端,是汇拢船首外板、保持船首形状及保证船首局部强度的强力构件(strength member),如图 2-33 所示。艏柱有钢板艏柱、铸钢艏柱和混合艏柱三种。

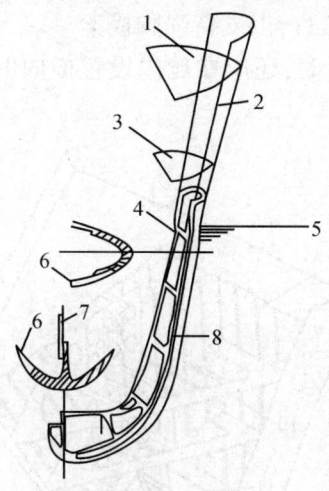

图 2-33　艏柱结构

1—上甲板(upper deck);2—钢板艏柱(steel plate stem);3—下甲板(lower deck);4—加强筋(stiffener);5—满载水线(full load waterline);6—外板(plate);7—中内龙骨(center keelson);8—铸钢艏柱(cast steel stem)

1.钢板艏柱

钢板艏柱由厚钢板弯曲焊接而成,其内侧设有水平的和竖向的扶强材,以增加刚性。其特点是制造方便、重量轻、成本低、碰撞时仅局部变形、容易修理。

2.铸钢艏柱

铸钢艏柱由钢水浇铸而成,它的刚性大,但韧性差些,可制成较复杂的断面形状。

3.混合艏柱

现代大中型船舶常采用铸钢与钢板混合式艏柱,即在夏季载重线之上0.5 m处以下结构较复杂的区域采用铸钢式,在该处以上结构简单的区域采用钢板焊接式。

(二)艏尖舱区域的加强

艏尖舱(forepeak tank)区域采用下列几种方法加强,如图2-34所示:

(1)在每挡肋位处设置实肋板,因其高度向船首逐渐升高,故又称为升高肋板(raised floor)。

(2)在中纵剖面处设置与升高肋板等高、等厚和具有同样面板的中内龙骨(center keelson),并延伸至与艏柱牢固连接。

(3)当该区域的舷侧为横骨架式时,应在每隔一挡肋位处从肋板的上缘至最下层甲板间垂向设置垂向间距不大于2 m的强胸横梁(panting beam),且至少应达到满载水线以上1 m处,在每道强胸横梁处还应设置舷侧纵桁,并用肘板(bracket)与肋骨连接。当用开孔平台(trepanned platform)结构代替强胸横梁和舷侧纵桁结构时,其垂向间距应不大于2.5 m,设置的范围为从肋板的上缘至不低于满载水线以上1 m,且每一开孔平台的开孔面积应不小于总面积的10%。当舱深超过10 m时,必须在舱深中点处设置开孔平台。

(4)当该区域的舷侧为纵骨架式且舱深超过10 m时,应在适当位置设置一层或多层开孔平台,或者在每根强肋骨处设置一道或多道强胸横梁,并用肘板与强肋骨连接。

(5)当艏尖舱被用作液舱且其最宽处的宽度超过0.5B时,应在中纵剖面处设置有效的支撑构件或制荡舱壁(swash bulkhead),以支持强胸横梁。

(6)当艏尖舱长度超过10 m时,还应在舱内设置横向的制荡舱壁或强肋骨,以对其做横向的附加加强。

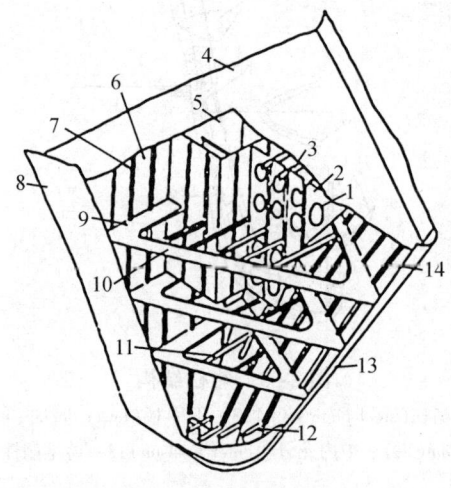

图2-34 艏端结构立体视图

1—减轻孔(lightening hole);2—制荡舱壁(swash bulkhead);3—横梁(beam);4—甲板(deck);5—锚链舱(chain locker);6—艏尖舱壁(fore peak bulkhead);7—舱壁扶强材(bulkhead stiffener);8—外板(shell plate);9—水平桁(horizontal girder);10—舷侧纵桁(side stringer);11—强胸横梁(panting beam);12—升高肋板(raised floor);13—艏柱(stem);14—肋骨(frame)

(三)艏尖舱外舷侧的加强

当舷侧为横骨架式时,对于从防撞舱壁(collision bulkhead)后至距艏垂线 0.15L 区域内舷侧结构的加强措施如下:

(1)设置间断的舷侧纵桁(side girder),其腹板(web)与肋骨同高且与艏尖舱纵桁同厚。

(2)若不设上述纵桁,则应加厚舷侧外板。

(四)船首底部的加强

为抵抗船舶空载时波浪对船底的拍击(slapping),当船长 L 等于或大于 65 m,且航行中最小首吃水小于 0.04L 时,应对其从艏垂线向后的底部平坦部分进行加强。

(1)对横骨架式的双层底骨架,应在每挡肋位处设置实肋板,并应设置间距不大于 3 挡肋骨间距的旁桁材,该旁桁材应尽量向首延伸。

(2)对纵骨架式的双层底骨架,应在每隔一挡肋位处设置实肋板,同时应设置间距不大于 3 倍纵骨间距并尽量向船首延伸的旁桁材。船底纵骨剖面模数(section modulus)应比中部大 10%。

(3)对单层底骨架,应设置间距不大于 3 挡肋骨间距且尽可能地向船首延伸的旁内龙骨。

(4)船底板适当加厚。

(五)球鼻艏结构

近年来,许多大型货船和油船采用了球鼻艏。球鼻艏的优点是在波浪中航行时可以降低兴波阻力。但装有球鼻的船首,对抛锚、起锚和船舶靠码头有一定的妨碍,并且球鼻突出体使得结构和工艺更复杂,如图 2-35 所示。球鼻是艏尖舱向艏部水线以下的延伸部分,突出体受力较大,故应有足够的支持,并与艏尖舱结构组成一个整体。一般应按下列要求加强:

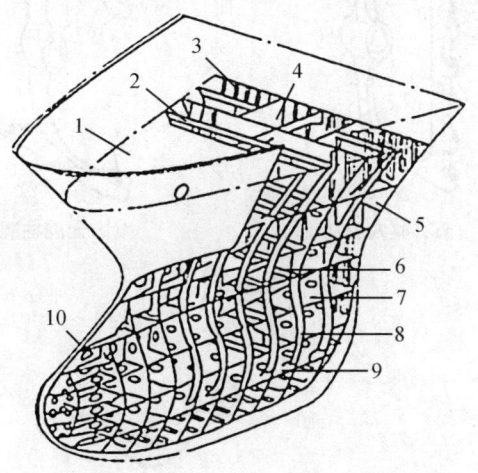

图 2-35 球鼻型艏端结构立体视图

1—上甲板(upper deck);2—甲板横梁(deck beam);3—扶强材(stiffener);4—锚链舱(chain locker);5—艏尖舱壁(forepeak bulkhead);6—强胸横梁(panting beam);7—强胸纵桁(panting stringer plate);8—肋骨(frame);9—舷侧纵桁(side stringer);10—艏柱(stem)

(1)在球鼻艏前端应设置间隔约 1 m 的水平隔板,并与中纵桁连接。

（2）由艏尖舱肋骨到球鼻艏肋骨的过渡区域应装设横向垂直隔板。

（3）对于长球鼻，一般应设置横向制荡舱壁做附加加强或每隔5个肋距设置强肋骨。

（4）对于宽球鼻，一般应在中纵剖面处设置制荡舱壁做附加加强。

（5）球鼻前端以及易受锚和锚链碰损部分的外板应加厚，加厚板的厚度可取为钢板艏柱的厚度。

三、艉部结构的加强

艉部结构（stern construction）通常是指艉尖舱壁（after peak bulkhead）以后的区域。该区域需承受水压力，车叶转动时的振动力和水动力，舵的水动力及车叶与舵叶的荷重等作用，因此必须对组成艉部结构的各部分进行加强。

（一）艉柱

艉柱（stern post）是艉部结构中的强力构件（strength member），它位于艉部结构下部的最后端。其作用是汇拢两侧外板，并支持和保护螺旋桨与舵，同时承受它们工作时的振动力和水动力，增强船尾的结构强度。

艉柱的上端应与艉肋板（transom floor）或舱壁（bulkhead）连接，底骨（sole piece）应向船首方向延伸至少三个肋距（frame space）并与平板龙骨（plate keel）连接。艉柱的形状比较复杂，一般采用铸造件，大型船舶的艉柱可先分段铸造后再焊接装配，如图2-36所示。

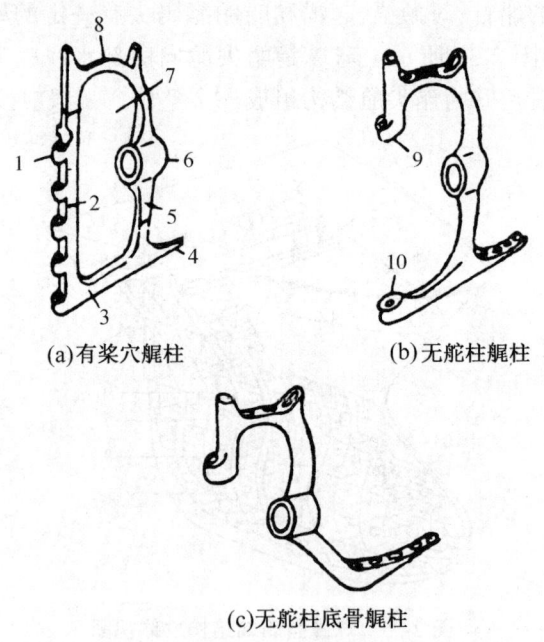

(a)有桨穴艉柱   (b)无舵柱艉柱

(c)无舵柱底骨艉柱

图 2-36　艉柱形式

1—舵钮（rudder gudgeon）；2—舵柱（rudder post）；3—艉柱跟（heel piece）；4—艉柱踵材（shoe piece）；5—螺旋桨柱（propeller post）；6—轴毂（shaft bossing）；7—桨穴（propeller cave）；8—梁拱（顶框 arched beam）；9—上舵钮（upper rudder gudgeon）；10—下舵钮（lower rudder gudgeon）

（二）艉尖舱的加强

对艉尖舱（after peak tank）区域的加强措施有：

（1）在每挡肋位处设置实肋板，其厚度较艏尖舱肋板加厚 1.5 mm。

（2）对于单螺旋桨船，其肋板应升高至艉轴管（stern tube）以上足够高度。

（3）当该区域的舷侧为横骨架式时，在肋板以上设置垂向间距不大于 2.5 m 的强胸横梁和舷侧纵桁或开孔平台；当为纵骨架式时，应在舱顶设置适当数量的强横梁。

（4）艉尖舱上部和艉突出体或巡洋舰尾的中纵剖面处应设置制荡舱壁（swash bulkhead）。

（三）艉尖舱以上舷侧的加强

艉尖舱以上舷侧结构部分的加强措施有：

（1）加设强肋骨。

（2）加设腹板与肋骨同高的间断舷侧纵桁或加厚舷侧外板。

（四）艉突出体

为扩大艉部甲板面积，安装舵机，保护车叶和舵，并改善航行性能，在设计船尾时有意将艉部向后悬伸一部分，此悬伸的部分称艉突出体，其大部分在设计水线（designed waterline）以上。图 2-37 所示为采用扇形斜肋骨（cant frame）和斜横梁（cant beam）的巡洋舰式艉突出体。

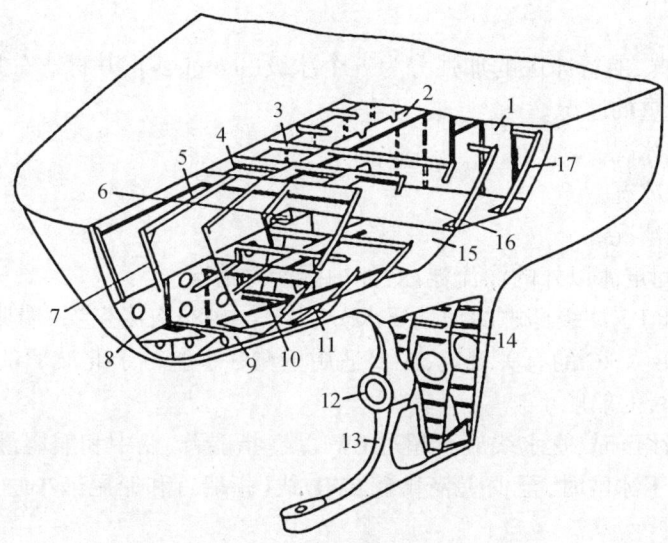

图 2-37 巡洋舰式艉部结构与艉突出体

1—横舱壁（transverse bulkhead）；2—甲板纵桁（deck girder）；3—横梁（beam）；4—强横梁（web beam）；5—斜横梁（cant beam）；6—舵杆管（rudder case）；7—斜肋骨（cant frame）；8—制荡舱壁（swash bulkhead）；9—肋板（floor）；10—强胸横梁（panting beam）；11—舷侧纵桁（side stringer）；12—轴毂（propeller boss）；13—艉柱（stern）；14—艉升高肋板（stern raised floor）；15—艉尖舱壁（after peak bulkhead）；16—舵机舱平台（steering gear room platform）；17—肋骨（frame）

任务九　识别冰区加强结构

【任务目标】

掌握冰区加强部位及方法,了解冰级标志,掌握主要构件的布置要求。

【任务(知识)储备】

对航行于冰区(ice zone)的船舶需按规范的规定进行加强,加强部位主要有甲板、外板、舷侧骨架及艉艉结构等。加强的方法主要是增加板厚、加大骨架尺寸及缩小骨架间距,具体细则在规范中有详细的规定。

一、冰级标志

按照不同的冰况,航行冰区的加强分为五个冰级(ice class),其标志分别是:

(1)B1 * :最严重的冰况。

(2)B1:严重的冰况。

(3)B2:中等的冰况。

(4)B3:轻度的冰况。

(5)B:除大块固定冰以外的漂流浮冰,如中国沿海情况。

B1 * 、B1、B2 和 B3 冰级标志的加强要求分别符合 1985 年《芬兰-瑞典冰级规则》附件 I 中对 IA super、IA、IB 及 IC 的有关规定,主要适用于在冬季航行于北波罗的海的船舶。B 冰级适用于中国沿海航行的船舶。

当船舶航行于冰区时,吃水线应不超过 LWL 线(指船首、船中和船尾最大吃水的允许折线连线);当船舶航行于冰区时,至少应装载至 BWL 线(指船首和船尾最小吃水的连线)。

二、B 级冰区加强

冰带外板厚度至少应为船中部外板厚度的 1.25 倍,但不必大于 25 mm。若设置中间肋骨,则其垂向设置范围为压载水线以下 1 000 mm 至满载水线以上 1 000 mm 处;若不设置中间肋骨,则肋骨间距应为船中部肋骨间距的 60%,但应不大于 500 mm。钢板焊接艉柱自满载水线以上 600 mm 处以下部分的板厚应为规范值的 1.1 倍,但不必大于 25 mm。

任务十　识别防火结构

【任务目标】

掌握船舶防火结构的级别,并能说出相应的要求。

【任务(知识)储备】

从预防火灾发生的角度出发,船舶设有一整套完善的防火措施(fire precaution)。这些措施主要包括:控制可燃物、控制热源(火源)及控制通风等。同时,为了在船舶一旦发生火灾事故后能有效地控制火势的任意蔓延,《SOLAS 公约》及我国规范均规定船舶在设计和建造时,就应采取一定的防火结构(fire structure),即用符合规定的耐火材料(refractory material)将船舶划分为若干个主竖区。

一、基本概念

1.起居处所(accommodation spaces)

起居处所指用作公共处所(public space)、走廊(corridor)、盥洗室(lavatory)、居住舱室(cabin)、办公室(office)、医务室(hospital)、电影院(cinema)、游戏娱乐室(game & hobby room)、理发室(barber shop)、无烹调设备的配膳室(pantry of containing no cooking appliances)的处所以及类似的处所。

2.公共处所(public space)

公共处所是指起居处所中用作大厅(hall)、餐厅(dining room)、休息室(lounge)的部分以及类似的固定围蔽处所(similar permanently enclosed spaces)。

3.服务处所(service spaces)

服务处所是指用作厨房(galley)、设有烹调设备的配膳室(pantry of containing cooking appliances)、储物间(locker)、邮件及贵重物品室(mail & specie room)、储藏室(store room)、不属于机器处所(machinery spaces)组成部分的工作间(work shop)以及类似处所和通往这些处所的围蔽通道(trunk)。

4.主竖区(main vertical zones)

主竖区是指船体、上层建筑和甲板室以"A 级分隔"分成的区段,它在任何一层甲板上的平均长度和宽度一般不超过 40 m。

5.等效材料(equivalent material)

等效材料是指任何不燃材料本身或由于所设隔热物,经标准耐火试验规定的相应暴火时间后,在结构性和完整性上与钢具有同等的效能(如设有适当隔热材料的铝合金等)。

6.不燃材料(non-combustible material)

不燃材料是指某种材料加热至约 750 ℃时,既不燃烧,也不发生足量的能造成自燃(auto-ignition)的易燃气体(inflammable gas)。这是按照《耐火试验程序规则》中的相关规定并经主管机关同意所确定的材料,除此以外的任何其他材料均为"可燃材料(combustible material)"。

二、相关的一些要求

(1)船体上层建筑、甲板室应以钢材或其他等效材料制成,载客超过 36 人的客船船体、上层建筑及甲板室应以 A-60 级分隔分成若干主竖区;载客不超过 36 人的客船,在其起居处所和服务处所的船体、上层建筑及甲板室应以 A 级分隔分为若干个主竖区。

(2)客船只要实际可行,舱壁甲板以上形成主竖区限界面的舱壁,应与直接在舱壁甲板以下的水密分舱舱壁位于同一直线上。主竖区的长度和宽度最大可以延伸至 48 m,以便将主竖区的两端与分舱水密舱壁相重合,但主竖区的全部面积在任何一层甲板应不大于 1 600 m²;主竖区的长度和宽度范围为主竖区限界舱壁的最远点之间的最大距离。

(3)起居处所与相邻的机器、货舱、服务处所之间应采用 A 级分隔。

(4)舱壁或甲板必须有不燃隔热层,受火时火焰不能穿过,并要限制背火面的温升。

(5)对于起居处所来说,除液货船以外的货船,在任何情况下,任一起居处所用 A 级或 B 级分隔的各处所的面积不得超过 50 m²。

三、防火分隔(耐火分隔)

用于船舶防火分隔(fire resisting division)的舱壁和甲板有 A、B、C 三种分隔级别:

1.A 级分隔(A class division)

A 级分隔即甲级分隔,是指由符合下列要求的舱壁与甲板所组成的分隔:

(1)应以钢或其他等效材料作分隔材料,并有适当的防挠加强。

(2)其构造应在 1 h 的标准耐火试验至结束时,能防止烟及火焰通过。

(3)应用认可的不燃材料隔热,使在下列时间内,其背火一面的平均温度与原始温度相比,升高不超过 140 ℃,且任何一点包括任何接头在内的温度较原始温度升高不超过 180 ℃:

A-60 级	60 min
A-30 级	30 min
A-15 级	15 min
A-0 级	0 min

(4)根据需要,主管机关可要求将原型的舱壁或甲板按照《耐火试验程序规则》进行一次试验,以保证满足上述完整性及温升的要求。

2.B 级分隔(B class division)

B 级分隔即乙级分隔,是指由符合下列要求的舱壁、甲板、天花板或衬板(furring)所组成的分隔:

(1)其构造应在最初半小时的标准耐火试验至结束时,能防止火焰通过。

（2）应具有这样的隔热值，即在下列时间内，其背火一面的平均温度与原始温度相比，升高不超过140 ℃，且在包括任何接头在内的任何一点的温度较原始温度升高不超过225 ℃：

B-15 级　　　　　　　　15 min

B-0 级　　　　　　　　　0 min

（3）应以认可的不燃材料制成。

（4）根据需要，主管机关可要求将原型分隔按照《耐火试验程序规则》进行一次试验，以保证满足上述完整性和温升的要求。

3.C 级分隔（C class division）

C 级分隔即丙级分隔：应以认可的不燃材料制成，它们不需要满足有关防止烟和火焰通过以及限制温升的要求，并允许使用厚度不超过 2.5 mm 的可燃装饰板。

任务十一　识别船体水密与抗沉结构

【任务目标】

掌握水密抗沉结构的组成、作用及布置要求。

【任务（知识）储备】

船舶在营运中，可能会因碰撞、触礁、搁浅、船体年久失修等造成船体破损进水。船体大量进水时，会使船舶丧失浮性和稳性，以致沉没。为使船舶在进水后仍能保持一定的航行性能，船舶在建造时，已充分考虑了船舶的抗沉性能，如设置双层底、水密横舱壁、水密门、水密舱盖以及排水系统等。

船体水密与抗沉结构主要包括水密横舱壁、双层底、双层舷侧及各种开口的水密装置（如水密门、水密窗、水密舱盖与道门盖等）。

一、对船体内水密横舱壁设置的特别要求

除本项目任务七"认识舱壁结构"所述对水密横舱壁设置道数的要求外，还应该满足如下的特别要求。

1.对客船

（1）应设置艏尖舱壁或防撞舱壁，该舱壁应水密延伸至舱壁甲板。除有特别说明外，该舱壁应位于距艏垂线不小于船长的 5% 而不大于 3 m 加船长的 5% 处。

（2）应设置艉尖舱壁和将机器处所与前后客、货处所隔开的水密舱壁。这些舱壁应水密延伸至舱壁甲板。

2.对货船

(1)应设置防撞舱壁,该舱壁应水密延伸至干舷甲板。除有特别说明外,该舱壁与艏垂线间的距离不小于船长的5%或10 m,取较小者,但经主管机关允许,可不大于船长的8%。

(2)应设置舱壁将机器处所与前后客、货处所隔开。这些舱壁应水密延伸至干舷甲板。

二、船体上开口的关闭设备

(一)水密舱壁上开口的关闭设备

1.防撞舱壁

防撞舱壁上不准开任何门或人孔、通风管道或任何其他开口。

凡穿过防撞舱壁的管子都设有在舱壁甲板能控制的截止阀,该阀设在艏尖舱一侧的防撞舱壁上,以便在艏部破损时能立即将它关闭。

2.水密舱壁上的水密门

任何动力滑动水密门的操纵装置,无论是手动式还是动力式,均能在船舶向任一舷横倾至15°的情况下将门关闭。任一动力滑动水密门应既能从驾驶室遥控关闭,也能用设置的独立的手动机械操纵装置从门所在位置的任一侧用手开启和关闭该门。在控制位置应装设显示门是处于开启或关闭状态的指示器,并且在门关闭时发出声响警报。在主动力失灵时,动力、控制和指示器应能工作。

除所规定的航行中可以开启的门外,所有水密门在航行中应保持关闭。此类门在港内开启的时间和船舶离港前关闭的时间应记入航海日志中。

3.客船水密舱壁上的水密门

(1)结构与遥控操纵要求:每一动力滑动水密门,应为竖动式或横动式,最大净开口宽度一般限制为1.2 m。其动力系统应和任何其他动力系统分开,且其遥控操纵位置设在符合要求的驾驶室内和舱壁甲板以上的手动操纵处。

(2)操作位置:现场用独立的手动机械装置从门所在舱壁的任一侧用手开启和关闭门,其控制手柄应装设在舱壁两侧地板以上至少1.6 m的高度处。开启与关闭门时手柄的运动方向与门的移动方向一致,并清楚地标明。驾驶室集控台集中遥控关闭所有门(不能从集控台遥控开启任何一扇门)。在舱壁甲板上可到达之处用全周旋摇柄转动或主管机关认可的具有同样安全程度的其他动作关闭该门。

(3)在船舶正浮时应满足的关门时间要求:现场手动机械装置将门完全关闭的时间应不超过90 s。从驾驶室集控室遥控同时关闭所有门的时间应不超过60 s。用动力关闭门时关闭速率应大致均匀,确保从门开始移动到门完全关闭的时间,在任何情况下应不少于20 s或不大于40 s。

(4)应设置一个与该区域内其他警报器不同的声响警报器。当该门用动力遥控关闭时,这种警报器应在门开始移动前至少5 s但不超过10 s发出声响,且连续发声报警直至该门完全关闭。在手动遥控操纵的情况下,只要当门移动时音响警报器能发出声响即可。此外,在乘客区域和高环境噪声区域,可以在门上的声响警报器增配一个间歇发光信号器。

(5)驾驶室内的集控台应设有标明每扇门位置的图,并附有发光指示器,以显示出每扇门的开启或关闭状态。用红灯表示一扇门完全开启,而绿灯表示一扇门完全关闭。当遥控关闭门时,红灯应以闪烁表示门处于关闭过程中。指示器电路应与每扇门的控制电路分开。

(6)动力滑动水密门需要的电源应由应急配电板直接供电,或由位于舱壁甲板上方的专用配电板供电。

(7)在甲板处所之间分隔货舱的水密舱壁上装设的水密门可为铰链式、滚动式或滑动式,但不必是遥控的。它们应装在最高处并尽可能远离外板。此类门应在开航前关妥,并应在航行中保持关闭,其在港内开启的时间和船舶离港前关闭的时间应记入航海日志中。其关闭时间无60 s内关闭的要求。

4.货船上的水密门和舱盖

(1)用以保证内部开口的水密完整性且通常在航行时关闭的出入门和舱盖,应在该处和驾驶室装设显示这些门或舱盖是开启还是关闭的设施。这类门或舱盖的使用应经值班驾驶员批准。

(2)可以装设结构良好的水密门用作大型货物处所的内部分隔,这些门可以是铰链的,滚动的或滑动的门,但不应是遥控操纵的。此类门应在开航前关妥,并应在航行中保持关闭。此类门在港内开启的时间和船舶离港前关闭的时间应记入航海日志中。

(二)船壳板上的关闭设备

在限界线以下的船壳板上的开口越少越好。并应根据用途和位置设置相应的关闭设备。

(1)在封闭甲板以下处所或封闭的上层建筑处所的舷窗,应装设铰链式可靠的内侧舷窗,其装置应能有效地关闭和保证水密。

限界线以下的舷窗都采用水密性和抗风浪性强的圆形舷窗并装有可靠的铰链舷窗盖。根据其在重载水线上的不同高度有不同的关闭要求,主要有永久性关闭的舷窗、离港前关闭到港后方可开启的舷窗(启闭时间应记入航海日志)及航行中由船长决定是否关闭的舷窗三种。

(2)船壳板上的排水孔都有防止海水意外进入船内的装置。从舱壁甲板以下通到船壳板外的排水孔都配有自动止回阀,并在舱壁甲板上设有可以强制关闭的装置,或者设两个止回阀,其中一个的高度能使其随时可以检查并且是经常关闭型的。

(3)与机器连通的海水进水孔及排水孔,在管系与船壳板间或管系与装配在船壳板上的阀箱间装有易于到达且可就地控制的阀,设有表明阀处于开启或关闭的指示器。

(三)舱壁甲板以上的水密设施

舱壁甲板以上也采取水密措施以保证限界线以上水密的完整性。

(1)舱壁甲板和舱壁甲板上一层甲板均不透风雨。露天甲板上的所有开口都可以关闭。

(2)舱壁甲板以上、第一层甲板以下所有舷窗都有舷窗盖,可以有效地关闭并保证水密。

(3)露天甲板上设有排水口或排水孔,可以在任何气候情况下将水迅速排出舷外。

三、船舶排水设备

(一)甲板排水设备

(1)甲板排水通过排水管系以自流方式迅速排出舷外。舱壁甲板以下处所或舱壁甲板上的封闭的上层建筑和甲板室的排水管在舱壁甲板下的船壳上开孔通至舷外时,装有止回阀,防止海水浸入船内。

(2)当船舶横倾超过5°时,至舱壁甲板或至干舷甲板的干舷分别使甲板边缘浸水,则应设有足够数量适当尺度的泄水孔直接将水排向舷外。

(3)当船舶横倾为5°或小于5°时其干舷使舱壁甲板边缘或干舷甲板边缘浸水,则舱壁甲板或干舷甲板上的封闭货物处所内排出的水应导向一个或多个容量足够的处所,这类处所应设有高水位报警器和向舷外排放的合适装置。

(4)泄水孔的数量、尺度与布置应能防止自由水的不合理积聚。

(二)舱底排水系统

机舱、货舱的舱底设有舱底排水系统,它包括舱底水管系和舱底泵,详见项目二船舶管系部分。

舱底水总管内径应不小于按下式计算之值:

$$d = 25 + 1.68\sqrt{L(B+D)} \qquad (\text{mm})$$

每一舱底泵的排量 Q 应不小于按下式计算之值或按表2-1选取:

$$Q = 5.66d^2 \times 10^{-3} \qquad (\text{m}^3/\text{h})$$

其中,d——舱底水总管内径(mm);

L——船长(m);

B——船宽(m);

D——型深(m)。

表 2-1　舱底总管直径与舱底泵排量的关系

舱底总管直径(mm)	50	60	70	80	90	100	120	130	140	160	180	200
舱底泵排量(m³/h)	15	21	28	37	46	58	82	96	112	145	184	228

按照以上规定,一般万吨级船舶排水总管内径约为130 mm;每小时排水量为96 t,即每分钟1.6 t。这个排水速度对机器处所或舱内的普通积水是有充分保证的,而对船体破损进水的能力是很有限的。

(三)压载水舱的排水设备

双层底及艏、艉尖舱都可作压载水舱,其压载系统能灌能排。一般杂货船的压载水泵能在6~8 h内将全船的所有压载水舱灌满或排空。它的排量要比舱底泵大得多。若破损使双层底舱与货舱连通,则可使用压载系统进行排水。

四、散货船货舱水位探测报警系统

散货船货舱水位探测报警系统(water ingress detection alarm system)的安装目的是及时了解船舶货舱意外进水的情况,以便及时采取相应的措施,保障海上生命财产的安全。

1.安装规定

总吨位 500 及以上国际航行的所有散货船,在货舱、压载舱和干燥处所安装符合规定要求和型式认可的水位探测器。

2.具体要求

(1)在每一货舱内,当水位达到或高出任何货舱内底 0.5 m 时应发出一个听觉和视觉警报,并在水位高度达到不小于货舱深度15%但不超过 2 m 时也应发出一个听觉和视觉警报。

(2)对于用作水压载的货舱,可安装一个报警越控设备。

(3)听觉和视觉报警器应能将每一货舱中探测到的两种不同的水位明显区分开。

(4)防撞舱壁前方的任一压载舱中,当舱内的液位达到不超过舱容的10%应发出一个听觉和视觉报警。应安装一个报警越控设备以便当使用该舱时,使其水位报警越控。

(5)除锚链舱以外,任何干燥处所或空舱,延伸至艏货舱前方的任何部分,在水位高出甲板 0.1 m 时应发出一个听觉和视觉报警。但在容量不超过船舶最大排水量的 0.1%的围蔽处所,不必安装此类报警器。

(6)探测系统的听觉和视觉警报器应安装在驾驶室。

(7)探测设备包括安装在货舱和其他处所的传感器、过滤器以及探测器的保护装置。探测设备应有适于所有拟装货物的腐蚀保护。

(8)水位探测系统的供电应由两个独立的电源供电,并有故障报警指示。

(9)对水位探测器的安装要求:

①传感器应尽可能安装在货舱后部靠近中心线,或货舱的左右舷有保护的位置上,该位置应使传感器测出的水位能代表货舱的实际水位。

②探测器的安装不应阻碍任何测深管或其他用于测量货舱或其他舱室水位测量器具的使用。

③传感器和设备应安装在便于对其进行检验、维护和修理的地方。

④探测器设有的任何过滤器部件应能在装货之前予以清洗。

⑤安装在货舱内的电缆和任何相关联的设备应防护,例如装在结构牢固的管道内或有类似防护的位置上,以免其被货物或与散货船操作相关的装卸机械损坏。

⑥船舶结构、电气系统或管系的任何改变或改装(如涉及切割或焊接),应在施工之前经相应船级社批准。

任务十二　其他结构

【任务目标】

掌握轴隧结构、减摇装置作用及布置要求。

【任务(知识)储备】

一、轴隧结构

轴隧(shaft tunnel)主要用来保护推进器轴(propeller shaft),同时可作为机舱至尾室的通道,便于人员对艉轴和轴承进行保养和维修。在尾室后端近艉尖舱壁处设有向上直通至上甲板的应急通道,即逃生孔(escape trunk),故轴隧亦可作为应急时逃生之用,也可作为自然通风口。中机型船(amidship-engined ship)的轴隧较长,要经过货舱;艉机型船(stern-engined ship)的轴隧较短。双桨船(double-screw ship)对称于船体中线而设左右两个轴隧,两轴隧间还设有通道。单桨船(single-screw ship)的轴隧不对称于中线面,通常偏于船右舷。为便于艉轴的安装与拆卸以及人员进入工作,轴隧的侧壁离螺旋桨法兰盘应不少于 60 mm 的间距,另一侧壁距螺旋桨法兰盘不小于 600 mm。

轴隧有两种形式,一种是拱顶轴隧,另一种是平顶轴隧,前者强度较好,后者便于装货。在货舱口下的轴隧顶板(top plate),考虑到装卸货时的磨损,应另外加厚 2 mm,否则应加木铺板(batten ceiling)。轴隧必须水密,在机舱和轴隧间舱壁上应设有符合规范规定的滑动式水密门(slid watertight door)。应急通道的围壁应水密,其关闭装置应能两面操纵。图 2-38 所示为轴隧的结构,其中图 2-38(a)为拱形顶板(arch top plate),图 2-38(b)为平面顶板(flat top plate)。

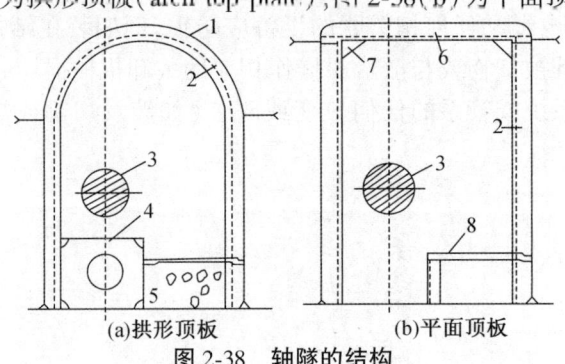

(a)拱形顶板　　　　　　　(b)平面顶板

图 2-38　轴隧的结构

1—拱形顶板(arch top plate);2—扶强材(stiffener);3—推进器轴(propeller shaft);4—轴承基座(stool supporting shaft bearing);5—管系(piping);6—平顶板(flat top plate);7—肘板(bracket);8—格子板(grating)

二、减摇装置

船舶减摇装置(ship-stabilizing gear)是在船上利用升力或重力形成稳定力矩,以减小船舶摇荡幅度的装置,主要用以减小横摇幅度。船舶减摇装置主要有舭龙骨、减摇水舱、减摇鳍、减摇陀螺、减摇舵以及几种减摇装置联合工作的联合减摇装置等几种类型。此处只介绍舭龙骨、减摇水舱与减摇鳍等船上常用的减摇装置。

1.舭龙骨(bilge keel)

舭龙骨又称减摇龙骨,设于船中部舭列板外侧一列纵向的类似于鳍的结构,是一种简单有效的减摇装置。舭龙骨的位置尽量与舷外水流线的走向一致,以使其在船舶航行时产生最小的水阻力,正确位置由船模试验的结果确定。

舭龙骨的长度根据船型而定,一般约为船长的1/4~1/3。这样可以获得较好的减摇效果。舭龙骨的宽度视船舶大小及用途而定,一般为200~1 200 mm,但不能超出船舶的舷侧外板型线与船底板型线所围成的区域,以免靠离码头或进坞时被碰坏,如图2-39所示。宽度小于600 mm的舭龙骨可采用单层板结构,超过600 mm的可采用双层板结构。舭龙骨与舭列板应尽可能垂直相交,如图2-40、图2-41所示。

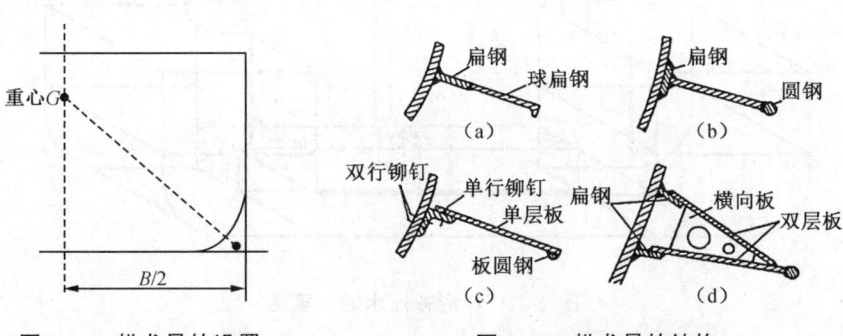

图 2-39 舭龙骨的设置   图 2-40 舭龙骨的结构

舭龙骨不承受船体的总纵弯曲强度,一般不将其直接焊在舭部外板上,而用一块覆板垫在中间。

图 2-41 双层板舭龙骨

2.减摇水舱(anti-rolling tank)

船舶减摇水舱是指在船体内部设置左右舷连通的水舱。其原理是借助于船舶横摇时水舱内液体的移动产生对抗力矩以减少船舶的横摇运动幅度。减摇水舱从结构上可分为U形减摇水舱(图2-42)和槽形减摇水舱(图2-43)两大类。其中U形减摇水舱又可分为被动式、可控被动式及主动式减摇水舱。

其特点是减摇效果与航速没有直接关系,可以在任何航速下减摇。对被动式水舱而言,其还具有功率小、成本低等优点。但因在船体内部要单独设置水舱,故其占用空间较大,相比其他减摇装置减摇效率相对较低,且具有在低频扰动下易增摇等缺点。

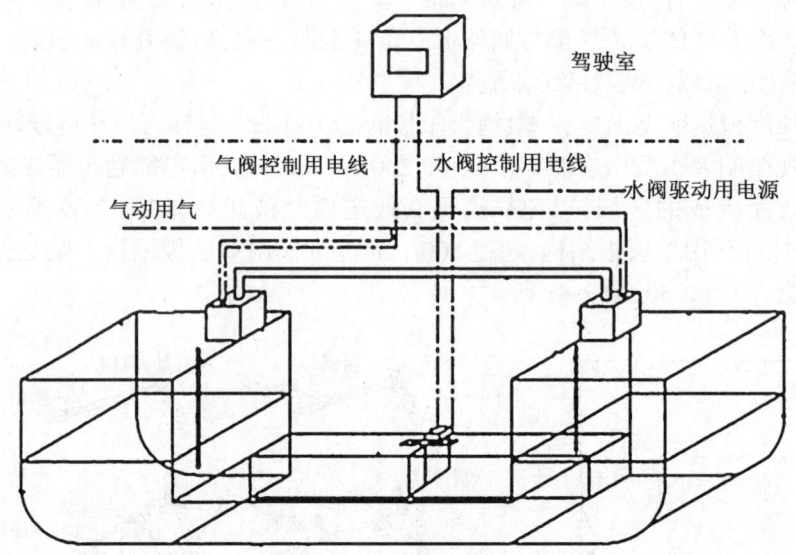

图 2-42 U形减摇水舱示意图

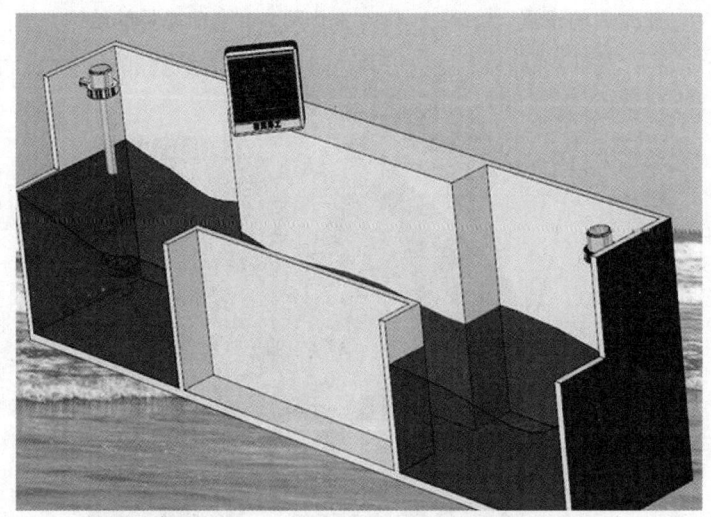

图 2-43 槽形减摇水舱示意图

3.减摇鳍(ship stabilizing fin)

减摇鳍是目前减摇效果最好的减摇装置,装于船中两舷舭部,剖面为机翼形,又称为侧舵。

通过操纵机构转动减摇鳍,使水流在其上产生作用力,从而形成减摇力矩,减小船舶的摇摆幅度。其特点是结构复杂,造价较高,且效果取决于航速,航速越高,效果越好,故多用于高速船舶,如图 2-44 所示。

减摇鳍可分为非收放式(固定式)减摇鳍和收放式减摇鳍两大系列,收放式减摇鳍又有折叠式和伸缩式两种收放方式,如图 2-45、图 2-46、图 2-47 所示。其中非收放式减摇鳍的设置同舭龙骨一样,不能超出船舶的舷侧外板型线与船底板型线所围成的区域,以免靠离码头或进坞时被碰坏。

图 2-44 船舶装备减摇鳍效果图　　　　图 2-45 非收放式减摇鳍

图 2-46 折叠式减摇鳍

 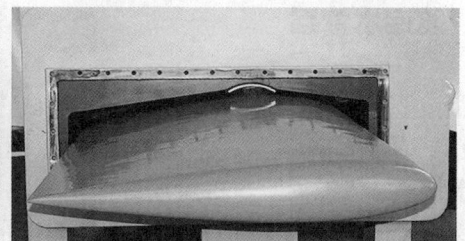

图 2-47 伸缩式减摇鳍

三、船底塞

为便于坞修(dock repair)时能排除舱内积水,一般在双层底舱、艏尖舱、艉尖舱及其他紧靠船底的每个水舱内至少设有一个船底塞(docking plug),如图 2-48 所示。

船底塞设置在每一水舱后部的水密肋板前一挡肋距处,且在平板龙骨的两侧,并离开舱壁一段距离,以免被坞墩(docking block)堵塞而无法拆装。

为防止海水腐蚀及脱落,船底塞一般用锰黄铜(manganese brass)或不锈钢(stainless steel)制成,并应在拆装完成后、出坞前在船底塞外面用水泥封涂成一个半球形的水泥包。

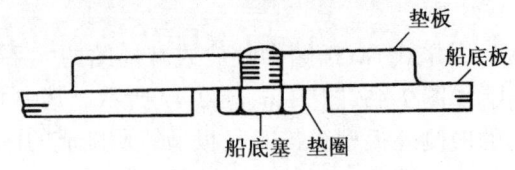

图 2-48　船底塞

1—船底塞(docking plug);2—垫圈(insertion);3—垫板(pad);4—船底板(bottom plate)

任务十三　认识船舶管系

【任务目标】

掌握各种船舶管系的种类、作用、组成及布置要求,具有使用保养能力。

【任务(知识)储备】

除液货船外,干货船管系(piping)按其用途可分为舱底水管系、压载管系、通风管系、消防管系、日用水管系、甲板排水管系及卫生排泄系统等。

一、舱底水管系

舱底水管系(bilge system)俗称污水管系,主要用来排除因船舶舱盖(hatch cover)水密装置的老化渗漏、清洗舱室水及湿空气冷凝水、艉轴与舵杆套筒填料函的老化渗漏、机器与管路的渗漏等最终集聚于货舱与机舱底部而形成的污水(bilge water)。此外,在船舶发生海损事故而使舱室进水时,舱底水管系也可用作辅助排水设备进行排水,以便争取时间堵漏。货船与客船上均设有舱底水管系。

舱底水管系由下列几部分组成:

1.污水沟(side bilge)与污水井(bilge sump)

污水沟或污水井用来积聚舱内污水。污水沟位于舱内舷部,由下倾式内底边板和舭列板所围成。在其他形式的内底边板结构上,由于无法形成沟而在船舱内底板上设置凹入双层底的污水井以便积聚污水,污水井的容积应不小于 0.15 m³。

2.舱底水管路(bilge pipe)

舱底水管路用于排出污水,一般布置在污水沟内,也有布置在双层底内的,具有管隧的大型船舶,总管布置在管隧内。由于船舶多数情况下处于艉倾状态,污水管吸口(suction)均布置在各舱后部的最低处。为防污物堵塞舱底水管路,在吸口处设置过滤器(filter),俗称黄蜂窝。过滤器(过滤网箱)的网孔直径应不大于 10 mm,且过滤网箱的流通面积不小于舱底水吸入管截面积的 2 倍。为防止污水倒灌及各舱间相互沟通,在舱底泵或舱底水总管(bilge main line)上、舱底水吸入软管的接口处、直通船底泵吸入管和舱底泵与舱底水总管的连接处均应设置止回阀(non-return valve)。

舱底水管路的布置应能满足船舶在正浮或向任何一舷横倾小于 5°时,均能排干污水。除轴隧舱底水支管(内径一般应不小于 65 mm)外,一般舱底水支管内径不小于 50 mm。直通舱底泵的舱底水管内径应不小于该船舱底水总管的内径,且在任何情况下,舱底水总管的内径应不小于最大舱底水支管的内径。

3.舱底泵

当客船业务衡准数等于或大于 30 时,至少应配备四台动力舱底泵(bilge pump),其中三台应为独立动力泵,另一台可由主机带动或仍为独立动力泵;当客船业务衡准数小于 30 时,至少应配备三台动力舱底泵,其中两台应为独立动力泵,另一台可由主机带动或仍为独立动力泵。除客船外的其他船舶,当船长大于 91.5 m 时,至少应配备两台独立的动力舱底泵;当船长等于及小于 91.5 m 时,至少应配备两台动力舱底泵,其中一台可由主机带动或仍为独立动力泵。

所有的动力舱底泵均应为自吸式或带自吸装置的泵。每台动力舱底泵应能使流经所需的舱底水总管的水流速度不小于 2 m/s。若独立动力的卫生泵、压载泵及总用泵的排量足够且为自吸式或带自吸装置的泵并与舱底水管系有适当的连接时,其也可作为独立动力的舱底泵。

4.阀箱

为便于在机舱集中控制与简化管路,在机舱里设置若干阀箱(valve chest)。当需要将某舱污水排出时,只要将该舱所属的阀门(具有止回作用)打开,舱底泵工作就能将污水经舷侧排水阀(为止回阀)排出。

5.泥箱(mud box)和油水分离器(oil-water separator)

泥箱用于过滤污水,使污泥和杂质沉积在泥箱里。油水分离器用于分离出污水中的残油,以防止污水排出时带出残油而污染海洋。

6.测量管

各舱的污水沟或污水井内均设有一根直通至上甲板用来测量其水位的测量管(sounding pipe),又称为测深管。该管的上口开在舱壁甲板,并设有旋塞(faucet)或螺纹盖(thread cap),以防污物进入管内,盖上有标明所属舱室的铭牌。下口位于水位最深处(吸口处),管口有开式和闭式两种形式,如图 2-49(a)所示。若管口为开式,为避免测量尺下端的重锤(或棒)对船底板频繁敲击而损伤船底板,在下口处的船底板上焊有一圆形垫板,称为防击板(striking plate)。

在机舱或轴隧内的测量管,其上端口只延伸到机舱铺板、轴隧铺板以上 1 m 左右。为了避免注入油、水时从测量管溢出,在管口设有自动关闭阀(self-closing device),如图 2-49(b)所示。图 2-49(b)所示的是一种重锤式自动关闭阀。重锤的重量使锤杆处于铅垂位置,自闭阀处于关闭状态。测量时只要将锤杆提至水平位置,阀口与管口对直,便可伸入测深棒。

除舱底水管系外,所有的液舱、隔离空舱及管隧等均应设置测量管,以便测量液位。测量管的内径不得小于 32 mm。

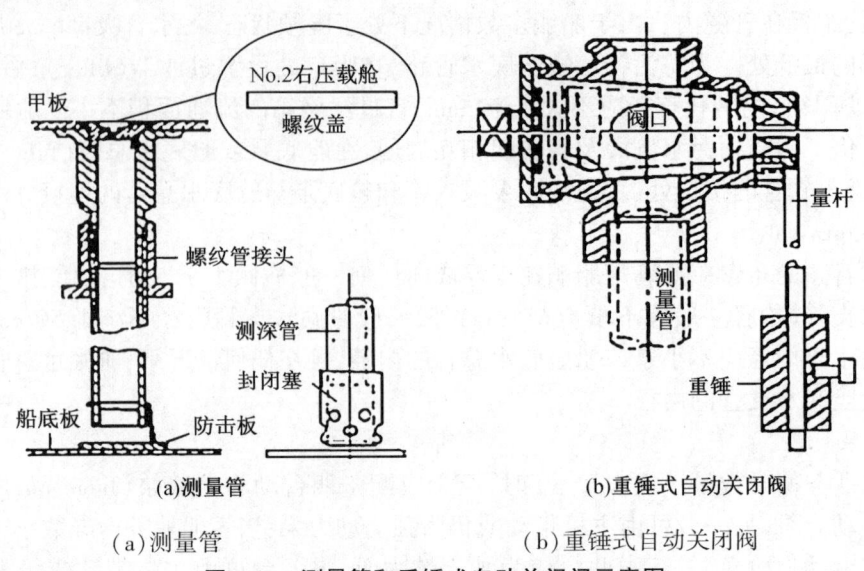

(a)测量管　　　　　　　　　　　(b)重锤式自动关闭阀

图 2-49　测量管和重锤式自动关闭阀示意图

二、压载管系

压载管系(ballast system)用于将压载水(ballast water)注入双层底舱、艏尖舱、艉尖舱、深舱(deep tank)及边舱等压载舱(ballast tank)或从压载舱内排出舷外。必要时还可把某一压载舱内的水调驳到其他压载舱内,以调整船舶的纵倾、横倾、吃水差和稳性等航海性能。压载管系由下列几部分组成:

1.压载管路(ballast pipe)和吸口

压载管路用来输送压载水,通向各用于压载的舱室。压载管的布置和各压载舱吸口的数量,应能满足船舶在正常营运条件下处于正浮和倾斜位置时均能将压载水注入或排出各压载舱,即在机舱前的各压载支管,应布置在内底板以下双层底内或管隧(箱形中桁材)内。机舱里的压载支管应布置在内底板上,机舱以后的压载支管应布置在轴隧里。同时为便于集中控制,压载总管应布置于机舱内。吸口设在各压载舱的后部最深处,但当某压载舱长度超过 35 m 时,则应在前后均设吸口,吸口处还应设过滤器。

2.调驳阀箱(control valve chest)

为便于集中控制,调驳阀箱设在机舱内,与各压载支管、总管和压载泵(ballast pump)相连接。阀门主要有:各压载支管的截止阀(stop valve)、排出舷外的舷侧排水阀(为截止止回阀,以防海水倒灌)、海底阀(或称通海阀 sea suction valve,为截止阀)。调驳阀箱用来控制将舷外海水通过海底阀注入所需的压载舱,或将压载舱内的压载水通过舷侧排水阀(overboard discharge valve)排出舷外,以及在各压载舱之间实现调驳。

3.空气管和测量管

按规范规定,除污水沟(井)外,所有的液舱(水舱、油舱)均应装设空气管(air pipe),以便液舱在注入或排出液体时,空气能自由地被排出或进入液舱。

空气管的下口应置于各液舱前部最高处的顶板上,上口一般应升高至干舷甲板以上的露天地点(在干舷甲板上离甲板的高度应不小于 760 mm,在上层建筑甲板上的高度应不小于 450 mm)。对无法实现的客船,可将储存同类液体舱柜的空气管引至舱壁甲板以上后,与空气总管连接,并将该总管引至露天甲板以上,但空气总管的布置一般要有 5°左右的斜度,以免管内积存液体。一般空气管的上口做成 180°的弯头,有的还设有关闭盖或浮球式开关,以防污物和海水进入管内。图 2-50 所示为空气管及关闭装置。

空气管的内径不得小于 50 mm(轴隧与管隧的空气管内径不小于 75 mm,油船空气管内径不小于 100 mm),且不得兼作测量管。

各压载舱均设有测量管,设置要求同舱底水管系。

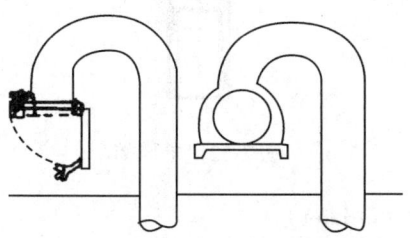

图 2-50　空气管及关闭装置

三、通风管系

通风管系(ventilating system)用于对货舱、机舱、客舱、船员起居室和厨房等舱室进行通风,排除废气,补充新鲜空气,调节舱内的温度和湿度,防止承运的货物变质或自燃,改善旅客和船员的居住与工作条件。

船上常见的通风系统有自然通风、机械通风和空调系统。

(一)自然通风

自然通风(natural ventilation)是利用空气流动时通风筒内外的压力差,使空气经通风筒排出舱外或进入舱内,或把通风筒对着风向使外界的空气经通风筒进入舱内以达到通风目的的系统。常用的通风筒有下列几种:

1.烟斗式通风筒(cowl-head ventilator)

图 2-51 所示为烟斗式通风筒,图中风斗套在座管上,风斗上的把手用来转动或取下风斗。这种通风筒主要是向舱内送入新鲜空气,排出废气的效果不如排风筒。小型船舶的货舱和机舱用得较多,且在大风浪天气时需将风斗取下,用木盖盖住座管口并套上帆布罩扎紧,以防海水侵入舱室。

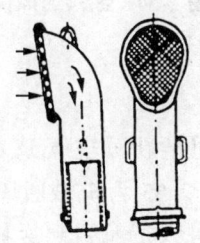

图 2-51　烟斗式通风筒

2.排风筒(uptake ventilator)

图 2-52 所示为排风筒,风斗呈喇叭形,风从小口吹入,气流在座管上方加速而使其压力降低,舱内空气则经座管从大口处排出。该种通风筒在小型船舶靠近两舷的舱室用得较多。

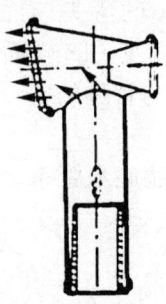

图 2-52　排风筒

3.菌形通风筒(mushroom ventilator)

图 2-53 所示为菌形(又称为蘑菇形)通风筒。它是在座管上设置一形如菌帽的圆盖。有些船则利用起重柱(samson post)作为座管,在其上加设固定的菌形帽盖而构成货舱的通风筒。用于厨房和起居舱室的通风筒则装有可调节螺杆,只需在室内旋转调节手轮就可达到调节开口大小的目的。这种通风筒船上使用较为广泛。

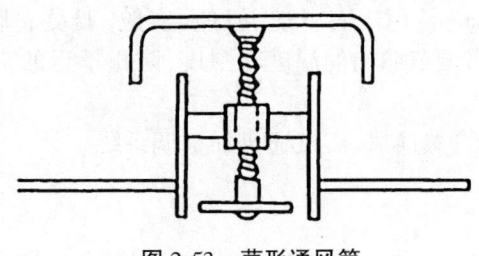

图 2-53　菌形通风筒

4.鹅颈通风筒(goose neck ventilator)

图 2-54 为鹅颈式通风筒,用于水柜或油柜上,其上设有过滤网。

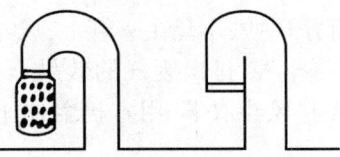

图 2-54　鹅颈通风筒

(二)机械通风

机械通风是用风机(aerator)和管道把新鲜空气鼓入舱内或把舱内空气抽出,以达到通风的目的,主要用于起居舱室和货舱。图 2-55 为机械通风管系布置示意图。为避免在恶劣或潮湿天气时由于通风的原因而使湿空气进入货舱引起货物潮湿,甚至发霉变质造成货损,可在普通机械通风机上加置除湿机或除湿剂,从而使输入舱内的新鲜空气变干燥。

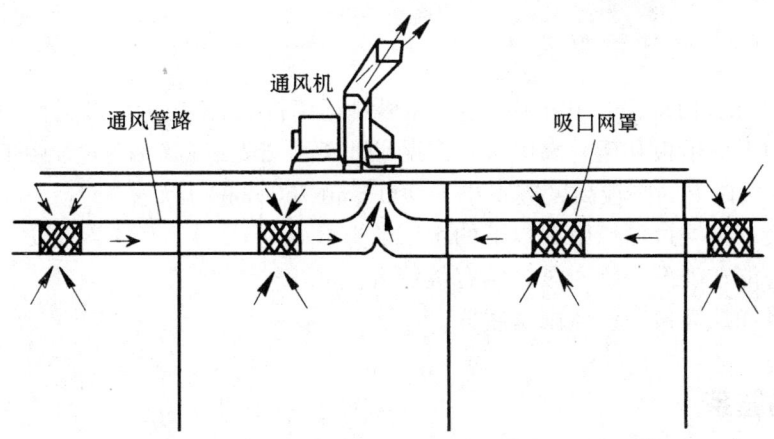

图 2-55　机械通风管系布置示意图

(三) 空调系统

空调系统(air conditioning system)是对外界空气进行过滤、加热(或冷却)和加湿(或去湿),并把处理后的空气送至各舱室。其作用是调节舱室内的温度和湿度,制造人工小气候,并最终改善船员和旅客的生活居住条件,如图 2-56 所示为空调系统示意图。

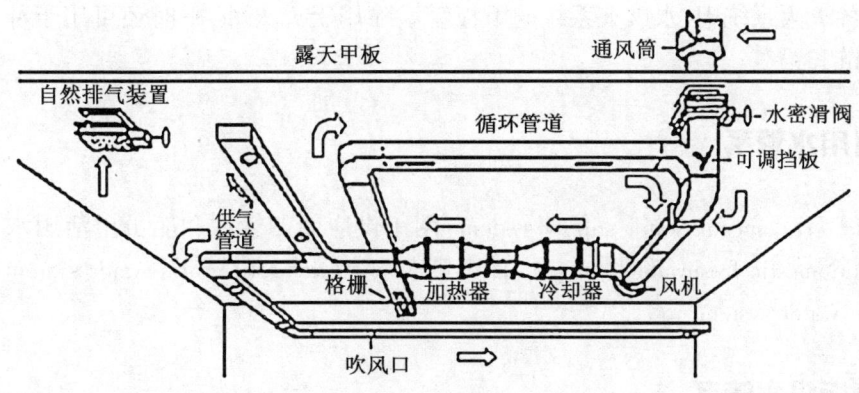

图 2-56　空调系统示意图

船用空调系统一般有下述三种设置形式:

1.中央集中式空调装置

中央集中式空调装置是在船上设置一个中央空调器,由其集中处理空气,然后用通风管路送至各舱室来调节舱室内的温度和湿度。这种形式多见于货船。

2.分组集中式空调装置

分组集中式空调装置是在船上设置几个中央空调器,分别负担部分舱室。这种形式多见于客船。

3.独立式空调装置

独立式空调装置是安装在所需舱室的小型空调器,仅对所设置的舱室起空调作用。

(四)通风管系的布置要求

(1)通风帽(筒口)应设在开敞甲板上,并尽量远离排气管口、天窗及升降口等处。

(2)开敞的干舷甲板和后升高甲板及在距艏垂线 0.25L 以前(后)的开敞的上层建筑甲板上的通风筒,甲板以上的围板高度应不小于 900 mm(760 mm)。

(3)通风管不得穿过舱壁甲板以下的水密舱壁。

(4)应设有能在外部关闭通风筒的有效装置。

(5)必要时通风筒口应设风雨密装置。

四、消防管系

消防管系(fire extinguishing system)是指船舶按规范规定设置的各种固定式灭火系统(fixed fire extinguishing system)。船上常用的固定式灭火系统有:水灭火系统(water fire extinguishing system)、气体灭火系统(gas fire extinguishing system)、泡沫灭火系统(foam fire extinguish system)、水雾灭火系统(water fog fire extinguishing system)、自动喷水系统(automatic sprinkling fire extinguishing system)及惰性气体系统(inert gas system)等,有关规范对上述灭火系统均做了非常严格和明确的规定。

在上述各灭火系统中,水灭火系统的甲板管系除用于灭火外,平时还可用于冲洗甲板、起锚时冲洗锚链和锚等。

五、日用水管系

日用水管系(domestic water supply system)用于供应船舶管理和船员生活用水,主要有日用淡水系统(domestic freshwater system)、日用热水系统(domestic warm water system)及饮用水系统(potable water system)等。

六、甲板排水管系

甲板排水管系(deck scupper system)是用于排除甲板或地板积水的系统,主要由甲板排水器(deck scupper)和排水管(deck scupper pipe)组成。为防止污物进入排水口而堵塞排水管,在排水口处设有多孔的盖板,同时,为防止海水倒灌,在所有开口排至舷外的排水管下口设有止回装置。

七、卫生排泄系统

卫生排泄系统(sanitary water system)是船上冲洗卫生设备的系统。为防止造成海洋污染,必须先经粪便处理系统处理后,方可排放入海。

任务十四　船体结构主要图纸

【任务目标】

认识船舶图纸的种类与用途,能够对船舶总布置图、基本结构图和外板展开图进行识读。

【任务(知识)储备】

船体主要结构图的用途表现在三个方面:首先,通过该图可以达到了解本船船体结构的尺度;其次,该图亦是造船时计算强度和选用构件的依据;最后,修船时亦可根据图上标明的板材和骨架的厚度与尺寸,用船体允许的蚀耗表算出允许蚀耗,对照实测结果来决定是否需要换新。

常用船体主要结构图有下列几种:

一、总布置图

总布置图(general arrangement plan)是用来表示全船总体布置的图样,它能够比较集中地反映出船舶的技术、经济性能,是重要的全船性基本图样之一。由右舷侧视图、各层甲板与平台平面图、舱底平面图及船体主要尺度和技术数据等组成,如图 2-57 所示。它的主要用途如下:

(1)表示船舶上层建筑的形式以及舱室、设备、门窗、通道等的布置情况。

(2)进行其他设计和计算的依据,如进行全船重力和中心位置计算,船舶设备和结构设计等的依据。

(3)作为绘制其他图样的依据,如绘制各类设备、系统布置图,门、窗、扶梯布置图,家具、绝缘布置图等的依据。

(4)在施工时,可作为对舾装工作的指导性图样,并能起到协调各机械、设备的相互关系的作用。

1.主要尺度和技术性能数据

以文字形式表示,有两柱间长、船宽、吃水、型深、满载排水量等。

2.右舷侧视图

右舷侧视图是将船舶的右舷侧面向中线面投影所得到的视图,主要表示下列内容:

(1)全船的侧面概貌,如主船体轮廓、上层建筑位置、形式等。

(2)主船体内部舱室划分概况,如机舱位置、货舱分布、横舱壁位置和数量、甲板及平台位置和数量等。

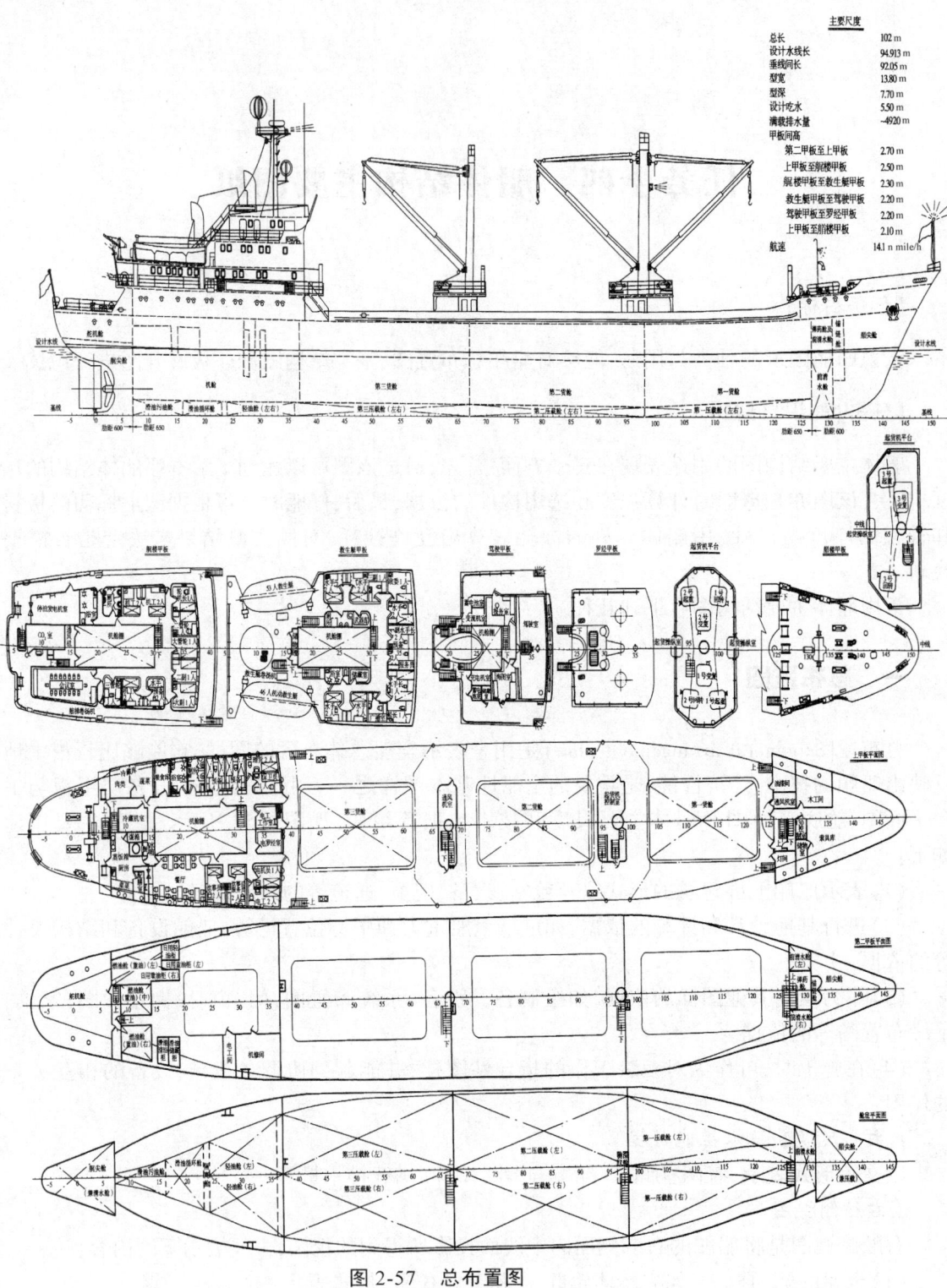

图 2-57　总布置图

（3）船舶设备的布置概况,如锚设备、系泊设备、救生设备及起货设备等。

3.平台和甲板平面图

平台和甲板平面图是各层平台和甲板的俯视图,表示下列内容:

（1）某层甲板或平台上的每个舱室、门、舷窗、通道、扶梯等在船长方向和船宽方向的具体位置。

（2）甲板或平台上的各种设备、家具、用具等的具体位置。

4.舱底平面图

舱底平面图是船底的俯视图,表示的内容有:

（1）内底板上面的舱室和设备的布置情况。

（2）双层底内部空间的划分,液舱和隔离空舱的布置等。若是单底船,则表示船底上的布置情况。

二、船中剖面图

船中剖面图(midship section plan)是取自船体中段部分(通常是艏尖舱、艉尖舱以外的船体部分)的横剖面结构图,表示船体主要纵、横构件的尺寸和结构形式。它也是船体结构的基本图样之一,并与基本结构图一起组成船体结构的三向视图。在修造船中,它是绘制其他结构施工图样的依据。

船中剖面图由中横剖面图、局剖结构图、主要尺度及附注组成,有的还附有构件尺寸表格栏。

1.中横剖面图

中横剖面图是选取船体中段结构不同的舱室(如机舱、货舱)某一肋位的横剖面图,采用重叠投影的表示方法,将同一舱室不在所剖肋位平面内的其他不同构件都重叠画在一个剖面图内,以清晰地表达整个舱室的结构情况。因为船体结构通常是左右对称的,所以剖面图一般只绘一半,左半部分表示偏后部的,右半部分表示偏前部的。对结构较单一的船舶,通常以船中为界;对结构较多变的船舶,则分段表示,剖面的数量取决于船体中段结构不同的舱室数量。

在中剖面图上标注的尺寸有两种:一种是各构件的大小,如肋板、肋骨、横梁等尺寸;另一种是确定构件位置的定位尺寸,如内底高度、下甲板高度、纵骨间距等。

2.局部结构图

对某些重要部位用较大比例尺另外画出,以便清晰地看出它们的结构形式及连接方法,如中桁材两侧肘板、内底边板内侧肘板等。

3.主要尺度及附注

与总布置图一样,在图的右上方有船体的主要尺度。如果无构件尺寸表格栏时,通常还标出船长不同位置处的肋骨间距。附注内容是对船体构件设计时的依据,所用材料和设计时所考虑的一些特殊因素等用文字加以说明。

4.构件尺寸表格栏

有些中剖面图把全船各构件在船长方向所发生的尺寸变化用表格形式列出,表中包括构件尺寸、肋骨间距和板材厚度等。

三、基本结构图

基本结构图(basic construction plan)表示船体纵、横构件布置和结构情况,是全船性的结构图样之一。修造船中,它可作为绘制其他结构图样的依据,又是具体施工时的一张指导性图纸。

基本结构图的内容与总布置图相仿,由中纵剖面结构图、各层甲板图及内底结构图组成。所不同的是常采用重叠投影法、阶梯剖面法及两次剖切法,把平行的不同剖面的结构表示在同一视图中。

1.中纵剖面结构图(central fore-and-aft plane construction plan)

图上注有肋骨尺寸和间距、甲板纵桁尺寸、各种支柱尺寸、纵舱壁厚度及其上面的扶强材尺寸、上层建筑的高度以及板的厚度和扶强材尺寸等,如图 2-58 所示。

2.各层甲板图(deck plan)

图上注有甲板板的厚度、甲板纵桁的尺寸和间距、横梁尺寸及各开口的位置和尺寸等。

3.内底结构图(inner bottom construction plan)

图上注有内底板和内底边板的厚度、舭肘板尺寸、内底和船底纵骨的尺寸、肋板的厚度和尺寸、中桁材和旁桁材的尺寸等。该图也叫双层底图,如图 2-59 所示。

四、外板展开图

为了布置外板及船体放样等需要,在船舶设计过程中需绘制外板展开图(shell expansion plan)。外板展开图上注有外板的排列及厚度、外板上开口的位置、各层甲板、内底板、船底桁材、舭侧桁材、各道舱壁、肋骨和肋板的位置线等,是造船或修理时确定船体钢板的规格和数量,申请备料和订货的主要依据,因此是船上必备的一张重要图纸,如图 2-60 所示。

船体的形状是左右舷对称的,故外板的布置也是左右对称的,所以外板展开图只绘出一半,习惯上是绘制右舷的外板展开图。

1.外板展开方法

因为船体表面具有双重曲度,不可能用一般的几何方法展开成平面图,所以外板展开图只表示船体外板横向曲度展开后的形状,而对其纵向曲度不加展开,即外板展开图中钢板的宽度与其实际尺寸相同,而钢板的长度是投影长度,小于实际尺寸。

2.外板展开图内容

(1)绘有外板的边接缝、端接缝和分段线。

(2)绘有船体纵、横构件位置线,用来表示外板接缝与这些构件的相对位置。

(3)标有每块钢板的编号、厚度和规格尺寸。有的只标厚度不标长宽尺寸。这种情况下可利用比例尺在图上量取钢板的宽度,而其长度可根据钢板所占的肋位数和肋骨间距近似估算出来。

(4)标有外板上的开口和加强复板的位置、形状和尺寸。

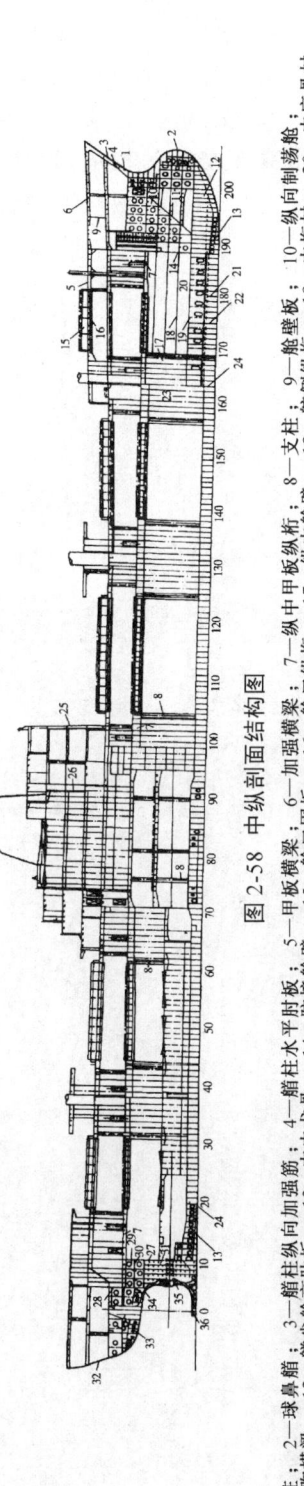

图 2-58 中纵剖面结构图

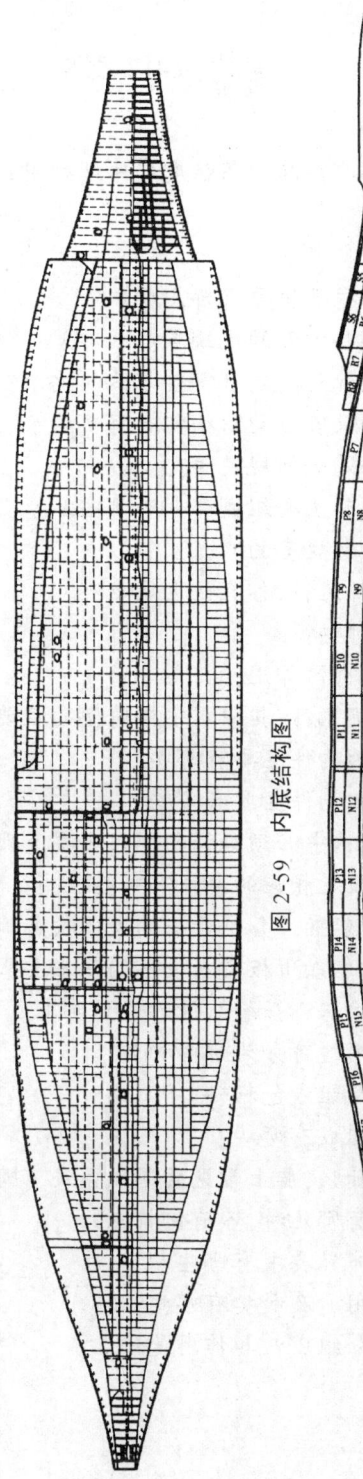

图 2-59 内底结构图

图 2-60 外板展开图

1—艏柱；2—球鼻艏；3—艏柱纵向加强筋；4—艏柱水平肘板；5—甲板横梁；6—加强横梁；7—纵中甲板纵桁；8—支柱；9—舱壁板；10—纵向制荡舱；11—强腹横梁；12—艏尖舱舱壁；13—中内龙骨；14—防碰舱壁；15—舱口围板；16—舱口纵桁；17—纵中舱壁；18—舷侧纵桁；19—舷壁；20—内底骨材；27—深水舱横舱壁；28—艏尖舱水密横舱壁；21—舷底骨材；22—横向制荡舱壁；23—实肋板；24—水（油）密横舱壁；25—肋板；26—机舱棚前端壁；29—深舱内纵中制荡舱桁；30—舷侧制荡舱桁；31—艉尖舱高肋板；32—肋骨；33—肋板；34—艉柱上端；35—推进器柱；36—艉柱下部（舵承臼）

复习思考题

1.船用钢材的种类有哪些？其中高强度船体结构用钢与一般强度船体结构用钢相比有哪些方面的优缺点？

2.船用钢材的应用类型有哪些？

3.船体构件焊接连接的种类主要有哪几种？

4.焊接与铆接相比有哪些方面的优缺点？

5.规范对船体结构的设计与建造有哪些方面的要求？

6.船体结构形式的种类及各自的结构特点有哪些？

7.船壳外板的编号方法是如何规定的？

8.双层底结构的作用及其主要组成部分有哪些？

9.肋骨的编号方法是如何规定的？

10.舷边的连接方法有哪几种,各有何优缺点？

11.舱口围板的作用有哪些？

12.何谓梁拱与舷弧,各有何作用？

13.舱壁按用途可分为哪几种,其中水密横舱壁的主要作用是什么？

14.保证船体横向强度的构件主要有哪些？

15.保证船体总纵强度的构件主要有哪些？

16.按规范规定,船体结构中必须加强的部位主要有哪些？

17.船舶防火分隔的等级及相应的要求有哪些？

18.为保证船舶水密,对船舶上各类开口的关闭设备有哪些要求？

19.为保证船舶水密,对船舶甲板排水设备的基本要求有哪些？

20.简述散货船货舱水位探测报警系统的设置要求。

21.简述干货船管系按用途可分为哪些种类。

22.舱底水管系的作用及组成包括哪些？

23.压载管系的作用及组成有哪些？

24.通风管系的作用是什么,船上常见的通风系统有哪几种？

25.常用通风筒的种类有哪几种,各有何特点？

26.规范对通风管系的布置要求有哪些？

27.船体主要结构图的用途及种类有哪些？

28.总布置图由哪几部分组成？其作用是什么？

项目三
锚设备操作与管理

项目介绍 >

通过学习,掌握锚的种类及特点,锚链的组成与标记,锚机的种类及结构特点;熟悉锚设备的配备、试验检查和保养,以及锚设备的操作,具备正确进行锚泊作业和检查保养的能力。

学习目标 >

◈ **知识目标**

1.熟悉锚设备的组成及作用;
2.掌握锚的种类与结构;
3.掌握锚链的组成与标记;
4.熟悉锚机的种类与要求;
5.掌握锚设备的维护管理;
6.了解锚设备的使用操作。

◈ **技能目标**

1.具有正确使用锚设备的能力;
2.具有正确进行锚泊作业的能力;
3.具有锚设备的日常与定期的检查与保养的能力。

学习导图

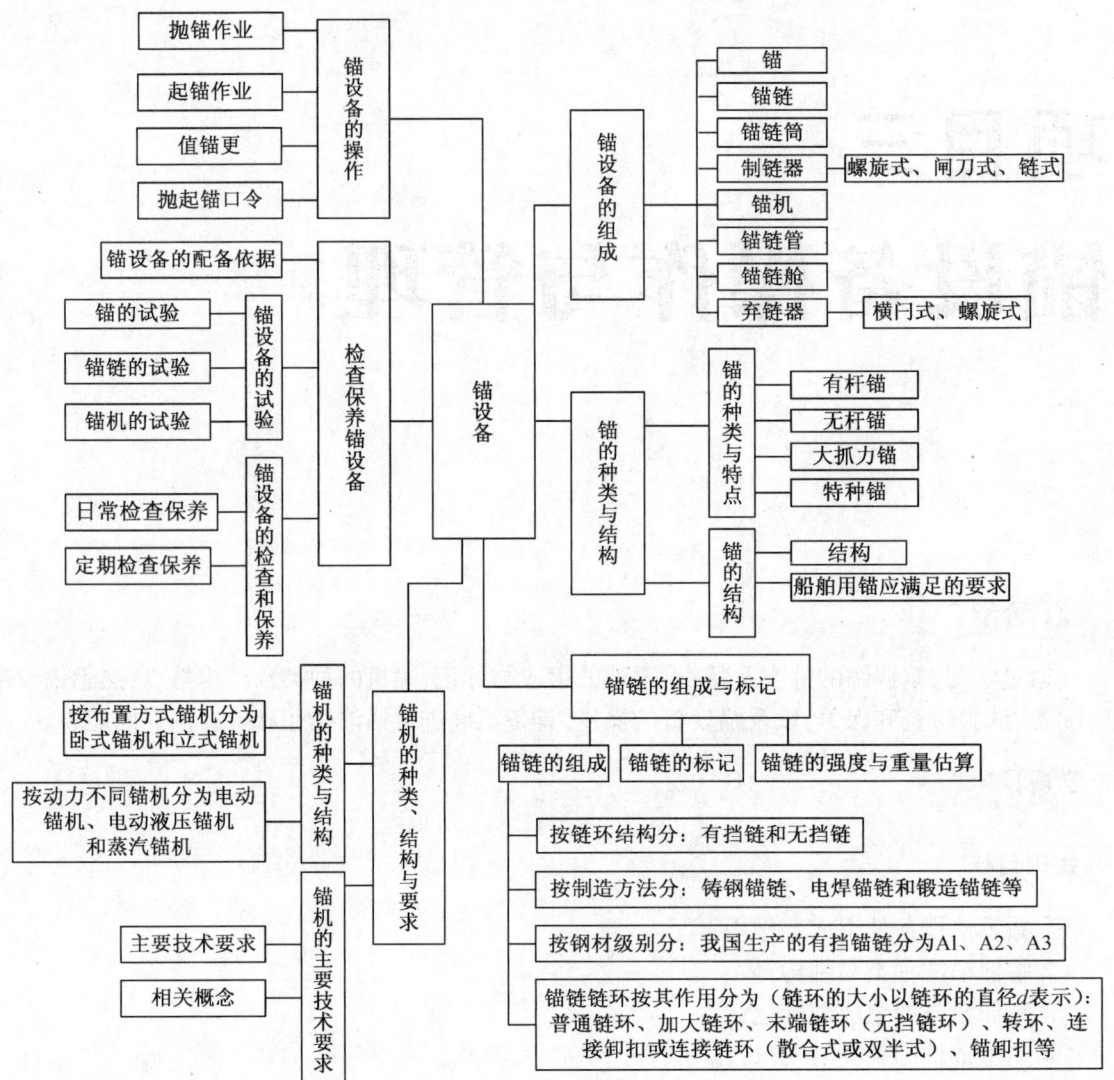

任务一　认识锚设备的组成与作用

【任务目标】

熟悉锚设备的组成,掌握锚设备各部分的作用。

【任务(知识)储备】

船舶在装卸货物、避风、等泊位、检疫及候潮等情况下都需要在锚地抛锚停泊,锚设备的配置就是为了使船舶锚泊时产生足够的锚泊力。此外,锚也是船舶操纵的辅助设备,如靠离码头、系离浮筒、狭水道掉头以及紧急情况下减刹船速等往往都要用到锚。锚设备由锚、锚链、锚链筒、制链器、锚机、锚链舱、锚链管和弃链器等几部分组成。其布置如图3-1所示。

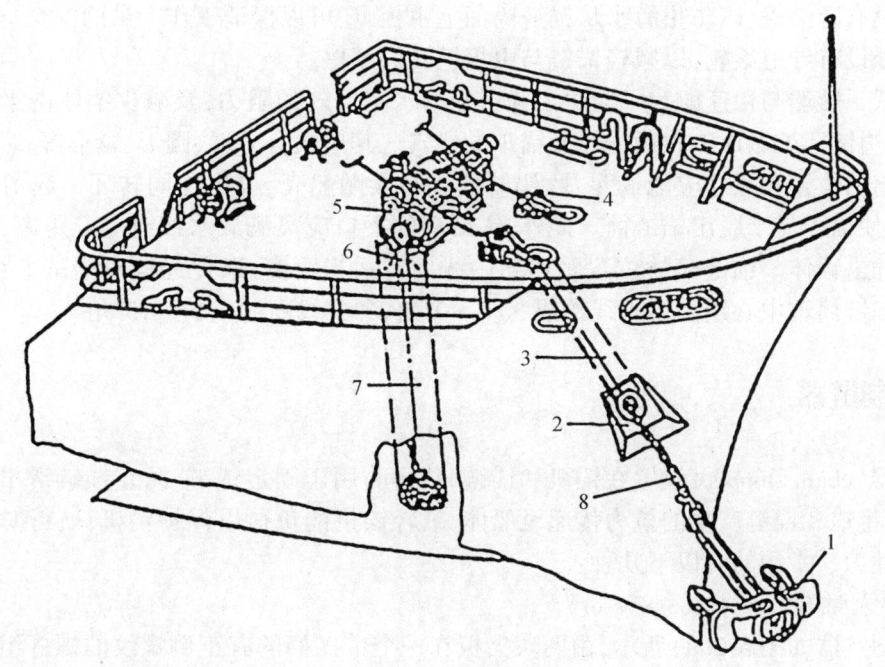

图 3-1　锚设备

1—锚(anchor);2—锚穴(anchor recess);3—锚链筒(hawse pipe);4—制链器(chain stopper);5—锚机(windlass);
6—锚链管(chain pipe);7—锚链舱(chain locker);8—锚链(chain)

锚设备的组成部分如下:

一、锚

锚(anchor)是锚设备中产生抓驻力的主要部分之一。锚按结构分为有杆锚、无杆锚两种,按用途可分为普通锚、大抓力锚、特种锚等。

二、锚链

锚链(chain)主要用来连接锚和船体,传递锚抓力。锚泊时,在出链长度适当时,卧躺海底部分的锚链也能因与接触底质的摩擦而产生部分抓驻力。

三、锚链筒

锚链筒(hawse pipe)是锚链进出以及收藏锚干的孔道,其直径为链径的10倍左右。锚链筒由甲板链孔、舷边链孔和筒体三部分组成。锚链筒的上下口一般均设有锚唇,分别称为上锚唇、下锚唇(用钢板或铸钢制成的锚唇外缘的圆弧半径一般应不小于锚链直径的12倍)。其作用是减少锚链与上下口的磨损。筒体内设有冲水装置,用于在起锚时冲洗锚和锚链。在甲板链孔处设有防浪盖,以防止海水从锚链筒涌上甲板,还可以保证工作人员的安全。有的船在甲板链孔处设有导链滚轮,以减轻锚链与甲板链孔的摩擦。

有些低干舷船与快速船为了减少由锚引起的水与空气的阻力,及减少锚体击水引起水花飞溅,在舷边链孔处做成能收藏锚冠及锚爪的锚穴。其形状有方形、圆形、伞形等。

锚链筒的位置和尺寸应能满足:收锚时使锚爪紧贴船壳,锚干连同转环一起留在锚链筒内,抛锚时使锚干易于脱出锚链筒。此外,锚链筒的下口应离满载水线有一定距离,以减少航行时舷波冲击锚体。锚链筒的位置距船舶中线面有适当距离,以免起锚时锚爪卡在艏柱上。一般商船锚链筒轴中心线和铅垂线约成30°～40°角,和中线面约成5°～15°角。

四、制链器

制链器(chain stopper)设置在锚机和锚链筒之间,用于固定锚链,防止锚链滑出。在锚泊时,制链器将锚和锚链产生的拉力传递至船体,减轻锚机的负荷以保护锚机;航行时承受锚的重力和惯性力。常用的有以下几种:

1.螺旋制链器(screw compressor)

螺旋制链器如图3-2(a)所示,由两块夹板和一个带摇柄的有正倒螺纹的螺杆组成。当转动摇柄使两夹板夹紧时,即夹住锚链;反之松开夹板,锚链即可自由进出。虽然其松紧动作较慢,但操作方便、工作可靠,故广泛用于大、中型船舶。

2.闸刀式制链器(lever chain stopper)

闸刀式制链器如图3-2(b)所示,结构简单,操作迅速,但当其尺寸较大时操作起来较为笨重。

3.链式制链器(devil's claw)

链式制链器如图3-2(c)所示,由一个链钩、一个松紧螺旋扣和一段短链组成。它的一端用卸扣固定在甲板上,使用时将链钩钩在一水平的锚链链环上,然后收紧松紧螺旋扣,即可拉紧锚链。它常与螺旋制链器配套使用,作为螺旋制链器的辅助装置。

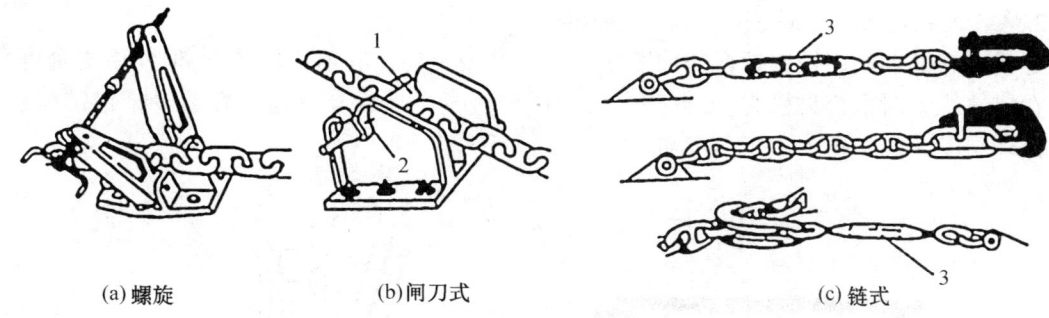

(a) 螺旋　　　　　　　(b)闸刀式　　　　　　　(c) 链式

图 3-2　制链器

1—闸刀(switch blade);2—制动销(detent pin);3—松紧螺旋扣(turn buckle)

五、锚机

锚机(windlass)为抛锚、起锚的机械,其上的滚筒可作绞缆用。

六、锚链管

锚链管(chain pipe)是锚链进出锚链舱孔道。位于锚机链轮下方,正对锚链舱中央,其直径约为锚链直径的 7~8 倍。它的上口设有防水盖,该防水盖开航后应关闭,以防海水由此进入锚链舱。

七、锚链舱

锚链舱(chain locker)是存放锚链的舱室。一般设在防撞舱壁之前,锚机下面,艏尖舱的后上部。其形状为圆形或方形。圆形锚链舱直径约取链径 30 倍时,可不必排链。左右锚链舱是分开的,内部设木衬板和舱底花钢板,并设有污水井和排水管系,用泵排出积水,以防止锚链过度锈蚀。舱壁上开有人孔及壁梯供人员进出锚链舱。舱的容积可用下式近似计算:

$$V = (0.000\ 85 \sim 0.001)\,d^2$$

其中,V——每 100 m 锚链所需的容积(m³);

　　　d——锚链直径(mm)。

八、弃链器

末端链节的末端链环套在弃链器(releasing gear)上。弃链器是在紧急情况下使锚链末端迅速与船体脱开的装置。其控制装置一般装设在锚链舱外部人员易于到达的地方,应保证在紧急情况下能迅速可靠地脱开锚链。常见的有横闩式弃链器和螺旋式弃链器等。

1.横闩式弃链器(dog type cable clench)

横闩式弃链器结构简单,使用方便。在需要弃链的紧急情况下,只要敲出横闩,即能松脱末端链环。它有装在甲板上和装在锚链舱壁上两种。装在甲板上的弃链器通常外罩一个水密盖,既可达到水密,又能防止不慎触碰而松脱,如图 3-3(a)所示。

2.螺旋式弃链器(screw type cable releaser)

螺旋式弃链器利用控制螺杆的伸缩使脱钩松开或夹住。其结构较复杂,但使用安全可靠,即使在锚链绷紧时也容易松脱,缺点是开启动作较缓慢。螺旋弃链器一般装设于锚链舱舱壁上。链环与滑钩的夹角不大于 30°,如图 3-3(b)所示。

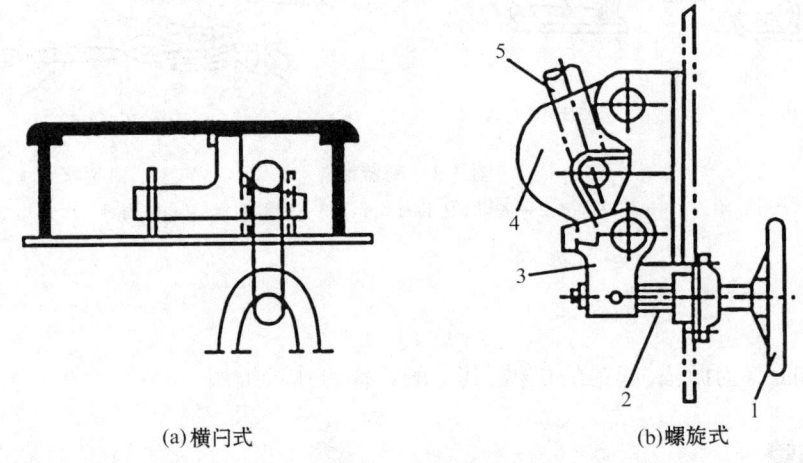

(a)横闩式　　　　　　　　　　　　(b)螺旋式

图 3-3　弃链器

1—手轮(hand wheel);2—螺杆(screw);3—制动器(stopper);4—脱钩(senhouse slip);5—末端链环(end open link)

任务二　认识锚的种类与结构

【任务目标】

掌握锚的种类与结构,对各种锚的结构、抓力、特点进行比较,知其优劣及适用的船舶。

【任务(知识)储备】

一、锚的种类与特点

锚种类较多,按结构和用途可分为有杆锚、无杆锚、大抓力锚和特种锚等。在商船上普遍采用的艏锚(bow anchor)均为无杆锚,而艉锚(stern anchor)有时采用有杆锚或燕尾锚。

（一）有杆锚

有杆锚（stocked anchor）也称为海军锚（admiralty anchor），如图3-4所示。在结构上其锚干和锚爪为一浇铸整体，锚爪固定不会转动，锚爪折角约为35°，在锚干上端有一固定或可折的横杆。抛锚时，一爪入土，另一爪向上翘出，横杆促使锚爪顺利抓入土，锚爪入土后横杆起稳定锚的姿态的作用，抓底过程如图3-5所示。该类锚的特点是结构简单，抓重比（抓力系数）大，一般为4~8，最大可达12，抓底稳定性较好。但它操作不便，上翘的一爪在船舶旋回时容易缠住锚链；在浅水锚地该爪易刮坏船底；抛起锚作业和收藏不太方便。因此，该种锚不宜用作商船艏锚，仅可作艉锚或备锚，一般多用于小船与帆船。

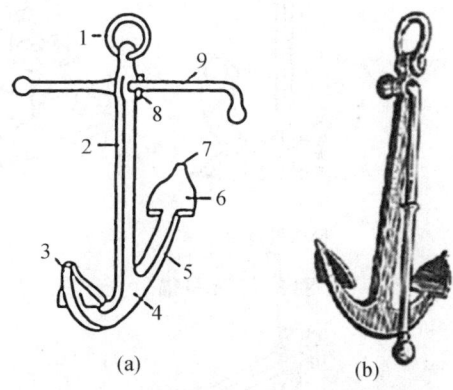

图3-4　有杆锚

1—锚环（jew's harp）；2—锚干（anchor shank）；3—锚爪（anchor fluke）；4—锚冠（anchor crown）；5—锚爪臂（anchor arm）；6—锚爪掌（anchor fluke palm）；7—锚爪尖（anchor bill）；8—横杆销（forelock pin）；9—横杆（folding stock）

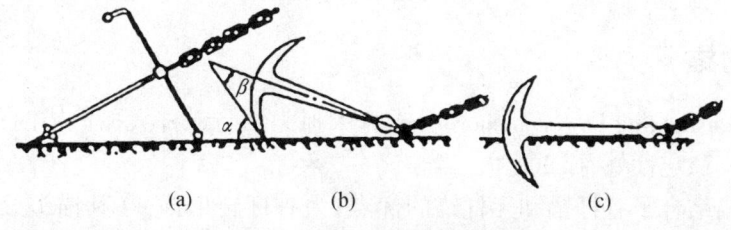

图3-5　有杆锚的抓底过程

（二）无杆锚

无杆锚（stockless anchor）又称为山字锚，如图3-6所示。规范规定包括销子和转轴在内的普通无杆锚的锚头总重量应不小于该锚总重量的60%。目前商船上普遍使用的无杆锚多为图3-6（a）所示的霍尔锚（Hall's anchor）与图3-6（b）所示的斯贝克锚（Speke anchor）。这种锚的锚干与锚爪分别铸造，没有横杆。锚爪和锚冠可以绕穿过锚干下端孔的销轴转动，锚爪的转动角约为45°，锚冠两侧的突出部分称助抓突角，用于在锚链拉力作用下使锚爪转动而啮入土中。抓底过程如图3-7所示。抓土时两爪同时入土，抓重比为2.5~4，最大不超过8。无杆锚由于结构简单，抛起锚作业和收藏方便，故适宜用作艏锚，但其抓力较小，而且在转流时容易耙松泥土而引起走锚。

霍尔锚是无杆锚的一种。斯贝克锚是霍尔锚的改良型,锚头的重心下移,收锚时其锚爪自然向上,并且一接触船壳即翻转,不会损伤船壳板。

图3-6(c)所示的尾翼式锚(tail fin type anchor)是我国研制的新型无杆锚。其结构特点是助抓突角宽厚,锚头重心低。其操作特点是入土阻力小,入土性能和稳定性好,抗浪击,容易冲洗干净。其抓力、稳定性等各方面性能均优于霍尔锚和斯贝克锚,更符合商船对船用锚的多方面性能要求,已在船上广泛应用。

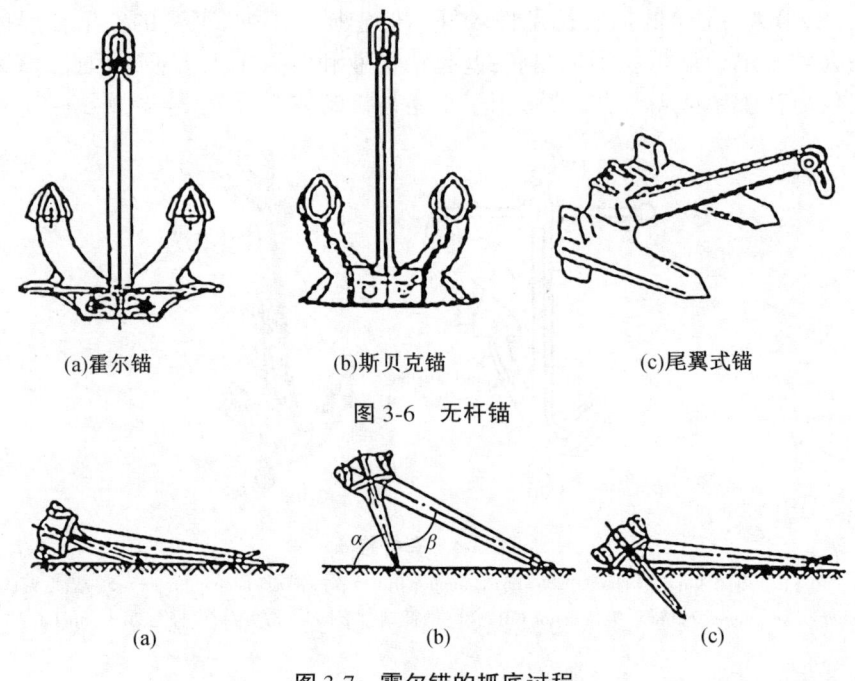

| (a)霍尔锚 | (b)斯贝克锚 | (c)尾翼式锚 |

图3-6　无杆锚

| (a) | (b) | (c) |

图3-7　霍尔锚的抓底过程

(三) 大抓力锚

大抓力锚(high holding power anchor)分有杆大抓力锚与无杆大抓力锚两种。其特点是锚爪宽且长、啮土深、稳定性好、抓重比大。

有杆大抓力锚结合了有杆锚和无杆锚的优点,为有杆转爪锚,在其锚头处设有稳定杆,以保证锚抓底的稳定性。这种锚一般用于较松软底质,但收藏不便,所以较适宜于工程作业船和小船。图3-8(a)所示为丹福斯锚(Danforth anchor),也称燕尾锚。其锚爪可前后转动各约30°,抓重比一般大于10,可达11~17,多用于工程船舶或作艉锚;图3-8(b)所示的史蒂文锚(Stevin anchor)的锚爪短而面积大,而且其锚爪的最大转角可由装在锚杆上的可移动楔块调节,以适应多种底质。其抓重比可达17~34,现多用于石油平台的定位锚。

无杆大抓力锚由无杆锚发展而来。它改良了无杆锚的助抓突角和锚爪。图3-8(c)所示为英国研制的AC-14型锚。它设有极厚实并且宽大的稳定鳍,有很好的稳定性,啮土迅速,对各种底质的适应性强,抓重比达12~14,常用作超大型船或水线以上面积较大的滚装船上的艏锚。图3-8(d)所示为由荷兰研制的波尔锚。其锚爪平滑而锋利,适应各种底质,稳定性好,抛起锚以及收藏方便,抓重比为6左右,可作大型船的艏锚或工程船的定位锚,锚爪转动角约为42°。

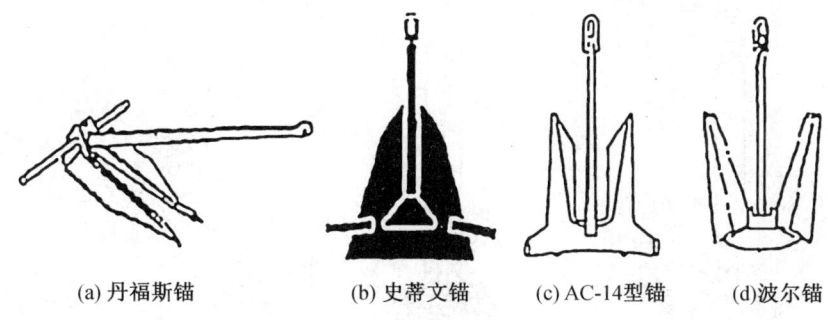

|(a) 丹福斯锚|(b) 史蒂文锚|(c) AC-14型锚|(d)波尔锚|

图 3-8　大抓力锚

用大抓力锚作艏锚时,锚重量大多可以取相应普通锚重的 75% 即可。

(四) 特种锚

特种锚是专供永久系泊用的锚,特种锚的形状与普通锚不同,以适应其特殊用途,如浮筒、浮标、灯船和浮船坞等永久性系泊用锚,有伞形锚、螺旋锚、单爪锚以及在冰面上使用的冰锚等,如图 3-9 所示。

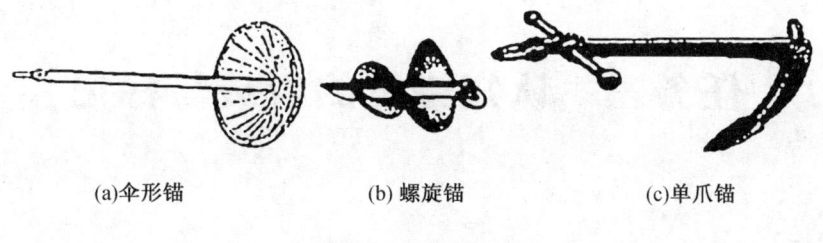

|(a)伞形锚|(b)螺旋锚|(c)单爪锚|

图 3-9　特种锚

二、锚的结构

(一) 结构

以常用的霍尔锚为例,如图 3-10 所示,锚由锚干、锚体和销轴组成。锚干上下均有孔,锚干上部的孔连接锚卸扣,锚干下部的孔由销轴与锚体相连。锚体由铸成整体的两个锚爪与锚冠组成,锚冠中有孔可使锚干穿过,孔内有两个半圆形凹槽,销轴可以在槽内转动。为防止锚干及销轴从锚冠脱出,用两个横销销住,并用电焊将横销与锚冠焊死。锚冠两侧的突出部分称助抓突角,使锚爪容易啮入土中。

(二) 船舶用锚应满足的要求

锚的结构形式应保证在一定锚重下,尽可能具有最大的抓力,抛锚时能迅速啮入各种底质中,起锚易出土,操作简便,收藏方便,结构坚固和成本低等优点。

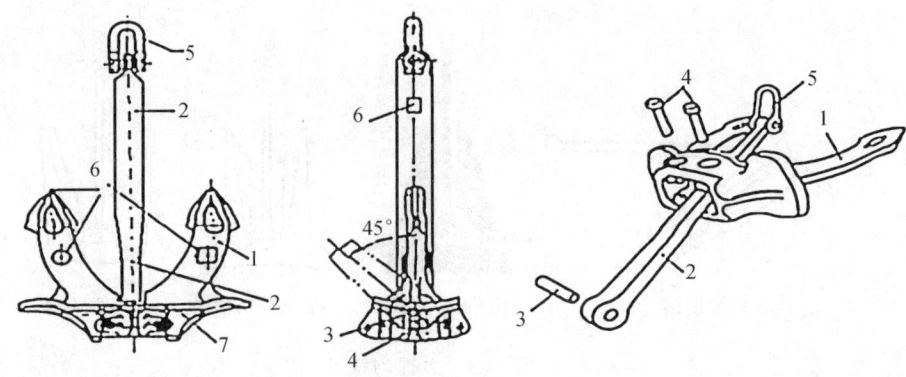

图 3-10　霍尔锚

1—锚爪（anchor fluke）；2—锚干（anchor shank）；3—销轴（pintle）；4—横销（pin cotter）；5—锚卸扣（anchor shackle）；6—锚标记（anchor mark）；7—助抓突角（anchor shoulder）

任务三　认知锚链的组成与标记

【任务目标】

熟悉锚链的组成,掌握锚链标记及标记的作用,能够正确识读锚链标记。

【任务(知识)储备】

一、锚链的组成

锚链是连接于锚和船体之间的链条,用于传递锚泊力和缓冲船舶所受的外力。

一根完整的锚链由若干节锚链通过连接链环或连接卸扣连接而成,每节锚链由许多链环组成。

(一) 按链环结构分

锚链分为有挡链和无挡链两种。尺寸、材质相同时,有挡链的强度比无挡链的大,抗拉强度约大 20%,变形小,且堆放时不易扭缠,故海船上广泛采用。无挡链一般只用于小船。

(二) 按制造方法分

锚链分为铸钢锚链(cast steel chain cable)、电焊锚链(welded chain cable)和锻造锚链

(forged chain cable)等。电焊锚链工艺先进、简单,制造成本低,其质量超过其他种类的锚链,目前为海船广泛使用。铸钢锚链强度较高,刚性好,撑挡不会松动,使用寿命较长。其缺点是制造成本较高,耐冲击负荷差。锻造锚链有较好的韧性,但制造工艺复杂,成本高,质量不稳定,目前商船上已不再采用。

(三)按钢材级别分

我国生产的有挡锚链分为 A1、A2、A3 三级,级别越高,强度越大。用于生产有挡锚链的钢材等级分为 AM1、AM2、AM3 三级,AM1 级锚链钢为镇静钢,AM2、AM3 级锚链钢为镇静细晶处理钢。对同一船舶,若选用强度大的钢材,链环尺寸可以适当减小。

(四)按链环作用分

链环的大小以链环的直径 d 表示,普通链环(d)、加大链环($1.1d$)、末端链环(无挡链环)($1.2d$)、转环($1.2d$)、连接卸扣($1.3d$)或连接链环(散合式或双半式)(d)、锚卸扣($1.4d$)等。各链环如图 3-11 所示。普通链环的直径是衡量锚链强度的标准。

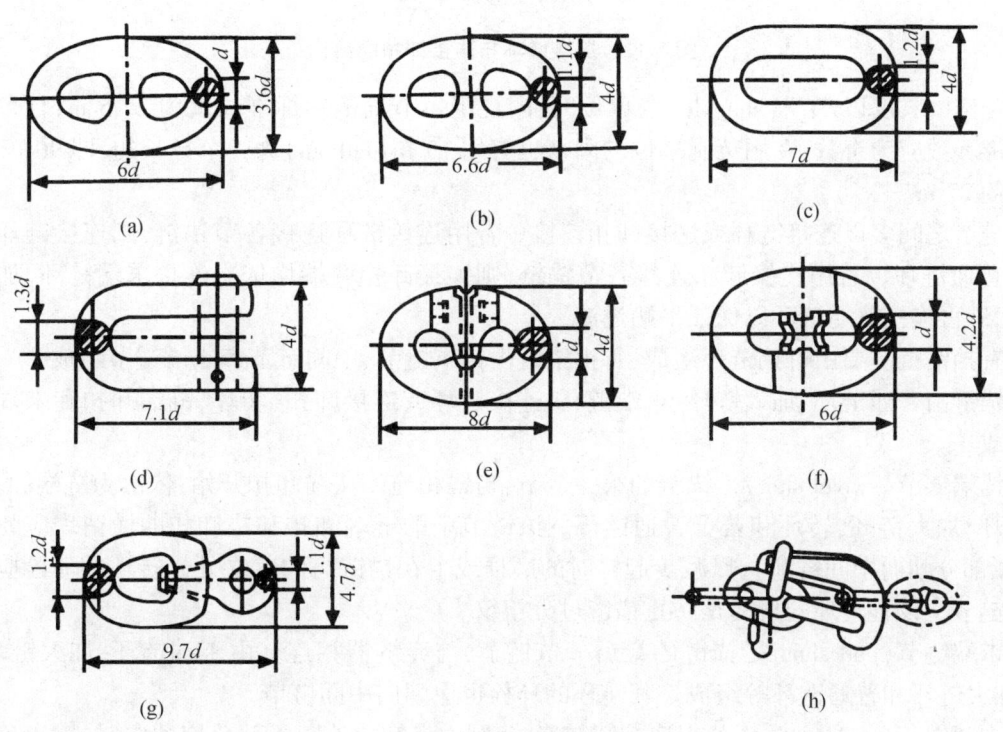

图 3-11 链环

(a)普通链环(common link);(b)加大链环(enlarged link);(c)末端链环(end open link);(d)连接卸扣(joining shackle);(e)散合式连接链环(detachable link);(f)双半式连接链环(two half joining link);(g)转环(swivel link);(h)脱钩(senhouse slip)

锚链为了掉头使用,调换链节以及锚链系带浮筒等都需要进行拆装工作。拆装锚链就是将锚链的连接链环或连接卸扣拆开,使两节锚链分离,或者将两节锚链连接起来。连接链节的双半式连接链环、散合式连接链环和连接卸扣的结构如图 3-12 所示。

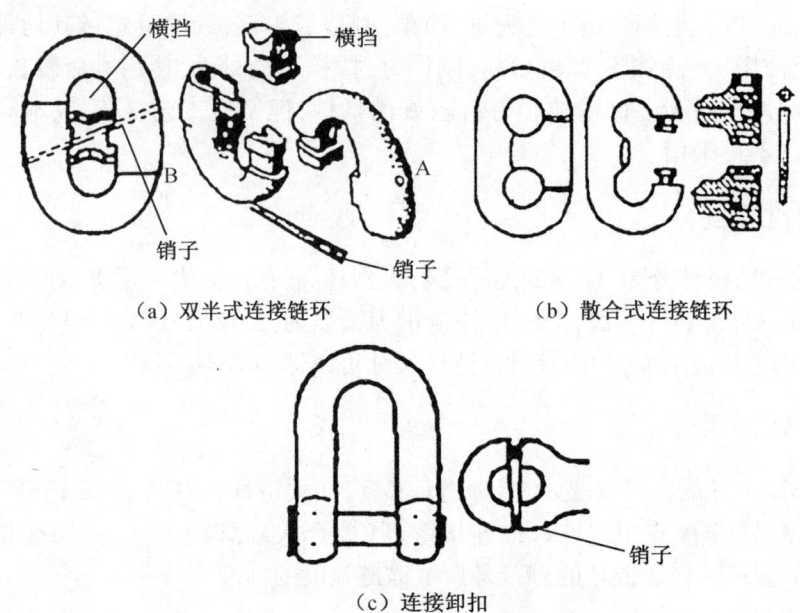

（a）双半式连接链环　　　（b）散合式连接链环

（c）连接卸扣

图 3-12　连接链环与连接卸扣的结构

锚链的长度以"节"（shackle）为单位,我国规定每节锚链的标准长度为 27.5 m,且每节锚链的链环数应为奇数;在用英制单位的国家也有用 15 拓（fathom）为一节链长的,即 90 ft,折合米制约 27 m。

链节之间多以连接链环或连接卸扣连接。若用连接链环连接各节锚链,则连接链环的两端为普通链环。若用连接卸扣连接各节锚链,则连接卸扣两端均依次连接末端链环、加大链环,然后再连接普通链环以保证平顺过渡。

有挡锚链主要由有挡链环组成,每根锚链由锚端链节、中间链节和末端链节组成。一根完整的锚链由普通链环、加大链环、末端链环、连接链环或连接卸扣、转环、链端卸扣和末端卸扣等组成。

锚端链节（swivel shot）是锚链的第一链节,与锚相连。从锚卸扣开始,依次为链端卸扣、末端链环、加大链环、转环和若干普通链环。该链节中的链端卸扣和锚卸扣的横销均应朝向锚（圆弧部分朝向中间链节）,以减少起锚时的磨损或卡在锚链筒的唇缘处。转环的环栓应朝向中间链节。设置转环的目的是防止锚链过分扭绞。

末端链节（end shot）是锚链的最后一节链节,与弃链器相连。由末端链环、加大链环、转环、加大链环和普通链环等组成。其转环的环栓也应朝向中间链节。

中间链节（middle shot）若用连接卸扣连接,则连接卸扣的圆弧部分应朝向锚,以避免抛起锚时其通过持链轮的过程中产生跳动、冲击和卡阻。

二、锚链的标记

为了在抛起锚时能迅速识别锚链松出的长度,在起锚时能掌握锚链在水中的长度,在各连接链环及其附近的有挡链环上做出标记。其方法是:在第一与第二节之间的连接链环（或卸扣)前后第一个有挡链环的撑挡上绕金属丝(或白钢环),并在两链环之间的所有有挡链环上涂白漆,连接链环涂红漆,以此表示第一节。在第二节与第三节之间的连接链环前后第二个有挡链环撑挡上绕金属丝(或白钢环),并在该两链环之间的所有有挡链环上涂白漆,连接链环涂红漆,以此表示第二节。由此类推至第五与第六节之间,如图3-13所示。

从第六节与第七节之间的连接链环开始,重复第一节至第五节同样的方法进行标记。最后一至两节可涂红或黄漆等醒目标记以作为预示锚链将至末端的危险警告,以警惕发生丢锚事故。

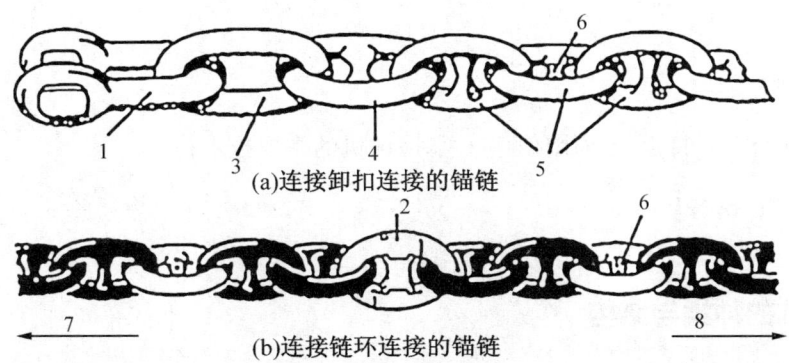

图 3-13 锚链的标记(第三节)

1—连接卸扣(joining shackle);2—连接链环(joining link);3—无挡链环(end link);4—加大链环(enlarged link);
5—普通链环(common link);6—金属丝;7—锚的方向;8—弃链器方向

三、锚链的强度与重量估算

锚链的强度估算:

$$Q = 548.8d^2$$

其中,Q——有挡锚链的破断强度(kN);

d——链环直径(mm)。

单位长度锚链的重量估算:

$$W_c = 0.021\ 9d^2$$

其中,W_c——单位长度锚链的重量(kg/m);

d——链环直径(mm)。

锚重与链重的关系:

$$W_a \approx 60W_c$$

其中,W_c——单位长度锚链的重量(kg/m);

W_a——每只锚的重量(kg);

也即每只锚的重量约等于60 m锚链的重量。

任务四 认知锚机的种类、结构与要求

【任务目标】

了解锚机的种类、特点及适用的船舶，掌握锚机的主要技术指标。

【任务（知识）储备】

一、锚机的种类与结构

锚机是抛起锚的机械装置，设在艏部。其链轮两侧的滚筒可作收绞缆绳之用。

（一）按动力不同可分为电动、电动液压和蒸汽锚机

目前，海船上锚机以电动锚机和电动液压锚机为主，两者主要结构基本相同。在一些早期建造的油船上，为了防火防爆，也有使用蒸汽锚机的。

1.电动锚机（electric windlass）

电动锚机的动力源是电动机。经过减速箱的变速小齿轮传动，小齿轮带动大齿轮使载荷轴转动，载荷轴上有链轮，大齿轮与小齿轮的啮合和脱开由离合器控制，以控制链轮的转动与否。在抛起锚作业中，当离合器脱开时，主轴和卷筒转动而链轮不转，可作为抛锚或绞缆之用。当离合器合上时，卷筒与链轮同时转动，可作为起锚或深水抛锚时送锚之用。在链轮上设有带式刹车，用以刹住链轮，以控制松链速度，如图3-14（a）所示。

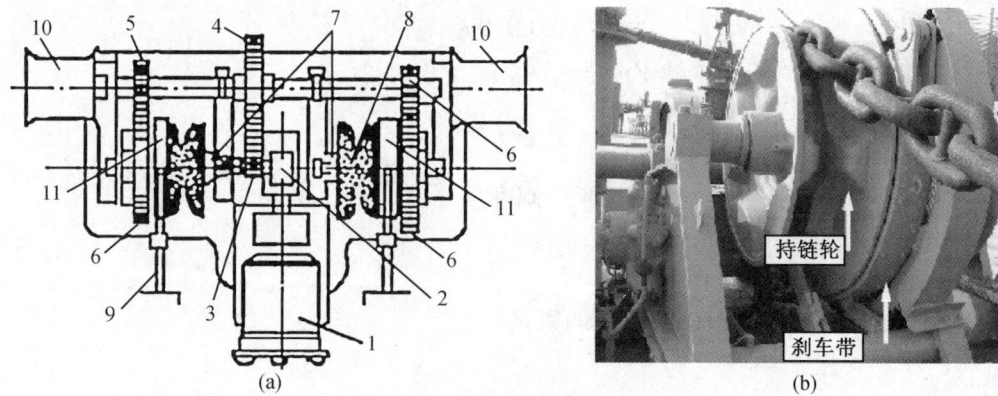

图 3-14 锚机（windlass）

1—电动机（electromotor）；2—减速器（reducer）；3、4、5、6—传动齿轮（drive gear）；7—离合器（clutch）；8—链轮（chain wheel）；9—刹车操纵杆（brake control rod）；10—带缆卷筒（rope drum）；11—带式刹车（brake）

2.液压锚机(hydraulic windlass)

液压锚机也称为电动液压锚机,由电动机带动液压泵,驱动油马达,然后经过减速器(或无须减速器)使锚机运转。它结构紧凑、体积小、操作平稳、变速性能好,但制造技术和维护保养要求较高,如图3-14(b)所示。

3.蒸汽锚机(steam windlass)

蒸汽锚机由蒸汽机带动。经过曲拐轴由齿轮带动滚筒轴运转,由滚筒轴借由离合器带动链轮运转,链轮上也设有刹车装置。其特点是动力大,结构简单。使用蒸汽锚机时应预先暖缸,用毕要排水放汽,以放尽汽缸中残余水汽。天冷时,为防冻要进行跑车(使蒸汽锚机空转)。

4.自动锚机与遥控操作锚机

自动锚机是在自动液压锚机系统中设有锚链长度传感器,在抛锚时当所需锚链全部抛出后,锚机会自动停止;在起锚时当锚将接近锚链筒时,能自动减速,当锚干进入锚链筒收妥后会自动停车。遥控操作锚机是指可在驾驶室遥控操作的锚机,其抛起锚作业可在驾驶台进行遥控操作完成。

(二)按锚机的布置方式分为卧式和立式锚机

卧式锚机的链轮轴与水平面平行。一般商船多采用卧式锚机;立式锚机的链轮轴垂直于水平面。这样布置可减小锚机所占甲板面积,多见于军舰上。

一些大型船舶或有大型球鼻艏的船,因其左右锚链筒间距较大,常在左右舷各设一台锚机。

二、锚机的主要技术要求

(一)主要技术要求

(1)由独立的原动机驱动。原动机和传动装置应设有防止超力矩和冲击的保护。对于液压起锚机,其液压管路如果和其他甲板机械管路相连接时,应保证起锚机的正常工作不受影响。锚重量不超过250 kg的船舶,若手动起锚机能适合其使用,则可以配置手动起锚机。手动起锚机应有防止手柄打伤人的措施。

(2)起锚机应具有足够的功率,且应能连续工作。其工作负载为:

A1级有挡链　　$37.5d^2(\text{N})$

A2级有挡链　　$42.5d^2(\text{N})$

A3级有挡链　　$47.5d^2(\text{N})$

其中,d——锚链直径(mm)。

在船上试验时,起锚机应有能力以平均速度不小于9 m/min(0.15 m/s),将一只锚从水深82.5 m处拉起至深度27.5 m处。

(3)在额定拉力的额定速度下,应能连续工作30 min,并应能在不小于1.5倍额定拉力的过载拉力作用下(不要求速度)连续工作2 min。锚机还应设有过载保护装置,过载时能转到中速运转。

（4）锚机的链轮或卷筒应装有可靠的制动器。制动器刹紧后，应能承受锚链或钢索断裂负荷45%的静拉力（当自由抛锚速度达5~7.5 m/s时，仍能有效刹住正在下滑的锚链），或承受锚链上的最大静负荷。其受力零件或刹车片应无永久变形，其制动装置也不应有打滑现象。锚机的链轮与驱动轴之间应装有离合器，离合器应有可靠的锁紧装置。刹车与离合器应操纵方便可靠。锚机装置应装有有效的制链器，且应能承受锚链破断负荷80%的拉力。锚机运转时应能顺倒转动，要求平稳和迅速。

（5）锚机的安装一般应保证锚链引出的三点（锚链筒、制链器和链轮）成一线。

（二）相关概念

（1）工作负载：指在锚链轮出链处测得的拉力。

（2）过载拉力：指锚机必需的短时过载能力。

（3）平均速度：指在3节锚链进入水中并且是自由悬挂的状态下，回收2节锚链时的速度。

（4）支持负载：指锚链轮制动器应能承受的锚链上的最大静负载。

任务五　检查与保养锚设备

【任务目标】

了解锚设备的配备依据，掌握锚设备的实验内容，具有锚设备的日常与定期的检查与保养能力。

【任务（知识）储备】

一、锚设备的配备依据

海船的锚与锚链的配备应根据船舶的类型、航行的水域并根据船舶舾装数的多少按规范中所列数据来选取。

舾装数 N（equipment number）或称船具数，是反映船体所能受到的风、流作用力大小的一个参数。除拖船外的船舶的舾装数计算公式为：

$$N = \Delta^{2/3} + 2Bh + \frac{A}{10}$$

其中，Δ——夏季载重线下的型排水量（t）；

B——船宽（m）；

h——船中夏季载重水线到上甲板的距离和各层宽度大于 *B*/4 的舱室在其中心线处的
　　高度的总和（m）；

A——船长范围内夏季载重线以上的船体部分和上层建筑及各层宽度大于 *B*/4 的甲板
　　室的侧投影面积的总和（m²）。

货船、散装货船、油船、耙吸式挖泥船、渡船等的设备配备按 *N* 选取。通过舾装数查表，可得出船舶应配锚的数量、每只锚的重量、锚链的级别、总长和直径等，参见表 3-1。

表 3-1　海船的锚泊和系泊设备

序号	舾装号		艏锚		有挡艏锚锚链				拖索		系船索		
	超过	不超过	数量	每个重量（kg）	总长度（m）	直径（mm）			长度（m）	破断负荷（kN）	数量	每根长度（m）	破断负荷（kN）
						AM1	AM2	AM3					
1	50	70	2	180	220	14	12.5		180	98.1	3	80	34
…													
28	1 390	1 480	3	4 320	550	66	58	50	200	835.5	4	180	323.6
29	1 480	1 570	3	4 590	550	68	60	52	220	888.5	5	190	323.6
30	1 570	1 670	3	4 890	550	70	62	54	220	941.5	5	190	333.4

通常万吨级以上的海船均配有 3 只主锚，其中 2 只用作艏锚（bow anchor），1 只用作备锚（spare anchor）。经常航行在狭窄、弯曲及水势复杂航道的船舶，还配有艉锚（stern anchor），以在必要时控制船尾的摆荡。

如果船舶应配锚链总节数成单数，则右锚多配 1 节。万吨级货船一般每只艏锚至少配 10 节锚链。一般无限航区的船舶，每一艏锚应配备 12 节锚链。此外，船上应至少储备 1 个锚卸扣和 4 个连接卸扣或连接链环，另备 1 个锚链系浮筒用的大卸扣。拉伸应力小于 400 N/mm² 的 AM1 级链不能用于大抓力锚和超大抓力锚。AM3 级链仅适用于链径为 20.5 mm 或以上的锚链。锚链直径等于及小于 17 mm 时，可用试验负荷相等的无挡锚链或破断负荷相等的钢丝绳或纤维绳代替。

二、锚设备的试验

（一）锚的试验

所有锚及主要配件均应由船级社认可的工厂按有关规定制造。锚的组装焊接应采用船级社认可的焊接材料，按认可的焊接工艺由持有合格证书的焊工施焊。成品锚均应在未经涂油漆的情况下进行外观检查、称重和试验。

1.外观检查

锚的外观检查应在涂漆前进行，锚和其零件表面不应有裂纹、气孔、砂眼及其他足以影响强度的缺陷，对不影响强度的表面缺陷允许焊补修整。

锚爪的转动角误差限度为 -0.5°～+2°；锚的外形尺寸的误差限度为 ±3%；锚干的弯曲度在 1 m 长度上应不超过 3 mm；每个新艏锚在配备时的重量偏差允许范围为 -3%～+7%（锚的实际重量与名义重量的偏差应在 -3%～+7% 范围内），但艏锚的总重量不得小于表列锚重量的总和。普通无杆锚的锚头重量，包括销子与转轴在内，应不小于该锚总重量的 60%。若采用有杆的艏锚,其重量(不包括横杆)应不小于相关表列无杆锚重量的80%,锚杆重量应不小于锚重量(不计锚杆,但计入连接卸扣)的25%。当采用大抓力锚(HHP)和超大抓力锚(SHHP)作为艏锚时,每只锚的重量可为表列的普通无杆艏锚重量的75%和50%。超大抓力锚应经海上试验,证明其抓力不低于相同重量普通无杆锚抓力的4倍。超大抓力锚的重量一般不超过1 500 kg。

2.拉力试验

规范规定名义重量大于或等于75 kg的锚(包括锚杆在内)、56 kg的大抓力锚或38 kg的超大抓力锚均应进行拉力试验。在进行锚拉力试验前应确认锚无有害的缺陷。

拉力试验的拉力作用点一端在锚卸扣处,另一端在锚冠中心至锚爪尖之间距锚爪尖的1/3处,如图3-15所示。无杆锚应同时拉两个爪,先在一面拉试后,再将锚爪转至另一面拉试。有杆锚的两个锚爪,应分别进行拉力试验。锚的拉力试验负荷在规范中做了详细的规定。表3-2为部分锚的拉力试验负荷表。

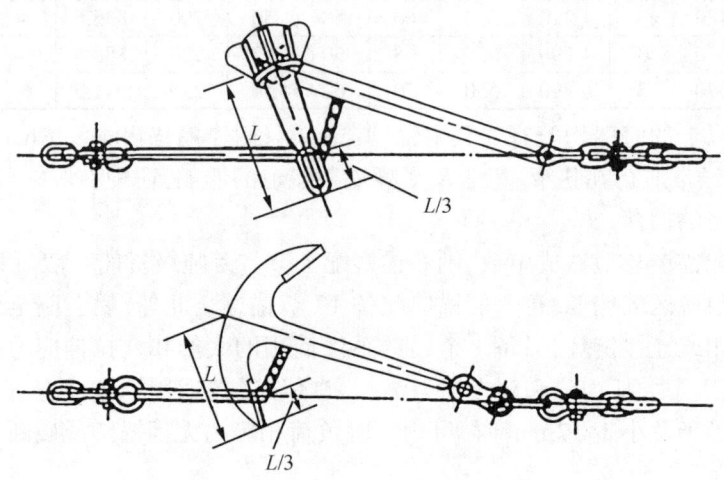

图 3-15 锚的拉力试验作用点

表 3-2 部分锚的拉力试验负荷表

锚的重量(kg)	拉力试验负荷(kN)	锚的重量(kg)	拉力试验负荷(kN)
1 000	199.0	6 000	735.0
3 000	474.0	12 000	1 110.0
5 000	661.0	18 000	1 410.0

拉力试验前,先在锚卸扣处的锚干上及锚爪每一尖端处各做一标志以便于测量间距,然后施加拉力。应先受试验负荷10%的拉力,保持5 min后,测量两标记间的距离。然后逐渐加大拉力至试验负荷并保持5 min;再将拉力降至试验负荷的10%,再测量两标志间的距离。

经拉力试验后,应对锚进行外观检查、无损检测、残余变形测量和锚的转动灵活性检查。无杆锚的残余变形(即两标记间的距离差)应不超过标距长度的1%,且锚爪仍应转动灵活并能转至最大角度;若锚爪不灵活或不能转至最大角度,则应消除缺陷,并重做拉力试验;若仍不合格,则该锚不能验收。对有杆锚,在拉力试验后应无永久变形。

3.证书与标记

经检验合格后的锚应具有包含下列内容的检验证书:订货号,能追溯锚整个制造过程的标记,锚的形式、主尺度和重量,锚的化学成分,热处理情况,锚材料的力学试验结果(或原材料证书),锚拉力试验负荷等。

经试验合格的锚,应在锚爪和锚干上应打上船级社认可的标记,主要有:制造厂的商标、产品证书号码、试验日期、锚的总重量、锚干的重量以及经认可的大抓力锚或超大抓力锚钢印标记 HHP 或 SHHP。

(二)锚链的试验

锚链根据其公称抗拉强度分成 AM1、AM2、AM3 三级。

根据规范要求,焊接锚链和铸钢锚链的检查和试验在外观检查和材料的试验上有所不同。下列规定适用于有挡锚链及其附件的试验。无挡短环链的试验参见有关标准。

1.焊接锚链

有挡锚链应尽量采用闪光对接焊制造,链环允许用落锻或浇铸的方法制造。横挡的焊接应只在与闪光焊缝相对一侧的链环上进行,横挡的两端与链环之间应无肉眼可见的缝隙;焊接由合格的焊工用合适的材料进行焊接;所有的焊接作业应在锚链最后热处理前进行。焊后应无影响锚链使用性能的缺陷。

对焊接锚链的检查和试验包括外观检查、材料试验、拉断试验、拉力试验。

一般用于焊接锚链和附件的轧制圆钢的制造应符合有关规定。轧制圆钢的脱氧方法和化学成分应符合表 3-3 的相关规定。

表 3-3　轧制圆钢的脱氧方法和化学成分

锚链钢等级	脱氧方法	化学成分					
		C	Si	Mn	P	S	Al②
1	镇静	≤0.20	0.15~0.35	≥0.40	≤0.040	≤0.040	—
2①	镇静细晶处理	≤0.24	0.15~0.35	≤1.60	≤0.035	≤0.035	≥0.020
3	镇静细晶处理	应符合 CCS 接受的标准					

注:①经 CCS 同意,可添加合金元素。

②是指铝的总含量,Al 可部分由其他细晶元素代替。

(1)外观检查

对制造焊接锚链的圆钢必须进行外观检验,其外表不应有裂纹、节疤、沟槽、分层和降低产品性能的其他缺陷。其焊接工艺和质量应符合规范的要求。制成链环后,应检查链环的焊缝质量、两截面错位和纵向平面挠度均应符合规范要求,然后再进行拉断试验、拉力试验和机械试验。所有锚链及其附件应具有与其制造方法相适应的光洁表面,且应无裂纹、缺口和夹杂等降低产品性能的缺陷,若需对缺陷进行焊补,则有关焊补工艺规程应得到相关船级社认可。链冠处不允许焊补。

(2)材料试验

对制造焊接锚链的圆钢必须符合规范要求,采用的脱氧方法和抽样化学成分应符合规定。圆钢应以同一炉号、同一直径、质量不超过 50 t 为一批,按批提交试验。每批任意截取一段长度适当的试件,按成品锚链的要求进行相应的热处理。

经上述两项试验合格,制成尺寸符合有关要求的锚链,再对成品锚链进行拉断试验和拉力试验,参见本节成品锚链的试验部分。

2.铸钢锚链

对铸钢锚链的检查和试验包括外观检查、材料性能试验、拉力试验、拉断试验。

（1）外观检查

对铸造的链环应检查外形及尺寸,其偏差应在规定范围内。

（2）材料性能试验

在浇铸链环的同时浇铸机械性能试样,对其进行化学成分分析和材料机械性能试验。其结果应符合规范的要求。

3.锻造锚链

锻造锚链在商船上已基本不用,故不做介绍。

4.成品锚链的试验

锚链或附件应根据其等级和交货状态,在进行拉力试验、拉断试验和成品锚链材料力学性能试验之前进行必要的热处理。

所有成品锚链的试验应按照规范的有关要求和标准进行拉力和拉断试验,参见表3-4。为此不可在锚链上涂油漆或防腐涂料。

表 3-4　锚链的拉力和拉断试验载荷

试验负荷	AM1	AM2	AM3
拉力试验（kN）	$0.006\,86d^2(44-0.08d)$	$0.009\,81d^2(44-0.08d)$	$0.013\,73d^2(44-0.08d)$
拉断试验（kN）	$0.009\,81d^2(44-0.08d)$	$0.013\,73d^2(44-0.08d)$	$0.019\,61d^2(44-0.08d)$

（1）拉力试验

拉力试验是对整节链进行拉力试验。每节锚链均应在认可的试验机上按相应等级的锚链所规定的拉力载荷进行试验。试验时每个链环相对位置正确,整节链不得有搓扭。当卸除负荷后,应对每节锚链包括其尺寸进行检查,不应有明显的缺陷。应仔细检查链环和零件的外观、尺寸和相对转动的灵活性。每节链在拉力试验的负荷卸除后,应对每节锚链包括其尺寸进行检验,不应有明显的缺陷,且永久伸长应不超过原始长度的5%。

（2）拉断试验

应按规定的试样数量由验船师从每批不超过四节的锚链中选取一节锚链,切取不少于3个链环的试样,并按规范有关规定的拉断载荷进行试验。试验链环应与锚链在同一制造过程中制成,并与锚链一起进行焊接和热处理。试验链环应在验船师在场的情况下从锚链上取下。如果施加所规定的载荷之后,试样未出现破断现象,则认为试样已通过该项试验。

（3）复试

如果拉断试验不符合要求,则可以在同一节锚链上再取一个试样进行试验。若能符合要求,则认为试验合格;若复试仍不合格,则该节锚链应判为不合格。但可根据制造厂的要求,将其余3节锚链分别做拉断试验。若其中1个试验结果不符合要求,则3节锚链全部不合格。

对锚链附件一般也应按相关规定进行拉力试验和拉断试验（船级社同意免试验者除外），凡做过拉断试验的附件一般不可再使用。

锚链试验合格后，应在每节锚链的两端均打上锚链等级、证书编号、试验日期以及船级社标志等钢印标记。

(三) 锚机的试验

首先要检查锚机的安装位置是否正确，并按锚机的要求进行各项试验，然后在码头边进行抛起锚试验，最后在海上进行抛起锚试验。规范要求深水抛起锚试验的水深大于82.5 m，起单锚的平均速度在82.5 m深度到27.5 m深度之间应不小于9 m/min。在锚链快速放出时试验刹车2~3次，锚链在链轮上应无滑出、跳链和不能止住等现象。将锚抛妥后上好制链器，船开慢倒车片刻以检查制链器的效能。检查锚爪与船壳的贴合情况。锚机的安装一般应保证锚链引出的三点（锚链筒、制链器和持链轮）成一线。

三、锚设备的检查和保养

(一) 日常检查保养

(1) 平时应轮流使用左右锚，使锚和锚链平均磨损。每次起锚时应冲洗锚和锚链。

(2) 对锚的检查保养：

①对锚卸扣及其横栓的磨损以及变形松动进行检查、保养。

②对锚头横销是否松动进行检查保养。

③对锚爪是否弯曲变形进行检查保养，每次起锚后应检查锚爪是否钩挂杂物。

(3) 对锚链的检查保养：

①白天起锚时应检查锚链及标志，标志应保持清晰。

②检查连接卸扣有否裂纹、变形、磨损程度。

③检查转环是否转动灵活。

(4) 对锚机：每次使用前应先空转片刻，并先试车。检查刹车、离合器的可靠性，检查其运转情况并使其润滑。减速箱内的机油应定期检查更换，保证清洁。

(5) 制链器、导链轮等部分加油润滑。

(6) 起锚时不要硬绞，必要时用车舵配合。

(7) 深水抛锚时应用锚机松出锚链，以免撞坏锚或崩断锚链。

(8) 抛完锚和收妥锚应上妥制链器。

(二) 定期检查保养

定期检查保养是发现锚设备有无损坏的关键，应至少半年进行一次，并做好记录。检查的主要内容包括裂纹、结构松动、变形、磨损等。

1.锚的检查

锚最容易受损的部位是锚爪、锚冠、横销和锚卸扣等。锚爪可能发生弯曲和裂纹，助抓突角易磨损，横销易松动，锚卸扣易受磨损和产生裂纹。按要求锚销允许磨损在原直径的10%

以内,锚的失重应在原重的20%以内。当发生严重损坏或不符合要求时,应换备锚,并将损坏的锚送厂修理。

2.锚链的检查

链环和卸扣长期使用后会产生磨损、裂纹、变形和结构松动等现象,因此必须进行磨损检查、变形检查、结构松动检查、裂纹检查。

(1)磨损检查

检查环与环接触处和锚链与锚链筒的摩擦处,可用卡尺量其同一截面的最大、最小直径,取其平均值。锚链磨损的极限为:远洋航区(Ⅰ类航区)船舶的锚链,磨损后平均直径不得小于原直径的88%;近海(Ⅱ类航区)和沿海航区(Ⅲ类航区)船舶的锚链,磨损后的平均直径不得小于原直径的85%。

(2)变形检查

用目视检查或测量检查链环是否弯扭变形,检查链环和卸扣的长度,对不符合规范要求的就要换新。有挡链环的长度超过原长度的7%,则不能再使用;无挡链环或卸扣超过原长度的8%,则不能再使用。

(3)结构松动检查

连接链环(拆开检查后应先在内吻合处涂上黄油再装复)和卸扣的销子会因铅封脱落而松动,应逐个仔细检查。

(4)裂纹检查

用手锤敲击每个链环以及卸扣,听其声音是否清脆。

锚和锚链应定期除锈油漆。在每次修理检查后,应涂煤焦沥青漆两度,然后再做锚链标记。

3.锚机的检查保养

应经常检查刹车是否良好,离合器是否轻便灵活,经常加油以保证在良好的润滑环境条件下运转。应特别注意零件各摩擦面的润滑;减速箱内的机油应定期检查更换,以保证其清洁。链轮的轮齿容易磨损,其限度规定为不超过原厚度的10%。

若发现有滑链、跳链现象,应及时焊补;固定锚机的紧固螺栓与底座应检查其是否有松动、锈蚀,若有缺陷,应及时修复。锚机底座的蚀耗一般应小于原厚度的25%。除底座外一般应三个月检查一次。

4.附属装置的检查

制链器平时要注意保持活络,经常除锈油漆。锚链筒上下口的口唇易磨损,应经常检查其磨损情况,修船时进行堆焊并磨光。锚链舱在定期检查时,应将锚链全部倒出,进行清洁工作,检查锚链舱排水设备是否正常;对已损坏的木衬垫应进行调换,并对锚链舱进行除锈油漆;检查弃链器是否正常。

5.厂修

厂修时,将全部的连接链环(连接卸扣)拆开,更换销钉和铅封,将第一节锚链与最后一节锚链对调;下一次修船时再将现有的第一节锚链与最后第二节锚链对调,以免集中磨损部分锚链,并做好记录。

任务六 锚设备的操作

【任务目标】

熟悉抛起锚操作的步骤和操作注意事项,具有正确进行锚泊作业的能力。

【任务(知识)储备】

船舶用锚基本可以分成锚泊用锚、操纵用锚和应急用锚等几种方式。其中,锚泊用锚要求锚能抓牢。松出适当长度锚链后,锚以及锚链产生的抓驻力能抵抗船舶所受的水流、风力和波浪对船舶的作用力。因此,选择的锚地要有适当的水深、良好的底质和海底地形、足够的回旋余地。另外,水域周围的地形应能成为船舶躲避风浪的屏障,以保证锚泊水域的平静,尤以可防浪涌袭扰的为最好。所选锚地附近应远离航道或水道等船舶交通密集区域,还应是无海底电缆等水中障碍物的水域,水流宜缓而流向稳定。

一、抛锚作业

1.备锚

(1)通知机舱供电,备好锚球或锚灯,并观察舷外锚的下方是否有小船接近。

(2)试验锚机:将刹车带刹牢,脱开离合器,加油润滑锚机并空车运转,逐级变速查看正反转是否正常。

(3)将锚送出:移开防浪盖,合上离合器,松开刹车带,打开制链器,开动锚机将锚送出锚链筒,直到接近水面;再刹紧刹车带,脱开离合器,使锚处于随时可以用刹车直接抛下的自由抛落状态。

上述准备工作做好后,立即报告驾驶室锚已备妥。

2.抛锚

(1)当得到驾驶室抛锚命令后,大副立即指示木匠松开刹车带,让锚凭自重落下。水深不太深时,第一次松出链一般为1节入水,至多2节。锚着底后应将锚链刹住,同时显示锚泊信号(锚球或锚灯),并关闭航行灯,每节锚链通过甲板时应敲钟报告锚链节数。

(2)抛锚时应保持有缓慢的船速(一般为退速),锚链才能送出去;速度太快就会因刹不住锚链而发生断链与丢锚的事故,对于一般万吨级商船应控制在2 kn以内,对于VLCC则应控制在0.5 kn(0.26 m/s)以内;余速太慢则锚链堆积,此时应报告驾驶台以便用车舵给予配合。当松链长度约为2倍水深时,应将锚链刹住,利用船舶惯性使锚爪啮入土中。为防止将锚拉走而破坏抓土,必须在锚链尚未完全被拉直时再送出一段锚链,如此反复进行,每次半节左右,一直松至所需链长。

(3)深水抛锚操作:水深超过25 m时,为防止锚对海底的冲击力过大以及锚链松出太快,抛锚时须用锚机将锚送至距海底10 m左右,再自由抛下。若水深大于50 m时,应用锚机将锚送至海底,然后再用刹车慢慢松出锚链。

(4)判断锚抓底状态:按计划松出锚链后,将锚链刹住,观察锚链的状态。如果锚链向前拉紧,并平稳而有节奏地在水面上下抬动,然后略有松弛,说明锚已抓牢。如果锚链拉直后,不在水面上抬动而是不断抖动,且无松弛现象,说明锚正在水底拖动,应立即报告船长,采取措施。

(5)抛锚过程中,大副应随时用高频或手势(夜间用手电筒)向船长报告锚链方向及受力情况。木匠用钟声报告锚链松出的节数。抛锚抛妥后上好制链器,切断电源,罩好锚机操纵台的帆布罩。

二、起锚作业

1.准备工作

(1)通知机舱送电,供锚链水,活络锚机。

(2)确认一切正常后再合上离合器,打开制链器和刹车带,让锚机受力。

(3)准备工作完毕,向驾驶室报告。

2.绞锚操作

(1)接到驾驶室起锚口令后,大副根据锚链受力情况指示木匠以适当速度绞锚。

(2)开启锚链水冲洗锚链上的污泥。

(3)绞锚过程中,大副应随时将锚链的方向报告给船长,以便驾驶室进行车、舵配合绞锚。木匠用钟声报告锚链在水中的节数。

(4)绞锚时若风大流急,锚链绷得很紧,此时不能硬绞,而要报告驾驶室,进车配合,等船身向前移动锚链松弛后再绞,以防损伤锚链和锚机。若锚链横越船首,应利用车、舵将船逐渐领直后再绞。

(5)锚离底判断:锚爪离底瞬间锚机负荷最大,锚离底后锚机负荷突然下降,锚机转速由慢变快,声音变得轻快;锚离底瞬间锚链将向船边荡来,锚链随即处于垂直状态。

(6)锚离底:锚一离底,应敲乱钟报告,同时降下锚球或关闭锚灯。锚出水后,要观察锚爪上是否挂有杂物,若有应及时清理,然后根据需要将锚悬于舷外待用或收妥。

(7)若锚不再使用需收进锚链筒时,应慢慢绞进直到锚爪与船舷紧贴为止。合上制链器,用锚机倒出一点锚链,使制链器吃力,然后上紧刹车,脱开离合器。关闭锚链水,盖上锚链筒防浪盖,罩好锚机,用链式制链器加固锚链,封好锚链管口,通知机舱关闭锚机电源。

三、值锚更

船舶在锚地锚泊,驾驶员应值锚更。值班人员应坚守岗位,注意艏艉附近串视物标方位变化,勤测锚位(陆标、雷达、GPS等),勤查锚链(正常锚泊中,锚链有规律地一张一弛);密切注意锚地周围环境和天气变化以及周围船舶动态;确保本船号灯号型的正常显示;雾天应照章鸣放声号;若天气恶劣,风流增大,应缩短观测锚位的间隔,并密切注意锚地周围船舶动态,必要时应备妥主机;在偏荡剧烈或走锚(dragging)时,应采取措施如下:

1.防止船舶偏荡的方法

(1)打入压载水以增加吃水,一般宜保持达满载吃水的2/3以上。

(2)把艉倾改为平吃水,使风力作用中心后移,水动力作用中心前移以缓和偏荡。

(3)抛止荡锚。把另一只舷锚在船首偏荡至止荡锚一舷极限位置向偏荡平衡位置开始荡动时抛下,出链长为1.5~2.5倍水深,即用短链使锚保持拖底状态,使船首经常保持更为接近风向之状态,以减轻偏荡。

(4)当风速急剧增大,可能超过单锚泊的外力极限时,应不失时机地改抛八字锚,以增加锚泊力并抑制偏荡。

(5)恰当地使用主机和灵巧地使用侧推器。

2.发现走锚后的措施

(1)立即加抛另一锚,这是最重要的工作,松长锚链的方法应慎用。

(2)通知机舱备车,叫船长。

(3)悬挂及鸣放"Y"信号,或用VHF等通信手段及时警告他船。

(4)主机备妥后起锚重抛或转移锚地。

(四)抛起锚口令

如表3-5所示,抛起锚口令由驾驶台发出,大副在听到口令后,应复述一遍,表示已听到船长的命令,并应立即执行。执行完毕后再向驾驶室报告。

表3-5 抛起锚口令

抛起锚口令 Anchor order	报告或回答 Report or reply
准备左(右)锚 Stand by port(starboard, both)anchor(s)	左(右)锚备好 Port(starboard, both)anchor(s)is(are)ready
抛左(右)锚 Let go port(starboard, both)anchor(s)	抛左(右)锚 Let go port(starboard, both)anchor(s)
×节落水 × shackles in water	×节落水 × shackles in water
×节甲板 × shackles on deck	×节甲板 × shackles on deck
×节锚链筒 × shackles hawse pipe	×节锚链筒 × shackles hawse pipe
松链 Slack away or pay out	松链 Slack away or pay out
刹住 Hold on	刹住 Hold on
＊链吃力 Chain tight	
＊锚已抓牢 Brought up	
＊锚未抓牢 Dragging	
固定好 Make fast	
准备起锚 Stand by(to)heavy/in anchor	锚备好 All ready(to)heavy away/in
绞锚 Heavy in/away	绞锚 Heavy in/away
停止绞 Hold on, avast heaving	停止绞 Hold on, avast heaving

续表

抛起锚口令 Anchor order	报告或回答 Report or reply
锚链方向 How is chain leading?	链垂直 Up and down
	锚链向前 Leading ahead
	锚链向后 Leading aft
	锚链正横 Leading abeam
	锚链过船头 Across bow
＊锚离底 Anchor aweigh	
＊锚绞缠 Foul anchor/Anchor fouling	
＊锚清爽 Clear anchor/Anchor clear	
收好锚 Stow the anchor	

注:(＊)为大副向驾驶室报告锚与锚链情况用语。

 复习思考题

1.简述锚设备的作用和用途。

2.简述锚设备的组成部分及各部分的作用。

3.简述锚的种类、各自的特点。

4.简述锚链的标记方法。

5.简述锚设备试验的内容和相关要求。

6.简述锚设备的保养要点。

7.简述抛起锚操作的步骤和操作注意事项。

项目四
系泊设备操作与管理

项目介绍 ＞

通过学习,熟悉系缆的名称、组成及作用,掌握系解缆作业的操作程序及安全事项,具有正确使用系泊设备和对系泊设备进行检查、保养的能力。

学习目标 ＞

◆ **知识目标**

1.熟悉系泊设备的作用及系泊方式;
2.熟悉船舶缆绳的种类;
3.掌握船舶不同部位系缆的名称、作用与配备;
4.掌握系泊设备各组成部分的作用;
5.掌握系泊设备的安全使用及维护保养;
6.熟悉系泊标准用语。

◆ **能力目标**

1.具有正确使用系泊设备,进行系泊设备作业的能力;
2.具有对系泊设备进行试验、检查、保养和配备的能力。

学习导图 >

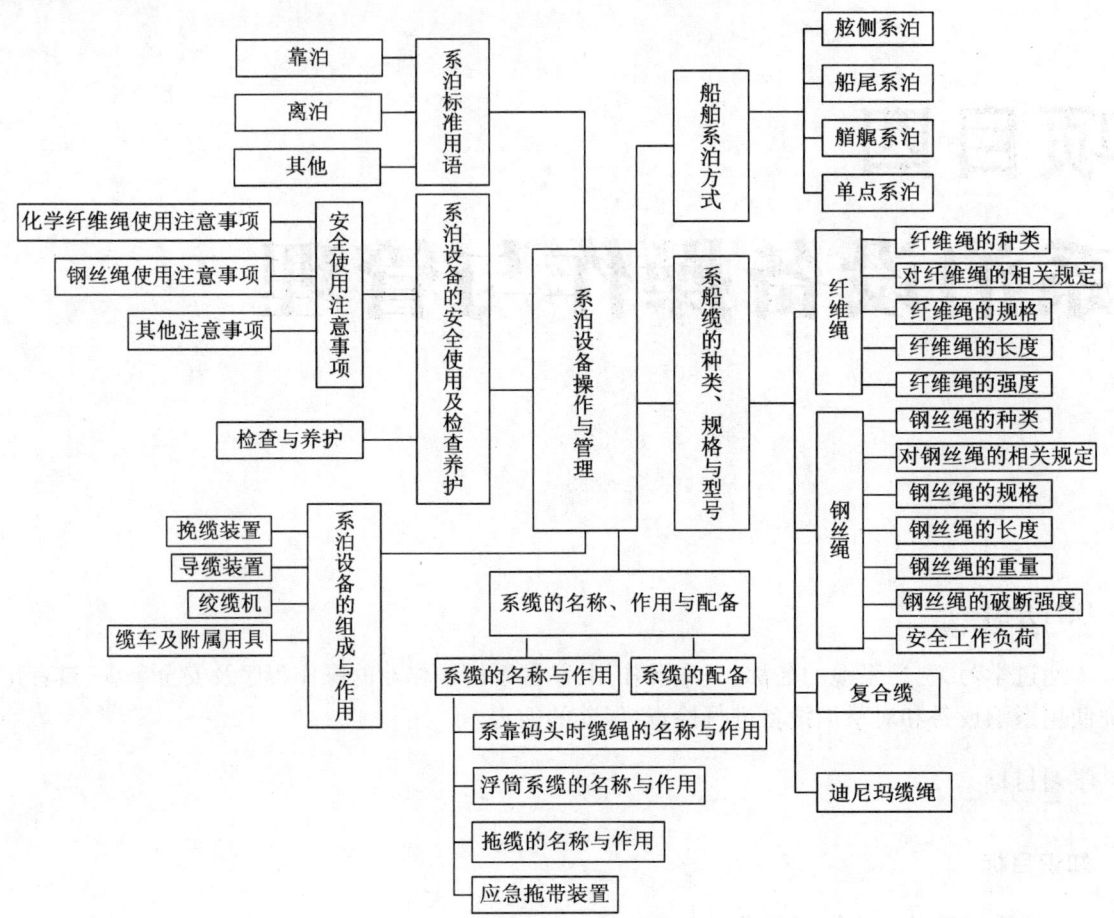

任务一　认识船舶系泊方式

【任务目标】

了解掌握船舶的系泊方式,具有辨别船舶系泊方式的能力。

【任务(知识)储备】

船舶停泊除用锚泊方式之外,停靠码头、进船坞、系留浮筒均需用缆绳将船系住。因此,船舶停靠码头、系留浮筒、停靠他船或顶推作业时,用于带缆、绞缆以保证船舶能安全可靠地进行系缆作业的装置和设备,称为系泊设备。

船舶系泊的方式随船只大小、码头情况而异,通常有如下几种系泊方式:

一、舷侧系泊

舷侧系泊是将船舶舷侧靠于码头或他船进行系结,是最为常见的系泊方式。图 4-1(a)所示为舷侧系泊时缆绳的布置情况。舷侧系泊时系缆的根数由船舶所受外力大小而定。无风浪时只需带艏、艉缆,若有水流的作用,还需加设倒缆。若吹开风及水流的影响较大,为了防止船舶沿岸线移动或离开岸线,在艏部、艉部及中部均需设置附加的横缆。

二、船尾系泊

船尾系泊是将艉端系结于码头的一种系泊方式,如图 4-1(b)所示,一般在码头岸线长度受限制的情况下采用。当多船并列用此种方式系泊时,可同时在各船间用系缆作横向系结。风和水流较大时可在船首抛锚辅助。对于舰艇编队,船尾系泊有利于紧急启航。某些内河船、渡船等常采用船尾系泊方式。

三、艏艉系泊

艏艉系泊是利用艏艉的缆绳将船舶系结于港内或江中的浮筒上,如图 4-1(c)所示。

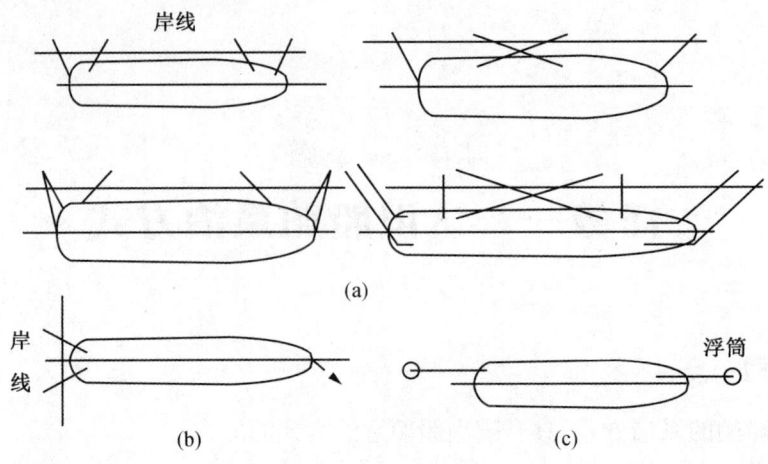

图 4-1　船舶系泊方式

四、单点系泊

为了解决超级油船的停泊或在海上供油船进行装卸作业而发展了一种单浮筒系泊系统。由于油船越造越大，超级油船的载重量已超过 50 万 t。虽然有些深水港可以停靠这些油船，但世界上大多数的天然港口水深不够。因此，这些超级油船装卸货物、燃料及淡水等就成了问题。在靠近海岸线的深水中，建立单浮筒系泊系统便是解决这个问题的方法之一。

在这种系泊系统中，浮筒由呈放射状布置的锚固定在海上，油船通过系缆系结在浮筒顶部的转台上。若外力变化时，油船将绕着浮筒旋转，直至平衡在一个受力最小的位置上。浮筒中央的旋转接头和油船之间有浮动软管相连，油船通过软管进行装卸作业，如图 4-2 所示。在远海区建造这样的单浮筒系泊系统，便可以利用油船将海底原油输送到岸上。这要比铺设海底管道经济得多。

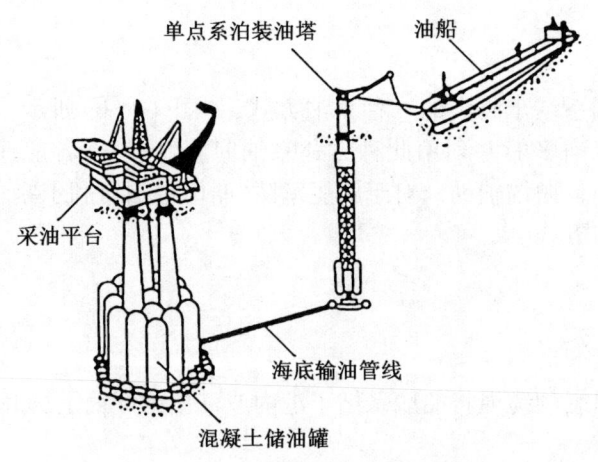

图 4-2　单浮筒系泊系统

任务二　识别系船缆的种类、规格与型号

【任务目标】

掌握系船缆的种类、规格、型号及特点。

【任务(知识)储备】

在船舶系泊设备中,所使用的绳索种类和规格繁多。对于一名合格的船舶驾驶员来说,其必须掌握各类绳索的特性及使用特点,正确使用船上的各种绳索,以保证船舶的安全营运和工作人员的人身安全。

船舶缆绳又称系船缆,简称系缆(mooring line),用于将船舶系固于码头、浮筒、他船或拖带时用的绳索。船舶缆绳是船舶系泊设备的主要组成部分,理想的系船缆应具有强度大、耐腐蚀、耐磨损、比重小、弹性适中、质地柔软、使用方便等特点。目前船舶常用的系船缆有纤维绳和钢丝绳两种。

一、纤维绳

(一)纤维绳的种类

纤维绳有植物纤维绳和化学纤维绳两种,其应由船级社认可的工厂制造,并应符合船级社接受的有关船用纤维绳结构形式及材料的标准。现代船上已不再使用植物纤维绳,广泛使用的是化学纤维绳。船用化学纤维绳的主要有如下几种:

1.尼龙绳(nylon rope)

尼龙绳又称锦纶绳,种类较多,使用较广。其特点是强度大、质轻、柔软、耐磨、对酸碱和油类等有一定的抵抗能力、长期使用不容易疲劳,但伸长率较大、弹性大、有一定吸水性、耐气候能力较差、暴晒过久强度会下降。

2.涤纶绳(polyester rope)

涤纶绳强度仅次于尼龙绳,是化纤绳中最耐高温和耐气候的一种绳索,适应于高负荷连续摩擦,抗酸、碱和油类能力强,吸水率仅为 0.4%,性能优越,但价格较高。

3.丙纶绳(polypropylene rope)和乙纶绳(polyethylene rope)

丙纶绳和乙纶绳的特性比较相似,即密度较小,能浮于水面,吸水性不大,低温时仍具有足够强度,且柔软便于操作。乙纶绳对化学物品抗腐蚀性最强;丙纶绳耐磨,其破断力为尼龙绳破断力的 51%~66%,是目前船上配备较多的一种缆绳。但上述两种缆绳都不耐热。目前,日

本等发达国家改进了制造工艺和原料的选择,已将丙纶绳的破断力提高至尼龙绳的90%。

4.维尼龙绳(vinylon rope)

维尼龙绳强度在化纤绳中最小,外表很像棉纱绳,弹性差、吸水性最大,能耐油类和盐类物质、耐气候、价格比较便宜。

(二)对纤维绳的相关规定

(1)化学纤维绳主要由聚酰胺、聚酯和聚丙烯制成。

(2)绳索内不应加入任何填料和增加其质量的物质。

(3)经验收合格的每卷(捆)成品纤维绳,均应在明显易见处贴上纤维绳号、材料、结构、规格和厂名的标签,并应打上CCS标志。

(三)纤维绳的规格

纤维绳的粗细一般以其直径D(mm)或周长C(in)来衡量,其换算关系为:

$$C \approx \frac{1}{8}D \ (1 \ in = 25.4 \ mm)$$

(四)纤维绳的长度

纤维绳每捆的长度一般为220 m左右。

(五)纤维绳的强度

1.缆绳的破断强度(breaking load,BL)

将绳索逐渐均匀拉伸,直至将其拉断时所需的拉力为该绳索的破断强度,也称为该绳索的破断力,一般用B表示。

化学纤维绳的破断力可用如下公式估算:

$$T = 98kD^2 \ (N)$$

其中,T——化学纤维绳的破断力(N);

D——缆绳的直径(mm);

k——系数,丙纶绳0.74~0.85,尼龙绳1.19~1.33,改良丙纶绳1.10~1.21,复合缆2.0。

2.缆绳的安全工作负荷(safe working load)

为保证安全,不使缆绳因受力过大断裂而发生事故,一般都规定一个绳索允许使用的最大负荷,即安全工作负荷(safe working load, SWL)。须注意的是,在船用绳索的产品证书上均有明确规定的SWL,使用时应以此为准。若无相应产品证书,则可根据绳索的破断强度及工况等情况确定一个安全系数,据此即可求出该绳索的安全工作负荷,即:

$$安全工作负荷 = \frac{破断强度}{安全系数}$$

实际工作中,在无特别说明的情况下,该安全系数一般取6,在不同情况下,对安全系数有不同的要求,如用作带缆安全系数取6~8,用作拖缆取8~10;具体使用时,还要根据缆绳的新旧程度、干湿情况和是否打结或插接以及不同的工作需要,确定合适的安全工作负荷,具体如下:

①受潮后,白棕绳强度下降约45%,化纤绳下降约5%~10%。

②库存2~3年的新绳,强度下降约20%~30%。

③绳索打结后,缩短结强度大约下降20%,圆材结强度大约下降35%,丁香结强度大约下降40%,单套结强度大约下降40%,平结强度大约下降50%等。

3.绳索的试验强度(test strength,TS)

绳索的试验强度,亦即验证负荷(proof load,PL),是绳索制造厂在CCS授权的验船师主持下对其产品进行拉力试验时所采用的强度标准,一般取破断强度的3/4。

二、钢丝绳

(一)钢丝绳的种类

钢丝绳是由若干统长钢丝编绞而成的,具有强度大、重量轻、使用寿命长的特性。目前,船上使用的钢丝绳有硬钢丝绳、半硬钢丝绳及软钢丝绳三种。

1.硬钢丝绳(stiff wire rope)

硬钢丝绳由6股钢丝股绕着中间一股钢丝股芯搓制而成。如7×7的钢丝绳,表示由7股钢丝搓成,每股内有7根钢丝。又如6×31+(7×7)表示钢丝绳的规格为:钢丝股数为6股,每股有31根钢丝,股芯为7×7的钢丝股。这种钢丝绳内无油麻芯,因而是硬度最硬的钢丝绳,其强度在三种钢丝绳中最大,但操作不便。在船上除用于大桅和烟囱等支索(静索)外,还可与绞车配合用作拖索和系船索。

2.半硬钢丝绳(semi-flexible wire rope):

半硬钢丝绳由6股钢丝股绕着一股油麻芯搓制而成。如一根规格为6×37+1的钢丝绳,表示有6股钢丝股,每股有37根钢丝,另外中间有一股油麻芯。这种钢丝绳的强度较大,比硬钢丝绳柔软,操作使用比较方便。船上一般用作拖缆、保险缆和系船缆,也可用作起重设备的吊货索。

3.软钢丝绳(flexible wire rope)

软钢丝绳的制作方法与半硬钢丝绳基本相同,但在每一股钢丝股内还有一股油麻芯,因此软钢丝绳中共有7股油麻芯,如图4-3所示。如一根规格为6×24+7的钢丝绳,表示有6股钢丝股,每股有24根钢丝,中间有一股油麻芯,并且每股钢丝股内还有一股油麻芯。这种钢丝绳最为柔软,且便于操作使用,但其强度在上述三种钢丝绳中最小,一般用于系船缆、吊货索、吊艇索及船上货物的绑扎系固等。

船舶的系缆多采用6×24、6×30和6×37等质地较软的钢丝绳,而流行选用6×24+7的软钢丝绳。软钢丝绳使用方便,但其耐磨性比其他类型的钢丝绳差。

钢丝绳中油麻芯的作用较大,第一,它在钢丝绳受力拉紧时可以起衬垫作用,以减少钢丝绳内部的摩擦;第二,它可以增加钢丝绳的柔软度,便于操作使用;第三,因油麻芯含油,可以防止钢丝绳内部锈蚀;第四,油麻芯中的油可以起到润滑的作用。

需要注意的是,钢丝绳的软硬程度不仅与油麻芯的多少有关,还与钢丝的韧性及结构形式有关,所以同结构类型同直径的钢丝绳钢丝数越多,则钢丝绳越软。

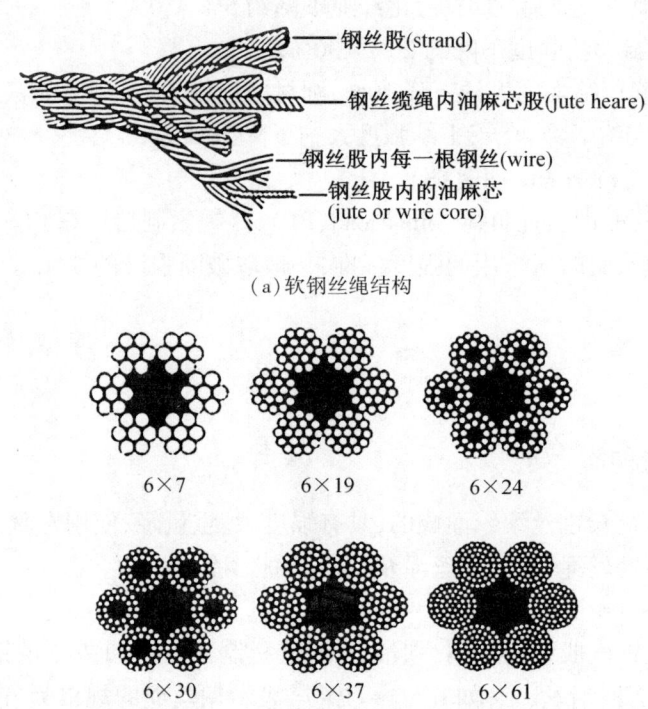

（a）软钢丝绳结构

6×7   6×19   6×24

6×30   6×37   6×61

（b）钢丝绳横截面图

图 4-3　钢丝绳结构

（二）对钢丝绳的相关规定

根据中国船级社（CCS）颁布的《材料与焊接规范》规定，用作系船索、拖索和艉锚索的钢丝绳应符合以下要求：

（1）制造钢丝绳用的钢丝，应采用优质碳素结构钢，其硫、磷含量应≤0.035%，其他元素的含量应符合 CCS 接受的有关标准。由钢材冷拔拉制成的钢丝截面应呈圆形，且材质应均匀，强度一致，表面应无裂纹、竹节、起刺、锈蚀及伤痕等影响钢丝性能的缺陷。

（2）钢丝的等级根据其规定最小抗拉强度一般分为 1 420 N/mm²、1 570 N/mm²、1 670 N/mm²、1 770 N/mm²、1 870 N/mm² 和 1 960 N/mm² 六级。除另有规定外，钢丝的实际抗拉强度应不超过规定最小抗拉强度的 1.2 倍。

（3）钢丝绳应采用全镀锌的钢丝绞制而成。钢丝应采用热浸法或电解法镀锌，其镀锌层应平滑、完整和牢固。镀层可分为下列三级：

①1 级：厚镀层，在镀锌后拔丝。

②2 级：厚镀层，在拔丝后镀锌。

③3 级：薄镀层，在镀锌后拔丝。

钢丝绳的结构形式如表 4-1 所示。

表 4-1 钢丝绳的结构形式

用途	钢丝绳规格			钢丝绳股结构					
	股数	钢丝数	股芯	股芯	内芯丝	内层	中层	外层	分层记号
舺锚索、拖索、系船索	6	24	纤维	纤维	0	—	9	15	6(0+9+15)
	6	37	纤维	钢丝	1	6	12	18	6(1+6+12+18)
	6	26	纤维	钢丝	1	5	(5+5)	10	6(1+5+5/5+10)
	6	31	纤维	钢丝	1	6	(6+6)	12	6(1+6+6/6+12)
	6	36	纤维	钢丝	1	7	(7+7)	14	6(1+7+7/7+14)
	6	41	纤维	钢丝	1	8	(8+8)	16	6(1+8+8/8+16)
	6	30	纤维	纤维	0	—	12	18	6(0+12+18)
与绞车配合的拖索和系船索	6	31	7×7 钢丝	钢丝	1	6	(6+6)	12	6(1+6+6/6+12)
	6	36	7×7 钢丝	钢丝	1	7	(7+7)	14	6(1+7+7/7+14)
	6	41	7×7 钢丝	钢丝	1	8	(8+8)	16	6(1+8+8/8+16)

(三) 钢丝绳的规格

钢丝绳的规格除用股数和丝数表达外,还需用绳索的最大直径,即其截面外接圆直径来表示,单位为毫米(mm),正确的测量直径方法如图 4-4 所示。

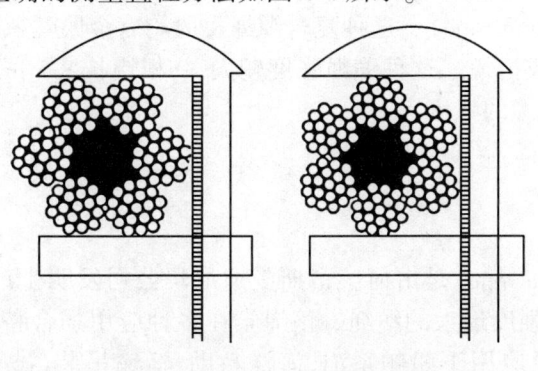

(a)错误量法　　　(b)正确量法

图 4-4 钢丝绳直径的测量方法

(四) 钢丝绳的长度

每捆缆绳的长度一般为 220 m,也有 500 m 一捆的。

(五) 钢丝绳的重量

钢丝绳的重量可以用下列估算公式进行估算:

$$W \approx kD^2$$

其中,W——每 100 m 钢丝绳的重量(kg);

D——钢丝绳直径(mm);

k——系数,硬钢丝绳、半硬钢丝绳取 0.35,软钢丝绳取 0.30。

(六)钢丝绳的破断强度

钢丝绳的破断强度是钢丝绳逐渐受拉直至破断时所承受的负荷,一般用 B 表示绳索的破断强度(证书中有此值)。如果没有资料可查,破断强度可由下式估算:

$$T = 9.8 \times 42D^2 (\text{N})$$

其中,T——钢丝绳(6×24)的破断强度;

D——钢丝绳直径(mm)。

注意:钢丝绳的质量证书或国家标准中的破断强度为单根钢丝破断强度的总和,搓成绳后,缆绳的破断强度有所降低,仅为上述破断强度的87%。

(七)安全工作负荷

在实际使用中,钢丝绳的安全系数一般取6,在具体使用场合,安全系数还会发生变化,如用作带缆安全系数取 6~8,用作拖缆取 8~10;同时,还应考虑到在某些情况下要降低强度使用,如插接后降低约10%,已生锈的降低约30%,过度拉伸受伤的降低约50%。

三、复合缆

除钢丝绳和化学纤维绳外,我国和其他一些国家已生产出一种用金属与纤维复合而成的缆绳,称为复合缆(compound rope)。这种复合缆绳每股均有金属丝核心,外覆纤维护套,有3、4 或 6 股,可用于系船缆或拖缆。这种缆绳强度较大,一根周长 8.5 in 粗的复合缆的强度相当于同样粗细的 2.5 根丙纶缆的强度。

四、迪尼玛缆绳

迪尼玛缆绳(Dyneema rope)是由荷兰帝斯曼迪尼玛公司发明生产的,采用超强聚乙烯纤维材料加工而成,是目前强度最大的缆绳。该绳索在多种应用场合替代了传统的钢丝绳。目前在欧美等许多国家广泛应用于船舶系泊、海洋救助、运输吊装等,其优越性能得到了充分体现。

迪尼玛缆绳的主要特点有:破断强度大,破断负强度是同等直径钢丝绳强度的 1.5 倍;重量轻,能漂浮于水面,操作方便、快速、使用安全;另外,迪尼玛缆绳有保护树脂覆盖于其表面,保护树脂专用于对纤维的维护,能有效延长缆绳的使用寿命,维持其高强度。

迪尼玛缆绳因具有极为优异的使用特性,所以用途比较广泛,在船上一般用作救助拖缆及其引缆。

任务三 认识系缆的名称、作用与配备

【任务目标】

熟悉系缆的名称与作用,掌握系缆的配备要求。

【任务(知识)储备】

一、系缆的名称与作用

系缆的主要作用是:靠泊时绑牢船舶;拖带中传递拖力;靠离码头时协助操纵船舶;也可在船舶沿码头前后移动时使用。

(一) 系靠码头时缆绳的名称与作用

船舶系靠码头时,系缆按其位置、出缆的方向和作用,可分为艏缆、艉缆、艏倒缆、艉倒缆、艏横缆、艉横缆等,如图 4-5 所示。

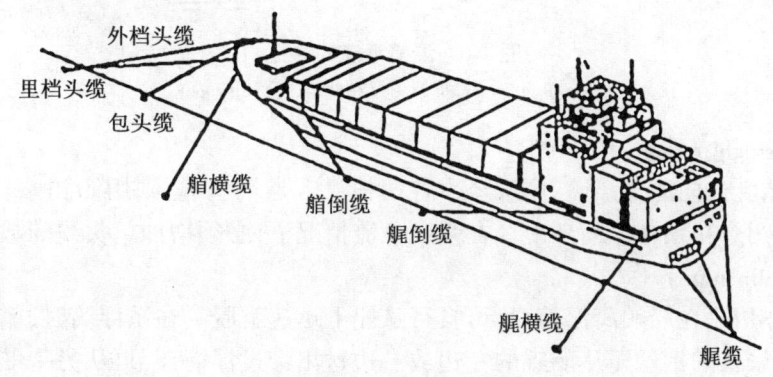

图 4-5　系船缆名称

1.艏缆(head line)

艏缆也称为头缆。其中,从内舷引出的头缆可称为里档头缆;从外舷引出的头缆也可称为外档头缆,当外档头缆与码头靠线的交角较大时,可称其为包头缆;头缆的主要作用是承受来自前方的风、流等外力的推压,防止船位后移和外张。

2.艉缆(stern line)

艉缆也有里档和外档之分,其主要作用是承受从后方来的风、流等外力的推压,防止船位前移和外张。

3.前倒缆(fore spring line)

艏倒缆也称为前倒缆,主要作用是承受来自船尾方向的风、流推力或动车的影响,防止船位向前移动及船首外张。在离泊作业中,常用艏倒缆带住船首,利用车舵或风流将船尾甩出,再用倒车使船驶离泊位。为此,常用钢丝绳或钢丝与尼龙混编而成的复合缆作为艏倒缆。

4.后倒缆(aft spring line)

艉倒缆也称为后倒缆,其主要作用是承受来自船首方向的风、流推力和倒车的拉力,防止船位向后移动及外张。

5.横缆(breast line)

横缆有艏横缆和艉横缆之分,其主要作用是防止吹开风和回转流的作用力,以防止船舶外移。

船舶系靠码头时,以上各缆并不一定同时采用,而是根据码头的情况、船舶的长度、缆绳强度、停泊时间的长短、天气和潮汐及港口涌浪等因素的影响程度而定。当没有吹开风时,可不带横缆。艏缆与艉缆至少里外档各一根,天气转差时应增加缆绳的数量。抗台时或在涌浪大的港口,还应使用保险缆,以保证系泊的安全。

(二)浮筒系缆的名称与作用

系浮筒所带的缆绳主要有单头缆与回头缆两种,如图4-6所示。

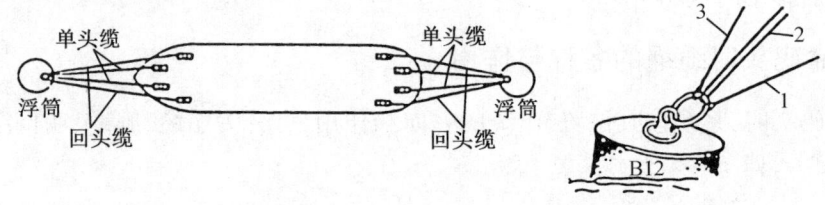

图4-6 浮筒系缆的名称
1、3—单头缆(single rope);2—回头缆(slip rope)

1.单头缆(single rope)

单头缆从艏艉方向送至浮筒,艏艉至少各两根。若是钢丝绳,则用卸扣系在浮筒环上;若是纤维绳,则用司令扣系在浮筒环上。在强风急流情况下,必须增加单头缆的数量。

2.回头缆(slip rope)

回头缆的作用是在船舶离浮筒时,可自行从船上迅速解脱。在系浮筒时,艏艉各带一根回头缆,即用一根较长的钢丝绳从艏艉的左边或右边送出穿过浮筒环,再从另一舷拉回船上挂在脱钩上。回头缆主要在离浮筒时用,平时不受力,带好浮筒后应比单头缆松弛些。

(三)拖缆的名称与作用

船舶在港内靠离码头、掉头时或为了确保操纵安全,常用拖船协助大船操纵;另外,当大船失去动力时,可利用拖船进行吊拖和绑(傍)拖。拖带缆的名称根据不同的拖带方式可分为:

1.绑(傍)拖的拖缆

船舶失控时,较多采用吊拖或尾绑拖,也可两者兼顾。尾绑拖也称掎拖,相当于船艏尾部的一侧增加一台主机,能使船舶前后移动,也易使船舶朝另一舷转向。绑拖需3根缆,如图4-7

所示。按我国一般习惯,传递推力的捎缆由大船出,传递回转力矩、加强横向强度的艏缆(领水缆)与艉缆(艄缆)由拖船出。

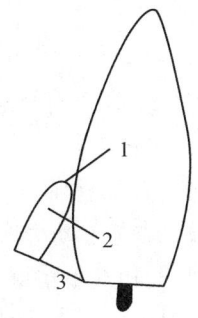

图 4-7 拖船绑拖

1—艏缆(head line);2—捎缆(come head line);3—艉缆(stern line)

2.横向顶推的拖缆

靠离泊时需要拖船做横向顶推与拖开大船,此时应在大船的外档系 1 根或 2 根大约大船一半船宽的短拖缆。顶推时,此缆相当于拖船的头缆,用来控制拖船的船首不被流压向下流方向,并在车舵的配合下,使拖船与大船保持"丁"字形状态。拖开时,此缆才真正起到拖缆的作用。

3.吊拖的拖缆

吊拖可分为艏吊拖和艉吊拖。在一些有流的港口,有时采用吊拖大船掉头。有的港口为使大船安全驶过桥洞船闸,也采用艏艉同时吊拖。吊拖大船掉头时,需较长的拖缆,而有的拖船不一定备有长拖缆,此时一般由大船出头缆。而艉拖缆一般由拖船出,以免解缆时缆绳被卷入大船螺旋桨。

(四)应急拖带装置

国际海事组织(IMO)在《油船安全检查指南》(大会决议 A.435-Ⅺ)中要求停泊中的油船,在其外舷(档)的首尾处各垂下一根应急拖缆。其琵琶头应垂于水面上方,并在装卸与压载过程中保持此状。用于防止拖缆落入水中的绑扎小绳应便于拖船上的船员判断、解掉或拉断,如图 4-8 所示。

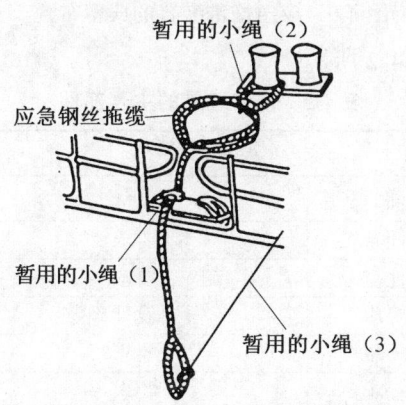

暂用的小绳(2)

应急钢丝拖缆

暂用的小绳(1)

暂用的小绳(3)

图 4-8 油船停泊时应急拖缆示意图

我国《钢质海船入级规范》也对 20 000 载重吨及以上的液货船,包括油船、液体化学品船和液化气体船在应急情况下拖离危险区域时所应配备的应急拖带装置做了明确的规定。主要内容有:

1.一般要求

应急拖带装置的设计应考虑到船舶在失去动力时易于操作,并能快速与拖船连接。应急拖带装置应经有关船级社认可,并符合下列规定:

(1)艉部应急拖带装置应预先装配好,并能在泊港状态下不超过 15 min 内投入使用。

(2)艉部短拖索的回收装置应设计成在失去动力和不利环境下,能由 1 个人进行手工操作。回收装置应加以保护,以防不利的天气和其他情况。

(3)艉部应急拖带装置应设计成至少用 1 个适当定位的导向滚轮将短拖索紧固到防擦装置上,以便拖索的连接。

(4)艏部应急拖带装置应能在泊港状态下不超过 1 h 内投入使用。

(5)符合艉部拖带应急装置规定的艏部应急拖带装置可被接受。

(6)所有应急拖带装置均应有明显的标志,以便在黑暗中和能见度差的情况下,也能安全和有效地使用。

2.布置与强度

应急拖带装置的典型布置如图 4-9 所示,其中艏部和艉部的拖力点及导缆装置的位置应能确保从艏部或艉部任一侧均易于拖带,并最大限度减小拖带装置的应力。

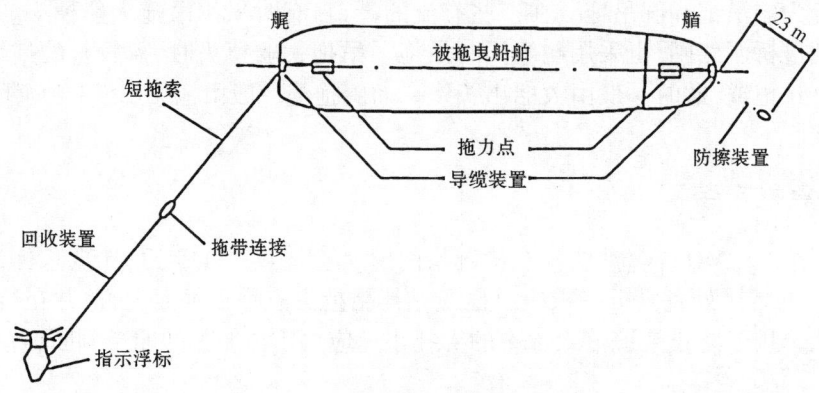

图 4-9　应急拖带装置的典型布置

拖带装置的主要部件如表 4-2 所示。

表 4-2　拖带装置的主要部件

主要部件	设置部位		强度要求
	艏	艉	—
回收装置	任选	要求	要求
短拖索	任选	要求	要求
防擦装置	要求	根据设计确定	要求
导缆装置	要求	要求	要求
拖力点	要求	要求	要求
滚轮托架	要求	根据设计确定	—

拖带装置的强度应能满足拖索从艏艉纵中线向左或右 90°及垂直向下 30°的工作要求。拖带装置主要部件的安全系数应不小于 2。拖带装置主要部件的安全工作负荷(SWL)如表 4-3 所示。

表 4-3　拖带装置主要部件的安全工作负荷(SWL)

船舶载重量(t)	安全工作负荷(kN)	船舶载重量(t)	安全工作负荷(kN)
20 000~50 000	1 000	≥50 000	2 000

3.装置与部件的要求

(1)短拖索应具有一个硬质末端眼环,以便与标准的弓形卸扣连接。短拖索的长度不小于 2H+50 m,其中 H 为艉部导缆装置处的海上最轻压载时的干舷高度(m)。

(2)导缆装置可为导缆孔或带滚柱的导缆器。

(3)拖力点是拖带装置在船上的紧固端,应为制链器或拖力眼板或其他等效强度的装置。

4.附加标志

装有符合此规定的应急拖带装置的液货船,可授予附加标志:Emergency Towing Arrangements。

5.图纸资料

下列图纸资料应提交我国船级社批准:

(1)应急拖带装置的布置图。

(2)应急拖带装置的拖力点、导缆装置结构图及相应的计算书。

(3)支撑拖力点和导缆装置的局部结构图。

(4)应急拖带装置的操作手册。

二、系缆的配备

系缆的配备是根据船舶舾装数 N,在《钢质海船入级规范》的所列表格中查得应配置的系缆和拖缆的长度、规格、数量和破断力。系缆的长度应考虑在任何可能情况下所需要的最大长度,还应考虑到琵琶头处最容易磨损,每隔一个时期可能需要截去重插,因此一般多采用整捆缆绳。

一般万吨级船舶的系船缆应至少配备:艏缆和艉缆各 3~4 根,前、后倒缆左右舷各 1 根,保险缆(兼作拖缆用)前后各 1 根,备用缆前后各 1~2 根。

如果船舶的 A/N>0.9,规范建议系缆的增加数量应按表 4-4 的要求增加。

表 4-4　规范建议系缆的增加数量

A/N	0.9<A/N≤1.1	1.1<A/N≤1.2	1.2<A/N
增加根数	1	2	3

通常,作带缆用的化学纤维绳的周长应不小于 63 mm(直径 20 mm),直径大于 65 mm 的可作保险缆。一般钢丝绳的直径在 20~36 mm 的可用作带缆,直径在 36 mm 以上的钢丝绳可用作拖缆和保险缆。作系船缆或拖缆用的钢丝绳一般采用 6×24+7 的软钢丝绳,直径大于 56 mm 时应采用 6×37+1 的钢丝绳。

任务四　认知系泊设备的组成与作用

【任务目标】

熟悉系泊设备的组成,掌握系泊设备的作用,能够说出系泊设备的名称和作用。

【任务(知识)储备】

除系船缆外,系泊设备还由挽缆装置、导缆装置、系泊机械和缆车及附属用具等组成。图4-10所示为大型船舶船首系泊设备的布置图。

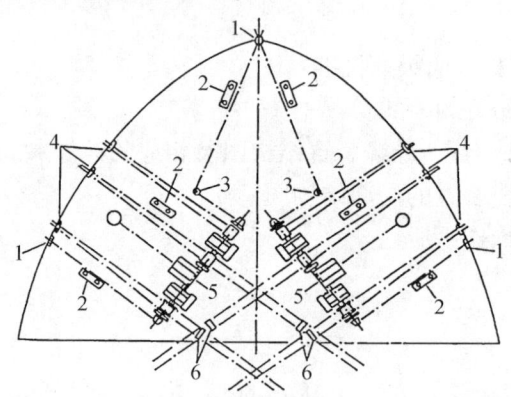

图 4-10　大型船舶船首系泊设备的布置图

1—导缆孔(mooring pipe);2—缆桩(bitts);3—导向滚轮(pedestal roller);4—转动导缆器(universal fairlead);5—锚机(windlass);6—导辊(guide roller)

一、挽缆装置

为在靠泊和拖带作业时固定缆绳的一端,在艏、艉楼甲板和船中部甲板等部位左右舷各设有挽缆用的缆桩(bitts)。缆桩的受力很大,因此要求基座必须十分牢固,缆桩附近的甲板均需加强。

缆桩有铸造的,也有用钢板围焊而成的。其类型较多,有单柱系缆桩、双柱系缆桩、单十字系缆桩、双十字系缆桩、斜式双柱系缆桩及羊角桩等,如图4-11所示。大中型船舶多采用双柱系缆桩。若船舶使用钢丝绳,则缆桩易被钢丝磨出沟痕,此时应及时补焊加固,防止受力过大发生事故。

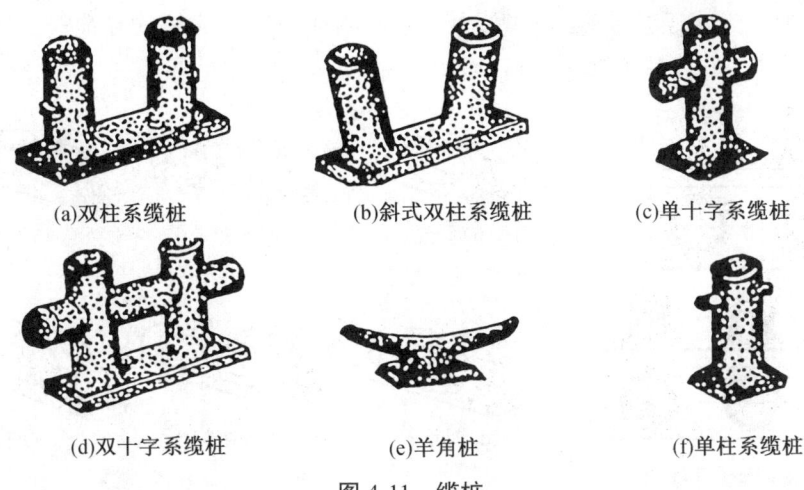

(a)双柱系缆桩　　　　(b)斜式双柱系缆桩　　　　(c)单十字系缆桩

(d)双十字系缆桩　　　　(e)羊角桩　　　　(f)单柱系缆桩

图 4-11　缆桩

二、导缆装置

为了使缆绳按一定方向,即从舷内通向舷外引至码头或其他系缆地点,限制其位置,并尽量减少缆绳与舷边的磨损,避免因急剧弯折而增大所受应力,在艏艉及两舷都设有导缆装置。常见的有:

1.导缆孔(mooring pipe)

导缆孔又称为巴拿马孔(Panama lead, Panama mooring pipe),为圆形或椭圆形的铸钢件,如图 4-12 所示。导缆孔一般设置在主甲板的舷墙处,系缆经过它时,接触面呈圆弧形,可避免舷墙对系缆的切割作用,也便于系缆琵琶头顺利通过。但相比其他导缆装置,导缆孔对系缆的磨损比较严重。

2.滚柱导缆器(fairlead with horizontal roller)

滚柱导缆器装在甲板端部及上下两层甲板间的导缆装置,由四个柱形滚筒围成。图 4-13 所示为滚柱导缆器实拍图。

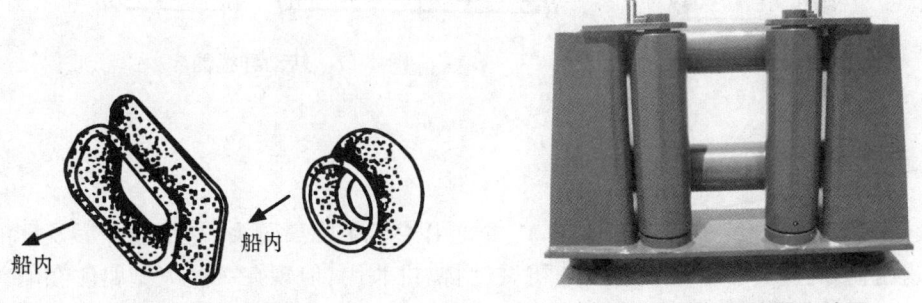

船内　　　　船内

图 4-12　导缆孔

图 4-13　滚柱导缆器实拍图

3.滚轮导缆器(roller fairlead)

滚轮导缆器一般设于艏、艉的舷墙位置,由数个滚轮并立组成,如图 4-14 所示。

4.导缆钳(chock)

导缆钳都是铸钢的,一般设置在艏、艉楼的舷墙或甲板上,形式较多,有闭式、开式、无滚轮和带滚轮等种类。为减轻对系缆的摩擦,大中型船舶都采用带滚轮的导缆钳,通常有单滚轮、双滚轮和三滚轮等,如图4-15所示。

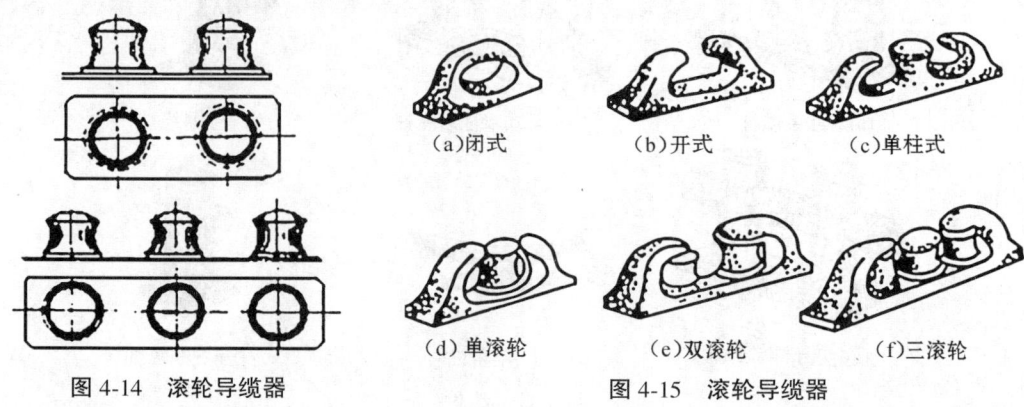

图4-14 滚轮导缆器

(a)闭式 (b)开式 (c)单柱式

(d)单滚轮 (e)双滚轮 (f)三滚轮

图4-15 滚轮导缆器

5.导向滚轮(pedestal roller)

导向滚轮有直立式和水平式两类,一般设置在大中型船的艏艉部导缆装置与绞缆机械之间的甲板基座上,用以改变缆绳方向以便将其引至卷筒或避免缆绳与舷边直接摩擦。滚轮旁的羊角可以防止系缆松弛时滚落到甲板上。导向滚轮通常与锚机、绞缆机配合使用,使缆绳与卷筒轴线垂直,以便于缆绳的绞进,如图4-16所示。

6.转动导缆器(universal fairlead)

转动导缆器也称为万向导缆器(孔),如图4-17所示。这种转动导缆器在孔的左右及上下均装设滚轮或滚柱,可大大改善工作条件。

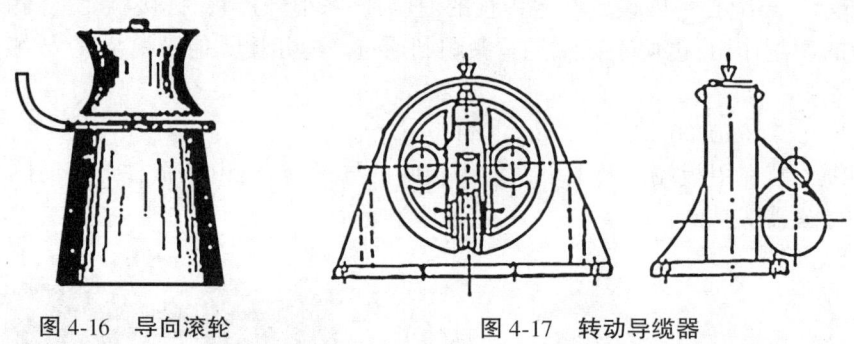

图4-16 导向滚轮 图4-17 转动导缆器

三、绞缆机

绞缆机又称为系缆绞车(gypsy winch),主要用于船舶靠离码头、与他船并靠及移泊时收绞缆绳。一般船舶的船首不单独设置绞缆机械,由锚机兼用,但现在一些大型船舶在船首亦专设系缆绞车;船中部的缆绳一般由起货机副卷筒收绞,一些大型船舶在船中也设置系缆绞车;在船尾甲板则单独设置系缆绞车或系缆绞盘。

绞缆机根据不同标准,有不同的分类。按动力源分,绞缆机有电动绞缆机、液压绞缆机和一部分油船上还在使用的蒸汽绞缆机;按卷筒的轴线方向分,可分成卧式绞缆机和立式绞缆机两种。

1.卧式绞缆机

图 4-18 所示为普通的卧式绞缆机,其卷筒是由电机经过减速后驱动运转的,占用甲板面积较大。

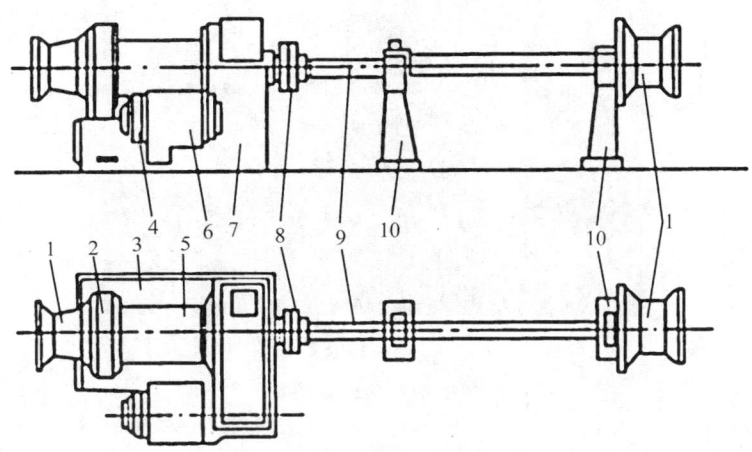

图 4-18　卧式绞缆机

1—卷筒(capstan);2—墙架(web frame);3—底座(foundation);4—圆盘刹车(disk brake);5—主滚筒(main drum);6—电动机(electric motor);7—减速器(reduction gear box);8—联轴节(union joint);9—主轴(main shaft);10—轴承座(bearing seat)

2.立式绞缆机

立式绞缆机又称为系缆绞盘(capstan),其动力装置一般设在甲板下面,故占用的甲板面积较少,并有利于保护电机,如图 4-19 所示。

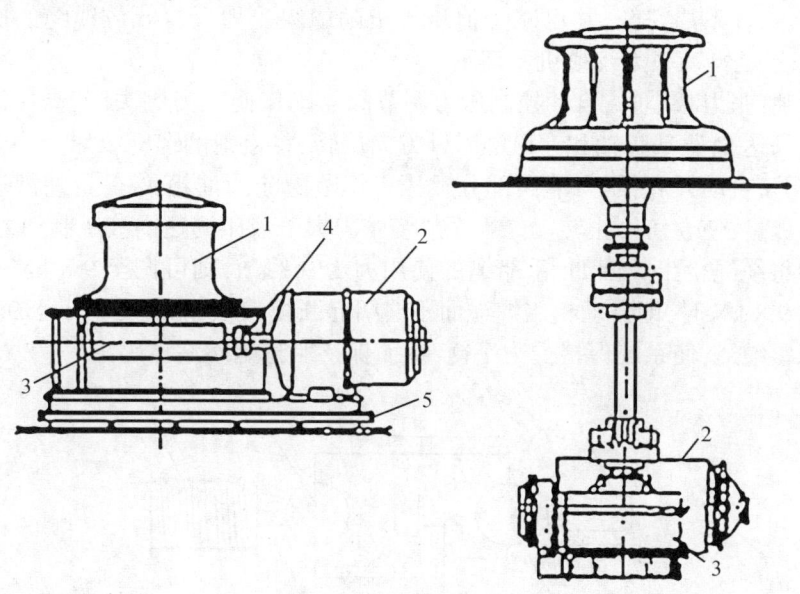

(a)结构图

(b)实物图

图4-19　立式绞缆机

1—绞盘(capstan);2—电动机(electric motor);3—减速箱(reduction gear box);4—联轴节(union joint);5—底座(seat)

3.自动张力绞缆机

自动张力绞缆机(automatic tension gypsy winch)全称为自动张力调整绞车。目前,有不少大型船舶已装配了自动张力绞缆机。自动张力绞缆机的动力源有电动的,也有液压的。其基本原理是在绞缆卷筒上施加一个可调的动力矩,以便与系船缆上的张力所引起的拉力矩保持平衡。当船舶因吃水变化或受潮汐、风力影响,导致系船缆绳张力有所增减,从而偏离规定值时,自动系缆机能够相应地自动收放缆绳,使其张力稳定在规定值。这样就可以防止缆绳受力过大而被拉断,保证系泊安全,并可减少值班人员随缆绳受力反复收放缆绳的操作和劳动强度。图4-20所示是自动张力绞缆机原理图。

当缆绳松弛、张力减小时,自动控制压力调节阀4动作使压力阀关闭,高压油泵2排出高压油进入液压马达5,驱动转轴和卷筒顺时针方向旋转,将松弛的缆绳绞紧。当张力达到原规定值时,压力阀又自动开启,压力油大部分经压力调节阀流向油箱1,少量油液进入液压马达补充泄漏的油液量,使卷筒停止转动。当系船缆张力大于液压马达内液压制动力时,系船缆会拉动马达反转将缆绳松出。例如,系船缆的使用力为9.8 kN,则可调至9.8 kN一挡。当系船缆上受力超过9.8 kN时,即自动松出缆绳而不会引起断缆;当系船缆受力小于9.8 kN时,卷筒即自动回卷张紧缆绳,使系统保持受力平衡,从而保持船身始终贴靠码头。

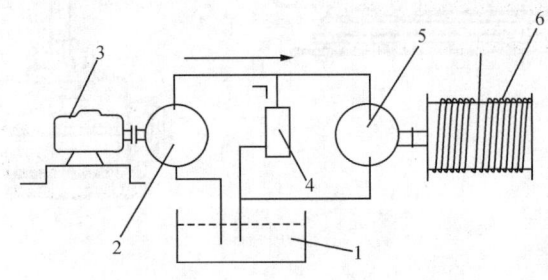

图4-20　自动张力绞缆机原理图

1—油箱(oil tank);2—油泵(oil pump);3—电动机(electric motor);4—压力调节阀(pressure adjusting valve);5—液压马达(hydraulic pump);6—卷筒(reel)

通常,自动张力绞缆机必须与转动导缆器(即万向导缆器)配合使用。由于自动系缆机的缆绳必须卷在绞缆卷筒上,数量有限。一般万吨级货船通常有艏缆2根和艉缆2根,可以自动收放,只能满足一般情况。而当船舶吃水变化很大或因潮汐、风力使缆绳张力变化很大时,仍需人工及时调整所有的缆绳。根据国际海事组织(IMO)的要求,停泊中的油船,其自动张力绞缆机应置于"不自动"的工作状态。

四、缆车及附属用具

1.系缆卷车

用来卷存缆绳的装置称为系缆卷车,简称缆车或绳车(reel)。凡是用钢丝绳作系船缆的船舶都配有专用的缆车,用来卷存钢丝绳,如图4-21所示。化学纤维绳不用时一般收藏在舱内或专用箱子内,或盘好在木格板上并绑扎好。有的船舶也使用缆车来存放化学纤维绳,带缆前将缆绳松出并有序地平铺在甲板上以便立即投入使用。现在,大部分船舶的系缆卷车直接与绞缆机的载荷轴相连,使之既能储存系船缆,也能随时直接收绞和调节缆绳,而不必用制缆索将系船缆由卷筒移至缆桩上,大大方便了带缆工作。

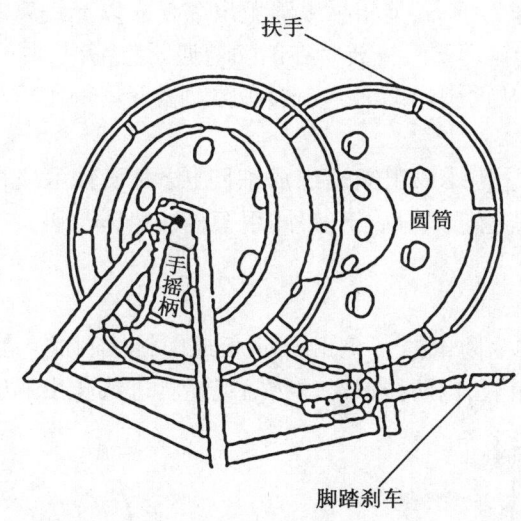

图4-21 系缆卷车

2.制索器

制索器(stopper)主要用于船舶系泊时临时在系船缆上打结,以承受缆绳拉力器,以便将缆绳从卷筒上取下挽在缆桩上,或将其从缆桩上取下,挽在卷筒上继续收绞。制索器有制索绳和制索链两种。

制索链用于钢丝绳,而制索绳则用于纤维绳。其使用方法如图4-22所示。

3.撇缆绳

靠泊时从船上抛给码头带缆人员,将缆绳引送至码头的牵引绳称为撇缆绳(heaving line)。其长度约为40 m,直径约6 mm,绳的前端带有一定重量的撇缆头(heaving line ball),是一个纺锤形的硬橡胶块,既方便抛掷,又可防止对相关人员造成伤害。

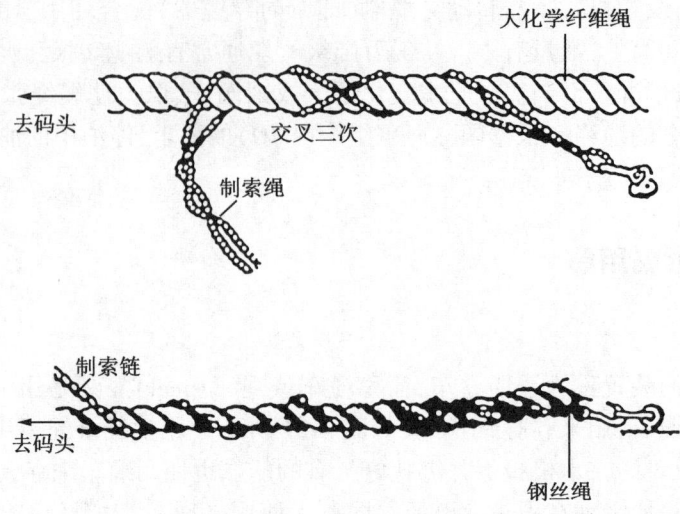

图 4-22　制索绳与制索链

4.撇缆器

用火药或高压气体等作为推力,能将撇缆绳抛出 230 m 以上距离的装置称为撇缆器(throwing line apparatus),又称为抛绳器。主要是在船舶遭遇紧急情况,两船不能接近的情形下,利用撇缆器进行远距离撇缆,从而引出缆绳。一般在救助船上用得比较多。

5.碰垫

碰垫俗称靠把(fender),其外部用绳编织成细网状,内填软木或棕丝等软性物质的软球体。船舶靠离码头或靠离其他船只时放于舷外,用于缓冲船体与码头等物体的冲击和摩擦,从而保护船舷。

6.防鼠板

防鼠板(rat guard)又称为防鼠挡,一般由薄钢板或塑料板制成。船靠码头带缆完毕后,必须在每根系缆绳上系妥防鼠板,以防止鼠类动物沿缆绳爬进或爬出船舶,如图 4-23 所示。

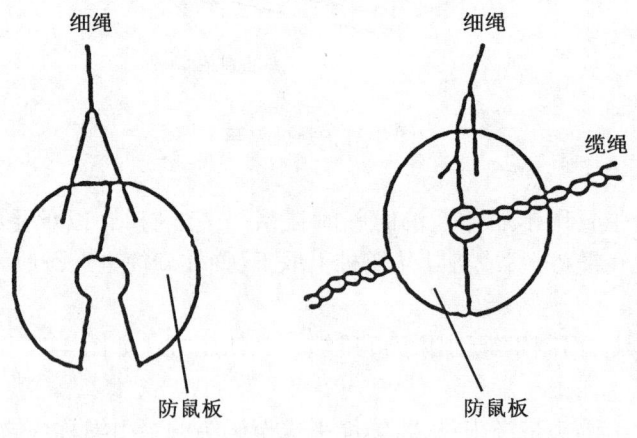

图 4-23　防鼠板

任务五　系泊设备的安全使用及检查养护

【任务目标】

掌握系解缆作业的操作程序及安全事项,能安全地进行系解缆作业;掌握系泊设备的检查养护要点,具备系泊设备的养护能力。

【任务(知识)储备】

一、安全使用注意事项

(一)化学纤维绳使用注意事项

(1)化学纤维绳伸缩性较大,受力拉长后有很大的弹力,所以上卷筒受力时易突然跳动,操作时应离卷筒远一些,以防弹出伤人。

(2)用绞缆机收绞缆绳时,尽量避免绞缆机空转或打滑(卷筒上钢丝绳要绕5圈、化学纤维绳通常要4圈),以免摩擦产生高温使化学纤维绳变质或黏合;存放时应避开蒸汽管路等高温处;为延长使用寿命,化学纤维绳头部等易磨损处特别是琵琶头可用帆布包扎好。

(3)不可与钢丝绳交错使用同一导缆孔或缆桩。

(4)避免接触酸、碱等化学品,以免变质,经常用淡水冲洗,存放时应保持干燥。

(二)钢丝绳使用注意事项

(1)在钢丝绳10倍直径长度内发现断丝超过5%或有显著变形、磨损和锈蚀时应换新。

(2)钢丝绳不应有扭结、急折;系缆时弯曲处应至少有6倍钢丝绳直径以上的弯曲半径。

(3)钢丝绳在使用时,若发现钢丝绳锈蚀,其使用强度应降低30%。

(4)一根钢丝绳不能同时出两个头使用。

(5)用完后,钢丝绳应整理卷好在缆车上,罩好帆布罩,临时在甲板上盘放钢丝绳,应按顺时针方向盘放。

(6)平时应对系缆卷车的转动部分定期检查和涂油防锈。使用时,应特别注意缆车的转速。松缆时应使用缆车的脚踏刹来控制速度,不能用手来制止缆车的转动,以免发生危险。

(三)其他注意事项

(1)绞缆时速度要听从指挥,不要硬绞或突然加大系缆绞车的功率,以防拉断缆绳或损坏绞缆机械。

（2）缆绳由卷筒上桩时，应使用与缆绳同质的制缆索。

（3）带缆时，人员站位要适当，严禁站在缆绳圈中或两脚跨住缆绳。操作时注意力要集中，不要靠近张紧的缆绳。

（4）带缆前，缆绳和属具要预先准备好，以免造成不必要的延误。

（5）操作人员应戴好手套、安全帽，穿好工作鞋等安全防护用品。

（6）溜缆时，人员应站在距缆桩 1 m 以上处手持缆绳活端。

（7）挽桩时，对于双柱缆桩，应先绕过前面一根，从两桩中间穿过，绕在后面桩上，再按"8"字形挽牢（大挽）；纤维绳有时也可挽单桩（小挽）。

（8）一个缆桩最好挽一根缆绳，若必须挽两根，则钢丝绳与化学纤维绳不能同挽一桩。

（9）对于挽桩道数，一般钢丝绳至少挽 5 道，化学纤维绳至少挽 4 道，植物纤维绳至少挽 3 道，挽单桩时应至少 6~7 道。

（10）钢丝绳弹力大，为防弹出松弛，挽牢后应在"8"字当腰处的最上面 3 道用小绳打上系缆活结并系牢。

（11）注意两根或两根以上缆绳同时上同一船上缆桩或岸上缆桩的正确套桩方法，如图 4-24 所示。

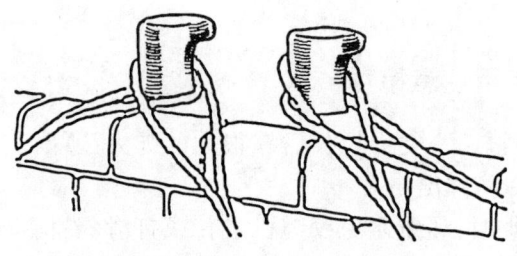

（a）错误方法　　　　（b）正确方法

图 4-24　两根以上缆绳在同一缆桩上的挽法

二、检查与养护

系泊设备的检查与养护要点如表 4-5 所示。

表 4-5　系泊设备的检查与养护要点

序号	名称	养护周期	检查要点	养护要点
1	钢丝绳	3 个月	锈蚀和断丝情况，绳内油麻芯含油量	除锈上油，断丝超过规定的换新或插接
2	植物纤维绳	3 个月	外表磨损情况，股内是否有霉点	洗净晾干后收藏，股内发黑者不能用
3	化学纤维绳	3 个月	外表磨损情况（测量粗细）	洗净晾干后收藏

续表

序号	名称	养护周期	检查要点	养护要点
4	绞缆机	3个月	刹车是否可靠,离合器是否灵活,自动带缆绞车是否有效,卷筒损坏、磨耗、腐蚀情况,操纵器的水密情况	失灵的换新或修理,活络处加油,自动装置失效应及时修复。对修理后的绞缆机要进行试验,运转试验应进行1~2 h,并测定转速、拉力负荷。绞缆速度应能达到15 m/min,绞缆拉力应能达到所配置的系船缆破断力的75%左右,试验过程中还应进行制动和过载保护装置的试验
5	系缆卷车	6个月	外壳、底脚螺栓锈蚀情况,卷筒轴是否活络	除锈油漆,加油润滑
6	导缆钳导向滚轮	6个月	本体锈蚀、磨损情况,滚筒是否活络,不活络的可能销轴弯曲	除锈油漆,做好磨损记录,加油润滑,销轴弯曲应修理
7	系缆桩导缆孔	6个月	锈蚀,磨损情况	除锈油漆,做好磨损记录
8	制索器	每航次	甲板眼环是否锈蚀、磨损,链(索)是否变形、腐蚀和磨损	除锈油漆,磨损变形严重的换新
9	撇缆、靠把、防鼠挡	每航次	是否齐全和损坏	丢失补充,损坏换新

任务六　系泊标准用语

【任务目标】

掌握系泊标准用语,具有正确使用标准用语的能力。

【任务(知识)储备】

一、靠泊

靠泊(berthing)标准用语如表4-6所示。

表 4-6　靠泊标准用语

We will berth port /starboard side alongside	我船将左舷/右舷系泊
We will moor to buoy(s)ahead and astern	我船将前后系浮筒
We will moor alongside	我船将系泊
We will moor to dolphins	我船将系缆桩
Send out head/stern/breast lines	送出艏/艉/横缆
Send out……spring(s)fore/aft	送出艏倒缆/艉倒缆
Do you have tension winches?	你船有自动绞缆机吗?
Have heaving lines ready forward and aft	备妥前后撇缆
Send heaving/head/stern/breast line ashore	送出撇缆/艏缆/艉缆/横缆到岸上
The linesmen will use shackles/lashings for securing mooring	带缆工人将用卸扣/绑绳加固系泊
Use center/Panama lead	使用中央/巴拿马导缆孔
Use bow lead	使用艏导缆孔
Use port quarter/starboard quarter lead	使用左后舷/右后舷导缆孔
Heave on……line(s)/……spring(s)	绞……缆/……倒缆
Pick up slack on……line(s)/……spring(s)	收紧……缆/……倒缆
Heave away	绞缆
Stop heaving	停止绞缆
Slack away……line(s)/……spring(s)	放松……缆/……倒缆
Stop slacking……line(s)/……spring(s)	停止松……缆/……倒缆
Hold on……line(s)/……spring(s)	刹住……缆/……倒缆
Heave in easy	慢慢绞缆
Heave alongside	绞拢至码头
Keep lines tight	保持缆绳拉紧
Report forward/aft distance to……	报告前/后到……的距离
Forward/aft distance to……meters	前/后到……的距离为……m
We have to move……meters ahead/astern	我船必须向前/后移动……m
We are in position	我船就位
Make fast fore and aft	前后挽牢
Fast forward	艏部挽牢
Fast aft	艉部挽牢

二、离泊

离泊(unberthing)标准用语如表 4-7 所示。

表 4-7　离泊标准用语

Stand by engine(s)	备车
Engine(s) standing by	车备妥
Are you ready to get underway?	你船做好开航准备了吗?
Ready to get underway in……minutes	……min 后可做好开航准备
Stand by for let go	准备接缆
Standing by for let go	正准备接缆
Single up……lines and……springs fore and aft	艏艉的……缆和……倒缆单绑
Slack away head/stern/breast line	放松艏缆/艉缆/横缆
Hold on head/stern/breast line	刹住艏缆/艉缆/横缆
Hold on fore/aft spring	刹住艏/艉倒缆
Heavy on head/stern/breast line	绞艏缆/艉缆/横缆
Heavy on fore/aft spring	绞艏/艉倒缆
Let go everything forward/aft	前/后所有缆绳全部解掉
Let go head/stern/breast line	解艏缆/艉缆/横缆
Let go fore/aft spring	解艏/艉倒缆
Let go tug line	解拖缆
……is/are let go	……已解掉
Stand by bow anchor(s)	备艏锚
Bow anchor(s) standing by	正在备艏锚

三、其他

其他(other)标准用语如表 4-8 所示。

表 4-8　其他标准用语

Is propeller clear?	螺旋桨清爽吗?
Yes, propeller clear	是的,螺旋桨清爽
No, propeller not clear	不,螺旋桨不清爽
Keep propeller clear	保持螺旋桨清爽
Stop propeller	停止螺旋桨转动
Propeller stopped	螺旋桨已停止转动
Are fenders on berth?	泊位上有碰垫吗?
Yes, fenders on berth	是的,泊位上有碰垫
No, no fenders on berth	不,泊位上没有碰垫
Have fenders ready fore and aft	准备好前后碰垫

 复习思考题

1. 系泊设备有哪些组成部分?
2. 船用系缆有哪些种类?
3. 试述船舶系带码头和浮筒时各缆绳的名称和作用。
4. 钢丝绳中的油麻芯有何作用?
5. 试述导缆装置的种类及作用。
6. 试述带缆作业的安全注意事项。

项目五
舵设备操作与管理

项目介绍 >

　　通过学习,掌握舵设备的组成和工作原理,清楚不同种类舵的优劣及适用的船舶,熟悉随动与手柄控制系统的工作原理、操作特点及相互转换的程序,具有熟练使用舵设备和维护保养能力。

学习目标 >

◆ **知识目标**

　　1.熟悉舵设备的作用及组成;
　　2.掌握舵的类型与结构;
　　3.熟悉操舵装置及控制系统的工作原理;
　　4.熟悉自动舵的原理及种类;
　　5.掌握舵设备的使用及维护;
　　6.掌握操舵基本方法及标准舵令。

◆ **能力目标**

　　1.具有正确使用舵设备进行随动操舵的能力;
　　2.能够正确使用舵设备进行操舵方式的转换,并设置调节自动舵各参数;
　　3.能够正确进行应急操舵;
　　4.能够参与制定舵设备的试验、检查和保养设计,并能执行该项计划。

学习导图

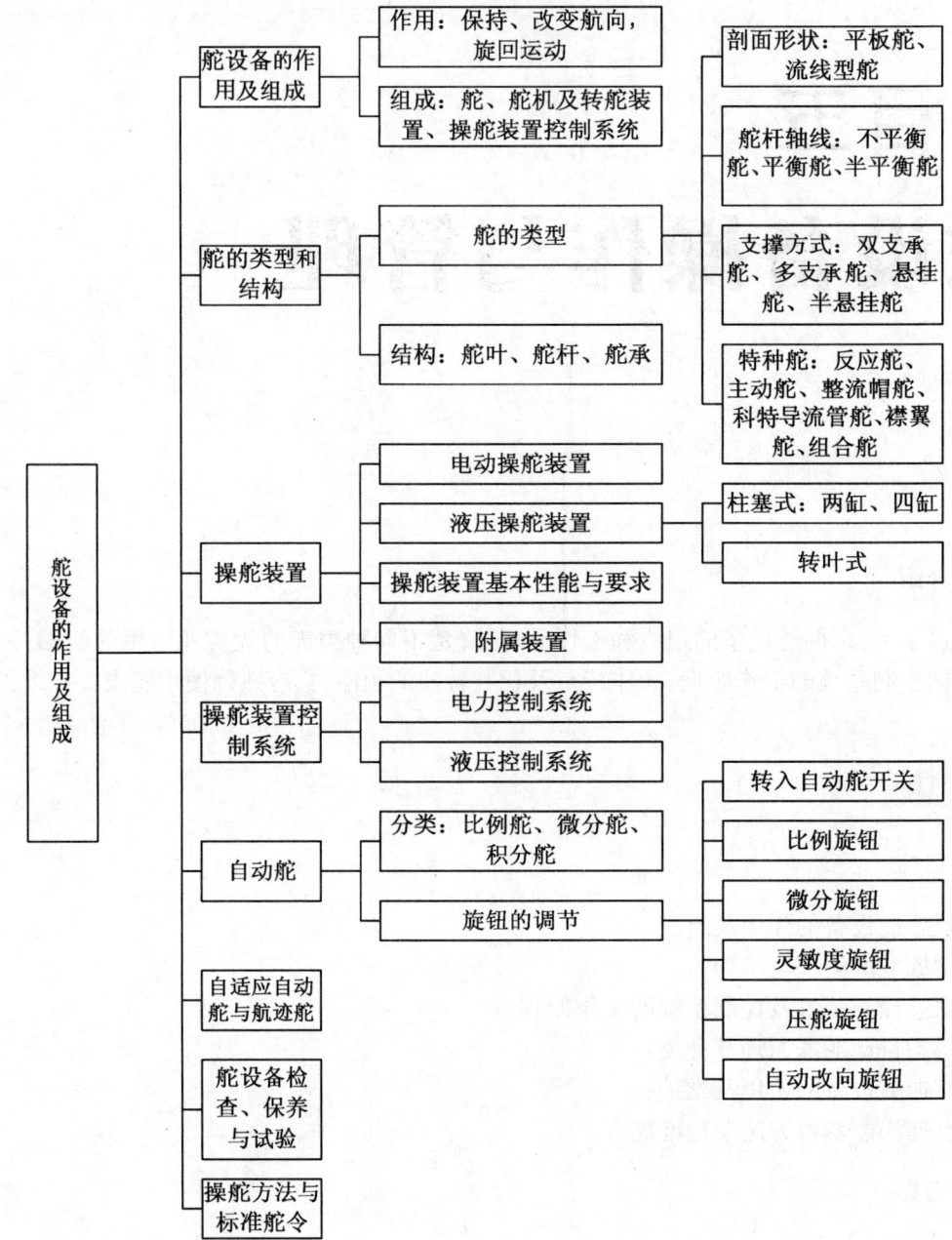

任务一　认知舵设备的作用及组成

【任务目标】

了解舵压力产生原理,掌握舵设备的组成及各部分的作用,能说出舵设备各组成部分的名称与作用。

【任务(知识)储备】

舵设备是船舶操纵装置的一个重要设备。船舶在海上航行时需要根据驾引人员的意图,利用舵设备使船舶保持所需航向、改变原来航向和进行旋回运动。为此,驾引人员有必要了解有关舵设备的性能及其控制方法。

一、舵设备的组成

舵设备由舵、舵机及转舵装置、操舵装置控制系统及其他附属装置等组成,如图5-1所示。

(1)舵:根据操舵转船原理,舵宜远离船的回转中心。因此,舵通常安置在船尾,承受水流的作用,以产生较大的转船力矩使船回转。它包括舵叶、舵杆和舵承等几个部分。

(2)舵机及转舵装置:安置在艉尖舱甲板平台上的舵机舱内。舵机为转舵的动力源,通过转舵装置(也称传动机构)将力矩传给舵杆,以带动舵叶转动。舵机和转舵装置统称为操舵装置。

(3)操舵装置控制系统:主要部件设于驾驶室内,将舵令通过电力或液压控制系统由驾驶室传递给舵机,以控制其动作。

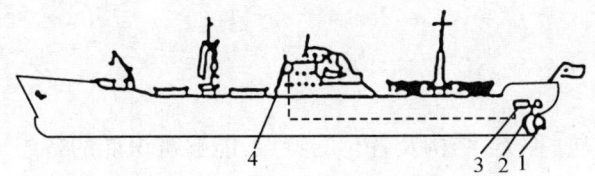

图5-1　舵设备的主要组成部分
1—舵;2—转舵装置;3—舵机;4—操舵装置控制系统

二、舵力产生及转船的基本原理

舵是舵设备中承受水动力以产生转船力矩的构件。除老式或小型船还设有平板舵外,大部分海船均设流线型舵。根据流体力学中的机翼理论可知,船在正舵航行情况下,如果不考虑外界的干扰和自身的偏转效应,应该做直线运动。船相对于水运动时,水流对称地流过舵叶两侧。两侧面所受到的水动力相等,不产生舵力,也就没有转船力矩,船不产生偏转。当舵向任一侧转出一舵角 δ 时,水流的对称性被破坏,舵叶两侧的流场随之发生改变,相对水流速度产生差异,迎水流一面的流速比背水流一面的流速慢,从而舵叶两侧产生垂直于舵叶的压力差 P_δ(或称舵压力)。此时水流对舵叶产生的摩擦阻力为 r,P_δ 与 r 的合力即构成舵力 R_δ。由于舵力 R_δ 作用在迎流舵叶面上,产生的绕船舶重心的旋回力矩,使船舶开始偏转,如图5-2所示。

舵力 R_δ 的大小与舵角、舵叶面积、舵速和舵叶断面形状等因素有关。在初始舵角范围内,舵角越大,舵力越大。据乔塞尔普通舵实验证明,当海船舵角 $\delta \approx 35°$ 时可达到最大值。

若再增大 δ 时,舵力反而下降,故称 $\delta \approx 35°$ 为使用极限舵角。船上对此使用了制舵器或限位器,使舵角不超过35°。

舵角处于25°~32°之间舵效最好;平板舵的极限舵角为35°;流线型舵的极限舵角为32°;海船极限舵角一般为32°~35°;超大型船舶的极限舵角一般为35°~40°。

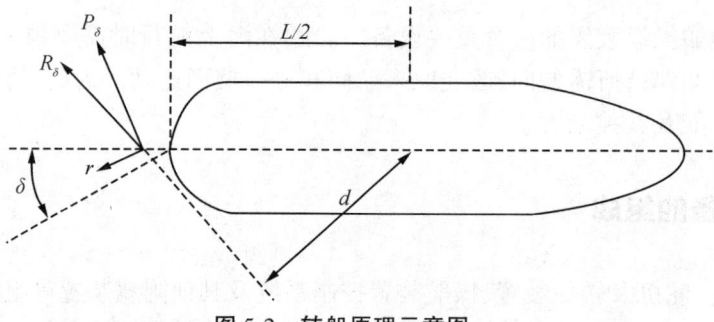

图 5-2　转船原理示意图

任务二　认识舵的类型和结构

【任务目标】

掌握舵的分类方法、种类、结构及各自的特点,能够辨识舵的各组成部分。

【任务(知识)储备】

一、舵的类型

舵是船舶的一种十分重要和不可缺少的专用舾装设备。舵的种类较多,一般按下列几种方法分类:

（一）按舵叶的剖面形状分

1.平板舵（single-plate rudder）

平板舵又称单板舵。舵叶是一块钢板或在钢板上两面交替安装的横向加强筋（舵臂）等构成。这种舵阻力较大，舵效随着舵角的增大而变差，失速现象发生得早。所以，这种舵仅用于非自航船、帆船或小艇，如图5-3所示。

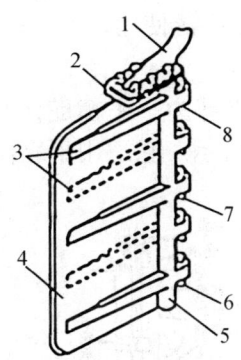

图5-3 平板舵

1—上舵杆（upper rudder stock）；2—连接法兰（coupling flange）；3—舵臂（rudder stay）；4—舵板（rudder plate）；5—下舵杆（lower rudder stock）；6—下舵销（lower rudder pin）；7—中间舵销（mid rudder pin）；8—上舵销（upper rudder pin）

2.流线型舵（steam-line rudder）

流线型舵又称复板舵。这种舵是在骨架的外围用复板覆盖而成的，强度高，舵叶剖面呈流线型；因内部空心和水密，能够产生一定浮力，减少了舵承上的压力；而且其水动力性能好，舵的升力系数大、阻力系数小、舵效高、所需转舵力矩小。虽然这种舵的构造比较复杂，但由于具有较多的优点而被广泛采用，如图5-4所示。

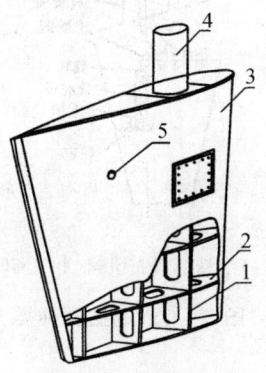

图5-4 流线型舵

1—垂直隔板（vertical web）；2—水平隔板（horizontal web）；3—舵板（rudder plate）；4—舵杆（rudder stock）；5—吊舵孔（lifting tube）

（二）按舵杆轴线位置分

1.不平衡舵（unbalanced rudder）

不平衡舵又称普通舵，如图5-5(a)和图5-6所示。其舵叶全部位于舵杆轴线之后，舵钮支点较多,舵杆强度容易得到保证。但这种舵的水压力中心离转动轴较远,转舵时需要较大的转舵力矩,只适用于小船。

2.平衡舵(balanced rudder)

平衡舵的舵叶部分面积在舵杆轴线的前方,用舵时起到平衡作用,如图5-5(b)、图5-5(c)和图5-7所示。这部分面积与舵叶的全部面积之比称为平衡比度,在0.2~0.3之间。这种舵的特点是:舵叶的水压力中心靠近舵轴,使舵绕以舵轴的回转力矩小,以便易于操舵,减少了舵机所需的功率。因此,其在海船上得以广泛使用。

3.半平衡舵(semi-balanced rudder)

半平衡舵的下半部为平衡舵,上半部为不平衡舵,使平衡比度介于平衡舵和不平衡舵之间,即0.2以下,如图5-5(e)和图5-8所示。它适用于艉柱形状比较复杂的船舶。

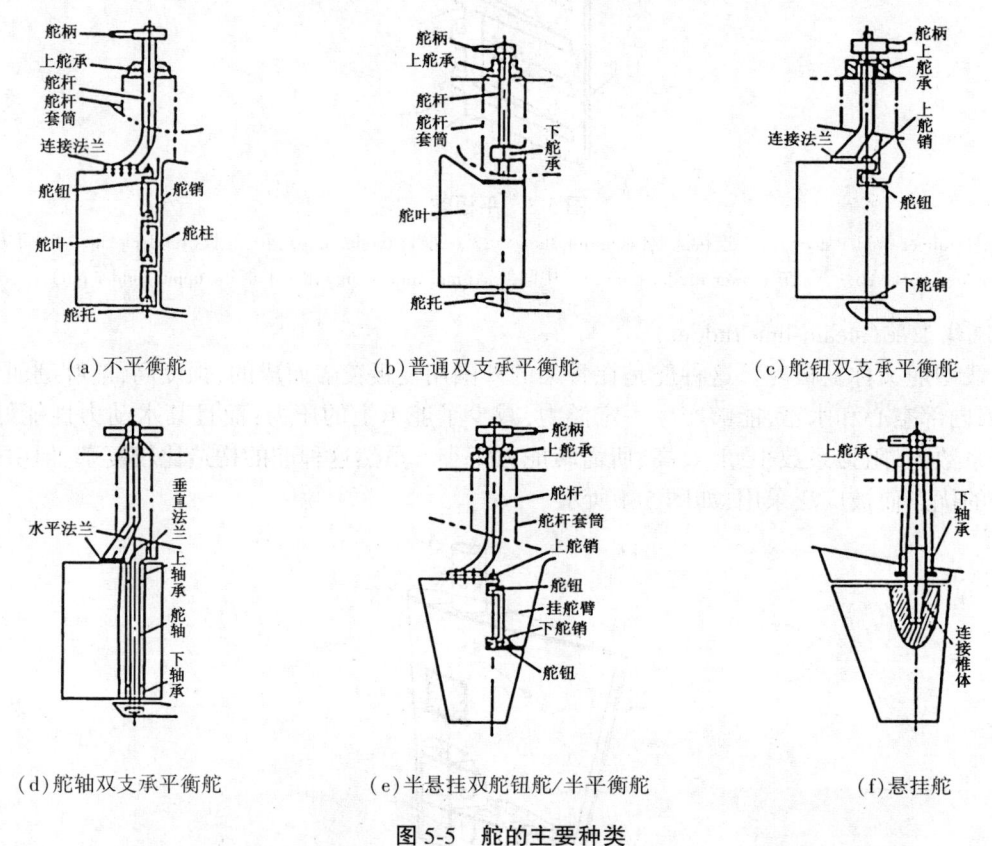

(a)不平衡舵   (b)普通双支承平衡舵   (c)舵钮双支承平衡舵

(d)舵轴双支承平衡舵   (e)半悬挂双舵钮舵/半平衡舵   (f)悬挂舵

图5-5 舵的主要种类

(三)按舵的支承方式分

1.支承舵(bearing rudder)

支承舵可分为双支承舵和多支承舵。双支承舵(double bearing rudder)是指除上支承之外,在舵根处还设有一个下支承的舵,如图5-5(b)、图5-5(c)和图5-5(d)所示。多支承舵(multi-pintle rudder)是指与船体艉柱连接有三个及以上支承点的舵。其支承点可分为舵承、舵钮和舵托等。这种舵的重量主要由船体内的支承和舵托来支承,如图5-5(a)所示。

2.悬挂舵(underhung rudder)

悬挂舵只有上支承而无下支承,其舵叶全部悬挂在船体外的舵杆上,如图5-5(f)和图5-9所示。

3.半悬挂舵(partially underhung rudder)

半悬挂舵指下支承的位置设在舵叶中间的舵,如图5-5(e)和图5-10所示。

图5-6 不平衡舵

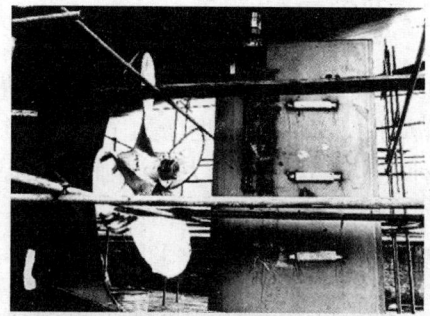

图5-7 平衡舵

图5-8 半平衡舵

图5-9 悬挂舵

图5-10 半悬挂舵

(四)特种舵

某些船舶为了满足其操纵上的特殊要求,如增加舵效、提高推进效率、减小旋回圈直径和改善大型船舶在低速时操纵性能等,常采用一些特种舵。目前,常见的特种舵有:反应舵、主动舵、整流帽舵、科特导流管舵、襟翼舵、组合舵等。

1.反应舵(reaction rudder)

反应舵又称迎流舵。这种舵以螺旋桨轴线为界,在舵叶前缘的上下分别向左右舷相反方向扭曲一个角度,使其迎着螺旋桨排出的两股螺旋状水流,相当于一个导流叶作用,使尾流中的轴向诱导速度增大,以减少阻力、增加推力,如图5-11所示。

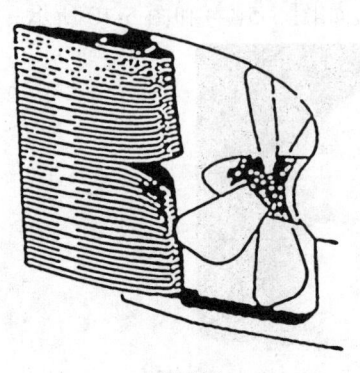

(a)示意图　　　　　　　　(b)实物图

图5-11　反应舵

2.主动舵(active rudder)

主动舵在舵叶的后端装有一个导管,导管内装设一个由设置在舵叶内的电动机驱动的小螺旋桨,如图5-12所示。转舵时,螺旋桨随之转动并发出推力,也增加了转船力矩。因此,即使在船舶低速甚至主机停车的情况下,操作这种舵也能获得转船力矩,从而大大提高了船舶的操纵性。对回转性要求高和靠离码头频繁的小船(例如巡逻艇、引航船、渡船等)多有采用。由于舵上的螺旋桨也可以用作微速推进器,有些科学考察船上也有采用主动舵。

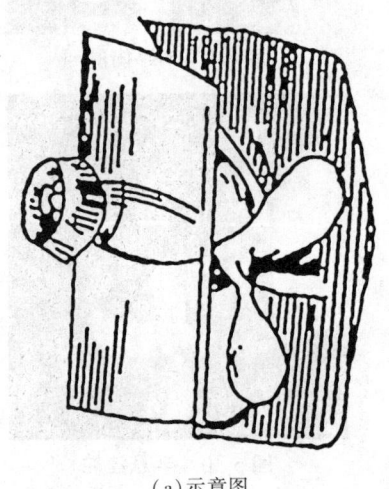

(a)示意图　　　　　　　　(b)实物图

图5-12　主动舵

3.整流帽舵(bulb rudder)

在流线型舵的正对螺旋桨轴线部位,装设一个圆锥形的流线型体,俗称整流帽。其作用是有利于改善螺旋桨排出流的乱流状态,从而提高螺旋桨的推力,改善船尾的振动情况。整流帽舵如图5-13所示。

（a）整流帽舵

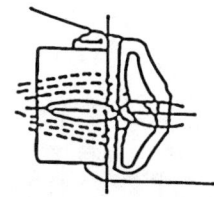
（b）带整流帽舵的排出流情况

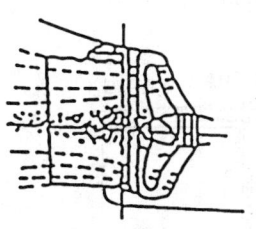
（c）带整流帽舵的排出流情况

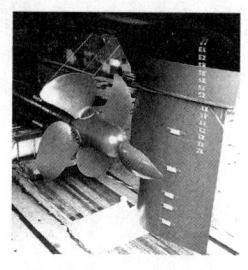
（d）实船整流帽舵

图 5-13　整流帽舵

4.科特导流管舵（Kort nozzle rudder）

拖船等船舶为了增加推进效率，在其螺旋桨外围套装导流管并在其后端处装一舵叶。科特导流管舵有两种形式，一种是用焊接法将导流管固定在船尾骨架上，导流管不动而舵叶可以转动，如图 5-14 所示；另一种是导流管与舵叶可在允许角度内一起转动，如图 5-15 所示。这种舵除增加推进效率外，还可以起到保护螺旋桨、防止绳索缠入等作用。

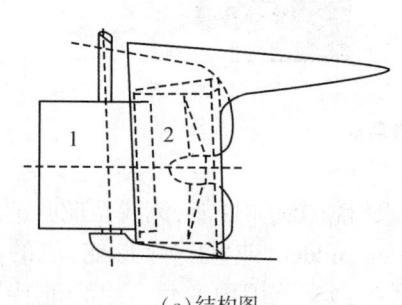
（a）结构图

（b）实物图

图 5-14　固定式导流管舵

1—舵叶（rudder blade）；2—固定导流管（fixed nozzle）

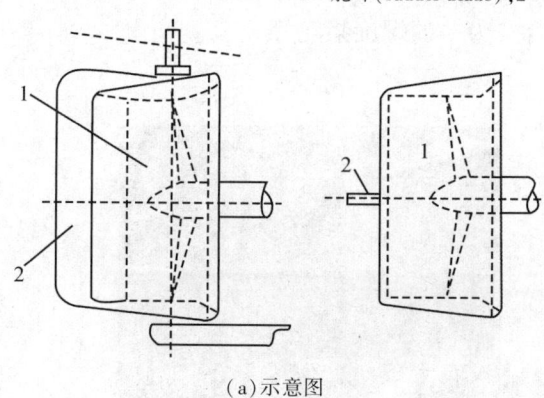
（a）示意图

（b）实物图

图 5-15　转动式导流管舵

1—可转动导流管（movable nozzle）；2—翼片（fin）

5.襟翼舵（flap rudder）

襟翼舵由主舵和副舵两叶组成，即在普通主舵叶后缘装上一个称为襟翼的副叶。当主舵叶转动一个 δ 角时，副舵叶绕主舵叶的后缘转出一个 β 角度，两者转动的方向是一致的，但副舵的转动角度比主舵的转角大，如图 5-16 所示。这样就相当于增加了舵剖面的拱度，从而产生更大的流体动力，提高了转船力矩和舵效。由于其流体动力特性在小舵角时特佳，与飞机上的襟翼作用一样,故称之为襟翼舵。这种舵转舵力矩较小,因而所需的舵机功率也较小,但其结构比较复杂。

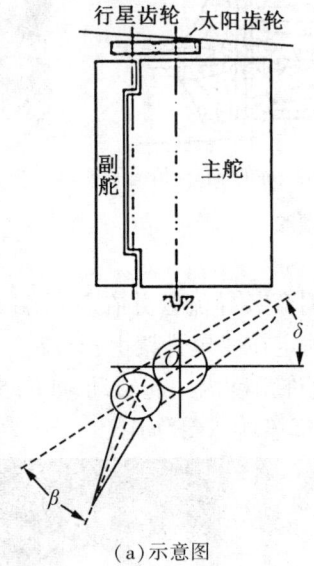
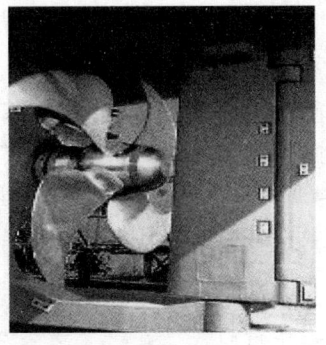

(a)示意图　　　　　　　　　　　　　(b)实物图

图 5-16　襟翼舵

6.组合舵(unit rudder)

为了减少舵叶上下两端的绕流损失,进一步改善舵的流体性能,流线型舵叶的上下两端各安装一块制流板。这种组合舵也称希林舵(Schilling rudder)或"工"字形舵,舵的剖面设计成鱼的形状,上下有控制两侧水流的控流板,舵角可在±75°范围内变化。组合舵特别适用于内河、运河和受限航道航行船舶的小展弦比的舵型(舵高 h 与舵宽 b 的比值称为展弦比)。

此外,为了在靠离码头时增加船舶的操纵性能,许多大型船舶在其艏部或艉部水线下安装了侧推器,有些拖船还安装了舵和螺旋桨功能合二为一的螺旋桨舵等。

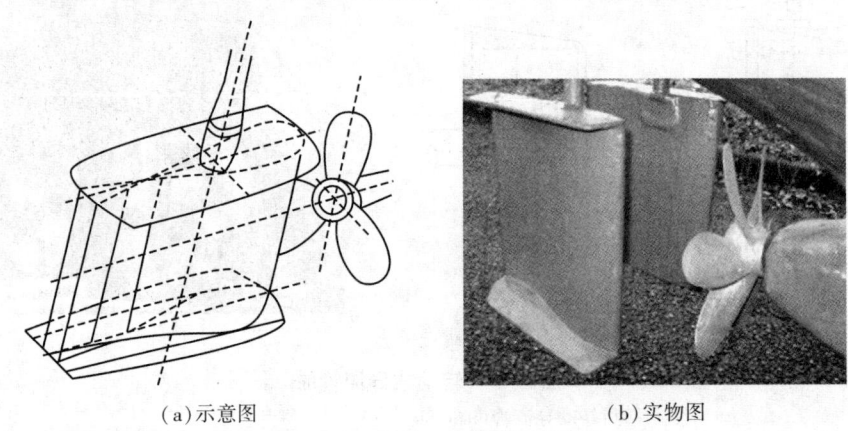

(a)示意图　　　　　　　　　　　　　(b)实物图

图 5-17　组合舵

二、舵的结构

舵的类型不同,其结构也有所不同。目前海船上广泛使用的流线型平衡舵的结构由舵叶、舵杆和舵承组成。

（一）舵叶

为了保证舵叶（rudder blade）的强度和线型，用水平隔板和垂直隔板按线型组成骨架，再将两块流线型的外壳板直接焊接在骨架外面，如图5-4和图5-18所示。

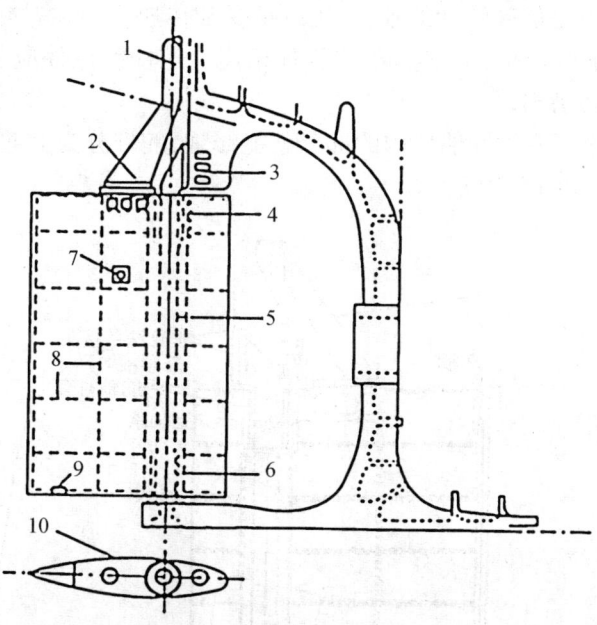

图5-18 流线型舵叶结构图

1—舵杆（rudder stock）；2—水平法兰连接（horizontal coupling joint）；3—垂直法兰连接（vertical coupling joint）；4—上舵承（upper bearing）；5—舵承（rudder bearing）；6—下轴承（lower bearing）；7—吊舵孔（tube hole）；8—骨架肋板（webs）；9—舵底塞（drain plug）；10—舵板（rudder plate）

根据规范要求，舵叶焊成或修复后，每个密封部分都应进行密性试验。密性试验前应将舵叶表面清洁干净，焊缝应清除氧化皮和焊渣。试验前，不得对水密焊缝涂刷油漆或敷设隔热材料及水泥等。常用的密性试验方法有灌水试验和充气试验两种。

1.灌水试验

试验水压要求在下列所得的水柱高度 H 条件下，保持15 min以上，不得变形和渗漏。

$$H = 1.2d + \frac{V^2}{60} \ (\text{m})$$

其中，d——满载吃水（m）；

V——船速（kn）。

2.充气试验

舵的充气试验在满足下式压力 P 条件下，保持15 min，并另涂肥皂水进行渗漏检查。

$$P = 0.005d + 0.025 \, (\text{N/mm}^2)$$

其中，d——满载吃水（m）。

密性试验合格之后，通常在舵叶内灌涂防腐沥青，以防舵叶内部锈蚀。为了密性试验和充填沥青等防腐材料，在舵叶上部和下部开有小孔，并配有不锈金属（通常为黄铜）制成的栓塞。

该栓塞称为舵底塞。

为了便于舵叶的安装拆卸,舵叶上开有由钢管构成的绳孔(图 5-18),或舵叶尾端上开有凹槽。

(二)舵杆

舵杆(rudder stock)是舵叶转动的轴,并用以承受和传递作用在舵叶上的力及舵给予转舵装置的力。其下部与舵叶连接,上部与转舵装置相连。舵杆摩擦处应装上衬套(一般为青铜或其他铜质材料),以防磨损。

为了使舵在受损时不必拆开船体内的部分就能修理,舵杆分为上舵杆和下舵杆两段制造,然后用法兰接头连接,如图 5-19 所示。

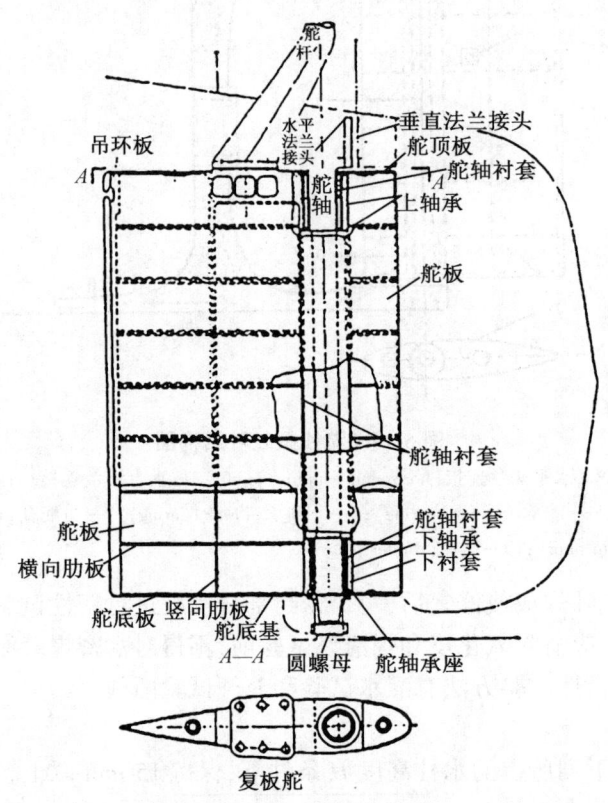

图 5-19 舵装置布置示意图

1.上舵杆

为便于舵的拆装,上舵杆顶端(称为舵头)装有一只吊环,下端装有法兰接头与舵叶上的法兰连接,有水平法兰连接、垂直法兰连接和垂直嵌接三种连接形式,其中水平法兰连接形式普遍采用,如图 5-20 所示。当舵杆和舵叶各转到相反舷的最大舵角时,上下法兰边缘之间有30 mm的间隙,可以不必拆卸舵杆而将舵卸下。法兰连接时,一般用 6 只螺栓。为使法兰螺母脱落时螺栓不致滑落,安装时螺母应朝下,并加有防止螺母松动的保护装置,而且用水泥封搪。作为一种备用手段,在法兰间还需装设前后方向的键块。

图 5-20　水平法兰实物图

2. 下舵杆

下舵杆嵌在舵叶内,又叫舵轴,舵叶绕其转动,上端用垂直法兰与船体连接,下端用螺母固定在艉柱承座上。

(三)舵承

舵承(rudder bearing)用来支持舵杆、支承舵的重量及保证船体水密,按其装设的位置可分为上舵承及下舵承两种。

上舵承装在舵机间甲板上,其构造如图 5-21 所示。它由止推滚珠轴承和垂直滑动轴承所组成。止推滚珠轴承承受舵的重量,垂直滑动轴承则承受侧向力。

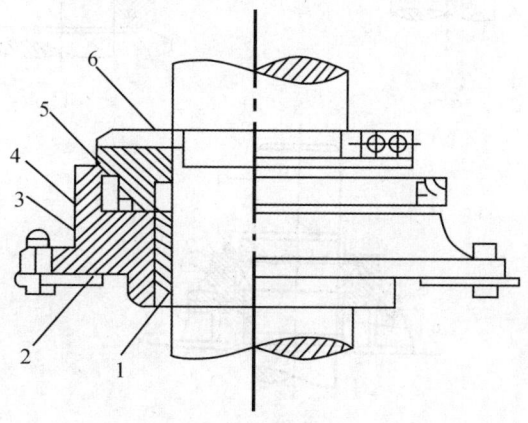

图 5-21　上舵承的构造

1—衬套(cylinder liner);2—止推滚珠轴承(non-return ball bearing);3—舵承体(rudder bearing frame);4—螺栓(bolt);5—填料(packing);6—舵承盖(rudder bearer cover)

下舵承一般安装在舵杆筒口或舵杆筒内,其结构如图 5-22 所示。它是一个垂直滑动轴承,用其承受侧向力,并设有填料函以保证水密。

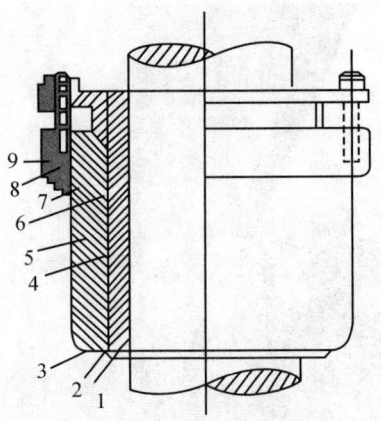

图 5-22　下舵承的构造

1—挡板(shield);2—水密填料(water-tight packing);3—螺钉(screw);4—舵杆衬套(stock bushing);5—衬套(cylinder liner);6—填料(packing);7—本体(rudder body);8—压盖(screw cover);9—螺栓(bolt)

目前,大型船舶普遍只设上舵承,全部重量和力由其承担。其结构如图5-23所示。这种舵叶中往往装有可拆舵轴(穿心舵轴),可拆舵轴的上端用法兰固定在船尾。其下端穿过舣柱承座,用螺母固定,如图5-18所示。

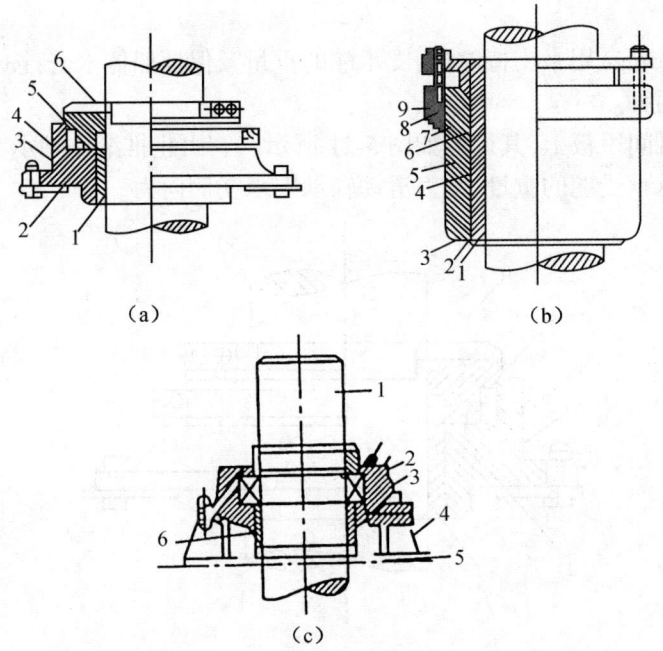

（a）　　　　　　　　　　　　　（b）

（c）

图 5-23　舵承

1—舵杆(rudder stock);2—滚珠轴承(ball bearing);3—水密填料(watertight packing);4—底座(bed plate);
5—甲板(deck);6—衬套(cylinder liner);7—本体(rudder body);8—压盖(screw cover);9—螺栓(bolt)

任务三　认知操舵装置

【任务目标】

熟悉操舵装置的类型、工作原理,掌握公约对操舵装置的基本性能要求。

【任务(知识)储备】

操舵装置(steering gear)是指能够使舵转动的装置,通常安装在舵机舱内,包括舵机和转舵装置。

一、操舵装置的分类

操舵装置的种类很多,可按下列几种方法分类。

(一)按公约和规范的规定分

根据《SOLAS 公约》和我国《钢质海船入级规范》的规定,操舵装置通常分为主操舵装置和辅助操舵装置。

主操舵装置:指在正常情况下为驾驶船舶而使舵产生动作所必需的机械、转舵机构、舵机装置动力设备(如设有),及其附属设备和向舵杆施加转矩的设施(如舵柄及舵扇)。

辅助操舵装置:指在主操舵装置失效时,为驾驶船舶所必需的设备。这些设备不应属于主操舵装置的任何部分,但可共用其中的舵柄、舵扇或作同样用途的部件。

船舶要求设有两套操舵装置,一套是主操舵装置,另一套是辅助操舵装置。小船的辅助操舵装置可以是人力操纵的,大船必须是用动力操纵的。现在较大船舶上的主操舵装置,一般都有两套相同的动力,并且使用其中一套动力就能满足操舵要求,所以它可不设辅助操舵装置。

(二)按动力源的不同分

根据动力源的不同,操舵装置又可分为电动操舵装置和液压操舵装置等。

1.电动操舵装置

电动操舵装置主要是指电动舵机。它由电动机、蜗轮、小齿轮、舵扇、缓冲弹簧和舵柄等组成,如图 5-24 所示。

当由驾驶室操舵装置控制系统遥控电动机转动时,通过蜗杆、蜗轮、小齿轮带动松套在舵杆的舵扇旋转,舵扇再通过推动键套舵杆上的舵柄,从而使舵杆和舵偏转。

缓冲弹簧用以吸收波浪对舵的冲击力和水体对舵叶的阻力。舵扇下面装有楔形块,停泊时打上楔形块可刹住舵扇,防止舵受浪冲击而损坏舵机。

电动操舵装置结构简单,操作简便,工作可靠,适用于中、小型船舶。

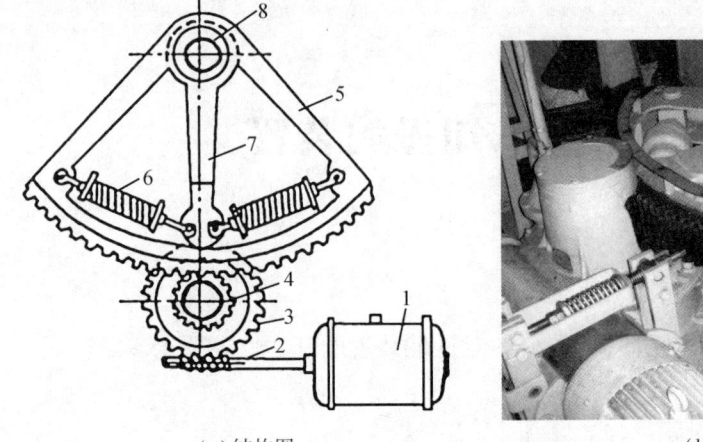

（a）结构图　　　　　　　　　　　　　　（b）实物图

图 5-24　电动舵机

1—电动机(electric motor);2—蜗杆(worm);3—蜗轮(worm wheel);4—小齿轮(small gear);5—舵扇(rudder quadrant);6—缓冲弹簧(buffer spring);7—舵柄(tiller);8—舵杆(rudder stock)

2.液压操舵装置

液压操舵装置主要是指液压舵机。它主要由电动机、油泵、管路、转舵机构等组成。液压操舵装置利用电动机带动主油泵运转,当有操舵信号时,主油泵开始排吸油,产生的高压油通过管路系统进入转舵油缸,推动油缸中的柱塞或叶片运动,从而带动舵杆、舵叶转动;当舵转至要求的角度后通过反馈系统使油泵停止排吸油,舵就停止在所需的舵角上。

液压操舵装置具有噪声低、体积小、重量轻、转矩大、传动平稳、能实现无级调速,易于遥控和管理,操作方便,在操舵次数频繁时仍有较高可靠性等优点,为现代船舶广泛采用。

液压舵机也称电动液压舵机或电液舵机,根据其推舵时油缸运动形式的不同有柱塞式和转叶式两大类。

（1）柱塞式液压舵机

柱塞式液压舵机也称往复式液压舵机,一般由转舵机构、动力源和操纵追随机构三大部分组成。目前,船上常用的有二缸柱塞式液压舵机和四缸柱塞式液压舵机。图 5-25 所示为二缸柱塞式液压舵机图。

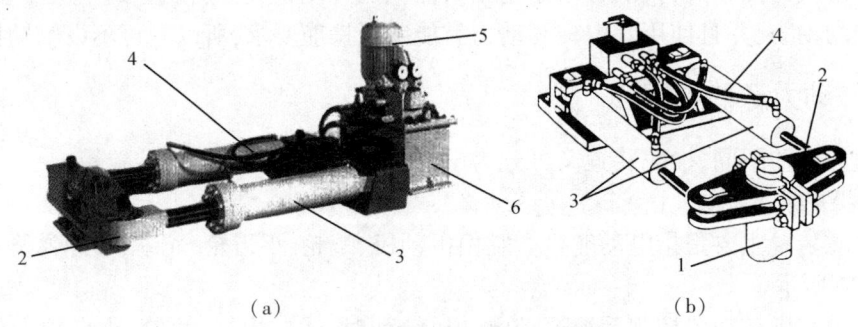

（a）　　　　　　　　　　　　　　　　　（b）

图 5-25　二缸柱塞式液压舵机图

1—舵杆(rudder stock);2—舵柄(tiller);3—液压缸(hydraulic cylinder);4—油管线(manifolds);5—电动机(electric motor);6—油泵(oil pump)

动力源由电动机、主油泵、辅油泵和安全控制阀箱等组成。电动机带动主、辅油泵供给工作需要的各种压力油。安全控制阀箱起保护作用,并对压力油进行分配。

转舵机构由油缸、柱塞和舵柄等组成,常见的有滑式、滚轮式和摇缸式。图 5-26 所示为四缸柱塞式液压舵机转舵结构工作示意图。其工作原理是:由操舵装置控制系统启动电机带动变量泵,变量泵从一对油缸中抽油,同时向另一对油缸输油,使活塞在油压作用下移动,通过球窝关节带动舵柄,从而转动舵叶。当油泵改变输油方向时,舵就反向转动。

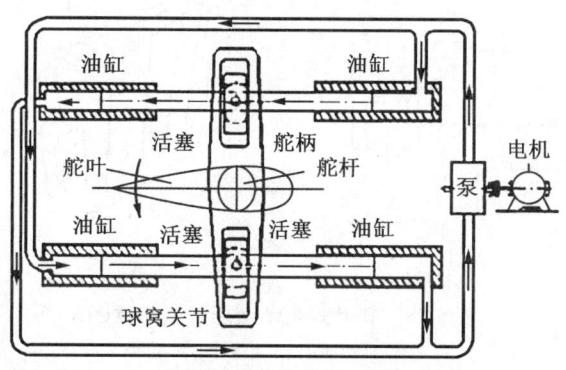

图 5-26 四缸柱塞式液压舵机转舵结构工作示意图

操纵追随机构由减速器、螺杆、滑块、操纵杆、连杆(也称浮动杆)、反馈杆(也称追随杆)等一系列拉杆组成。其主要作用是控制主油泵的工作状态。在通常使用的液压三点式追随机构中,在转动舵柄舵叶转出舵角的过程中,同时经反馈追随杆拉动操纵杆复位,使油泵停止排吸油,控制舵叶停止在所需要的舵角上,如图 5-27 所示。

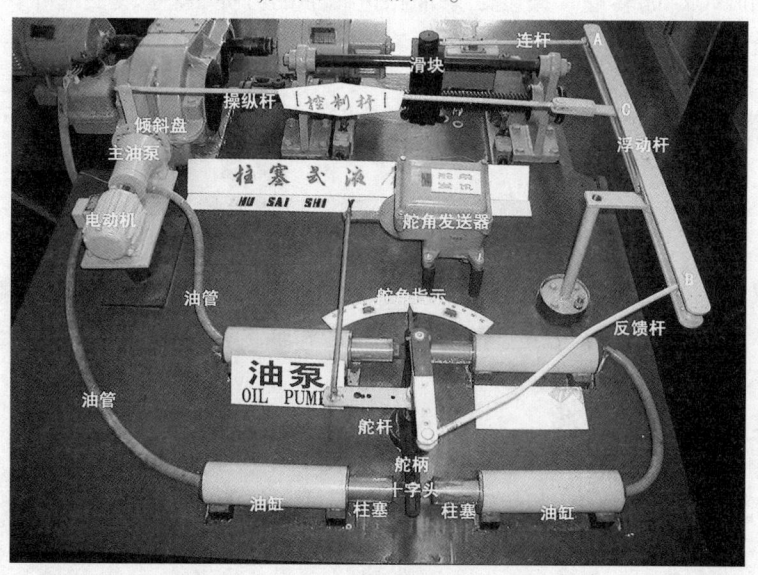

图 5-27 三点式杠杆追随机械工作原理图

(2)转叶式液压舵机

转叶式液压舵机由转舵机构和动力源两大部分组成。

转舵机构由油缸、回转体组成。动力源由电动机、主油泵、辅油泵和安全控制阀箱等组成。图 5-28 所示为转叶式电动液压舵机示意图。

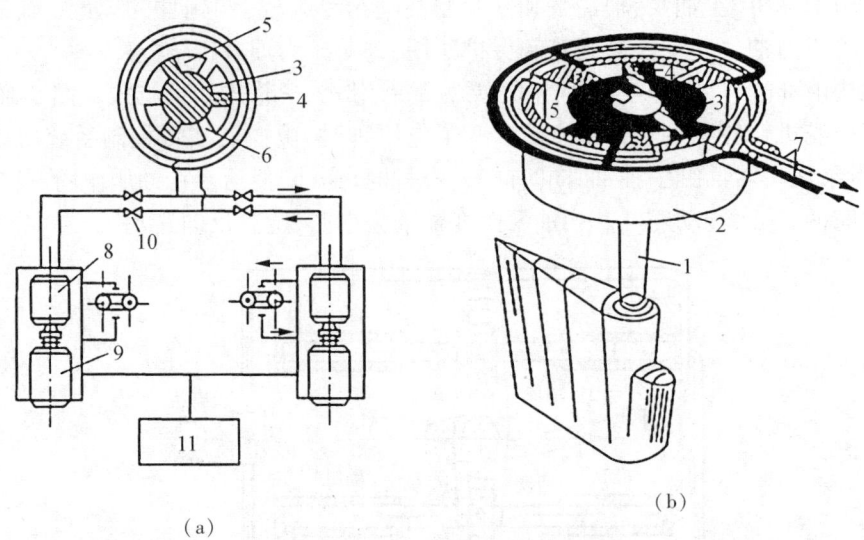

（a）　　　　　　　　　　　　　（b）

图 5-28　转叶式电动液压舵机示意图

1—舵杆（rudder stock）；2—固定体（stator）；3—回转体（rotor）；4—动叶（movable vanes）；5—压力腔室（pressure chamber）；6—定叶（fixed vanes）；7—油路管（manifolds）；8—油泵（oil pump）；9—电动机（electric motor）；10—截止阀（stop valve）；11—储油箱（oil tank）

在油缸内有 3 片互成 120°的定叶，形成 3 个腔室。中间为一回转体并通过销键与舵杆相连接，回转体上有 3 片互成 120°的动叶。这样，3 个腔室被分成 6 个小腔室，相互间隔的 3 个小腔室连通在一起，分别与 2 条油路相连并通至油泵。当一条油路进油而另一条油路出油时，回转体就会由动叶带动而转舵。改变 2 条油路进出油的方向，就会改变舵叶转动的方向；控制进油量的大小就可控制转舵角度的大小。

二、操舵装置的基本性能和要求

《SOLAS 公约》与我国《钢质海船入级规范》对操舵装置的基本要求都做了如下的规定：

1.一般要求

除非主操舵装置符合本节第 4 条第 4 款或第 5 条第 1 款的规定，否则每艘船舶均应设置一套主操舵装置和一套辅助操舵装置。主操舵装置和辅助操舵装置的布置，应满足当其中一套发生故障时不致引起另一套也失效。

2.主操舵装置基本性能要求

（1）具有足够的强度并能在船舶最大航海吃水和最大营运前进航速时进行操舵，使舵自任一舷的 35°转至另一舷的 35°，并且于相同条件下自一舷的 35°转至另一舷的 30°所需的时间不超过 28 s。

（2）为满足上款的要求，当舵柄处的舵杆直径（不包括航行冰区的加强）大于 120 mm 时，该操舵装置应为动力操作。

（3）设计成船舶最大后退速度时不致损坏。但这一设计要求不需要在试航中的最大后退速度和最大舵角进行验证。

3.辅助操舵装置基本性能要求

(1)具有足够的强度和足以在可驾驶的航速下操纵船舶,并能在应急情况下迅速投入工作。

(2)应能在船舶最大航海吃水和以最大营运前进航速的一半但不小于 7 kn 时进行操舵,使舵自一舷的 15°转至另一舷的 15°,所需时间不超过 60 s。

(3)为满足上款的要求,以及在任何情况下当舵柄处的舵杆直径(不包括航行冰区的加强)大于 230 mm 时,该操舵装置应为动力操作。

(4)人力操舵装置只有当其操作力在正常情况下不超过 160 N,且确保其结构不致对操舵手轮产生破坏性的反冲作用时,方可装船使用。

4.主、辅操舵装置动力设备的布置要求

(1)当动力源发生故障失效后又恢复输送时,能自动再启动。

(2)能从驾驶室控制使其投入工作。

(3)任一台操舵装置动力设备动力源发生故障时,应在驾驶室发出视觉和听觉报警。

(4)若主操舵装置具有两台或几台相同的动力设备,则在下列条件下可不设置辅助操舵装置:

①对于客船,当任一台动力设备不工作时,主操舵装置仍能按第 2 条第 1 款的规定进行操舵。

②对于货船,当所有动力设备都工作时,主操舵装置能按第 2 条第 1 款的规定进行操舵。

③主操舵装置应布置成:当其管系或一台动力设备发生单项故障时,此缺陷能被隔离,使操舵能力能够保持或迅速恢复。

5.附加要求

(1)总吨位 10 000 及以上的每艘油船、化学品船、液化气体运输船和总吨位 70 000 及以上的其他每艘船舶,其主操舵装置应设有两台或两台以上符合本节第 4 条第 4 款规定的相同的动力设备。

(2)总吨位 10 000 及以上的每艘油船、化学品船、液化气体运输船,其操舵装置应符合下列规定:

①主操舵装置应这样设置,即由于主操舵装置的一套动力转舵系统的任何部分(但除舵柄、舵扇或为同样目的服务的部件或因转舵机构卡住以外)发生单项故障以致丧失操舵能力时,应在 45 s 内能够重新获得操舵能力。

②主操舵装置应包括:

i.两个独立和分开的动力转舵系统,每个系统均能满足本节第 2 条第 1 款的要求。

ii.至少有两套相同的动力转舵系统,在正常运行中同时工作能满足本节第 2 条第 1 款的要求。当需要符合此要求时,各个液压动力转舵系统应相互连接。

iii.非液压型式的操舵装置应能达到同等的标准。

(3)对总吨位 10 000 及以上但小于 100 000 载重吨的油船、化学品船、液化气体运输船的操舵装置,当能达到同等的安全衡准和符合下列规定时,可采用不同于本节第 5 条第 2 款所述的办法,即对一个或几个动力转舵系统不必应用单项故障标准:

①由于管路或一台动力设备的任何部分发生单项故障而丧失操舵能力时,应能在 45 s 内恢复操舵能力。

②若操舵装置只具有单一的动力转舵系统，则必须对设计时的应力进行分析，包括疲劳分析和断裂力学分析(如适合时)和对所使用的材料、密封装置的安装、试验、检查以及有效的维护规定等予以特别考虑。

(4)对总吨位10 000及以上但小于100 000载重吨的油船的非双套动力转舵系统，其验收要求应经船检部门特别同意，并应符合国际海事组织(IMO)A.467(Ⅶ)决议的规定。

任务四　认知操舵装置控制系统

【任务目标】

熟悉操舵装置控制系统种类和控制原理，掌握公约对操舵装置控制系统的基本布置要求。

【任务(知识)储备】

操舵装置控制系统是指将舵令由驾驶室传至舵机动力装置之间的一系列设备。通常由发送器、接收器、液压控制泵及其电动机、电动机控制器、管路和电缆等组成。主要部件设于驾驶室内，将舵令通过电力或液压控制系统由驾驶室传递给舵机，以控制其动作。

目前，海上采用的主要有电力和液压两种操舵装置的控制系统。

一、电力控制系统

现代船舶广泛使用的是电力控制系统(electric steering control system)。其主要优点为：轻便灵敏，线路易于布置，对船体变形和温度变化可不受影响，工作可靠，维修方便，并有利于操舵自动化。

采用电力控制系统的船舶，都有两套线路独立布置的操舵系统。当一套操舵系统发生故障时，立即可以转换到另一套操舵系统。这两套系统分别称为随动操舵系统和手柄操舵系统。

(一)随动操舵系统

随动操舵系统(follow-up system)设有舵角反馈装置，并能进行追随控制的操舵系统称为随动操舵系统。目前，海船上常用的有液压舵机的随动操舵系统和电动舵机的随动操舵系统。

1.液压舵机的随动操舵系统

图5-29(a)所示为液压舵机的电力控制系统的操作示意图。当操舵台的舵轮转出一舵角信号并停止在θ角后，该舵角信号被放大器放大后送至力矩马达。随后，力矩马达驱动伺服电机后马达控制油泵的倾斜盘倾斜一个角度，油泵即开始排出相应的液压油。在液压油的作用下，柱塞开始直线运动，并通过舵柄带动舵叶开始转动，来自舵柄处的反馈信号发到操作台并

逐渐缩小与舵令信号的电位差。在这一过程中,力矩马达也驱动机械伺服电机逐渐回到中间位置(0°)直至电位差为零。此时,油泵倾斜盘也返回到非倾斜位置,吸油和排油停止。这时,舵叶就停止在舵轮所给出的指令舵角上。

2.电动舵机的随动操舵系统

电动舵机的随动操舵系统是由电阻 r_1 和 r_2 组成的电桥、放大器、继电器和舵角反馈装置等组成的。电动舵机随动控制工作原理如图 5-29(b)所示。由舵轮控制的电阻滑动触臂 L_1 可在电阻电桥 r_1 上移动,而舵角反馈发送器控制的电阻滑动触臂 L_2 可在电桥电阻 r_2 上移动。当驾驶台的舵轮位于正舵(零度)及船尾的舵也位于正舵(在艉艉线上),即电阻滑动触臂 L_1 和 L_2 分别处于各自电阻的中点时,因位于相等的电位点,电桥的电位平衡,L_1 与 L_2 送入放大的接线端 a 与 b 两点的电位差为零。这时舵机不工作。如果转动舵轮,滑动触臂 L_1 在电阻 r_1 上移动后使电桥失去平衡,L_1 与 L_2 的电位点不一样而出现电位差,放大器 a、b 两点便输入操舵信号电压,经放大整流后输出直流控制电压至继电器 J。操左舵时,继电器 $J_左$(触点闭合)接通,舵机直流电源经 $J_左$ 启动舵机工作,带动舵叶转出左舵角。同时,通过机械连接使舵角反馈发送器转动,并通过电路使舵角反馈接收器也同步转动,带动电阻滑动触臂 L_2 在 r_2 上移动,直至 L_2 与 L_1 同位,电桥恢复平衡状态,输入放大器信号电压差为零,舵机停止工作。这时舵叶便处在舵轮所给出的指令舵角上。回舵时,反向将舵轮转回零位,舵机也反向转动,使舵回到正中位置。这种操舵方式的舵轮转动角和舵叶的偏转角是相当的,操舵时比较直观。

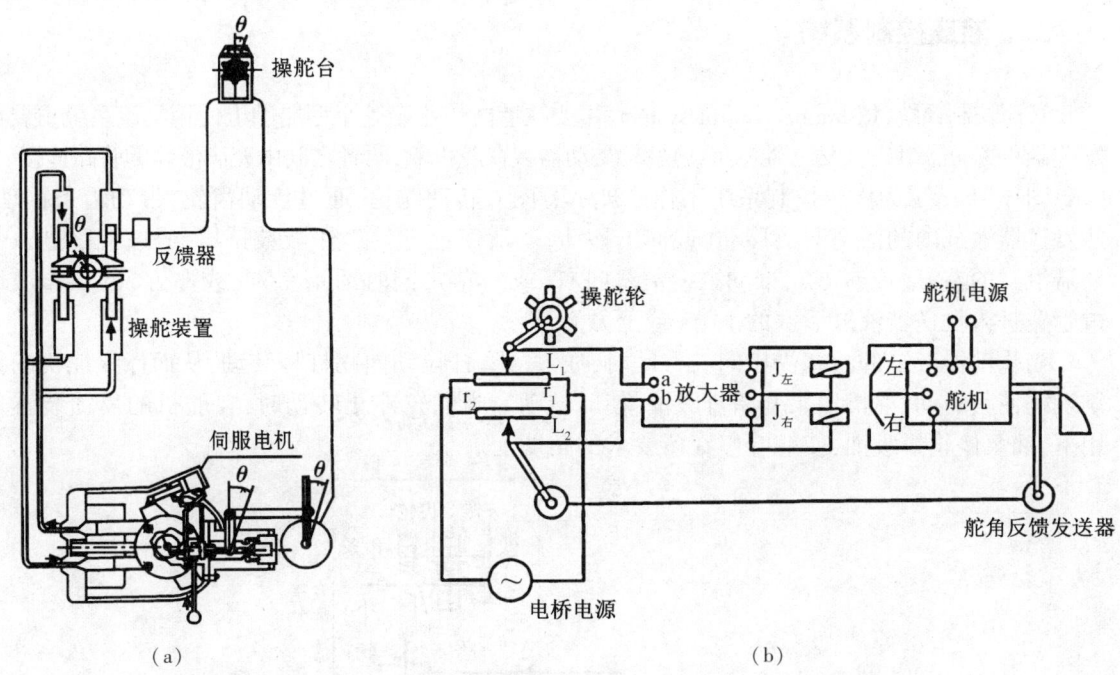

图 5-29　液压舵机的电力控制系统及电动舵机的随动控制工作原理图

(二)手柄操舵系统

手柄操舵系统(non-follow-up system)也称直接控制系统或应急控制系统。这一系统在自动和随动操舵装置发生故障时使用。它有独立的电源,操纵开关、手柄或按钮直接控制继电器或其他相应装置来启动舵机工作。该系统无反馈装置,开关合上舵机转动,左开关合上左转,右开关合上右转,开关脱开舵机停止。一般应急操舵装置在驾驶室和舵机间各设有一套应急操舵的开关或手柄。当操舵手柄位于中间位置或按钮处于松开位置时为断电位置,舵机不工作;手柄向左或按下左按钮(左按钮为红色,右按钮为绿色),继电器 J_1 接通,使左舵触点闭合,舵机电源经左舵触点启动舵机转出左舵角。松开手柄或按钮,舵机停转,舵角保持不变。若需加大舵角,重复上述操作。若需回舵,应将手柄向右或按下右按钮,使继电器 J_2 接通,使舵向右回转,如图 5-30 所示。使用直接控制系统操舵时,应注意掌握船的回转惯性的作用,要及时断电,才能使舵叶准确到达所需的舵角。

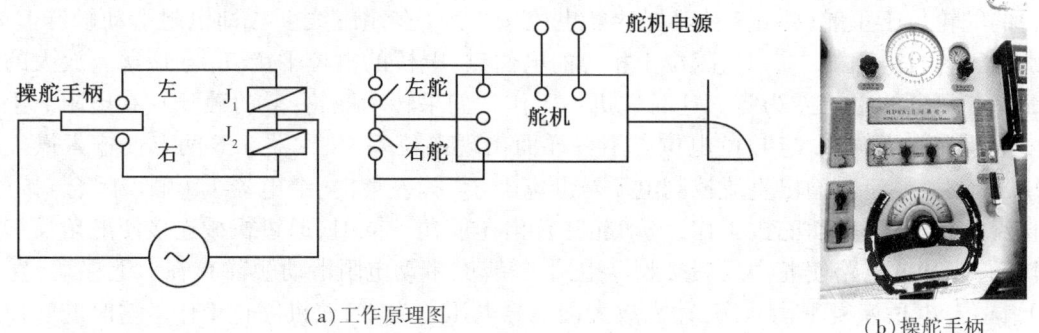

(a)工作原理图   (b)操舵手柄

图 5-30　手柄操舵系统

二、液压控制系统

液压控制系统(hydraulic control system)主要在港内作业船等小型船舶上使用。该系统主要由发送器和受动器组成。发送器装在驾驶室,受动器装在舵机舱,两者之间由充满液体的管路连接。

图 5-31 所示为液压控制系统工作原理示意图。转动舵轮,通过传动齿轮,带动齿条移动,使发送器液缸内的活塞向上移动(或向下移动)。活塞上方的工作液被挤压,通过管路进入受动器液缸的左方(或右方),推动缸内活塞向右(或向左),同时活塞右方(或左方)的工作液通过管路进入发送器液缸活塞的下方(或上方)。

当受动器液缸的活塞受压向右移动时,通过活塞杆拉动曲拐杠杆转动,从而操纵舵机的控制机构使其转动,舵机油泵开始排吸油,使舵转动。当舵轮停止转动时,在舵机的反馈装置作用下,油泵停止排吸油,使舵叶停在所要求的角度上。

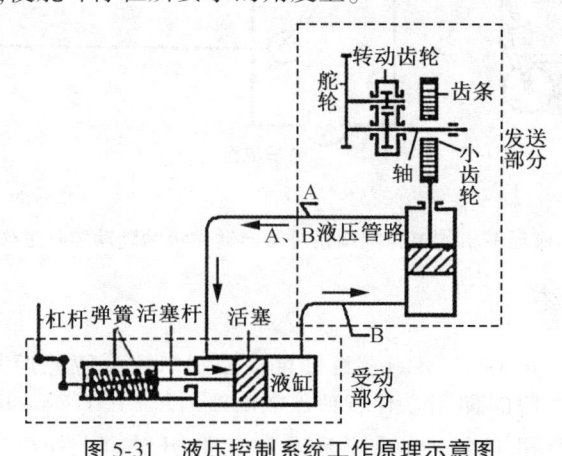

图 5-31　液压控制系统工作原理示意图

三、操舵装置控制系统的布置要求

（1）对主操舵装置，应在驾驶室和舵机室两处都设有控制器。

（2）对主操舵装置是由两台或几台相同的动力设备组成不设辅助操舵装置时，应设置两个独立的控制系统，且每个系统均应能在驾驶室控制。

（3）对于辅助操舵装置应在舵机室进行控制。若辅助操舵装置是用动力操纵的，则也应能在驾驶台进行控制，并应独立于主操舵装置的控制系统。

（4）能从驾驶台操作的主、辅操舵装置的控制系统应符合下列要求：

①在舵机室应设有能将驾驶室操作的控制系统与其所服务的操舵装置脱开的设施。

②此控制系统应能在驾驶室某一位置被投入操作。

（5）当控制系统的电源供应发生故障后，应在驾驶台发出能视听的警报。

（6）驾驶台与舵机室之间应备有通信设施。

（7）舵角位置应在驾驶台及舵机室显示。舵角指示应与操舵装置控制系统独立。

（8）驾驶台和舵机室应固定展示带有原理框图的适当操舵说明，此说明表明操舵装置控制系统和动力转舵系统的转换程序。

四、附属装置

1.舵角指示器（rudder angle indicator）与舵角分指示器

两者都是用来指示舵叶实际转动的角度，舵角指示器位于驾驶室内操舵仪前方的顶板上，而舵角分指示器位于驾驶室两侧外部墙壁上，如图 5-32 和图 5-33 所示。

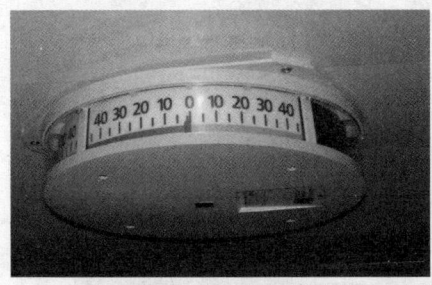

图 5-32　舵角指示器　　　　图 5-33　舵角分指示器

2.舵角限位器（rudder angle stopper）

为了防止操舵时实际舵角超过最大有效舵角，无论是电动舵机还是液压舵机，均应在操舵装置的有关部位设置舵角限位器。舵角限位器的种类有机械、电动和角铁架式等。机械舵角限位器一般设在舵叶上侧、下舵杆与舵柱的上部、舵柄两侧极限舵角位置处。舵角限位器的限制角：一般流线型舵为 32°，平板舵为 35°。

任务五　自动舵操作

【任务目标】

掌握自动舵工作原理,熟悉舵操作三种方式、自动舵调节按钮的作用、自适应自动舵和自动驾驶仪工作原理,能够正确使用舵设备进行操舵方式的转换并设置调节自动舵各参数。

【任务(知识)储备】

自动舵(autopilot)是在随动舵基础上发展起来的一种自动操舵装置控制系统(图5-34)。自动舵能模拟并代替人力操舵,大大减轻操舵人员的劳动强度,能及时纠正偏航角,使船较正确地长时间保持在指定的航向上,还可以和其他导航设备结合组成自动导航系统,使船舶全程无人驾驶成为可能,大大提高了自动化水平。

图 5-34　自动舵

一、自动舵的工作原理

一般自动舵基本上由自动检测航向偏离、信号比较、信号放大、执行机构和反馈等主要机构组成。图5-35为目前船上大量使用的电气元件调节自动舵的工作原理图。

当船舶在自动操舵状态下,各种类型的自动舵都由陀螺罗经检测船舶是否偏离航向。一旦船舶偏离航向时,陀螺罗经就能检测出偏航角 Φ ,并带动自动操舵发送器输出与偏航角成正比的交流电压,再经相敏整流变成不同极性的直流电压 U_ϕ;该电压信号进入比较电路,再经放大器放大,使开关电路(触发电路)导通,又使执行电机运转,从而使舵机工作,转出左舵或右舵。

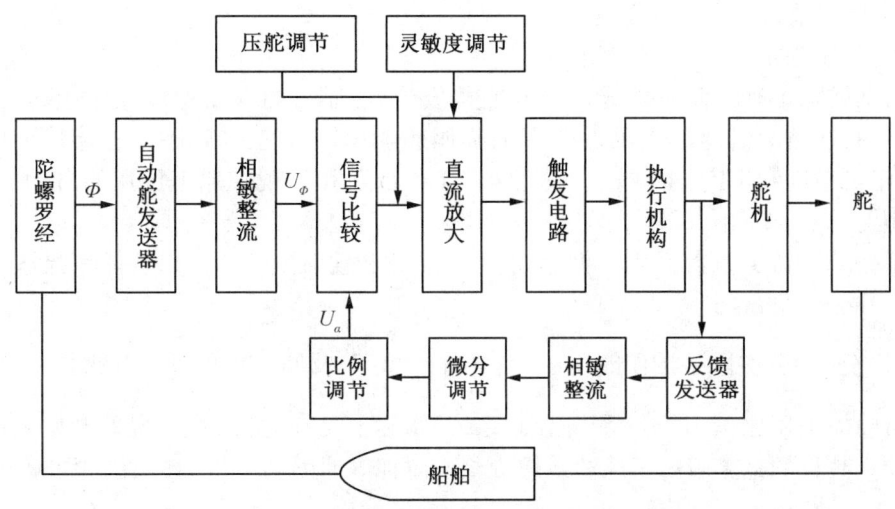

图 5-35　电气元件调节自动舵的工作原理图

在转舵的同时,执行机构通过机械传动带动反馈发送器,输出一个相位与偏航信号相反、大小与偏航信号成正比的反馈交流电压。该电压经相敏整流电路整流并经过比例电路和微分电路后产生一个反馈直流电压 U_α。将 U_α 输入比较电路,与 U_ϕ 进行比较。由于 U_α 与 U_ϕ 的极性相反,当两者的电压值大小相等时,比较电路内的偏差信号为零,放大器无输入,执行机构停止工作,舵叶就停止在所需的舵角上。

船舶在该舵角作用下开始回转,偏航角 φ 随之减少,则 U_ϕ 也随之减少。这时 $U_\alpha > U_\phi$,比较电路又出现偏差信号,其极性服从于 U_α,所以舵机开始反转而回舵。

二、自动舵的种类

船上实际使用的自动舵的种类较多,但按其调节规律来分,基本上有三种:

1.比例舵

比例舵即是按船舶偏航角 φ 的大小来调节偏舵角 α 的自动舵。

这种自动舵采用比例控制系统,偏舵角 α 和偏航角 φ 成正比关系,即

$$\alpha = -k_1 \varphi$$

其中,k_1——比例系数;

－ ——表示偏舵的方向与偏航方向相反,即用以消除偏航角。

在这种类型的自动舵中,偏舵角 α 和偏航角 φ 成正比,比例系数 k_1 可以根据船舶类型、海况、装载情况加以选择和调整。这种类型的自动舵结构简单,自动操舵时主要根据偏航角 φ 的大小来给出偏舵角 α,比较直观。但它不能克服偏航角速度的影响,航向稳定的过程较慢,航迹易成 S 形曲线,精度较差,故新建船舶已不再采用。

2.比例-微分舵

比例-微分舵即是按船舶偏航角的大小和偏航角速度的大小来调节偏舵角 α 的自动舵。

这种自动舵采用比例-微分控制系统,其偏舵角 α 和偏航角 φ 之间的关系为:

$$\alpha = -\left(k_1\varphi + k_2\frac{\mathrm{d}\varphi}{\mathrm{d}t}\right)$$

其中,k_1——比例系数;

k_2——微分系数。

这种自动舵除了有与偏航角成比例的舵角成分外,还有与偏航速度成比例的舵角成分。偏航速度越快,舵角给出越大,因此可以及时克服船舶惯性。它减少偏摆、稳定航向的过程比较快,提高了灵敏度和精度,也减轻了舵机频繁工作的负担。现在船上使用的自动舵,大多属于这一类型。

比例系数 k_1 和微分系数 k_2 则根据船舶种类、装载和偏航惯性等加以选择和调整。

3.比例-微分-积分舵

比例-微分-积分舵即是按偏航角 φ、偏航角速度 $\dfrac{\mathrm{d}\varphi}{\mathrm{d}t}$ 及偏航角积分 $\displaystyle\int_\varphi \mathrm{d}t$ 来操舵的自动舵。

这种自动舵采用比例-微分-积分控制系统,实际上是在比例-微分舵的基础上增加一个积分环节项。其目的是克服由于风流或螺旋桨不对称等原因而产生的恒值干扰的作用。船舶在一般受到恒值干扰情况下产生单侧偏航时,它自动累计偏航角 $\displaystyle\int_\varphi \mathrm{d}t$ 使舵机转出一个压舵舵角,以消除单侧偏航的影响。因此,它的偏舵角和偏航角的关系为:

$$\alpha = -\left(k_1\varphi + k_2\frac{\mathrm{d}\varphi}{\mathrm{d}t} + k_3\int_\varphi \mathrm{d}t\right)$$

其中,k_1——比例系数;

k_2——微分系数;

k_3——积分系数。

这种自动舵,既能加快给舵速度,又能自动压舵消除偏航角,是比较完善的新型的自动舵。目前,各国新型的自动舵大多采用这种类型的自动舵,但其结构复杂,造价较高。

三、自动舵的操作使用

(一) 自动舵的操舵传动方式

每一台自动舵一般均有三种不同的操舵传动方式,即随动操舵、自动操舵和应急操舵。

1.随动操舵

随动操舵通常被称为人工操舵,由舵工根据舵令操舵,转动舵轮,舵叶随之转动,当舵叶转至所操舵角时停止。这种操舵方式用于进出港、靠离码头、航行于狭水道等航区复杂水域,雾航和避让等时机。

2.自动操舵

自动操舵自动仿效人工操舵,用于船舶航行在较长时间的直航向时,可减轻舵工劳动强度、提高操舵精度和船舶航速、缩短航程、节约燃料。

3.应急操舵

在自动操舵和随动操舵系统发生故障时,应立即使用应急操舵。先将操舵仪上的操舵方式开关转入"手柄"位置,然后操作手柄开关。有的自动舵操舵台上没有单独专设手柄开关,在这种情况下,只要将手轮轴销拔出,旋转90°后置于凹槽内固定就可将舵轮当手柄进行操舵。

(二) 自动舵调节旋钮的使用

自动舵面板上的主要调节旋钮有:

1.转入自动开关

自动操舵一般都是由随动操舵转换过来的。从随动转换为自动时,应注意先把压舵旋钮和自动改向调节旋钮归零位,同时把船舶稳定在指定的航向上。当处于正舵时,将选择开关从随动转至自动位置上,船舶就进入自动操舵状态,如图5-36所示。然后,根据船舶载重情况和海况,调节主操舵台面板上的有关旋钮。

图 5-36 自动舵操舵方式转换开关

2.比例旋钮(rudder adjust)

比例旋钮也称舵角调节旋钮,用以调节纠正偏航的舵角大小,如图5-37所示。刻度的挡次越高,比例系数越大,比例越大,偏舵角也较大,即可获得的转船力矩也大。所以,船舶重载或空载,舵叶露出水面或海况恶劣时一般应调大些。

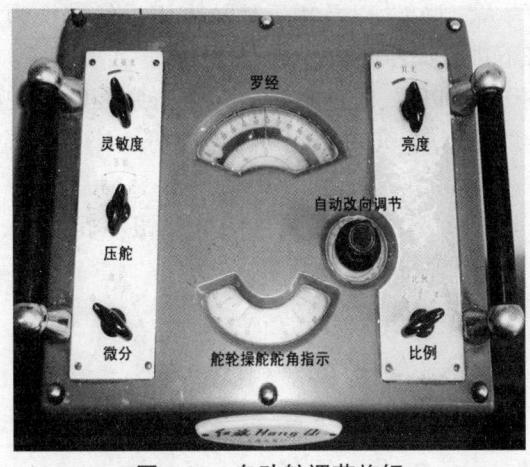

图 5-37 自动舵调节旋钮

3.微分旋钮(rate adjust)

微分旋钮也称反舵角调节旋钮或速率调节,在船舶偏航用舵克服使其向原航向回转时,还必须再操一个反舵角来克服船舶回转时的惯性。因此,使用反舵角调节可给出反舵角的大小,以阻止船舶向另一侧的偏摆。大船、重载、旋回惯性大时微分要调大;反之,要调小。海况恶劣,微分作用要调小或调至零。

4.灵敏度旋钮(weather adjust)

灵敏度调节也称天气调节或航摆角(yawing)调节,是调节放大器的放大倍数。在天气好时,为了船舶走得更直一些,即当出现较小偏航角时,就使舵机工作产生舵角,纠正偏航,可使用灵敏底旋钮将灵敏度调高一些;风浪大时,航向偏摆频繁,为了防止舵机频繁启动,应将灵敏度调低些。这样在偏航较小时,舵机不启动工作,从而减少舵机工作过于频繁而受损。

5.压舵旋钮(deviation adjust)

压舵旋钮用以调节压舵的舵角大小。当船舶受到风流等恒值外力干扰而向单侧方向偏转时,可用此旋钮向相反方向压一舵角,以抵消单侧偏航作用。压舵的舵角大小可以根据船舶偏转情况来选定。

6.自动改向旋钮(course adjust)

使用自动改向旋钮改向时,应把比例旋钮放在最小位置,而且每次只能进行小度数改向,若需大角度改向,则应分几次进行,一般每次不超过10°。操作方法通常先按下旋钮,然后转动指针至改向的度数,待船舶转到给定航向时指针自动回零,不必人工复位。

此外,还有用于修正自动舵分罗经与主罗经同步误差的零位修正调节旋钮等。

(三) 使用自动操舵仪(自动舵)的注意事项

(1)在大风浪航行时,为保护自动舵应改用人工操舵。

(2)在运输繁忙的区域,如当船舶避让、改向、过转向点,航行于狭水道、渔区、礁区、航道复杂水域、进出港和靠离泊位、在能见度受限制的情况下以及在所有其他航行危险的情况下,若使用自动操舵仪,应尽可能立即改为人工操舵。

(3)在上述情况下,应毫不迟延地为值班驾驶员提供一位合格的水手,该舵工应随时准备接过操舵工作。

(4)从自动操舵转换为人工操舵,以及相反地从人工操舵转换为自动操舵,应由一位负责的驾驶员操作或在其监督下进行操作。

(5)在长期使用自动操舵仪以后,以及在进入需要特别谨慎驾驶的区域以前,均应试验人工操舵。通常在使用自动舵航行时,每一航行班次(即每4 h)至少应检查一次随动操舵装置是否正常。

(6)在随动操舵状态下,自动操舵的有关各调节旋钮不起作用,但当随动转入自动操舵时,应先将压舵旋钮和自动改向旋钮调至零位。

任务六　认知自适应自动舵与航迹舵

【任务目标】

掌握自适应自动舵和航迹舵工作原理及使用注意事项。

【任务(知识)储备】

一、自适应自动舵

如前所述,外力干扰和船舶运动的特性,会使航行中的船舶发生偏航。此时,使用一般自动舵则可自动予以纠正,使船舶恢复到原航向上。然而,自动操舵仪上各调节旋钮是根据船舶载重量、吃水及当时风浪等海况凭船员的经验而用手动方式进行修正的。显而易见,从节能角度来看,在自动舵的操纵中尚存在不足之处。首先是由于自动舵采用比例、微分及积分的调节方式,所给出的舵角为:

$$\alpha = -\left(k_1\varphi + k_2\frac{\mathrm{d}\varphi}{\mathrm{d}t} + k_3\int_\varphi \mathrm{d}t \right)$$

其中比例和微分系数必须用经验来确定其调节量,因而,也就直接影响舵角的精确度,同时,往往使得操舵次数较多,增加了阻力。另外,转舵后船舶阻力增大,因而加大了主机负荷,导致主机转速下降,为防止转速下降,调速器将开始工作,即增加了燃油消耗量。

为了减小转舵次数和所受阻力,保持船舶沿原航向行驶,以节省油耗,最近几年出现了一种具有自适应控制功能的自适应自动舵。

自适应自动舵能适应船舶运动特性和海况的变化,自动地确定各项系数,从而可以进行最佳控制,减少操舵次数、减小舵角等,弥补了一般自动舵存在的不足。

目前,自适应自动舵有 Racal Decca 公司的 DP-780 自适应自动舵,日本横河北辰的 PT21 自适应自动舵,以及安许茨-斯伯利自适应自动舵等。它们的模式虽然有所差异,但是均由以下主要部分组成,如图5-38所示。

1.一般自动舵

自适应自动舵包含了一般自动舵,即自动舵控制器、舵机和反馈等部分,其具体内容已在前面介绍过。

2.数学模型

自适应自动舵实际上是一般自动舵加上微机控制。微机内贮存着船舶运动特性的模型,供计算、比较、鉴别之用。

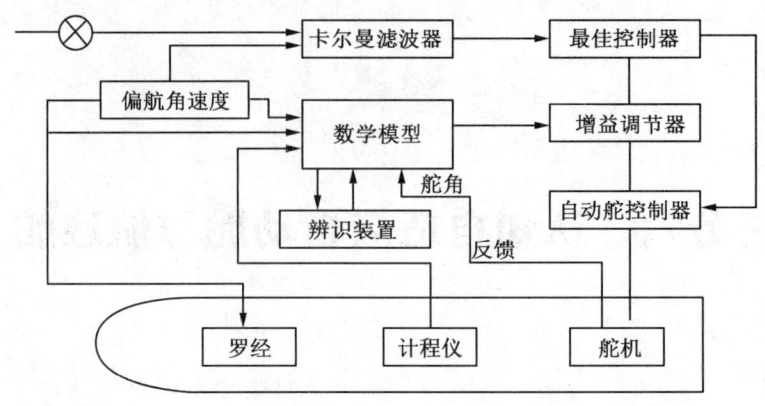

图 5-38　自适应自动舵基本原理

3.辨识装置

船舶运动特性的模型随着载重量、吃水差、船速和海况等变化而变化。因此,当上述因素有变化时,必须建立最新的数学模型。这种检出模型的变化并形成新模型的过程称为"辨识"。当船舶离港用手动操舵和自动舵时就开始识别,并在操作过程中不断更新模型,这些工作则由辨识装置完成。

4.卡尔曼滤波器

为了从含有不规则"噪声"成分的输入信号中更正确地提取所需信息,广泛应用了统计的概念。目前,多采用的卡尔曼滤波器的功能是,有效地滤除罗经输出信号中所包含的噪声成分,并估算出船在某一舵角下开始转向。由新模型输出的船舶偏航与由罗经所观测的偏航角有所不同,用统计方法处理差值,从而计算出转舵时舵的偏航角。

5.最佳控制器

将卡尔曼滤波器检出的偏航角加到最佳控制器,经最佳控制器处理后,发出使船舶回到原航向的舵角指令。因此,偏航角、偏航角速度和上述性能指标自动确定,因而不需要像自动舵那样进行手动设定操作。

6.增益调节器

以上所述的最佳控制器以节能为主要指标。当海况良好时,自适应自动舵的操纵性能不受影响,能保持既定航向。但是,当海况恶劣、波浪等噪声增大时,船舶转向受到噪声的影响也随之增大。因此,卡尔曼滤波检测的精度下降。在此情况下,如果最佳控制器仍以小舵角、较少的转舵次数进行控制,势必造成偏航角增大。为改善操纵性能,需设置增益调节器来调整增益参数。由于船舶运动特性模型和噪声模型事先已存入微型计算机,故检测出海况的变化后,通过软件安排可自动选择节能方式和保向方式。当海况恶劣到一定程度、操纵性能变坏时,则可自动转到保向方式上运行。

除上述主要组成部分之外,自适应自动舵还有报警、电源、舵轮等其他部分。

二、航迹舵(自动驾驶仪)

航迹舵也称自动驾驶仪(automatic navigation 或 autopilot),是以自动舵为基础,以计算机为核心,并连接综合导航仪或船位接收机的一个自动航行控制系统。其主要作用为当初始人工输入相关航路数据后,能使船舶自动沿着计划航线航行,并能在预定的转向点上自动转向,从而实现船舶驾驶的高度自动化。

(一)基本原理

航迹舵的发展基础是在原自动舵的控制系统上配置一套航迹舵组件(装置)。此组件以微机为核心,通过初始人工输入航路数据、位置偏移量及硬件部分连接计程仪、陀螺罗经、定位仪,由上述输入的信号及数据通过微机软件进行计算、分析与处理,然后给出一个指标航向到自动舵组件中去执行。在执行过程中,因为受风流压的影响,船位可能会偏离计划航线。船位一旦偏离航线,航迹舵组件就立即给出一个新的指标航向,所以指标航向是一连串变化的,而船舶也只能自动航行在所规定的航迹带内,并按指标航向自动转向,从而达到无人驾驶。由于航迹舵还处在试用、发展、研究和开发阶段,现仅给出大致方框图,如图 5-39 所示。

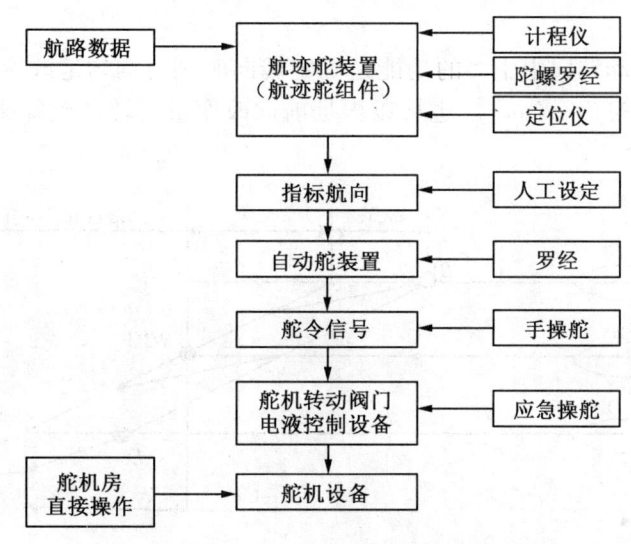

图 5-39　航迹舵原理方框图

1.船位数据的获得与处理

获得连续精确的船位是航迹舵正常工作的关键,而船位数据是通过定位传感器输入到航迹舵组件中去的。目前,常用的定位传感器是罗兰 C、台卡、海军导航卫星系统(NNSS)与GPS。从连续定位和精确程度来考虑,前三种有较大的局限性。GPS 是最理想的定位传感器,能满足连续性的要求,精确度又比较大(误差在±100 m)。根据 GPS 的船位特点及航迹舵对船位的要求,还应对 GPS 船位进行三种处理:坐标系误差的修正;船位数据的滤波处理;粗大误差的剔除。这三种处理原理就不做详细介绍了。

2.航迹保持原理

向航迹舵组件中输入两个转向点,船舶就能在两个转向点之间航行。两个转向点之间的航线航法有两种选择:一是 RL(恒向线);二是 GC(大圆)。在确定是 RL 还是 GC 后,计划航线与计划航向 C 就可以计算出来。对于 GC 航线,在一段时间内(如 4 h)可以认为计划航向是不变的。但是,船舶若以此计划航向 C 作为指标航向 CS,指令以自动舵方式去航行的话,由于有风流的影响,船舶是不能保持航行在计划航线上的。

理论上,采用不断地用现时船位去计算到下一个转向点应驶的航向来修正指标航向 CS,

从而保持航行在计划航线上是可行的,但是由于陀螺罗经的精度与自动舵能保持航向精度的限制,这种方法就行不通了。若到转向点航程为 1 000 n mile,位置偏移量 $XTE = 2$ n mile,航向的偏差仅为0.1°。显然,用这样小的偏差去修正 CS,让自动舵去保持航行在计划航线上是不可能的。

驾驶员应根据海况设定一个允许的位置偏移量 $XTE(d_0)$ 与一个位置偏移量限制值 XTE_{max}(d_{max})。若船舶航行在计划航线的 $\pm d_0$ 带内,就认为船舶基本航行在计划航线上。若船舶航行在计划航线的 $\pm d_{max}$ 以外,就认为此时航迹舵不能自动保持航迹,需驾驶员进行处理(这主要从安全角度考虑)。若船舶航行在计划航线的 $\pm(d_{max}-d_0)$ 带内,航迹舵组件就根据计算的风流压差,去修正 CS,消除风流的影响,使船舶回到 $\pm d_0$ 带内。每当修正 CS 后,应过15~30 min再进行风流压修正计算。CS 修正量的 Δ 小数点位处理规定如下:0.1~0.5 取 0.5;0.6~0.9 取 1.0。XTE 的计算是以计划航线为基准的。

3.自动转向原理

航迹舵组件在自动转向中主要的功能是确定转向时刻与均匀地改变指标航向 CS。假定实现转向所需的提前量为 $m(\min)$(也可以根据航向改变量与转向允许速率计算),则自动转向原理如图 5-40 所示。

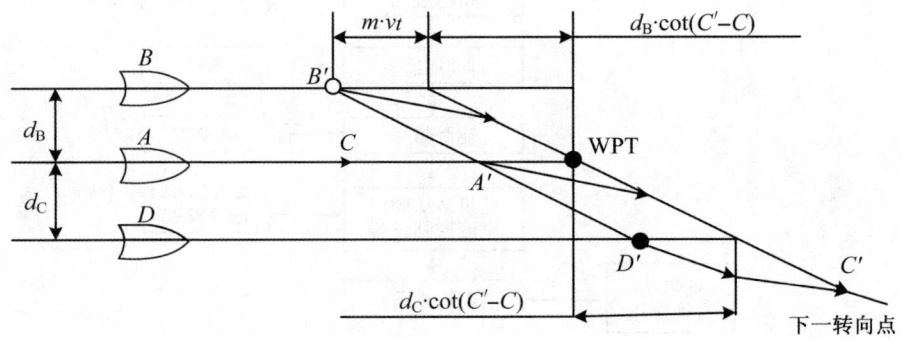

图 5-40 自动转向原理图

图 5-40 中,当船舶航行到 A'、B' 或 D' 时,航迹舵组件就均匀地指令新的指标航向 CS 到自动舵装置中,从而实现自动转向。

(二)使用航迹舵应注意的事项

(1)航迹舵是自动舵中的一种,因此在规定不能使用自动舵的场合,同样不要使用航迹舵。

(2)在进行避让操船时,应终止使用航迹舵。待驶过让清以后,需重新启动航迹舵时,必须提醒驾驶员确认下一个转向点的正确性,同时还应指示下一个计划航向的数值,要求驾驶员调整船舶的航向使其基本对准下一个转向点。驾驶员在对这两点都认可后,方可重新启动航迹舵。组件的设计中应使这种确认方法是可靠的,而且不易被误操作。

(3)当定位传感器长期无船位时,航迹舵应指示提醒驾驶员转到其他的操舵方式。对作为定位仪所给出的船位,要与其他定位方式予以比较,确认其可靠性。若发现船位不可靠,则应立即转到其他的操舵方式。

(4)在利用航迹舵启动转向时,驾驶员必须对周围的海域、船位与所采用的航迹带宽度、对转向前后的海面状况均了解清楚(包括对转向后的转向点的确认)。只有在确认安全的情况下,才指令航迹舵自动转向。若在转向点附近有岛屿或浅滩时,一定要借助于雷达、陆标定位来确认,保持安全的正横距离才可自动转向,否则不要用自动转向。

(5)航迹带宽度应根据航行区域与海况确定。

(6)当在自动校正风流压影响及航向修正量过大(例如大于 10°)时,应同时发出报警指示。

任务七　检查与保养舵设备

【任务目标】

了解舵设备检查与保养内容,掌握检查与保养的要领;了解舵设备的试验内容,掌握应急操舵演习要领及注意事项。

【任务(知识)储备】

舵设备在开航前要仔细检查,平时要注意检查与保养,使其随时处于良好的工作状态。每当安装或修理后,也应按规定要求进行试验。

一、检查与保养

(一)日常检查保养

1.试舵

(1)船舶开航前 12 h 之内,应由船员对操舵装置进行核查和试验。试验程序(如适用时),应包括下列操作:

①主操舵装置。

②辅助操舵装置。

③操舵装置遥控系统。

④驾驶室内的操舵位置。

⑤应急动力供应。

⑥相对于舵的实际位置的舵角指示器。

⑦操舵装置遥控系统动力故障报警器。

⑧操舵装置动力设备故障报警器。

⑨自动隔断装置及其他自动设备。

（2）核查和试验应包括：

①按照所要求的操舵装置能力进行操满舵。

②试验操舵装置及其连接部件的外观检查。

③驾驶室及舵机室通信手段的工作试验。

对于定期从事短期航行的船舶，主管机关可免除上述规定的核查和试验要求，但这些船舶每周至少应进行一次这样的核查和试验。

通常，每次开航前驾驶员应会同轮机员试验舵机，查看转舵装置是否运转正常。

此外，试舵前应派人察看船尾舵叶周围是否有障碍物；核对各种舵角与舵角指示器和主罗经与分罗经的误差情况；舵机间不准放置杂物，应保持清洁、干燥；舵机间内的备件等应绑扎好，防止船舶摇摆时移动。

2.对舵

每次开航前1 h，值班驾驶员应会同轮机员进行对舵。

对舵的步骤为：

（1）操舵人员在驾驶室转动舵轮或扳动手柄，使舵角指示器的指针指向"0"刻度，观察舵机室的实际舵角是否在正舵位置。

（2）慢速将舵轮向左（右）转至满舵，检查舵轮座上的舵角指示器与船尾杆上的指示刻度是否一致。

（3）用同样方法向右（左）操满舵快速活舵一次，回至正舵。

（4）分别连续操左（右）5°、15°、25°满舵和回舵，其间观察遥控机构、追随机构、舵角指示器和其他工作系统的运作情况是否正常。其中，电动舵角指示器在正舵位置应无误差，在其他舵角位置不应超过±1°。

对装有两台主操舵装置或手柄操舵装置，应分别进行试舵。航行中，值班驾驶员应经常检查油压、电源和操舵情况是否正常。特别当遇大风浪时，应检查舵机间可移动物体是否绑扎好。船舶停靠后，应切断电源或打开油压操舵器的旁通阀，有舵掣的上好舵掣，关闭驾驶台和舵机间。

应将上述核查和试验日期以及进行应急操舵演习的日期和详细内容记入主管机关所规定的航海日志内。

驾驶室及舵机室内，应永久展示操舵装置遥控系统和操舵装置动力装置转换程序的简单操作说明，并附有方框图。

所有与操舵装置的操作和维修有关的船舶驾驶员，应熟悉船上操舵系统的操作以及从一个系统转换到另一个系统的程序。

（二）定期检查保养

每3个月应对舵设备进行一次全面的检查和保养，主要内容有：

（1）查看舵杆、舵叶各部分磨损及损坏情况，做好记录。舵杆（销）一般在下舵承处或舵销处的轴颈应大于非工作部分的轴颈，否则应进行修理或换新。工作轴颈表面允许存在少量分散的锈蚀斑点，但深度不超过舵件（销）直径的1%；舵杆非工作轴颈允许减少量为原来设计直径的7%；舵钮与舵钮或舵叶与舵托平面极限间隙一般为安装间隙的50%。

（2）检查电操舵装置的绝缘和触点情况，用不带毛头的细布揩拭清洁。自动部分检查其灵敏度;液压舵机要查管路有否泄漏及液油质量。

（3）检查转舵装置电动机的运转及损耗情况,加以清洁,并做好记录;液压式舵机要检查泄漏情况及油的质量,以及时修复并充液。

除上述的常规核查和试验外,至少每3个月应进行一次应急操舵演习,以练习应急舵操作程序和应急舵设备情况。操演应包括在舵机室内的直接控制,与驾驶室的通信程序,以及(如适用时)转换动力供应的操作。

每6个月检查备用操舵装置的活络部分,加以润滑,除锈涂油,并做转换操作试验,保证其性能良好。液压操舵系统每年或检修后应将整个系统彻底清洗一次,清除锈垢等,以免影响效用。

结合坞内检验时,将舵轴或舵销原地顶高或将舵杆拆下,检查舵轴、舵销及舵承的磨损及腐蚀情况;测量舵承间隙及舵的下沉量;检查舵杆、舵轴法兰盘及其连接螺栓与螺母;检查舵销螺母的止动装置。

对舵叶进行外部检验,检查舵叶腐蚀程度和有否裂缝,必要时对舵叶做测厚检查。当对舵叶的水密性有任何怀疑时或修理后,应进行密性试验。

二、舵设备的试验

舵设备安装或修理后,一般要进行系泊试验和航行试验。

(一)系泊试验

试验前应检查舵叶密性试验报告、各零部件材料检查报告、舵机整体装配验收报告、操舵设备及传动装置的安装质量及完整性检查验收报告等,然后进行下列各项试验:

（1）对于电动或电动液压舵机,舵机的每套电动机组至少连续进行30 min的操舵试验,以检查舵设备的可靠性。

（2）检查主操舵装置和辅助操舵装置转换是否迅速简便,在任何舵位转换时间应不超过2 min。

（3）舵角指示器指示舵叶位置误差不应大于±1°,而且在正舵时,应无误差。

（4）舵角限位器位置应安装正确,舵机上限位器应能转舵至满舵时自动停止,舵扇上的舵角限位器应比舵机的限位器大1.5°,舵叶或下舵杆与船艉柱上部设置的机械舵角限位器比舵机上的限位器大3°。

（5）检查舵掣的工作可靠性。

(二)航行试验

系泊试验合格后可进行下列试验内容:

（1）转舵周期:主操舵在最深航海吃水、以最大营运航速前进时,自一舷的35°转至另一舷的30°时间应不超过28 s;辅助操舵装置在最大前进营运航速的一半或7 kn(取其大者)前进时,从其一舷的15°转至另一舷的15°的时间应不超过60 s。

（2）记录在满载全速前进和后退时,向两舷转舵的速度和工作的可靠性。

（3）主、辅操舵装置之间的转换是否符合要求。

（4）检查保持舵位不动的制动装置是否有效。

（5）试验自动舵的性能。

（6）记录自动操舵装置灵敏度和航向超出允许偏差时自动报警的可靠性。

（7）记录"Z"字试验中舵角、旋回角速度、航向变化等曲线。

（8）主驾驶室和应急驾驶室间通信联系的可靠性。

三、应急操舵演习

当自动操舵和随动操舵系统发生故障时,应立即使用驾驶室应急操舵。当操舵装置控制系统或主操舵装置发生故障而又不能在驾驶室进行辅助操舵装置的控制时,则应脱开驾驶室的控制系统,改由在舵机室控制操舵。这时应利用驾驶室与舵机间的通信装置来进行应急操舵。

按规定至少每3个月应进行一次应急操舵演习,以练习应急操舵程序。演习应包括:在舵机装置室内的直接控制,与驾驶室的通信程序,以及交替动力供应的操作。

1.驾驶台应急操舵的操作步骤

（1）先将操舵仪上的操舵方式开关转入"手柄(non-follow-up)"位置。

（2）操作手柄开关进行操舵,要注意掌握转舵的惯性,尽量给出准确的舵角。

2.在舵机房应急操舵保持和改变航向

（1）将控制箱选择按钮由"驾驶台"切换到"舵机房",即可用手柄进行应急操舵。

（2）用对讲机或电话与驾驶台联系,听从驾驶台指挥。

（3）用舵工应急操舵手柄处的舵角指示器和航向分罗经协助操舵。

（4）若操舵装置全部失灵,应迅速倒车停船,就地抛锚;若为深水区,应显示失控信号,并警告附近船只。

3.转换操舵方式的注意事项

手操舵失灵时,值班驾驶员应立即(命令)改为应急操舵,使用磁罗经航向操舵,并迅速通知电机员、大管轮并报告船长。

任务八　操舵及舵令

【任务目标】

掌握船舶操舵基本方法和注意事项,熟悉常用标准舵令。

【任务(知识)储备】

一、操舵要领和基本方法

船舶在航行中,驾驶人员根据航行的需要,对舵工下达舵令,舵工根据口令进行操舵,以控制船舶的航行方向。

驾驶人员在下达口令时,应考虑船舶在各种不同情况下的应舵性能和舵工的操舵水平。所下达的口令应确切、明了和清楚。舵工在操舵时应有高度的责任感,思想集中、动作准确。当听到驾驶人员下达舵令后,应立即复诵并执行,以防听错。若舵工复诵口令错误或操作不当,驾驶人员应立即加以纠正。舵工在未听清口令或不理解驾驶人员下达的口令时,可要求重复一遍。

操舵的基本方法为:

1.按舵角操舵

舵工在听到驾驶人员下达舵角口令后,应立即复诵并迅速、准确地把舵轮转到所命令的位置上,注意查看舵角指示器所指示的舵叶实际偏转情况和角度。当舵叶到达所要求的角度时,应及时报告。在驾驶人员下达新的舵令前,不得任意更动舵的位置。

船舶在进出港和靠离泊时通常采用按舵角操舵。

2.按罗经操舵

船舶在海上航行时,大都按罗经操舵,使其保持在所需的航向上。

当船舶需要改变航向,驾驶人员可直接下达新航向的口令。舵工复诵并将新航向与原航向做比较,从罗经刻度上可清楚地判断出新航向在原航向的哪一边,从而决定采取左舵或右舵。舵工应根据转向角的大小、本船的旋回性能和海况等情况,加以决定所用舵角大小。在一般情况下,若转向角超过30°,可用10°~15°舵角;若转向角小于30°,则宜用5°~10°舵角。操舵后船舶开始转向,此时可根据船舶罗经基线和刻度盘的相对转动情况,掌握船舶回转时的角速度。当船舶逐渐接近新航向时,应根据船舶惯性和回转角速度的大小,按经验提前回舵并可向反方向压一舵角,以防止船舶回转过头。这样船舶就能较快地进入并稳定在新航向上。

船舶在按预定航向航行时,由于受到各种因素的影响,经常会发生偏离预定航向的现象。为此,舵工应注视罗经刻度盘的动向,发现偏离或有偏离的倾向时,应及时采用小舵角(一般为3°~5°)进行纠偏,以保持航向。例如,罗经基线偏在原定航向刻度的左边,表示船首已偏到原航向的左边,应操相反方向的小舵角(右舵,3°~5°即可),使船首(罗经基线)返回原航向。纠偏时要求反应快、用舵快和回舵快。

当发现船首总是固定一侧偏转时(通常是船舶受单侧风浪、潮流或由于积载不当,或由于船型、推进器不对称等恒值干扰力矩的影响所引起),应采用一适当的反向舵角来消除这种偏转,习惯上称之为"压舵"。所用舵角大小可通过实践的方法来确定,通常先操正舵,查看船首向哪一边偏转,然后操一反向舵角。若所用舵角太小,船首仍将偏向原来的一侧;舵角太大,则反之。反复调试所采取的舵角,直至能将船首较稳定地保持在预定航向上。

3.按导标操舵

在近岸航行时,特别是在狭水道或进出港时,经常利用船首对准某个导标航行。舵工根据驾驶人员所指定的导标操舵,使船首对准该目标,并记下航向度数,报告给驾驶人员。若发现偏离,应立即进行纠正,并注意检查航向有无变化;若有变化,舵工应及时提醒驾驶人员是否存在风流压。

4.大风浪中操舵

由于船舶在大风浪天气下左右前后摇摆颠簸剧烈,航向很难稳定。此时,应由有经验的人员操舵,应细心观察风流影响的综合结果,要提前回舵或压舵。

为便于指挥或操舵,无论采用哪种操舵方法,驾驶人员或舵工都应掌握船舶在不同受载、不同风浪水流和水深、不同车速等情况下的舵性,熟悉舵设备各开关和旋钮的作用。

二、标准舵令

常用的标准舵令见表5-1。

表5-1　常用的标准舵令

序号	Order	舵令	意　义
1	Midship	正舵	舵保持在艏艉线位置上
2	Port five	左舵五	操左舵5°
3	Port ten	左舵十	操左舵10°
4	Port fifteen	左舵十五	操左舵15°
5	Port twenty	左舵二十	操左舵20°
6	Port twenty-five	左舵二十五	操左舵25°
7	Hard-a-port	左满舵	操舵至最左位置
8	Starboard five	右舵五	操右舵5°
9	Starboard ten	右舵十	操右舵10°
10	Starboard fifteen	右舵十五	操右舵15°
11	Starboard twenty	右舵二十	操右舵20°
12	Starboard twenty-five	右舵二十五	操右舵25°
13	Hard-a-starboard	右满舵	操舵至最右位置
14	Ease to five	回到五	把舵角回到5°并保持5°
15	Ease to ten	回到十	把舵角回到10°并保持10°
16	Ease to fifteen	回到十五	把舵角回到15°并保持15°
17	Ease to twenty	回到二十	把舵角回到20°并保持20°
18	Steady	把定	尽快减少船舶偏转
19	Keep buoy/mark/beacon/on port/starboard side		把浮标/标志/立标/……放在左/右舷
20	Steady as she goes	照直走	将舵把定在叫舵令时罗经所指的船首向,舵工须复诵口令并报告受令时的罗经航向。当船舶把定在该船首向时,舵工须报告"steady on…(把定在……)"
21	Report if she does not answer wheel		若舵不灵,立即报告
22	Finish with wheel		完舵

　　所有发出的舵令应由舵工复诵,并且,值班驾驶员应保持这些舵令被正确、立即执行。所有舵令应一直保持到被撤销。若舵不灵,舵工应立即报告。

　　当值班驾驶员发现舵工有疏忽时,应向其提出询问:

　　"What is your course?""航向多少?"

　　舵工应该答复:

　　"My course...degrees.""我的航向……度。"

　　当值班驾驶员要求按罗经航向来操舵时,舵工应该说出转舵的方向。随后,分别说出每个数字,包括零。例如:

口令	操驶航向
"Port,steer one eight five"	"左舵,操 185°"
"Starboard, steer zero eight two"	"右舵,操 082°"
"Port, steer three zero five"	"左舵,操 305°"

　　接到操舵令后,例如 182°,舵工应复诵该舵令并使船舶平稳地转到所命令的航向上,而后,舵工应报告:

　　"Steady on one eight two"　　　　　　"把定在 182°"

　　发令人应对舵工的报告给予确认。如果要求对着选定的物标操舵,应该命令舵工:

　　"Steer on…buoy/…mark/…beacon"　　"对着……浮标/……物标/……立标行驶"

　　发令人应对舵工的报告予以确认。

 **复习思考题**

1.舵设备有哪些组成部分,其各自的作用是什么?

2.舵是如何分类的? 何谓平衡比度?

3.试述流线型舵的结构与试验方法。

4.试述电动舵机的工作原理及其保护装置的作用。

5.试述液压舵机的种类及其工作原理。

6.舵机的基本要求是什么?

7.试述一般操舵仪的三种操舵方式与使用时机。

8.简述自动舵面板上各旋钮的作用与使用注意事项。

9.舵设备是如何检查与保养的。

10.试述自适应自动舵和航迹舵(自动驾驶仪)的使用注意事项。

11.试述舵工操舵的要领及基本操舵方法。

项目六
起重设备操作与管理

项目介绍 >

　　了解绞辘配绳的要求及方法；掌握回转式起重机的组成、基本参数与操作主令，具有正确操作和养护各种起货设备的能力；掌握舱盖的种类、结构特点及掌握开关舱操作程序及注意事项。

学习目标 >

◆ **知识目标**

　　1.掌握起重机的结构及使用操作；

　　2.熟悉轻型吊杆的结构及使用操作；

　　3.熟悉重型吊杆的结构及使用操作；

　　4.了解起重设备的检查保养操作；

　　5.掌握舱盖的种类及开关操作。

◆ **能力目标**

　　1.具有合理选择使用甲板索具、正确地进行开关舱作业；

　　2.能够正确地起、落吊杆并合理布局及正确地操作各种起货设备；

　　3.能够正确进行 V 形重吊倒换舱口作业；能够正确养护装卸设备。

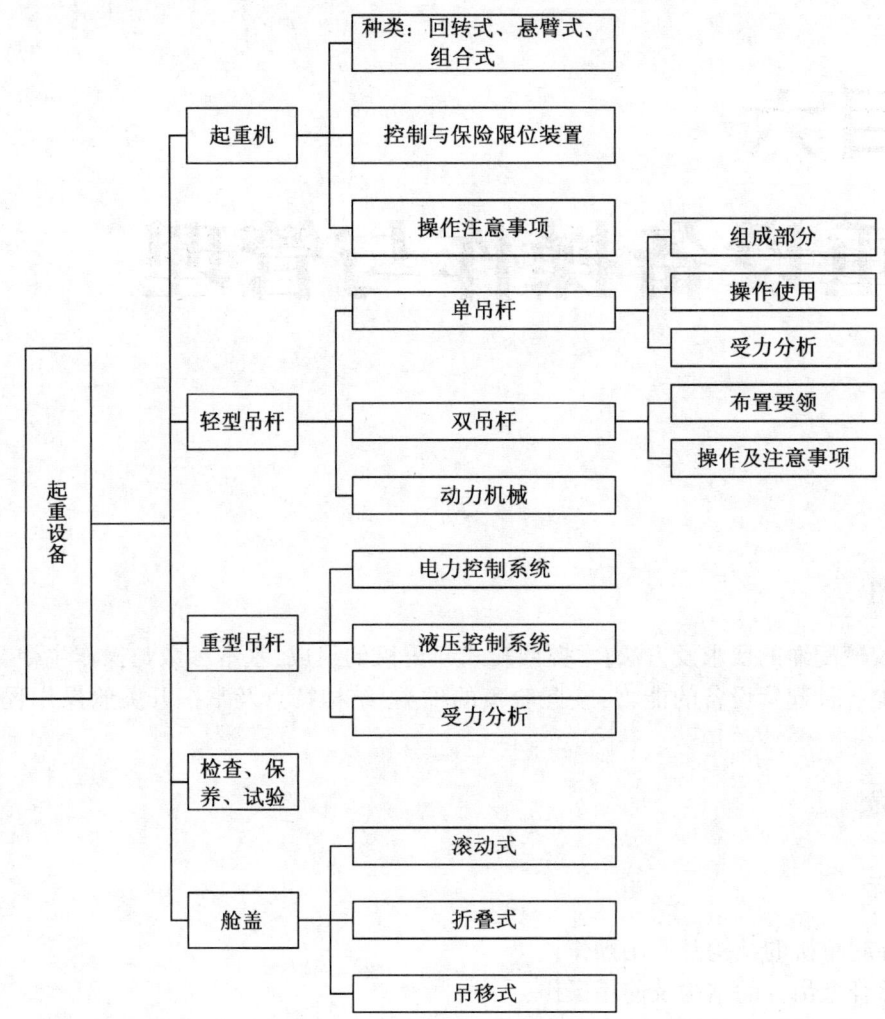

起重设备
- 起重机
  - 种类：回转式、悬臂式、组合式
  - 控制与保险限位装置
  - 操作注意事项
- 轻型吊杆
  - 单吊杆
    - 组成部分
    - 操作使用
    - 受力分析
  - 双吊杆
    - 布置要领
    - 操作及注意事项
  - 动力机械
- 重型吊杆
  - 电力控制系统
  - 液压控制系统
  - 受力分析
- 检查、保养、试验
- 舱盖
  - 滚动式
  - 折叠式
  - 吊移式

任务一　操作与管理甲板起重机

【任务目标】

掌握起重机的结构及使用操作,熟悉甲板起重机的操作指令及作业注意事项。

【任务(知识)储备】

起重设备也称为装卸设备,是指安装于船上或海上设施上的吊杆装置、吊杆式起重机、起重机以及升降机和跳板,用以吊运或载运货物、设备、物品及人员等的设备。

目前,现代船舶上普遍采用的起重设备是起重机,俗称克令吊(crane),于20世纪60年代开始在船上使用。它的优点是工作面积大、机动灵活、操作方便,在装卸作业前后没有烦琐的准备和收检索具等工作,并且重量轻、占地少、装卸效率高等。因此,起重机是目前现代船舶上最为普遍采用的一种起重设备。其缺点是结构复杂、投资高、维修难度较大。

一、起重机的种类、结构及其操作

船用起重机按其动力源的不同,可分为电动式和液压式两种。其中电动式起重机使用比较广泛。按其使用方式的不同,又可分为回转式、悬臂式和组合式三种。

(一)回转式甲板起重机

1.回转式甲板起重机的结构

回转式甲板起重机(rotary deck crane)由基座、回转塔架、吊臂、操纵室和操纵装置等组成,如图6-1所示。

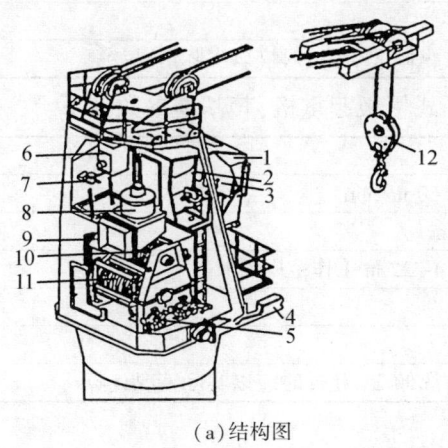

(a)结构图

(b)实物图

图6-1 回转式甲板起重机

1—控制室(cabin);2—变幅/旋转操纵杆(control lever for slewing/luffing);3—起货操纵杆(control lever for hoisting);4—吊臂(jib);5—油马达(oil motor);6—上油柜(head tank);7—过滤器(oil strainer);8—冷却器(oil cooler);9—限位器箱(differential limit switch box);10—变幅绞车(luffing winch);11—起货绞车(hoisting winch);12—吊货滑车(falling block)

起重机基座一般穿过甲板与船体主结构进行有效连接,并有旋转支承装置(即上座圈、下座圈、外围支承板)和旋转结构(即电动机、小齿轮、大齿轮)。回转塔架支撑在基座上,包括上下两层,上层为操纵室,下层装有三部电机,分别控制吊货索起升、吊臂的变幅及回转塔架旋转。吊臂根部固定在回转塔架底部,可绕根部支点上下俯仰。其头部有两套滑轮组供吊货索和千斤索用。

起重机参数随起重机使用方式不同而有所不同。

上海船厂制造的电动式甲板起重机,其基本参数如下:

起重量	5 t
起升速度	18.9/36/73 m/min
旋转速度	1.1/0.53/0.28 r/min
变幅时间	27.8/57/109 s
工作倾角	27°~79°
最低放置角	8°
工作幅度	3.5~16 m
回转角度	360°
船舶倾角	横倾5°,纵倾2°,超过时应以实际情况计算

日本三菱重工生产的液压式甲板起重机,其基本参数如下:

起重量	30 t
起升速度	16.5/33/60 m/min
旋转速度	0.8 r/min
变幅时间	37 s(在4~22 m工作范围内)
工作幅度	4~22 m
回转角度	360°
船舶倾角	横倾5°,纵倾2°,超过时应以实际情况计算

2.回转式甲板起重机的操作主令

在起重机操纵室里,坐椅两侧分别装有电机运转控制器。

单主令:控制吊货索升降的为单主令,即手柄向前,吊钩降下;手柄向后,吊钩上升。单主令通常由操作人员的右手控制。

双主令:控制吊臂变幅和塔架旋转的为双主令,即手柄向前,幅度增大;手柄向后,幅度减小;手柄向左,塔架左转;手柄向右,则右转。双主令通常由操作人员的左手控制。

以上三个动作可单独,也可两两组合,甚至三个动作同时进行。应注意的是,旋转手柄在"0"挡时,将刹车合上,定子断电,电子转子为自由状态;"0"挡左右位有一空挡,此时将刹车松开,定子断电,电子转子为自由状态。

(二)悬臂式甲板起重机

除回转式甲板起重机外,有的船舶配备了悬臂式甲板起重机(cantilevered deck crane),主要用于集装箱类货物的装卸。图 6-2 所示的是一种比较新型的悬臂式甲板起重机。它利用伸出舷外的水平悬臂和在悬臂上行走的滑车组来吊装货物。其工作原理是:

(1)起重机可沿甲板上的轨道前后移动,悬臂可向两舷侧伸出。

(2)在起重柱上设有水平悬臂代替吊杆,利用悬臂牵索把悬臂拉出舷外,而滑车组可沿着悬臂前后滚动。

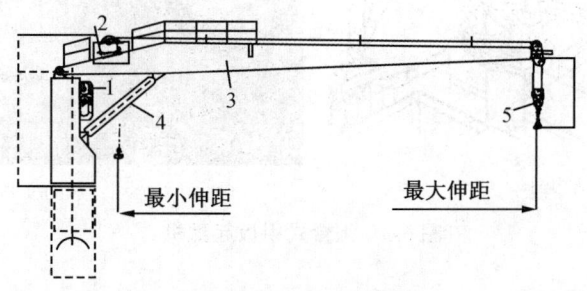

(a)结构图

(b)实物图

图 6-2 悬臂式甲板起重机

1—控制室(control cabin);2—起货机(hoisting winch);3—吊臂(jib);4—液压千斤顶(hydraulic cylinder);5—吊货滑车(falling block)

(三)组合式甲板起重机

组合式甲板起重机(combined deck crane)又称双联回转式起重机,其结构特点是:由两个单回转式起重机装于同一个转动平台上,它们可以各自进行独立的作业,也可以合并在一起作业,用于起吊重量大的货物,如重大件货、集装箱等。它是随着货物运输的多样化、装卸设备的多用途、大吨位发展而出现的。这种起重机采用电子计算机控制,可以在操纵室内控制,也可以进行遥控操作,使并机工作实现在三个自由度的同步作业。

当两台起重机单独作业时,应将操纵室内的转换开关置于"单吊"位置,安装在公用大转盘上的两台起重机互相脱开,分别绕各自的小转盘旋转。最大旋转角度为220°左右。这样如果两个起重机同时作业于相邻的两舱,回转时可能进入干涉区域。为了有效地防止两起重机相互碰撞,设置了相应的安全装置,即在140°的范围内设置相应的极限开关。当一台起重机进入干涉区时,极限开关工作,另一台起重机不能越出140°的范围,从而避免两吊发生碰撞。

当两台起重机组合起吊重大件时,将操纵室的转换开关置于"双吊"位置,两台起重机相互联锁,绕公共大转盘一起转动,由主吊的操纵手柄控制起重机操作,可回转360°,两台起重机的吊货钩通过"吊货横梁"连接起来。组合后的起重机有主吊和副吊之分,为了保证两吊使用时的安全和运转平稳,在主吊和副吊上设有起升同步装置和变幅同步装置。如果一台起重机的起重能力为25 t,则两台联合工作时,可以起吊50 t,如图6-3所示。

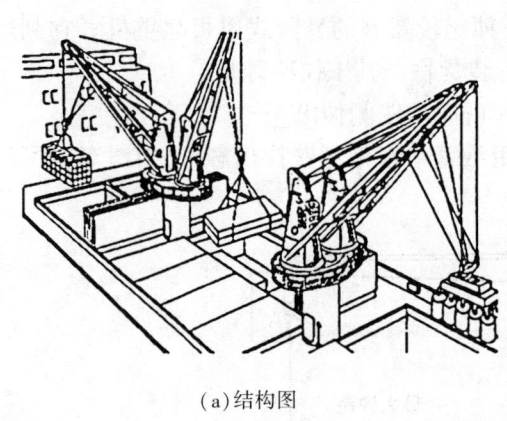
(a)结构图

(b)实物图

图6-3　组合式甲板起重机

二、起重机的控制与保险限位装置

(一)起重机的控制

起重机应设有起升、回转、变幅和行走(若适用时)机构的控制系统,能够有效控制速度、运转方向与停止运转,确保作业安全。

(二)起重机保险限位装置

1.起重机应设有保险限位装置

(1)起升高度限位器

限制吊钩组合进入吊臂头部是由差动型装置来控制的。不管吊臂在什么位置,当吊钩组合在距吊臂头部一定距离时(约2 m),起升的上升方向与变幅的下降方向自动停止,但吊钩能放下,吊臂能上扬。

(2)最大与最小臂幅限位器

起重机工作幅度都设计有一定的范围,相应的吊臂仰角也有设计的最小和最大角度范围

（例如 27°～79°）。其角度的限制是由装在塔架转台侧面受吊臂脚撞触的限位开关来保证的。当仰角大于设计最大角度时,塔架头上装有两个缓冲器顶住吊臂的横挡。若起重机某机构需要越过限位器所限制的位置(如需将臂架放平于支架),则设有可停止限位器动作的越控开关。此开关应适当保护,防止发生意外动作。吊臂需要放置于支架时,通过转换越控开关取消最小仰角限制。

（3）回转角度限位器

非全回转的甲板起重机回转角度受限制,需设此限位器。

（4）行程限位器

行程限位器适用于行走式起重机与桥式起重机的行走式吊车。行走式起重机与桥式起重机的行走式吊车在行程限位器后还应设有缓冲器与缓冲挡座。

上述限位器动作后,应发出报警、切断运转动力并应能将吊运的载荷与起重机保持在限位器动作时的位置上,辅助起重机(如食物吊等)除外。

2.起重机应设有超负荷保护或负荷指示器

超负荷保护应调整在不超过 110%安全工作负荷时动作。具有不同安全工作负荷相应于不同臂幅的起重机,应设有臂幅指示器和在给定臂幅能自动显示最大安全工作负荷的载荷指示器,并在载荷到达 95%安全工作负荷时应发出报警,到达 110%安全工作负荷时能自动切断运转动力。

3.起重机的各机构应设有制动器

起升与变幅机构的制动器应为常闭式,并应具有应急释放的装置以使任何载荷能下降与就位,制动器的安全系数(制动力矩与额定力矩之比)应不小于 1.5。

4.行走式起重机应装有夹轨装置

行走式起重机应装有夹轨装置,以防止起重机在风力或船倾作用下自动滑行;设有锚定装置,以供起重机停用时予以固定。

5.起重机应设有声光信号装置

行走式起重机在轨道上行走时,应同时发出声光信号。

6.紧急停止

起重机控制站应设有应急切断装置,用于在应急情况下停止起重设备工作,使起重机的升降、回转和变幅等动作立即停止。此应急切断装置应独立于起重机控制系统,并应具有清楚的标志与适当的保护以防止发生意外动作。

另外,吊臂最高、最低位置的限制由起升卷筒旁边的限位装置保证,同时防止钢丝绳松脱。吊钩放到最低位置(碰舱底板边角)时,卷筒上留有钢丝绳不少于 3 圈,吊钩升到最高位置时,卷筒上留出空槽约 1 圈。

三、起重机的操作注意事项

以回转式起重机为例:

（一）使用准备

（1）打开水密门以便检查或通风,天热时,须启动轴流风机。

（2）检查卷筒上的钢丝绳排列是否正常。

（3）升起吊臂，使仰角大于27°。

（4）检查刹车情况及安全装置的可靠性。

（二）运转要点

（1）禁止横向斜拉货物。

（2）平稳操作，避免急速启动和急速停止。

（3）注意吊钩位置，在吊钩着地后不得再松钢丝绳，也不得在地上拖吊钩。

（4）传动失灵时，可将货物放在地上和将吊臂放下，将电机的刹车小心、慢慢松开。

（5）切记起升吊货索应避免在舱口摩擦，平时应加强检查。

（6）发生危机情况，按紧急开关使各动作停止。

（7）船舶横倾角较大（接近5°）和刮大风时，应避免在最大幅度旋转。

（8）在吊着货物时，操作者不能离开。

（三）放置

装卸作业结束后，应先将吊臂转到支架上方，再把旋转手柄放在空挡位置，然后脚踏转换开关，将吊臂落到支架上，再将旋转手柄回到零位。

此时，变幅钢丝绳稍有收紧，切忌很紧或很松，以免钢丝绳在卷筒上松脱或乱绕，然后关闭各门窗。

任务二　操作与管理轻型吊杆

【任务目标】

了解轻型吊杆类型，熟悉轻型吊杆的结构、吊杆受力对布置的影响，掌握轻型吊杆使用操作，能够正确地起、落轻型吊杆并合理布局及正确地操作轻型吊杆。

【任务（知识）储备】

船用吊杆装置根据起重重量不同分为轻型吊杆和重型吊杆两类。《船舶与海上设施起重设备规范》规定，起重设备的安全负荷是指正确安装的起重设备在设计作业工况下能吊起的最大静载负荷。安全工作负荷（safe working load，SWL）等于或小于10 t（98 kN）的吊杆称为轻型吊杆，安全工作负荷（SWL）大于10 t（98 kN）的吊杆称为重型吊杆。

一、轻型吊杆装置的组成与操作

轻型吊杆可分为轻型单吊杆和轻型双吊杆两种,轻型单吊杆又分为单千斤索轻型单吊杆和双千斤索轻型单吊杆。

(一)轻型吊杆装置的组成

轻型吊杆主要由起重柱(桅)、吊杆装置和起货机械三大部分组成,如图6-4所示。

图6-4　实船轻型吊杆

1.起重柱(桅)(derrick post)

起重柱(桅)是起货设备中主要组件之一。其结构形式较多,常见的有单桅起重柱、门式起重柱、"人"字形起重柱和V形起重柱。它的作用是在柱的下部设置吊杆承座,用以支持吊杆左右旋转、变幅和承受吊杆在作业时的受力,在柱的上部设置千斤索眼板座,以承受吊杆作业时千斤索的张力。轻型吊杆的起重柱(桅)应至少有2个牢固的支点,具有足够强度的上层建筑甲板或甲板室甲板,可作为其中一个有效的支点。起重柱(桅)穿过甲板支持点,应牢固地与甲板连接;甲板开孔周围应做有效加强。起重柱(桅)的最小壁厚为6 mm,若起重柱(桅)兼作通风筒时,则应不小于7 mm。起重柱或桅在千斤索眼板处的外径一般不小于其根部外径的85%。

2.吊杆装置

吊杆装置由吊臂、绳索及索具等组成。

（1）吊臂（derrick boom）

吊臂可为在全长范围内直径与厚度保持不变的圆筒形等截面杆件，或中段一定长度内直径与厚度保持不变，而中段到两端直径逐渐减少的变截面杆件。在任何情况下，钢质吊杆的壁厚不得小于 4 mm。吊杆头部设有吊杆环眼箍，以对该部位做适当加强，并用以连接千斤索眼板、吊货滑车眼板和稳索眼板等，如图 6-5 所示。吊杆根部由叉头状眼板通过吊杆转轴（俗称鹅颈头，goose neck）与固定在桅或起重柱上的吊杆承座相连接，以实现吊杆左右回转和上下变幅，如图 6-6 所示。

图 6-5　吊杆环眼箍

图 6-6　鹅颈头

（2）绳索与索具（rope & rigging）

吊杆装置中所使用的绳索与索具主要有千斤索、吊货索、稳索等绳索，吊货与吊货导向滑车、千斤索与千斤索导向滑车、稳索用滑车、有节定位索、三角眼板、卸扣及吊货钩等索具。

吊杆装置中所使用绳索主要有千斤索（topping lift）、起货索（cargo wire）、稳索（guy）等，千斤索可控制吊杆的俯仰及回转，起货索则控制货物的起升或降落，稳索的布置与作用随轻型吊杆形式的不同而不同。

3.起货机械（cargo winch）

起货机械由起货机和其操纵机构组成，它是起重设备的动力源。

(二)轻型吊杆的操作

轻型单吊杆与轻型双吊杆相比具有承吊重量大、吊杆和属具少、作业时可随时回转和变幅及有利于装卸舱内各部位的货物等优点，缺点是装卸速度较慢，常常需要 3 台起货机。

1.轻型单吊杆的操作

（1）单千斤索轻型单吊杆的操作

单千斤索轻型单吊杆为吊杆头部设有一根千斤索和两根摆动稳索的轻型单吊杆。单千斤索轻型单吊杆的作业特点是吊杆头部转动带动货物移动，如图 6-7 所示。

千斤索通过千斤索导向滑车被引向千斤索绞车。装卸货作业时，吊杆的俯仰由千斤索绞车控制。摆动稳索（牵索）设在吊杆头部两侧，通过相应的导向滑车被引至同一起货机（绞车），并由该起货机进行同步控制，实现控制吊杆的左右摆动。装卸货作业时，绞收一侧的稳索，而另一侧稳索以相同的速度松出时，则可控制吊杆向绞收一侧转出。摆动稳索的受力不大,一般取所载负荷的20%。

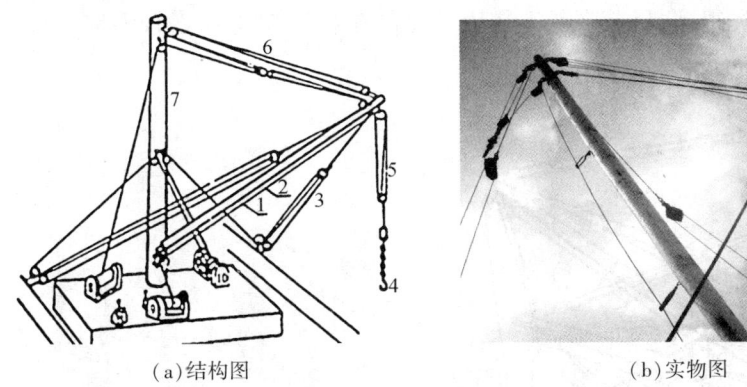

| (a)结构图 | (b)实物图 |

图6-7 单千斤索轻型单吊杆

1—吊杆(boom);2—吊货索(cargo fall);3—稳索(牵索)(guys);4—吊货钩(cargo hook);5—吊货索滑车组(cargo fall tackle);6—千斤索滑车组(topping lift tackle);7—起重柱(samson post,SP);8—千斤索绞车(topping lift winch);9—起货绞车(cargo winch);10—稳索绞车(guy winch)

(2)双千斤索轻型单吊杆的操作

双千斤索轻型单吊杆能在带载情况下由一人即可进行回转和变幅操作,故又称吊杆式起重机。

该吊杆由左右分开的两套千斤索具来操纵吊杆,无其他牵索(稳索)装置,如图6-8所示。双千斤索轻型单吊杆的2台千斤索绞车均为双卷筒式,能控制吊杆的俯仰和回转。2台千斤索绞车当以相同的转速同步绞进千斤索时,吊杆仰角就增大;若以相同的转速同步松出千斤索时,吊杆仰角就减小;当操纵一台起货机绞收一侧的千斤索,而另一台起货机以相同速度松出另一侧的千斤索时,则可控制吊杆向绞收一侧转动。

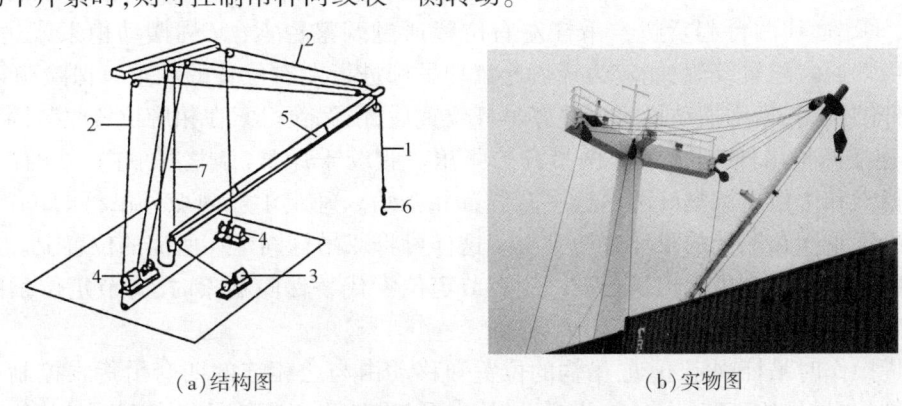

| (a)结构图 | (b)实物图 |

图6-8 双千斤索轻型单吊杆式起重机

1—吊货索(cargo fall);2—千斤索(topping lift);3—起货机(cargo winch);4—千斤索绞车(topping lift winch);5—吊杆(boom);6—吊货钩(cargo hook);7—起重柱(samson post,SP);8—千斤索绞车(topping lift winch);9—千斤索(topping lift)

2.单千斤索轻型双吊杆的操作及注意事项

单千斤索轻型双吊杆是由两套单千斤索吊杆通过一定的方式联合起来形成的双杆联合(union purchase)操作系统,与轻型单吊杆相比较,轻型双吊杆具有装卸速度快、工作效率高等优点,为目前船舶所常用的。但其不易随便改变货物的落点,而且吊杆和稳索受力增大,安全负荷降低,因此使用时应特别注意。

（1）单千斤索轻型双吊杆的使用操作

轻型双吊杆的种类很多，目前在船上较为常见的吊杆是单千斤索轻型双吊杆。其布置如图 6-9 所示。

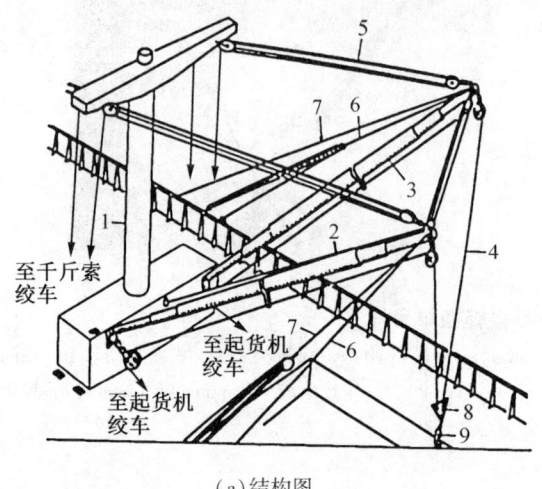

（a）结构图

（b）实物图

图 6-9　单千斤索轻型双吊杆装置图

1—起重柱（samson post，SP）；2—舱内吊杆（hatch boom）；3—舱外吊杆（outboard boom）；4—吊货索（cargo fall）；5—千斤索（topping lift）；6—调整稳索（adjustable guy）；7—保险稳索（preventive guy）；8—三角眼板（triangular eye-plate）；9—吊货钩（cargo hook）

采用固定双吊杆联合作业时，其中一根吊杆布置在舷外，称为舷外吊杆，俗称小关，另一根吊杆布置在舱口上方，称为舷内吊杆，又称大关。每根吊杆头部均设有千斤索、吊货索、保险稳索、调整稳索和中稳索。2 根千斤索各控制相应吊杆的仰角，各吊杆的吊货索的首端通过三角眼板连接，尾端通往两台起货机。吊杆左右位置通过调整稳索（又称摆动稳索或边盖）来调整。调整稳索通常配置绞辘，能较为轻松地拉动吊杆进行左右位置的调整。保险稳索（老盖）起固定吊杆的作用，当用摆动稳索调整好吊杆位置后，由保险稳索在相应位置收紧固定。中稳索（中盖）连接两根吊杆头部，调整两吊杆的张角。收绞千斤索，调整好舷内、外的吊杆仰角，利用摆动稳索和中稳索调整好两吊杆左右位置和张角。确定了舷内舷外吊杆的位置后，将吊杆的保险稳索系固在舷侧的眼环或地令上。这样可将双吊杆固定在所需的位置上。双杆操作中使用的保险稳索链应为无挡长环链。用有节定位索代替保险稳索时，有节定位索的末端应具有防滑装置。

装卸货操作时吊杆固定不动，吊钩的位置和移动由与之相连的两套吊货索控制。当两吊货索同时松放时，吊钩下降，同时绞收时，吊钩上升；当绞收一边的吊货索而同时放松另一侧的吊货索时，吊钩向绞收一侧移动。卸货提起货物时，利用舷内吊杆的起货机绞进吊货索，使货物沿舱口适当位置上升。当货物吊至超过舱口上沿后，再利用舷外吊杆的起货机绞进吊货索，同时松出舷内吊杆的吊货索，将货物吊出舷外，再同时松放两根吊货索，将货物卸至指定位置。装货顺序则相反。

（2）单千斤索双杆联合作业时的布置要领

单杆作业布置比较简单，也无须做充分的时间准备。而双杆作业布置比较复杂，往往在装卸货之前需近 1 h 的时间进行整理准备。同时，在装卸货物的过程中，还要根据货物的堆垛情况进行适当调整。双杆作业布置的正确与否,直接关系到装卸货物的安全。值班驾驶员必须知晓这方面的知识,以便指导水手操作。双杆作业的布置形式随着货物吊放位置的远近而有所不同。设计使用时,考虑双杆的稳定性和各部分受力的牵连性,必须确定一个许用范围。许用范围的上下限称为极限位置。只要在极限位置内布置作业,正常情况下就不会出现什么问题。下面介绍一般双吊杆标准工况时的布置要点,如图6-10所示。

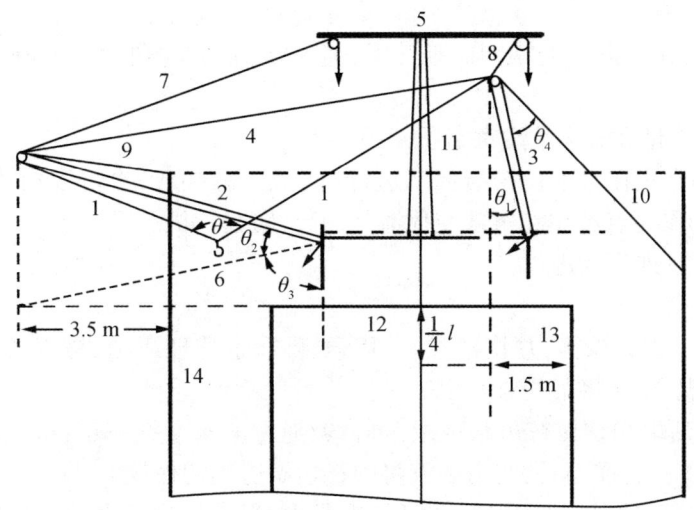

图6-10 双吊杆标准工况布置简图

1—吊货索(cargo fall);2—舷外吊杆(outboard boom);3—舷内吊杆(hatch boom);4—中盖(midship guy);5—桅肩(post bracket);6—吊钩(cargo hook);7、8—千斤索(topping lift);9、10—稳索(guys);11—桅柱(derrick post);12—横向舱口(transverse hatchway);13—纵向舱口(longitudinal hatchway);14—舷边(gunwale)

①舷内吊杆(大关)

应将舷内吊杆(大关)头的投影点置于距纵向舱口1.5 m。当货舱口配有1对吊杆时,离货舱口对边距离不大于1/5货舱口长度;当货舱口配有2对吊杆时,离货舱口对边距离不大于1/3货舱口长度的位置,且吊杆的最大仰角应小于75°。

②舷外吊杆(小关)

舷外吊杆(小关)头的投影点(舷外跨距)应不小于中部船宽舷外3.5m,或船舶所有人要求的舷外跨距,吊杆仰角应大于15°,最好为45°。舷外吊杆与船中线的水平投影夹角宜在45°~65°左右。这样既可以保证吊杆在舷外有一定的距离,又可以防止两吊杆头部的距离过大,使两吊货索受力增加。

③吊货索

吊货钩起升高度达安全极限时,两根吊货索的夹角应不超过120°。当吊货索夹角为120°时,其连接点(三角眼板)距舷墙或货舱口围板上缘的高度h应为:

——$h \geqslant 5$ m,当$SWL \leqslant 19.6$ kN(2 t)时。

——$h \geqslant 6$ m,当$SWL > 19.6$ kN(2 t)时。

其中,SWL——双杆安全工作负荷(kN)。

④保险稳索

舷内吊杆保险稳索的布置应尽量使其水平投影与吊杆水平投影成90°,以减少吊杆的水平分力,同时稳索应尽量布置在舷墙或甲板的地令上。舷外吊杆保险稳索应尽量向后布置但不超过后面的起货机,以使舷外吊杆与保险稳索的水平投影夹角不小于20°,且其系结点应高一些,以减小对吊杆的作用力。

⑤注意事项

a.正确合理地选择舷墙上专用于系固保险稳索根部的眼板或地令,是双杆联合作业时的布置重点。

b.双杆操作时,在轴向压力相同的条件下,其*SWL*约为单杆操作的40%~60%,必须引起足够的重视。

(3)双吊杆安全起落操作及注意事项

吊杆的起落操作应在水手长的指挥下进行(若认为有必要,也可以由值班驾驶员亲自指挥),操作前应将操作要点和注意事项交代清楚,并试转起货机。

起落吊杆应按下列步骤进行:

①起吊杆

a.先打开吊杆支架的铁箍,并将稳索、吊货索、千斤索整理清楚,检查各个卸扣插销、细铁丝有无松动、脱落现象,再将吊货索松出。

b.将调整稳索活端扣结在舷边眼环上,再将辘绳在羊角上挽一道,握住尾端,起吊杆时做适当松溜,使吊杆不左右摆动,同时由一人将中稳索做适当的松放。

c.操纵千斤索升降机使吊杆升起,同时松出稳索,当吊杆升至需要高度时,按止动开关使升降机停住,插上保险销子。

d.调整好吊杆位置,将调整稳索收紧挽住,然后将保险稳索系妥,收紧扣住。

②落吊杆

a.解开保险稳索,利用调整稳索与中稳索将舷外吊杆拉入舷内。

b.拔出千斤索升降机的保险销子,脱开制动铁舌,启动升降机反转,松落吊杆。

c.在松落吊杆接近支架时,此时的吊杆下垂力非常大,必须特别缓慢细心操作,以免发生事故。

d.支架受力后,扣上铁箍,将稳索、吊货索整理清楚,检查保险销子、制动铁舌是否放好。

e.将吊货钩钩在专用地令上,并适当收紧吊货索,以便固定吊杆和防止吊货钢丝绳卷筒上的钢丝松乱。

③起落吊杆时应注意的事项

a.操作人员要集中精力,注意指挥者的指挥,不要左顾右盼。

b.指挥者应站在适当的位置,使作业人员能清楚地看到指挥动作,以便正确执行。

c.吊杆起落时,不准人员站在吊杆底下。

d.起落吊杆时应配备足够的作业人员,尤其是双吊杆同时起落时,若人员不足,应一根一根地起落。

e.双杆同时起落时,操纵起货机者应互相配合好。

f.在起落中若发现滑车或起货机的转动有不正常的声音时,应暂时停止工作,进行详细检查,以防事故发生。

g.一切绳索必须整理清楚,切勿使其在吊杆的起落过程中有攀住或钩住他物的现象发生。

（4）双杆作业时操作注意事项

①严禁超关、拖关、摔关和游关。

②货物不应吊起太高，当两吊货索夹角达 120°时，每根吊货索的张力将达到所吊货物的重量，故应防止两吊货索之间的夹角超过 120°，以免吊货索张力剧增而导致严重后果。

③双杆操作时，两吊货索的水平分力是影响吊杆、稳索、千斤索受力的主要因素。

④双杆操作系统中，受力最小的绳索是中稳索。其工作负荷应取双杆系统安全工作负荷的 20%，但不小于 9.8 kN（1 t）。

⑤装卸货时应避免突然换向或急刹车。

⑥在作业中发现有异常情况或异常声时响应立即停止工作，待检查并消除故障后再使用。

⑦吊杆的布置应由值班驾驶员负责，不能让装卸工人任意改变位置。

⑧起吊时，吊杆下严禁站人，暂不工作时，吊货索应收绞起来，使吊货钩不碰到人头。吊货索不应盘在甲板上。

（5）起重设备有关绳索安全系数的规定

相对于钢索和纤维索破断负荷的安全系数 n，应不小于表 6-1 所列的规定。

表 6-1　起重设备绳索的安全系数

绳索种类与用途			安全系数（n）
钢索	动索	吊货索、千斤索、摆动稳索	$3 \leqslant n \leqslant 5$
	静索	保险稳索	4
		桅支索	$3 \leqslant n \leqslant 3.5$
纤维索			8

二、轻型吊杆的受力分析

吊杆的受力分析不仅是设计起货设备有关零部件、选定规格尺寸和进行强度核算时的依据，而且是吊杆布置调整和安全使用确保装卸货物安全的依据。另外，对装卸事故发生后的正确处理也有着重要的意义。

在我国起货设备规范中规定，进行吊杆装置受力计算时，所取吊杆与水平面的夹角即仰角，对轻型吊杆为 15°，对重型吊杆为 25°。若吊杆不可能在此仰角下工作时，则吊杆仰角可取为实际工作的最小仰角，但在任何情况下，对轻型吊杆不得超过 30°，对重型吊杆不得超过 45°。确定起货滑车与嵌入滑轮（若设置）受力时，吊杆仰角应取实际工作中的最大仰角，一般不小于 70°。

吊杆受力分析的方法主要有图解法和解析法等，其中图解法比较简明、直观。

（一）图解法

图解法的原理是当吊杆吊起一定重量的负荷，并处于静止状态时，则分别作用于吊杆头部的各个力、吊杆根部的各个力及千斤索眼板处的各个力的合力为零。这些力按大小方向首尾顺次连接，形成一个闭合的多边形。

轻型单吊杆操作时，设其整个装置中各构件所受之力都作用在吊杆、吊货索和千斤索所组成的垂直平面(以下简称吊杆平面)内,如图 6-11 所示。

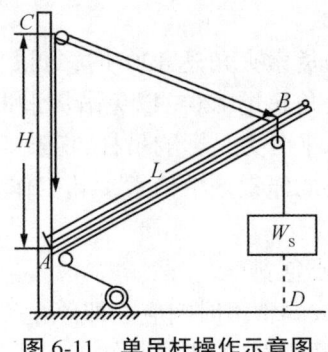

图 6-11　单吊杆操作示意图

1.受力分析

(1)吊杆头部

作用在吊杆头部的力有:载荷 $Q = W_s$(安全工作负荷)$+\Delta W_s$(吊钩、滑车组的重力)(注:由于吊货滑车组的重量据滑轮数多少才能确定,为计算方便,通常 ΔW_s 这一项取 W_s 的 2%即可)、千斤索张力 T、吊杆轴向压力 R、吊货索张力 Q' 及吊杆自重的一半 $G/2$(通常假定吊杆自重的一半作用在吊杆头部,另一半作用在吊杆座上)。当吊杆头部作用力平衡时,上述诸力所构成的力多边形应该是封闭的。根据这一原理,可利用图解法求解各力的大小。

(2)吊杆根部

因作用在同一吊货索两端力的大小相等,则吊杆根部(吊货索导向滑车处)的受力为吊货索张力的反作用力 Q' 及通向绞车卷筒上的拉力。

(3)千斤索眼板

同样,在千斤索眼板处的受力为千斤索张力的反作用力 T 和通向绞车卷筒上的拉力。

2.图解法求 R 、T

(1)确定比例尺

长度比例尺:确定单位长度代表吊杆的实际长度(如作图 1 cm 代表实际吊杆长度 1 m)。

力的比例尺:以线段的长度代表力的大小(如作图 1 cm 代表 1 t 的力),线段的方向代表作用力的方向。

(2)利用长度比例尺将吊杆实际工况形状绘在作图纸上,然后再将各处力的大小化为线段长度,绘制吊杆受力图,如图 6-12 所示。

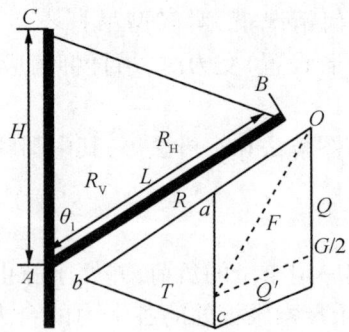

图 6-12　单吊杆作业受力分析

据已知载荷 Q 及吊杆自重的一半 $G/2$,从吊杆头 O 点向下作垂直线段,再从线段的末端作经过吊货滑车后平行于吊杆轴线的吊货索张力 Q'（如考虑摩擦: $Q' \neq Q$），最后由 Q' 线段的末点 c 作平行于千斤索的线段至吊杆轴线的交点 b，得到吊杆头部力的多边形，从中可以量得 R 与 T 的大小，$R = ob$，$T = bc$。吊货滑车受力 F 可由 Q 与 Q'（虚线段）合成而量得。由图 6-12 可知，吊货滑车受力 F 的大小是随吊杆仰角 θ 的大小而变化的，吊杆仰角 θ 越大，吊货滑车受力 F 越大。

（二）解析法求 R、T

如图 6-12 所示，ac 表示吊杆头上的荷重 Q 与吊杆重量之一半 $G/2$ 的和，记作 $[Q]$，并由图可知，力三角形 abc 与几何三角形 ABC 相似，则对应边成比例，即可得：

$$\frac{AB}{ab} = \frac{AC}{ac} \rightarrow ab = \frac{AB}{AC}ac = \frac{L}{H}[Q] \quad \left(ac = Q + \frac{G}{2} = [Q] \right)$$

其中，L——吊杆长度；

H——吊杆根部至千斤索眼板之间的距离。

由图 6-12 可知：

$$R = ab + Q'$$

所以吊杆轴向压力 R 为：

$$R = \frac{L}{H}[Q] + Q'$$

又因为：

$$\frac{BC}{bc} = \frac{AC}{ac} \ \text{及} \ BC = \sqrt{L^2 - 2HL\cos\theta_1 + H^2} \quad （余弦定理）$$

所以：

$$T = bc = \frac{BC}{AC}ac$$

整理后得千斤索张力 T 为：

$$T = [Q]\sqrt{\left(\frac{L}{H}\right)^2 - \frac{2L}{H}\cos\theta_1 + 1}$$

其中，θ_1（吊杆倾角）——吊杆与铅垂线之夹角（$\theta_1 = 90° - \theta$，θ 为吊杆仰角）。

（三）由解析法可以得出如下结论

（1）在同样载荷条件下，吊杆的轴向力 R 与仰角 θ 无关，而取决于比值 $\frac{L}{H}$ 及吊货滑车组的滑轮数目 m，比值 $\frac{L}{H}$ 越大，m 越小（即 Q' 越大），则 R 值越大。

（2）在同样载荷条件下，千斤索张力 T 与吊货滑车组的滑轮数目 m 无关，而与比值 $\frac{L}{H}$ 和仰角 θ 有关，θ 角越小（θ_1 越大），则 T 值越大。

由上可见，千斤索的受力与吊杆工作时的仰角 θ 有关。通常装卸货作业时，吊杆仰角 θ 一般为 $15° \sim 75°$。

三、起重设备动力机械

(一) 起重设备动力机械的种类、特点和性能要求

目前,船用起货机(cargo winch)的类型较多,但大多以电动或电动液压为动力。

电动起货机线路比较复杂,需要较高的管理维护水平,但其具有操作简单、运转平稳等特点,在船上得到广泛的应用。

液压起货机与电动起货机相比具有重量轻、体积小、操作轻便、工作平稳等优点,并具有良好的制动能力(绞车的制动器应能停住绞车额定载荷1.5倍的静载荷),但制造安装比较复杂,维护管理要求高,若使用不当则容易造成漏油。随着液压技术的发展,船上液压起货机已得到越来越多的应用,并日益显示出其独特的优越性。

船用起货机的一般性能要求如下:

(1)起货机的离合器和刹车应灵活可靠。

(2)制动器(刹车)的有效制动力矩应不小于其额定值的1.5倍。

(3)在电源中断或管路失压时,应设有防止货物落下的制动装置。

(4)应设有过载保护装置。

(5)操纵手柄的动作方向应与吊货钩的动作方向一致。

(二) 起货机的操作步骤与注意事项

1.电动起货机的操作步骤

(1)通知机舱供应电源。

(2)接通控制箱上的电源启动开关。

(3)扳动操纵手柄在相应位置,即可获得相应的转动方向和回转速度。

(4)起货机使用完毕后通知机舱停止供电。

2.电动起货机的使用注意事项

(1)使用前应顺、倒车空转片刻,以确认起货机是否正常,同时检查刹车的可靠性。

(2)在增减运转速度时,应逐渐缓慢加速,以防因负荷突然加大而烧毁电机。顺、倒车换挡时,应先将操纵手柄在断电点零位(空挡)处略停片刻,随后才可变换操纵方向。

(3)装卸货作业时,起货机副卷筒也同步转动,但严禁同时使用以防双载而发生事故。

(4)若电动机升温过高或减速箱内的油温超过规定值,应立即停止工作并请轮机人员检查。

3.液压起货机的操作步骤

(1)通知机舱接通起货机电源,开启高压油泵阀门。

(2)检查高压油泵的压力是否正常,若不正常,须调节至适当的压力。

(3)启动操纵室内油泵开关时,先按辅助油泵开关,过1 min后再按主油泵开关,并检查压力表指针是否正常。

(4)扳动操作手柄,转动起货机和改变转向。

(5)使用结束,应先关主油泵,后关辅助油泵,然后通知机舱停止供电,最后关闭高压油泵

阀门。

4.液压起货机的使用注意事项

(1)使用前应顺、倒车空转片刻,以确认起货机是否正常,同时检查刹车的可靠性。

(2)操纵时应缓慢加大油压,以防因油压突增造成油管接头爆裂而导致漏油。

(3)装卸货作业时,起货机副卷筒也同步转动,但严禁同时使用以防过载而发生事故。

(4)在使用中若发现升降速度不一致时,可按下述方法进行零位调整:扳动手柄使零位指示灯亮→开启手柄边的小阀→将手柄置于中间位置→再将小阀关闭。

任务三　操作与管理重型吊杆

【任务目标】

掌握重型吊杆的种类、结构及使用操作,熟悉重型吊杆受力分析,能够正确进行 V 形重吊倒换舱口作业。

【任务(知识)储备】

为了满足装运大件货物的需要,有些杂货船除装置了轻型吊杆外,还在中间舱口或重点货舱口配备了重型吊杆(heavy derrick)。

重型吊杆是指安全工作负荷(SWL)大于 98 kN(10 t)的吊杆装置和吊杆式起重机。

一、重型吊杆的特点和种类

(一)重型吊杆的特点

由于重型吊杆的起重量大,其结构装置与轻型吊杆有所不同,主要表现在吊杆的根部、头部和索具三个方面,如图 6-13 所示。

(1)重型吊杆根部的承座通常不设在桅或起重柱的下部,而是直接安装在甲板或专用平台上,以承受巨大的吊杆轴向压力。另外,承座所在的甲板或平台下面设有支撑等加强结构。

(2)有的吊杆头部设有一嵌入滑轮,作用是改变吊货索的走向,减少吊杆的轴向压力。

(3)重型吊杆的千斤索和吊货索均采用多饼滑轮组,以减少起货机的负荷。

(4)为了提高重吊的利用率,有的重吊通过舱口倒换可供相邻的两个货舱使用。

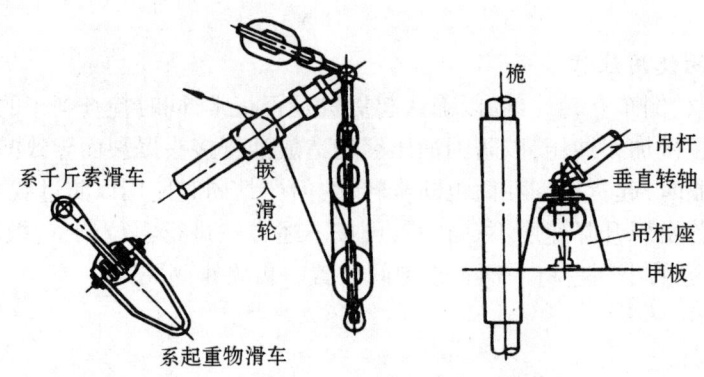

图6-13　普通型重吊各部分示意图

(二)重型吊杆的种类

目前,船舶常用的重型吊杆有以下几种:

1.普通型重吊

普通型重吊又称为带嵌入滑轮重型吊杆,结构如图6-14(a)所示。吊杆头部设有一个嵌入滑轮,吊货索的力端从吊货索滑车组的下部引出,经过嵌入滑轮和设在桅肩上的吊货索导向滑车引向起货机。这样通过嵌入滑轮的设置改变了吊货索的走向,从而减少了吊杆的轴向压力和千斤索的张力。千斤索也采用多饼滑车组,其动端从吊杆头部的千斤索滑车引出,穿过在桅肩上的千斤索导向滑车引向千斤索绞车。设置在吊杆头部左右的两根稳索则通过设在甲板上的导向滑车,由相邻货舱口上的起货机来操纵,吊杆的摆动是由收绞一边的牵索和松放另一边的牵索来完成的。

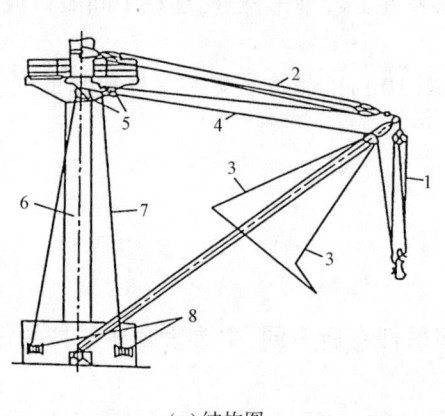

(a)结构图　　　　　　　　　　　　(b)实物图

图6-14　普通型重吊

1—吊货索滑车组(cargo fall tackle);2—千斤索滑车组(topping lift tackle);3—稳索(guy);4—吊货索(cargo fall);5—导向滑车(leading block);6—桅柱(mast);7—千斤索(topping lift);8—起货机(winch)

2.V形重吊

V形重吊又称施特尔根(Stulken)重吊。它不仅改善了普通型重吊的操纵使用性能,而且起重能力大大增加,最大的可达500 t以上。其结构如图6-15所示。

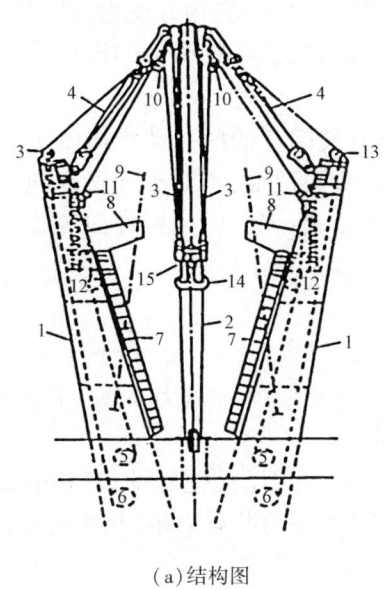

(a)结构图　　　　　　　　　　　　　　　　　(b)实物图

图 6-15　V 形重吊

1—起重柱(samson post,SP);2—重型吊杆(heavyderrick);3—吊货索滑车组(cargo fall tackle);4—千斤索滑车组(topping lift tackle);5—重吊起重机(winch);6—千斤索绞车(topping lift winch);7—梯(ladder);8—控制台(cross-tree);9—轻型吊杆(derrick);10、11、12—吊货索导向滑车(cargo fallleading blocks);13—千斤索导向滑车(topping liftleading blocks);14—山字吊货钩(Flemish hook);15—连接横杆(connecting traverse)

　　V 形重吊主要由 2 根呈 V 形布置的起重柱、1 根重型吊杆、2 台起货绞车、2 台千斤索绞车、左右 2 套千斤索索具和适用于其相邻两舱的吊货索索具等组成。

　　V 形重吊无稳索装置,吊杆头部由 2 副千斤索滑车组引导。每一副滑车组由 1 个起货机带动。吊杆的变幅与旋转通过收绞或松放 2 根千斤索完成。同时收绞或松放千斤索可使吊杆仰起或俯下,单独收绞一舷的千斤索将使吊杆向同一舷旋转并慢慢仰起,单独松放一舷的千斤索将使吊杆向另一舷旋转并慢慢俯下。如果以同一速度收绞一舷的千斤索并松放另一舷的千斤索将使吊杆以大约同样的高度向绞收一舷做较快的旋转。如果 2 根千斤索以不同的速度收绞,吊杆将向收绞速度较快的方向旋转上升;如果以不同的速度松放,吊杆将背向松出速度较快的方向旋转下降。

　　吊货滑车组采用无端法穿引,由 2 个上部吊货滑车和 2 个下部吊货滑车组合。滑车组钢丝绳的每一端先引向对应的转动头的滑车支座上的导向滑车,再引向吊货绞车。吊货滑车组由 2 部绞车来绞动,若只开动其中一部绞车,吊货钩升降的速度减半。

　　使用双吊货滑车组时,2 个下部吊货滑车并接于 1 个连接横杆、山字吊货钩,能吊起全部安全负荷。若使用单滑车组时则不需要连接横杆,山字钩与作业的滑车组相连接,只能吊起安全负荷的一半。

　　3.哈列恩式重型吊杆

　　哈列恩式(Hallen)重型吊杆与双千斤索轻型吊杆的结构大致相同,不同点(也是最大的改进)是哈列恩式重型吊杆在左右桅肩上各设有一个水平臂杆。水平臂杆设垂向和外侧牵索各一根,以确保臂杆与桅肩垂直,并可在横向方向上从与桅肩垂直状态各自向外侧转动 90°。而千斤索滑车组的定滑车系在臂杆上,千斤索的力端经过导向滑车后引向千斤索绞车。这样,吊杆无论向哪一舷回转至最大角度时,2 根千斤索均能维持一定的夹角并受力,从而确保了吊杆的稳定并可随时被转回至舷内。吊货索采用滑车组,其力端经吊杆头部的嵌入式滑车和桅肩上的导向滑车后引向起货机。

哈列恩式重型吊杆无稳索,共有 3 台起货机,吊杆装卸货的所有动作均由 2 根千斤索完成,即当双千斤索以同一速度松放或绞收时,吊杆仅做仰角改变;当双千斤索以同一速度一松一绞时,吊杆仅做左右回转;当双千斤索以不同的速度一松一绞时,吊杆在向绞收一侧回转的同时,仰角改变(绞收速度大于松放速度时,仰角增大,反之减小)。

(三) 重型吊杆的受力分析

重型吊杆都是单杆操纵的,所有的力都作用在吊杆平面内,因此求得受力的方法比较简单,与单千斤索轻型单吊杆求取受力的方法完全相同。

通常重型吊杆装置的吊货索和千斤索都采用滑车组。为了简化起见,忽略吊货索的嵌入滑轮与吊杆头之间的距离,即仍假定作用在吊杆头部的力系为共点力系;此外还假定经过嵌入滑轮后吊货索与千斤索方向一致。

1.图解法求吊杆轴向压力 R 、千斤索张力 T

如图 6-16 所示,根据以上假设条件,作用在吊杆头上的作用力有:载荷 Q = 吊货索张力 Q'+吊杆头上的垂直力 Q''、吊杆重量一半 $G/2$、吊杆轴向压力 R、千斤索张力 T、过嵌入滑轮的吊货索张力 Q'_1 五个力组成力的封闭多边形,通过作图的方法可求出 T 和 R 的大小。

具体作图方法如下:如图 6-17 所示,首先在吊杆头垂直向下绘出载荷 Q、吊杆重量一半 $G/2$ 的线段,再从该线段的末端作平行千斤索并交于吊杆轴线的线段,即得到力的封闭多边形,可量得吊杆轴向压力 $R=ab$ 及千斤索张力 $T=bc-Q'_1$(如考虑嵌入滑车的摩擦:$Q'_1\neq Q'$)。

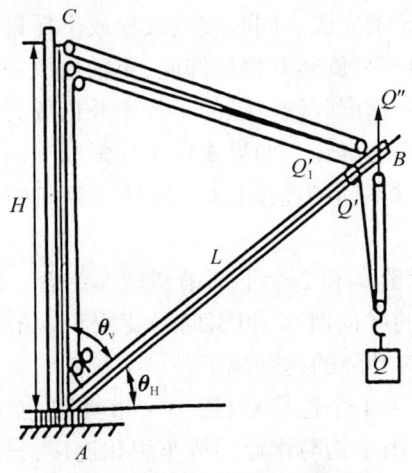

图 6-16　重型吊杆装置布置简图

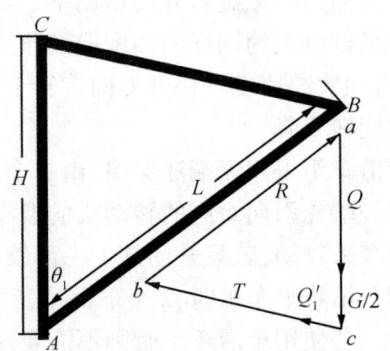

图 6-17　普通型重吊受力分析图

2.解析法求 R、T

因为 $\triangle ABC \backsim \triangle abc$,所以

$$\frac{AC}{ac}=\frac{AB}{ab}（对应边成比例）$$

整理后

$$ab = \frac{AB}{AC}ac$$

由图中可知

$$R = \frac{L}{H}\left(Q + \frac{G}{2}\right) = \frac{L}{H}[Q]$$

其中,L——吊杆长度;

H——吊杆根部至千斤索眼板之间的距离。

$$[Q] = Q + \frac{G}{2}$$

同理,由图中可知

$$\frac{T + Q'_1}{[Q]} = \frac{BC}{H}$$

而 $BC = \sqrt{L^2 - 2HL\cos\theta_1 + H^2}$（余弦定理）,整理后得:

$$T = [Q]\sqrt{\left(\frac{L}{H}\right)^2 - \frac{2L}{H}\cos\theta_1 + 1} - Q'_1$$

其中,θ_1——吊杆倾角。

3.结论

(1)重型吊杆由于吊杆采用了嵌入滑轮,改变了吊货索牵引力的方向,与轻型单杆比较在同样载荷情况下,可使吊杆与千斤索受力均减少。

(2)采用吊货索滑车组,在轻型单吊杆装置的情况下,对 R 有影响,而对 T 无影响,但是在重型吊杆装置的情况下,则反之(见解析式子)。

(3)吊货索与千斤索在到达绞车之前均还要经过若干导向滑车,其张力逐渐增大,故应按最后末端张力来选取吊货索及千斤索。

(4)重型吊杆稳索受力与轻型单杆类似,但要充分估计到因吊举重大物件引起船舶横倾所产生的惯性力及吊杆支承转轴转动时的摩擦力。

(四)V形重吊倒换舱口操作

V形重吊可通过倒换舱口供相邻的两个货舱使用,大大提高了重吊的利用率。吊杆越过双桅做前后方向倒换舱口操作有两种方法,但操作前,应严格按使用说明书允许的纵倾(吃水差)角度要求进行。

1.依靠吊货滑车组来操作

(1)将两副千斤索同时以同样速度绞进,使吊杆仰角达86°~88°。这时应特别注意,由于吊杆与水平面接近垂直,若不注意,继续猛绞,会使千斤索眼板、滑车受到向下的拉力越来越大,以致把吊杆索具损坏。

(2)将吊货钩及连接梁从下滑车拆下,其中一个滑车系在吊杆根部的固定眼板上,如图6-18所示。另一个滑车装上吊货钩,并把连接横杆系在吊货钩上,再用一绳索把吊货钩系在甲板的眼板上。因为吊货索是采用无端法穿引的,所以用起货机绞进吊货索,就能把吊杆倒换到另一个舱口上。

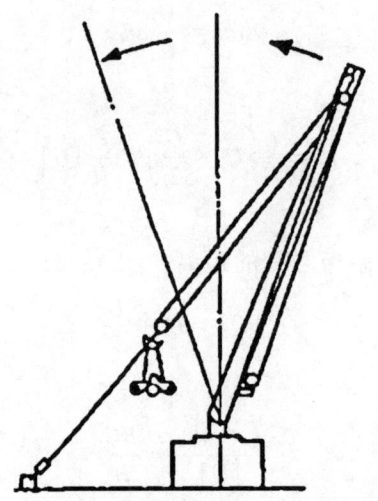

图 6-18　V 形重吊倒换舱口操作(依靠吊货滑车组)

2.利用拉索绞换来操作

图 6-19 所示为 V 形重吊倒换舱口操作(利用拉索)。首先用同样的速度绞紧两副千斤索滑车组,使吊杆缓慢上升至仰角约 85°为止。这时不能再绞,然后用拉索缠在绞车上,将吊杆拉过止点(仰角为 90°),千斤索配合绞紧或放松,以免吊杆拉过死点时产生摇晃。在操作过程中,不可操之过急,以免拉坏索具。当吊杆越过死点后,利用吊杆重力即可倒换过去,而无须再收绞拉索。

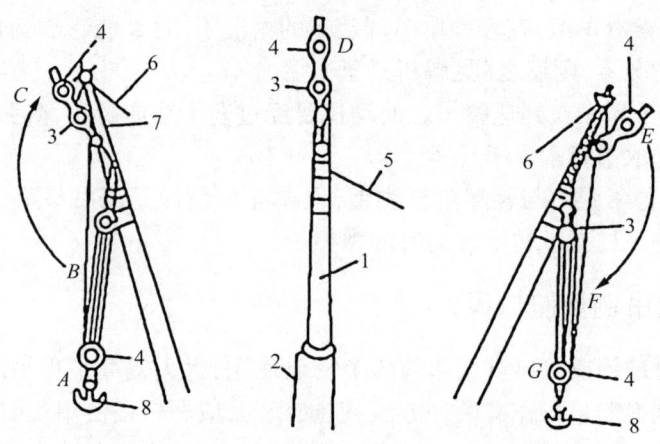

图 6-19　V 形重吊倒换舱口操作(利用拉索)

1—吊杆(boom);2—起重柱(derrick post);3、4—吊货滑车组(cargo fall tackle);5—拉索(pull guy);6—吊货索(cargo fall);7—山字吊货钩(Flemish hook)

二、重型吊杆操作注意事项

重型吊杆的使用形式与轻型吊杆相类似,由于重型吊杆起重量大,又需要较大的舷外跨距,因此,除了按单吊杆的操作方法外,还须考虑船舶稳性及桅或起重柱的强度。使用重型吊杆时应注意以下几个方面：

（1）增加桅和起重柱的强度：根据各船重吊的布置特点，若要配临时桅支索时，吊货前应先将桅支索装好，防止摇晃。

（2）清理好索具：一切索具要整理清楚，对滑车及转动部件事先要进行检查并加油，选用的索具应有足够的强度。

（3）切实掌握船舶稳性：在装卸重物以前，对船舶的稳性，操作人员要心中有数。如果船舶的稳性不能确定时，则在重物吊运过程中应停止数次，以便观测船舶的倾侧情况。

（4）增大稳性力矩：即为满足重大件的装卸，重型吊杆需要较大的舷外跨距。当装卸货物到达舷外最大跨距时，倾侧力矩大大增加，重心也有所提高，致使稳性力矩减弱。因此，装卸时，船身力求正浮，不要有横倾及纵倾现象存在。压载舱要注满，油水柜不应有自由液面存在。如果不可能的话，旋转操作必须断续进行，使液体有时间跟随船舶流动。当吊杆头未越过船舷时，横倾角不得大于8°，越过船舷时，一般不超过12°。

（5）重吊作业的仰角一般应在25°～75°范围内，回转角不大于80°。

（6）正确指挥操作：大副、水手长要亲自在现场检查并指挥操作。起货机操纵应力求平稳，货物吊起后应仔细检查吊杆及属具情况，认为确实可靠后再继续吊起。货物离甲板不宜过高，吊杆旋转要慢，在旋转过程中还得停下几次，仔细观察稳性状态，尤其是向舷外旋转更应缓慢，以免随着吊杆向外旋转而使船的横倾加大。

（7）为了防止吊货滑车组扭结及货物的悠荡，应在货物两端系上牵索。

（8）船舶受风摇摆时，不宜进行重吊作业。

任务四　起重设备的检查、保养与试验

【任务目标】

熟悉起重设备的检查、保养要点，掌握起重设备试验、检验的相关要求，能够正确养护起重设备。

【任务（知识）储备】

一、起重设备各零部件蚀耗标准

起重设备的零部件不允许存在下列缺陷：

（1）吊杆、臂架、桅柱等金属构件的焊缝表面应均匀，不得有裂纹、焊瘤、咬口、气孔及未填满的凹陷存在。在任何情况下，钢质吊杆的壁厚应不小于4 mm。

（2）吊杆轴线挠度不应超过其长度的 1/1 500，臂架轴线挠度不应超过其长度的 1/1 000。

（3）起重设备的金属结构件和固定零部件的最大蚀耗超过原尺寸 10% 或有裂纹、显著变形者，不许继续使用（绞车基座及周围构件的腐蚀极限为 25%）。

（4）可卸零部件的耳环、链条环、环栓、拉板与吊钩等的最大蚀耗超过原尺寸 10%，销轴最大蚀耗超过原直径 6% 或有裂纹、显著变形者，以及滑轮轮缘有裂纹或折断者，不允许继续使用。

（5）吊货钩钩尖开口部分的伸长超过原有间距的 15% 或有裂纹时，必须换新。

（6）在转环或转钩的环栓上发现有显著变形或不能保证转动时，必须换新。

（7）钢索有过度磨损、严重腐蚀或钢索在其 10 倍直径长度内有 5% 钢丝折断者，必须换新。

（8）起重设备的制动器衬垫有显著磨损，在摩擦面上露出固定衬垫的铆钉时，必须换新。

（9）滑车的滑轮衬套或轮毂有显著磨损，轮缘折断或裂纹，滑车轴及耳环弯曲或显著磨损时，不许继续使用。

（10）传动齿轮牙齿损坏或轮缘、轮辐和轮壳上有裂纹时，不允许继续使用。

二、检查保养

（一）航次检查

（1）对吊杆头部的卸扣、滑车、环等进行外部检查，并用小锤轻敲，以听是否有碎声。

（2）对吊货滑车、导向滑车、卸扣、转环等加油润滑。

（3）钢丝绳发现有断丝时，每月至少检查一次，一旦发现超过断丝数量，应立即换新。

（4）检查起货机与千斤索绞车制动的可靠性及钢丝在卷筒上的排列是否整齐。

（5）注意绑扎卸扣销子的细钢丝，如果脱落或锈蚀断裂，应换新。

（二）季度检查

（1）对吊货滑车、导向滑车进行拆装，清洁加油，并记录滑车轴、衬套等的磨损情况。

（2）检查吊杆头部眼板和眼箍的磨损情况。

（3）检查稳索的眼板（环）和其他转环、索眼、卸扣、吊货钩等的磨损情况。

（三）半年检查

（1）千斤索滑车拆下检查加油，记录滑车轴、衬套及转环等受力部分的磨损情况。

（2）检查千斤索攀头竖销、横销的磨损情况。

（3）对千斤索进行除锈、清洁和加油，查看有无断丝和眼环插接处的锈蚀情况。

（4）对鹅颈轴进行拆装加油，测量颈径和颈座内径及青铜垫片的磨损情况。

（5）检查稳索及稳索上的滑车，并保证其清洁。

（6）检查吊杆承座横销的磨损情况。

三、试验、检验和发证

(一)试验

1.一般规定

(1)起重设备在首次使用前应进行试验。起重设备在投入使用后应定期进行重复试验。

(2)起重设备在投入使用后,若有影响强度的部件进行更换或修理,应按规定进行重复试验。

(3)可卸零部件在首次使用前以及进行更换或修理影响强度的部件,应按规定进行验证试验。

2.可卸零部件的试验

每个可卸零部件应进行验证试验,验证负荷应符合表 6-2 及其附注的要求,验证负荷可用试验机或悬重法进行,保持验证负荷的时间应不少于 5 min。

表 6-2　活动零部件的验证负荷

序号	名称	验证负荷(kN)
1	单饼滑车[①]	$4 \times SWL$
2	多饼滑车[②] $SWL \leqslant 245 \ kN$ $245 \ kN < SWL \leqslant 1 \ 568 \ kN$ $SWL > 1 \ 568 \ kN$	 $2 \times SWL$ $0.933 \times SWL + 265$ $1.1 \times SWL$
3	链条、吊钩、环、卸扣、转环等 $SWL \leqslant 245 \ kN$ $SWL > 245 \ kN$	 $2 \times SWL$ $1.22 \times SWL + 196$
4	吊梁、吊框、吊架与类似设备 $SWL \leqslant 98 \ kN$ $98 \ kN < SWL \leqslant 1 \ 568 \ kN$ $SWL > 1 \ 568 \ kN$	 $2 \times SWL$ $1.04 \times SWL + 94$ $1.1 \times SWL$

注:①单饼滑车的安全工作负载,包括有绳眼的单饼滑车,应取吊环上载荷的一半。

　　②多饼滑车的安全工作负荷应取吊环载荷。

可卸零部件验证试验后,应进行全面检查,不允许存在残余变形、裂纹或其他缺陷;对能转动的部件,应检查其是否能自由转动。

链条(长环或短环)除按规定进行验证试验外,尚应进行破断试验,一般每 55 m 链条长度割取 5 环试样做破断试验,破断负荷应不小于 4 倍链条的安全工作负荷。

3.吊杆装置与吊杆式起重机的试验

(1)每根吊杆应按表 6-3 规定的试验负荷进行试验,试验程序应经同意。吊货杆应放置在经审查批准的设计图纸所规定的仰角位置,试验应使用具有质量证明的重物悬挂于吊钩或吊具上进行,重物吊离甲板后保持悬挂时间不少于 5 min。

(2)保持悬挂试验认为合格后,尚应进行慢速升降重物及绞车的制动试验;吊杆应向左右两舷摆动,并尽可能使摆幅增大。

表 6-3　起重设备的试验负荷(kN)

安全工作负荷 SWL(kN)	试验负荷(kN)
$SWL \leqslant 196$	$1.25 \times SWL$
$196 < SWL \leqslant 490$	$SWL + 49$
$SWL > 490$	$1.1 \times SWL$

(3)吊杆装置或吊杆式起重机有负荷指示器或超负荷保护器时,应进行校核或动作试验。对绞车做紧急制动试验时,检查重物是否能保持在原来的位置上。

(4)需做双杆操作的吊杆装置经规定的试验后,应进行双杆试验,试验负荷见表 6-3 规定。试验时应检查两根起货索连接点的净空高度、起货索夹角与保险稳索位置是否符合经批准的图纸要求。

(5)吊杆式起重机还应连同试验负荷进行慢速变幅试验与回转试验。变幅角度按设计的工作角度,回转试验应在最低设计变幅角度下进行,回转极限角度按批准的设计图纸规定。

(6)吊杆装置或吊杆式起重机按规定试验完毕后,应进行全面检查,核实是否有变形或其他缺陷存在。

4.起重机试验

(1)每台起重机应按表 6-3 规定的试验负荷进行,臂架应放置在经批准的设计图纸所规定的最大臂幅位置。试验应使用具有质量证明的重物悬挂于吊钩或吊具上进行,重物吊离甲板后保持悬挂时间不少于 5 min。

(2)负荷试验前,应进行空载试验,即变幅、回转、制动、上下仰角的限位和可行走的起重机行走试验,检查起重机系统是否处于有效的工作状态。然后在试验负荷下进行慢速起升、回转与变幅试验,同时还应进行起升、回转与变幅机构的制动试验。可行走的起重机还应在试验负荷下进行慢速全程行走试验。

(3)具有不同臂幅对应不同安全工作负荷的起重机,应在各个不同臂幅对应的试验负荷下进行试验,对要求减少中间臂幅试验负荷的试验,将予以特别考虑。

(4)对超负荷、超力矩保护装置应进行动作试验。

(5)液压起重机若起升全部试验负荷不现实,可减少试验负荷进行试验,但在任何情况下所采用的试验负荷,应不少于 1.1 倍安全工作负荷。

(6)起重机经超负荷试验后,应进行安全工作负荷下的操作试验,试验起升、回转和变幅的各挡运转速度以表明运转情况、超负荷效能、负荷指示器与限位器等处于良好工作状态。

(7)起重机试验完毕后应进行全面检查,核实是否有变形或其他缺陷存在。

(二)检验

1.一般要求

(1)起重设备在投入使用前应进行初次检验。起重设备投入使用后,应进行定期试验和检验。

(2)起重设备可卸零部件在首次使用前,以及在使用中更换或修理影响其强度的部件,应进行验证试验和全面检查。

（3）当起重设备发生重大事故或发现重大缺陷，更换或修理影响其强度的部件时，船长或船东应及时报告船级社，以便能及时对起重设备进行检验。

（4）可卸零部件和钢索在每次使用前，应由船上职能人员进行检查，但在最近3个月内通过检查者可例外。每月至少应对有断丝的钢索检查一次。

2.起重设备的检验种类

（1）初次检验

初次检验应包括：

①申请单位应按规定提供图纸资料一式三份供批准和备查。

②核查业经批准的起重设备设计图纸和技术文件。

③对起重设备主要结构件、尺寸、装置、布置、材料、焊接和制造工艺的检查。

④逐个检查起重设备的零件，并检查证件、核对标记。

⑤起重设备在安装过程中应进行全面检查，安装完毕后，应按要求进行试验，确认整个设备有效地和安全地工作，任何停车、控制和类似装置的功能应正确。试验后，装置及其支承结构均应经检验确信无变形或扭曲。

起重机的产品出厂试验不能代替船上安装后的试验。

初次检验合格后应签发相应的证书，并在起重和起货设备检验簿上签署。

（2）年度检验

年度检验应在初次检验或换证检验每周年日前或后3个月内进行，检验的项目有：

①吊杆装置的吊货杆和附连于吊货杆、桅或起重柱和甲板上的固定零部件应进行外部检查。

②可卸零部件应进行全面检查。

③钢索应进行外部检查。

④绞车、起重机、货物升降机、车辆跳板，应进行全面检查。

⑤检查起重机械、绞车等装置的使用、保养和修理记录，以确认其装置处于正常的维修保养状态。

年度检验合格后应在起重和起货设备检验簿上签署。

（3）换证检验

在初次检验或换证检验后，每隔4年，应进行以下项目的换证检验：

①吊杆装置的吊货杆和附连于吊货杆、桅或起重柱和甲板上的固定零部件应进行全面检查。吊杆装置应按要求进行负荷试验。

②起重机、货物升降机、车辆跳板及可卸零部件应进行全面检查，起重机、货物升降机、车辆跳板应按要求做负荷试验，确认在试验负荷下操作状况是满意的，超负荷和负荷指示器及限位开关工作有效。

换证检验合格后应签发起重设备检验与试验证书或双杆检验与试验证书（若适用时），并在起重和起货设备检验簿上做相应的签署。

（4）损坏和修理检验

起重设备的损坏和修理，应及时通知船级社进行检验，其检验范围应为验船师能查明的损坏程度和原因所必需的范围。

起重设备检验时，发现显著磨损或锈蚀超过以下规定时，应立即予以更换或修理：

①起重设备的金属结构件和固定零部件的最大蚀耗超过原尺寸 10% 或有裂纹、显著变形者。

②可卸零部件的耳环、链条环、环栓、拉板与吊钩等的最大蚀耗超过原尺寸 10%，销轴的最大蚀耗超过原直径 6%，或有裂纹、显著变形者，以及滑轮轮缘有裂纹或折断者。

③钢索有过度磨损、严重腐蚀或钢索在其 10 倍直径长度内有 5% 钢丝折断者。

④起重设备的制动器衬垫有显著磨损，在摩擦面上露出固定衬垫的铆钉者。

⑤传动齿轮牙齿损坏或轮缘、轮辐与轮壳上有裂纹者。

修理中更换的零件应附有试验证明，更换的构件材料应与原材料相当。

修理完成后应按规定进行负荷试验，合格后签发起重设备试验与检验证书，并在起重和起货设备检验簿上签署，尚未完成修理的设备应签注，该设备直到完成修理和试验前不能使用。

损坏和修理检验完成后，可签发检验情况报告，其内容应清楚地阐明以下方面：出席损坏检验人员、说明损坏原因、发现的损坏程度和特征、进行过修理的范围和性质以及是否修复、试验负荷。

（5）展期检验

应船东申请，换证试验可推迟进行，但两次换证试验的间隔期不超过 5 年，且应是船旗国当局同意并授权 CCS 进行。

展期检验范围应不少于规定的年度检验范围，以确认其适合于预定用途并处于正常工作状态。

展期检验合格后应在起重和起货设备检验簿上做相应的签署。

另外，若起重设备搁置或修理时间为 12 个月以上时，在重新投入使用之前应进行一次检查。试验和检验的范围根据搁置和修理期间应进行的检验种类而定。若换证检验和负荷试验到期，则应按规定完成试验和检验，并签发证书，新的换证检验周期应从此次试验和检验完成的日期开始。

（三）发证

1.签发证书的种类

（1）起重和起货设备检验簿。

（2）起重设备试验和检验证书。

（3）双杆试验和检验证书。

（4）可卸零部件试验和检验证书。

（5）铁制可卸零部件热处理证书。

（6）钢索试验和检验证书。

（7）起重设备检验报告。

（8）起重设备入级附加标志。

2.起重和起货设备检验簿的签发和签署

起重设备经初次检验，发证的全部要求都满意地完成，应签发起重和起货设备检验簿和起重设备试验和检验证书。各类可卸零部件、绳索和设备的试验证书应附在起重和起货设备检验簿上。

起重和起货设备检验簿共有 4 个部分，其各部分需记录的内容如下：

（1）第一部分：适用于吊杆装置的换证试验（即 4 年度全面检验）和年度检验完成后的签署。

（2）第二部分：适用于吊杆装置的绞车和起重机的年度全面检验完成后的签署。起重机每隔 4 年一次的负荷试验展期时也在此栏签署。

（3）第三部分：适用于钢制可卸零部件的年度全面检验完成后的签署。

（4）第四部分：适用于铁制可卸零部件的热处理完成后的签署。

由船东申请停用起重设备时，应在起货设备检验簿第一部分或第二部分备注栏内说明停用的设备的位置和编号，并做签署。

在检验中，若发现某些结构、设备和布置影响起重设备安全工作，应在起货设备检验簿相应部分的备注栏内简要写出建议和要求，并做签署。

（四）船舶应配备的起重设备资料和证书

为了对船舶起重设备进行检验和维修，船舶应配备以下资料和证书：

（1）全船起货设备布置图。

（2）起货设备主要金属结构图。

（3）起货设备计算说明书。

（4）起重机总图和机构图。

（5）起重和起货设备检验簿。

四、起重设备的标记

（一）可卸零部件的标记

（1）标记应包括以下各项：

①可卸零部件的安全工作负荷，kN。

②试验年月。

③可卸零部件的编号。

④制造厂或试验单位的标记。

（2）标记应打在明显的部位，以便检查，但应避免打在高应力区或应力集中的部位。标记的部位规定如下：

①吊钩：打在吊钩本体宽阔处，但不打在弯曲处。

②滑车：打在滑车的拉条或夹板上。

③卸扣：打在销孔附近的侧臂上。

④转环：打在转环的两个侧面上。

⑤链条：打在链条两端的链环两侧。

⑥有节定位索：打在每个定位节上。

对于小尺寸的可卸零部件，打标记的位置受限制时，允许不打零件编号与日期。

(二)起重设备的标记

(1)起重设备经初次试验与检验完毕后,应在吊货杆、臂架或相应的部件上离根部约50 cm处打上试验标记。营运中的起重设备经改建或变更安全工作负荷,在试验与检查完毕后,应在上述位置打上新的标记。

(2)标记应包括下列各项:

①安全工作负荷,kN。

②试验年月。

③试验时吊货杆与水平所成的仰角或臂架幅度。

④检验单位钢印标记。

任务五　操作与管理舱盖

【任务目标】

了解舱盖类型及工作原理,掌握舱盖的开关操作,能够正确地进行开关舱作业。

【任务(知识)储备】

舱盖(舱口盖或货舱盖)是保证船舶货物安全并保证船体水密的一种封闭设备,同时还应具有一定的抵抗大件货压力的能力。舱盖开启与关闭的机械化、自动化程度高低,直接关系到船舶货物的装卸效率与质量以及人员的劳动强度和船舶的停港时间。舱盖的水密性、强度和可靠性则关系到货物运输质量和船舶的安全。

舱盖主要有以下几种分类方法:

(1)按水密状况:风雨密舱盖、箱形舱盖等。

(2)按制造材料的不同,可将舱盖分为木质、钢制、铝制和玻璃钢四种。

①木质舱盖制造简单、重量轻,但开关费时劳动强度大,目前仅在内河较小的货船上时有见到。

②铝质和玻璃钢舱盖具有重量轻、耐腐蚀的优点。但铝质舱盖制造复杂,造价昂贵。玻璃钢舱盖的刚度差,容易老化剥蚀,目前只用作某些小船的轻型舱盖。

③钢质舱盖:相比具有较好的强度、刚度和稳定性,制造工艺简单、易于实现水密,成本较低,且较易实现开关舱的机械化。钢质舱盖是目前最为广泛应用的舱盖。

(3)按结构形式和开关方式分为滚动式、折叠式和吊移式三种。

(4)按实现舱盖开关动力的不同,可将其分为机械牵引式和液压式两种。

一、滚动式舱盖

滚动式(rolling type)舱盖可分为滚翻式、滚移式、背载式和滚卷式等几种形式。船上较多采用的是滚翻式及滚移式舱盖。

(一) 滚翻式舱盖

1.组成与结构原理

滚翻式(rolling and tipping type)舱盖由盖板、水密装置、滚轮装置、导向曳行装置和压紧器等五部分组成,如图6-20所示。各盖板之间用链条连接,每块盖板上都有一对行走滚轮(为偏心轮),可沿舱口围板两边的轨道面板行走。滚翻式舱盖还有一对平衡轮。该平衡轮不设置在板宽的中心线处,而是稍偏上。这样,当盖板进入舱口端的收藏坡道时,在重力作用下盖板便翻转成直立状态而存放。舱口较长时可将全部盖板分成两半,开启后,分别存放在舱口的两端。

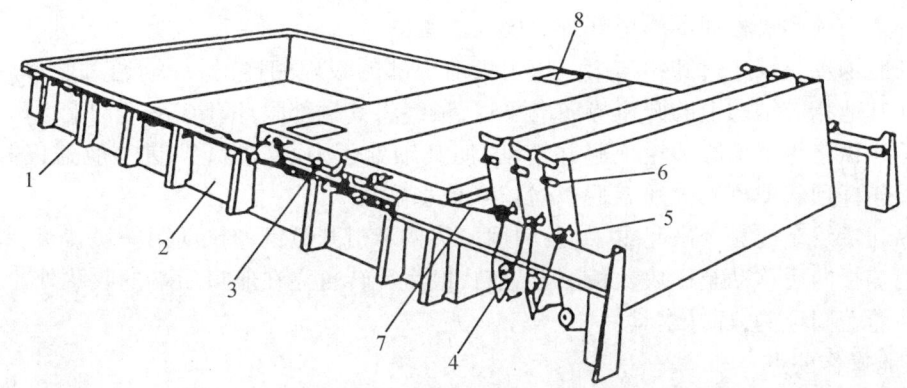

(a)结构图

(b)实物图

图6-20　滚翻式舱盖

1—舱口围板支架(brackets);2—舱口围板(hatch coaming);3—偏心轮(eccentric wheel);4—盖板连接链(connecting chain);5—上滚轮(upper roller);6—压紧器(cleat halves);7—上升轨(wheel ramp);8—导装面板(leading panel)

除上述较老结构形式的滚翻式舱盖外,目前,还有一种改进型滚翻式舱盖。其主要改进点是行走滚轮不再偏心,而是利用设置在两侧舱口面板下部的千斤连杆来代替偏心轮作用。这样就最大限度地减少了船员的劳动强度和工作量,也提高了该类舱盖开关舱的效率。

滚翻式舱盖与其他类型舱盖相比具有结构简单、造价低廉、便于维修,在尺度、布置和用途上限制较少等优点;缺点是需要存放舱盖的空间较大,提升及压紧作业所需的时间较长,且该型老式舱盖在开启前和关闭后的偏心轮的翻转较费时,劳动强度大。

2.操作特点

关闭舱盖时,链条拉动盖板,偏心滚轮沿导轨滚动。当盖板后部滚轮与导轨接触后,则盖板绕导轮轴转动,直至其衔接轮与前块盖板上的衔接轮座吻合为止,以后继续沿舱口围板水平材上滚动,至舯端盖板与止动器相碰时停止。舱盖就位后,翻转偏心滚轮,依靠盖板的自重使盖板四周下面的橡皮密封条压在舱口的围板水平材上,保证舱口的良好密合避免漏水,最后打上压紧器,防止在海浪冲击或船舶摇摆时舱盖板发生移动。

开启舱盖时,首先检查压紧器是否全部脱开,并保持舱口滑道清爽,然后翻转偏心滚轮,使舱盖脱离舱口围板水平材,各盖板借衔接轮装置推动,做与关闭时的相反动作,至全部盖板竖直于收藏位置为止。

3.滚翻式舱盖的开关操作要点和注意事项

(1)开舱操作要点

①打开盖板顶和盖板周围的全部压紧楔与压紧器。

②将开舱钢丝一端通过卸扣与第一块盖板前中部的眼板相连,另一端通过舱口后端正上方桅屋壁或其他相应结构上的开口导向滑车后,最终将其端部眼环套在吊货钩上。

③用千斤顶将每个偏心滚轮顶起并转动,使其轴处于中心位置(改进型舱盖仅需利用千斤顶将千斤连杆顶起即可),使舱盖脱离舱口围板水平材。

④操纵起货绞车或克令吊起重手柄;利用吊货钩牵引开舱钢丝拉动第一块盖板,并由该盖板驱动其他盖板向后移动至逐块盖板滚至导轨,最后反转直立在舱口后端的收藏处。

⑤扣住舱盖固定钩,理好索具。

(2)关舱操作要点

关舱操作步骤和开舱基本相反,即:

①打开舱盖固定钩。

②将开舱钢丝穿过在舱口正前上方桅屋壁或其他相应结构上的开口导向滑车后,将其端部眼环套在吊货钩上。

③全面检查舱口围板,看有无影响盖板滚动及其他杂物,并清理干净。

④操纵起货绞车或克令吊起重手柄,利用吊货钩牵引开舱钢丝拉动第一块及其他盖板,直至第一块盖板前端与止动器相碰时为止。

⑤用千斤顶将每个偏心滚轮顶起并转动,使其轴处于偏心位置(改进型舱盖仅需利用千斤顶将千斤连杆落下即可),使舱盖压合在舱口围板水平材。

⑥打上所有压紧楔及压紧器,以防舱盖移动并保证舱口水密。

⑦整理好所有索具。

(3)开关舱注意事项

①开关舱的指挥者为水手长(若认为有必要,值班驾驶员也可亲自指挥),所有操作人员应听从指挥,精力集中。

②开舱前必须确认所有压紧楔和压紧器全部打开,且压紧器放置到位,以免阻碍行走滚轮的正常滚动。

③盖板之间的连接链条应保持两面对称,否则将因两侧拉力不对称,而使舱盖板脱轨,严重的会使盖板掉入舱内。

④起货机或克令吊开关手在操纵时,动作应缓、稳,要特别注意第一块盖板,曳行速度要慢,若操作不当,同样会使舱盖板脱轨,严重的会使盖板掉入舱内。

⑤船舶有较大纵倾时关舱,要特别注意可能发生的盖板自由滑动现象。

⑥若船舶有较大横倾,应特别注意防止盖板脱轨,必要时可用压载水调整后再进行开关舱操作。

⑦开舱后,必须用固定钩或链条将盖板固定,防止滑脱。

⑧开关舱时,所有操作人员均要注意安全,规范操作,以防发生事故。

⑨开关舱操作过程中若发生盖板脱轨事故,可利用起重设备或机械差动绞辘,将盖板吊起调整到位后,再继续操作。

(二)滚移式舱盖

滚移式舱盖主要用于大型散货船或矿油两用船上。其舱盖的尺度较大,一般均采用液压提升装置,如图6-21所示。

图6-21 滚移式舱盖

横移式舱盖通常由两块舱盖板组成,舱口较小的船则用一块盖板制成,舱口四周的盖板边缘设有规定数量的盖板压紧装置。每块盖板的四角都安装有行走滚轮,用液压动力驱动。按盖板数量的不同,该类型舱盖可分为单侧横移型和两侧横移型两种,开舱时,盖板向单侧或分别向舱口两侧平移,并存放在存放轨道上。横移式舱盖具有结构简单、操作方便、便于维修,且不需要翻转或折叠的优点。但其具有需要较大的存放空间、人员行走不便的缺点。因此,对配备两侧横移型舱盖的船舶,其舱口宽度不得超过船宽的一半。

(三)背载式舱盖

背载式舱盖与滚移式舱盖相类似,其特点是两块盖板中有一块带有动力滚轮。开舱时,先利用安装在舱口围板上的四个液压顶杆将不带动力的盖板顶到足够的高度,以便带有动力的盖板滚到其下面,将不带动力的盖板放置在带有动力的盖板上,两块板便可一起移向存放处,如图6-22所示。若不需要将舱口完全打开,便可将盖板存放在舱口围板的一端。这样不必占

图 6-22　背载式舱盖

用甲板的存放空间。

(四) 滚卷式舱盖

滚卷式舱盖如图 6-23 所示。

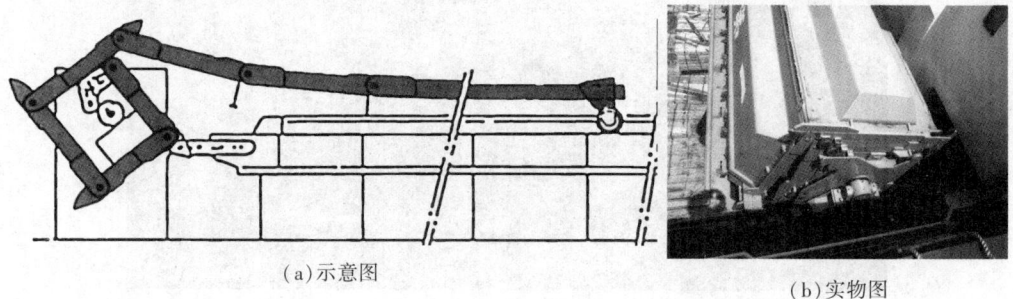

(a)示意图　　　　　　　　　　　　　　　(b)实物图

图 6-23　滚卷式舱盖

二、折叠式舱盖

折叠式(folding type)舱盖的盖板间系用铰链连接(又称铰链式舱盖),折叠式舱盖按其驱动方式可分为液压驱动式(用液压)、直接拉动式(用船上起重机或吊杆)、钢索驱动式(用绞车)三种。现代船舶较多采用液压式铰链操纵,可减轻船员的劳动强度,并能使舱盖较快地开启和关闭。

(一) 液压驱动式折叠舱盖

液压驱动式折叠舱盖是由成对的互相铰接在一起的盖板、连接铰链、滚轮装置、水密装置、曳升机构、缓冲装置、制动装置和紧固装置等组成(如图 6-24 所示)。舱盖开启后,借助固定钩或止动器使舱盖板直立状态存放。它又有两页和四页液压铰链式舱盖两种。两页液压铰链式舱盖的启闭过程比较简单:开启时,油缸柱塞伸长,使铰接点上升,两块盖板便翻转折合起来。其中,靠近舱口端的盖板较短因为它与铰接臂相连,所以它的转轴离开舱口有一定的距离。

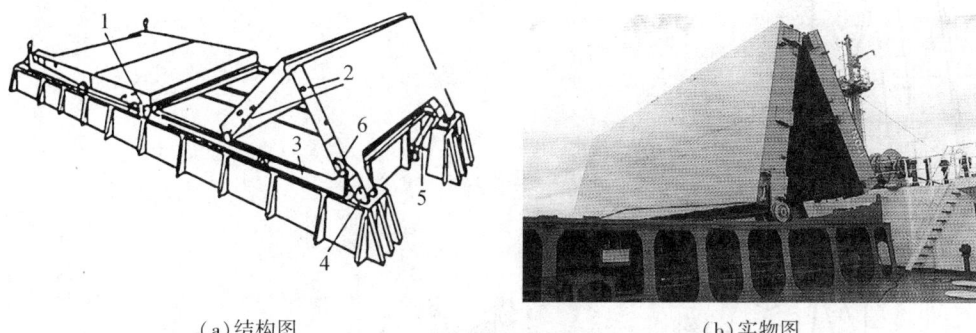

(a)结构图 　　　　　　　　　　　　　　(b)实物图

图 6-24　折叠舱盖

1—滚轮(wheel);2—压紧器(cleat halves);3—上升轨(wheel ramp);4—铰链(slotted hinges);5—液压千斤顶(hydraulic cylinder);6—固定钩(fixed hook)

当舱口较长时,盖板可分成两端收藏,也可采用四页液压铰链式舱盖或实船五页液压铰链式舱盖(如图 6-25 和图 6-26 所示)。其中,四页液压铰链式舱盖的启闭过程顺序是:开启时,第二组盖板(No.3 与 No.4)开始起升,同时拉动第一组盖板(No.1 与 No.2);第二组盖板起升结束,第一组盖板才开始起升,直至全部开启完毕。当舱盖开启到收藏位置时,收藏钩自动落下,扣住舱盖,达到完好固定。关闭过程则相反。

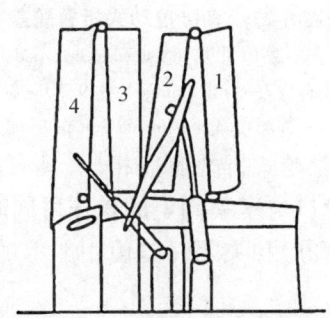

图 6-25　四页液压铰链式舱盖

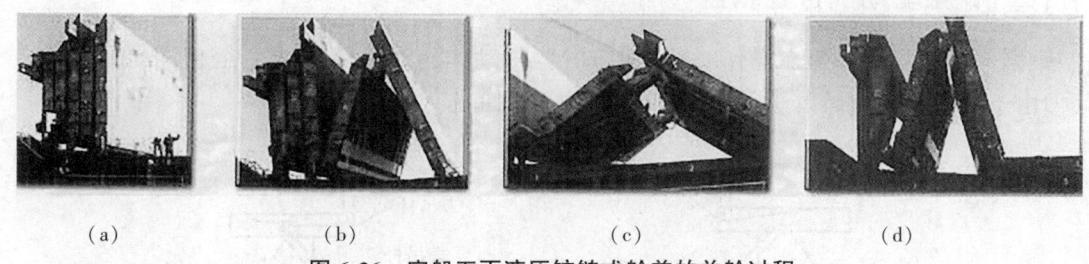

(a)　　　　　　　(b)　　　　　　　(c)　　　　　　　(d)

图 6-26　实船五页液压铰链式舱盖的关舱过程

(二)直接拉动式折叠舱盖

直接拉动式折叠舱盖由三块盖板组成,盖板之间用铰链连接。盖板端部的中央设置一铰接滑轮,钢索通过该滑轮与中间的盖板拖曳眼板相连接,拉紧钢索即可开启舱盖板,放松钢索则关闭。直接拉动式折叠舱盖收藏于舱口端部,一般通过安全钩使之保持直立状态,如图6-27所示。

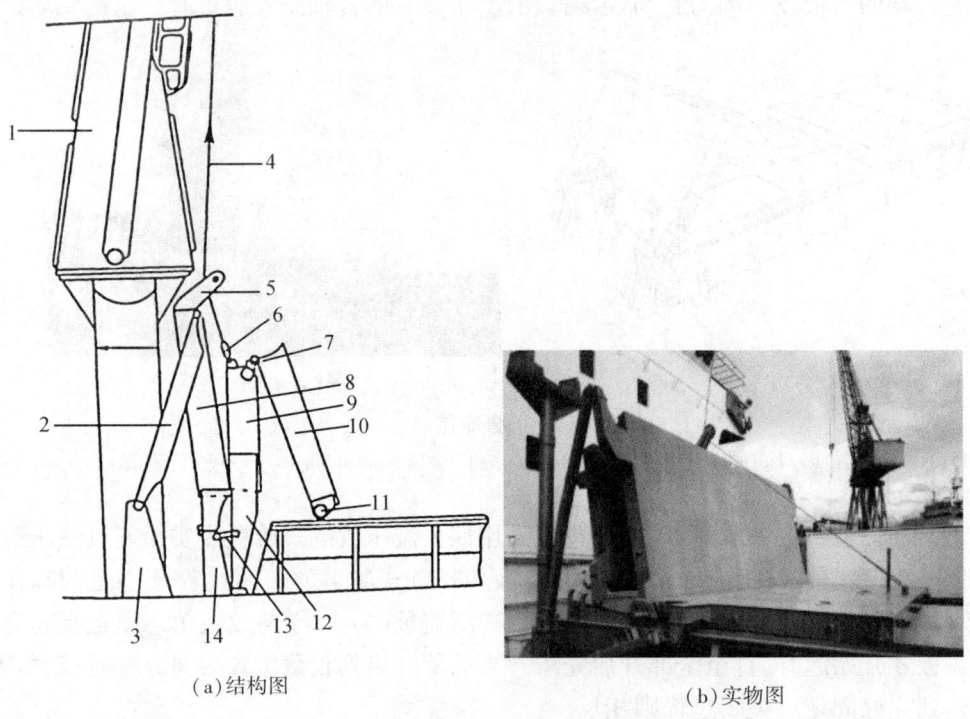

（a）结构图　　　　　　　　　　　　（b）实物图

图 6-27　直接拉动式折叠舱盖

1—起重机(crane);2—存放臂(stowing arm);3—存放臂基座(stowing arm pedestal);4—钢索(wire pendant);5—铰接滑车(hinged sheave);6—拖拽眼板(hauling eye-plate);7—铰链(hinge);8、9、10—盖板(panels);11—滚轮(wheel);12—关闭臂(closing arm);13—固定钩(securing hook);14—关闭臂基座(closing arm pedestal)

直接拉动式折叠舱盖与液压驱动式折叠舱盖相比,具有造价低、维修保养方便等优点,而且便于采用自动压紧装置,关闭舱口与压紧固定的操作可同时进行。

因为直接拉动式折叠舱盖在开启和关闭时需使用船上的起货机械,所以开关舱的时间较液压驱动式折叠舱盖长。

(三) 钢索驱动式折叠舱盖

钢索驱动式折叠舱盖在操作时,其相应的构件动作与液压驱动式完全相同,如图 6-28 所示,但由于穿导钢索比较麻烦,因而启闭舱口所需时间长。

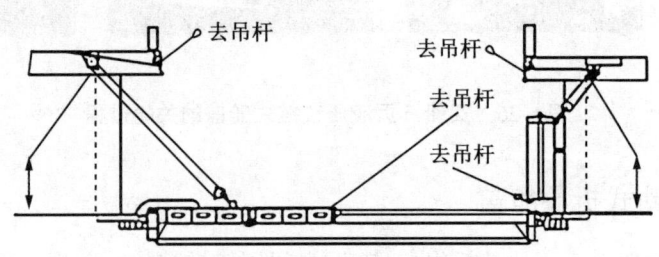

图 6-28　钢索驱动式折叠舱盖

三、吊移式舱盖

吊移式舱盖又称箱形舱盖。这种舱盖本身没有驱动装置,具有结构简单、操作简便等特点,如图 6-29 所示。开关舱时,它是通过船上或港口起货机械来实现的。开舱时,可将舱盖放置在船的甲板上或是码头边。吊移式舱盖一般都比较大,可获得最大的甲板开口面积,适于在集装箱船上使用。

(a)

(b)

图 6-29 吊移式舱盖

任务六 货舱、舱盖及压载舱的检查、评估与报告

【任务目标】

了解 PSC 检查的一般过程,掌握货舱、舱盖及压载舱的检查要点。

【任务(知识)储备】

港口国管理在世界各地的发展和普及以及监督标准的提高,随之带来的是检查程序更加严格、范围更广及频度更高。为了应对 PSC 检查,对船舶的货舱、舱盖及压载舱进行有效的检查、评估和报告是十分必要的,以免出现问题导致船舶滞留而使船期延误,甚至严重影响船公司和中国船旗的声誉。

一、PSC 检查的一般过程

货舱及舱盖等部分状况不仅是形成最初印象的重要内容,也是《SOLAS 公约》中关于船舶稳性与结构等具体要求的重要内容。

港口国管理检查官(PSCO)在登船前,一般首先要对船舶外观总体状况进行观察,以获得对船舶的最初印象;然后检查证书、巡视各层甲板及有关舱室、设备等,从而获得对船舶的实际总体印象。PSCO 若未发现明显缺陷依据,则结束检查。若怀疑船舶可能存在严重缺陷,则进行详细检查。PSCO 对在详细检查中发现严重缺陷,且足以构成滞留的,便采取滞留船舶的措施。当然,在初步检查过程中也可能发现严重的可滞留缺陷,从而滞留船舶。

船舶纠正缺陷后,可申请复查,经港口国管理检查官复查合格后,解除船舶滞留。对一般缺陷,港口国管理检查官给出处理意见,需复查,经复查合格后,船舶可以开航。

二、货舱、舱盖及压载舱 PSC 检查现状分析

根据对近几年亚太地区与货舱、舱盖及压载舱有关的滞留缺陷进行分析,这些缺陷主要涉及船体结构及载重线两个方面。

1.涉及船体结构方面的缺陷

(1)甲板、舱口围板及其加强结构。

(2)舷侧外板、舱壁板、肋骨及连接肘板。

(3)压载舱等的腐蚀、肋骨脱焊及顶边舱框架腐蚀渗漏等。

2.涉及载重线方面的缺陷

(1)舱盖及水密压条。

(2)风雨密门、通风筒、空气管等风雨密关闭装置损坏或严重锈蚀,不能保证水密完整性。

(3)上甲板人孔盖及测量管管口旋塞或螺纹盖丢失或严重锈蚀。

(4)舱口围板洞穿。

三、货舱、舱盖及压载舱的自我检查与报告

1.自查与报告

针对货舱、舱盖及压载舱的 PSC 检查,船舶应有的自查是必须的。

船体和甲板基本保养状况的优劣程度是 PSCO 对船体结构好坏认定的第一印象,尤其是船壳板、舱盖及舱口、梯道、栏杆和管路盖板的锈蚀程度和损坏情况将直接影响到 PSCO 是否需要进行"更详细检查"的重要依据。因此,优秀的保养状态和良好的船容船貌是顺利通过船体结构检查的首要因素。

根据船舶抵港前关于货舱、舱盖及压载舱部分 PSC 自查项目表(表6-4)进行自查,也是有效的手段之一。

表 6-4　船舶抵港前关于货舱、舱盖及压载舱部分 PSC 自查项目表

类别	检查项目	检查要求	自查结果
文件	维护计划	船舶结构与设备的维护保养已按照计划进行,状况良好,无明显缺陷或缺陷已经按照程序要求上报公司	
与载重线有关的结构与设备	通风筒	通风筒的围壁、支撑结构状况良好,无明显锈迹及破损洞穿或其他临时性修理措施(如粘贴胶布等)	
		通风挡板完整、活络、无破损洞穿	
	空气管	风雨密关闭装置结构完好,开关活络,能有效开启和关闭,"开""关"方向及舱名标志清晰	
		空气管及管头结构(特别是管子根部及背部不易保养的部位)良好,无明显锈迹及破损洞穿。浮球活络水密,工作正常,防火网无破损	
	载重线标志	甲板线、所有载重线标识清晰、准确且与背景颜色反差明显	
	货舱舱口	舱盖、舱口围板及附连的肘板结构良好,无明显锈蚀、裂纹、破损洞穿及变形	
		舱盖关闭正常,橡皮胶条完整且有弹性,表面无油漆,无明显漏水痕迹	
		开关装置的滚轮、导轨、铰链状态正常,无过度腐蚀,液压管路无泄漏,系固螺栓完好且无过度腐蚀,舱口盖上的卡扣,舱围下的止回泄水阀状况良好	
	干舷甲板上除货舱舱口外的各种开口	盖板、围板及附连的加强结构良好,无明显锈迹、破损洞穿及变形	
		盖板关闭正常,橡皮胶条完整且有弹性,表面无油漆,无明显漏水痕迹	
		各种人孔、小导门、测量管结构良好,无明显锈迹、破损洞穿及变形	
		盖板关闭正常,橡皮胶条完整且有弹性,表面无油漆,无明显漏水痕迹	
		各种标识清楚	
船体结构	船壳板	水线上船壳板无开裂、洞穿、严重变形(每挡肋距范围内不超过8 mm),无漏水现象	
	压载舱	压载舱液位无异常变化,其周围所处所无进水发生,压载舱导门状况良好,无严重锈蚀、螺栓丢失	
		压载舱内构件无严重腐蚀、裂纹或洞穿	
	货舱	货舱污水井液位无异常变化,具备条件时进入货舱对货舱内部构件进行目视检查,无明显锈蚀、洞穿、裂纹及严重变形(每挡肋距范围内不超过8 mm),无明显渗水痕迹	
	水密门	水密门结构状况良好,能有效关闭,就地及遥控开关正常,声光报警正常,液压系统无渗漏痕迹	
	甲板	主甲板结构良好,无明显破损、洞穿、裂纹及严重变形(每挡肋距范围内不超过8 mm),无明显渗水痕迹	
其他	散货船舱内水位探测报警系统	散货船货舱、压载舱、干隔舱进水报警系统试验正常	

2.平时维护保养和自查时应注意的事项

（1）船体结构因锈蚀或受损而造成的穿孔、裂口、裂缝等应进行永久性修复。

（2）舱口、舱盖、通风筒、水密门、货舱道门都要保持良好的水密性能与封闭功能。

（3）测量孔盖齐全有效。

（4）压载舱空气管透气正常。

（5）载重线标志、水尺标志、船名、船籍港标志清晰。

（6）积载应符合船体局部强度和总纵强度要求，不能超载且要达到适航的稳性值和浮态。

（7）散装船要特别注意各横舱壁、顶边舱的纵桁、横框架、斜底板等处是否有扭曲变形现象。

 复习思考题

1.试述起重机的种类、结构及其工作原理。

2.试述回转式起重机的操作注意事项。

3.试述轻型吊杆的受力分析及求解。

4.轻型双吊杆的布置要求有哪些？

5.试述轻型双吊杆作业的操作注意事项。

6.重型吊杆与轻型吊杆相比有哪些特点？

7.试述使用重型吊杆时应注意的事项。

8.试述电动起货机的特点及使用时的注意事项。

9.试述液压起货机的特点及使用时的注意事项。

10.起重设备零部件不允许存在的缺陷有哪些？

11.吊杆装置与吊杆式起重机是如何进行试验的？

12.起重设备的试验负荷是如何确定的？

13.起重机是如何进行试验的？

14.起重设备的检验有哪些，其各自的内容是什么？

15.舱盖的种类有哪些，其各自的结构特点是什么？

项目七
船舶索具和系固设备的使用与管理

项目介绍 ❯

　　熟悉船舶索具的种类、滑车和绞辘的种类及使用方法,具有合理选择使用甲板索具的能力;掌握系固设备的种类、检查、保养和检验等内容,能够合理选择使用系固件进行货物的系固。

学习目标 ❯

◈ **知识目标**

　　1.掌握船舶索具的种类及使用;
　　2.掌握滑车与绞辘的使用与省力倍数;
　　3.掌握船舶系固设备的种类与使用;
　　4.熟悉系固设备的检查、保养工作。

◈ **能力目标**

　　1.能够合理选择使用系固件进行货物的系固;
　　2.能够正确养护系固设备。

学习导图

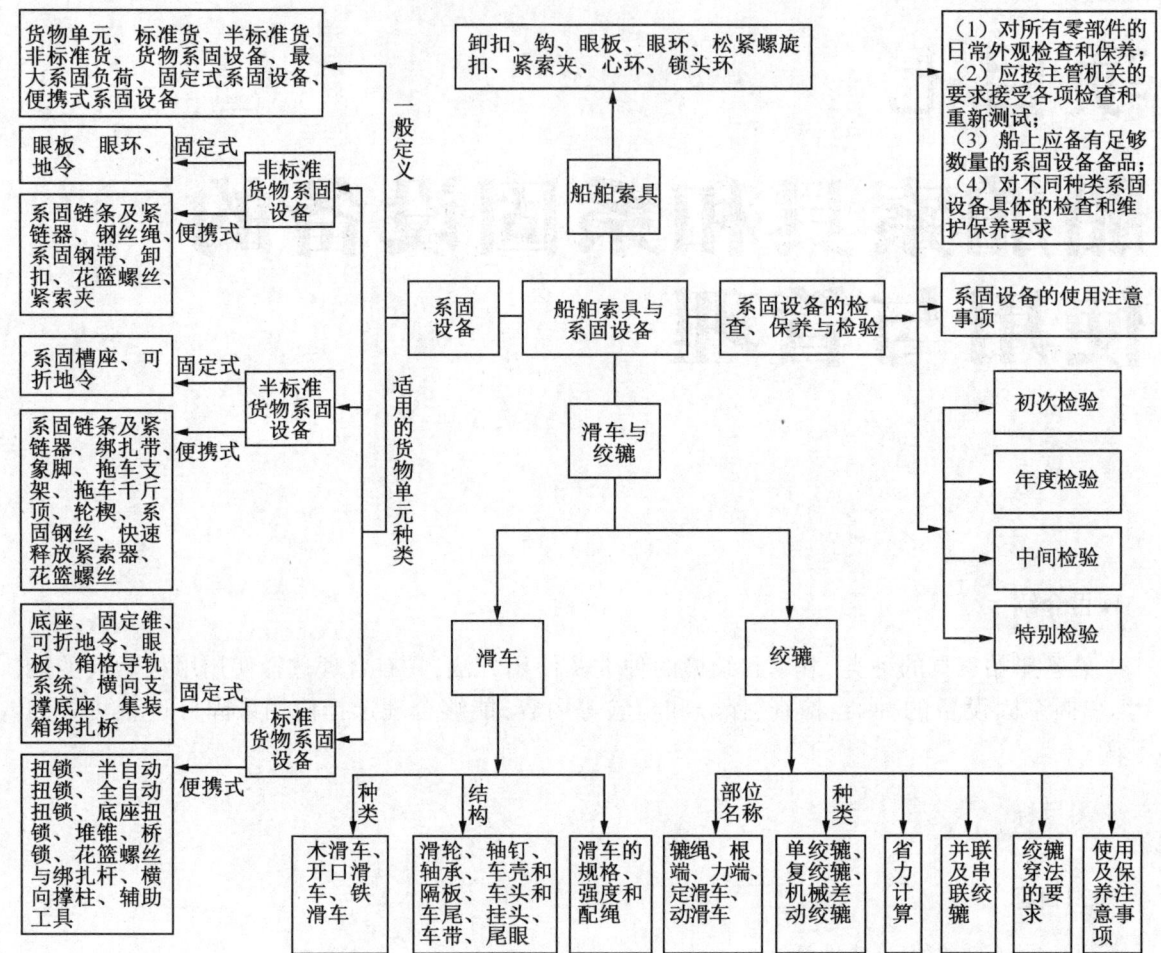

任务一 认知船舶索具

【任务目标】

掌握索具种类和强度规格,具有正确使用船舶索具的能力。

【任务(知识)储备】

在船上使用绳索时,需要有其他一些配件与绳索搭配使用才能起到绳索应有的作用,那些与绳索配合起来使用的配件统称为船舶索具(rigging)。目前船上常用的索具主要有:卸扣、钩、眼板、眼环、松紧螺旋扣、紧索夹、心环、索头环等。绳索在使用过程中,根据工作需要,必须配置以上不同的索具,才能发挥它的作用。索具在使用中同绳索一样,也需要将其受力严格限制在其许用负荷范围内,以免发生危险。索具的许用负荷是通过试验来确定的,一般打印在索具的本体上或在说明书中载明。

一、卸扣

卸扣(shackle)是甲板作业中广泛使用的连接索具,由本体和横销两部分组成,可用于绳索与绳索、索具与索具、绳索与索具之间的连接,具有连接可靠、操作方便等特点,如图7-1所示。卸扣常按其使用的场合来命名,如用在锚干上的称为锚卸扣,用在锚链上的称为锚链卸扣,用在绳头上的称为绳头卸扣。最常见的卸扣有直形卸扣和圆形卸扣两种。卸扣的横销有直插销和螺纹销两种。直插销横销插入后,要用细钢丝扎牢或用开口销锁住,以防止横销脱落,造成危险。卸扣在使用时应注意不可横向受力,不可超出其许用负荷,以免拉损变形使横销卡死。平时横销及销眼应经常加油润滑。

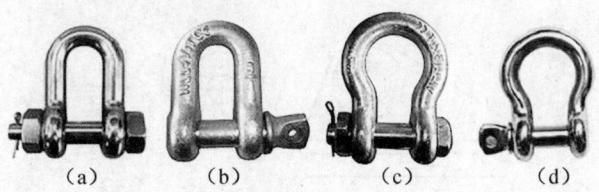

(a)　　　　(b)　　　　(c)　　　　(d)

图 7-1 卸扣

卸扣的大小是以它的本体直径来表示的,在卸扣本体上应标注其许用负荷,若没有标注,可以根据卸扣本体的直径来估算其许用负荷,公式如下:

$$直形卸扣许用负荷 = 44.1D^2(\text{N})$$
$$圆形卸扣许用负荷 = 36.26D^2(\text{N})$$

其中,D——卸扣本体直径(mm)。

二、钩

钩(hook)是用来钩挂物体的钢制构件,由钩把、钩背和钩尖组成,如图7-2所示。其种类较多,有普通钩、特殊钩及山字钩等,船上使用最广泛的是普通钩。山字钩常用于重吊上,使用时可将单根或双根吊货索平均地挂在钩把两边,使之受力均衡、平稳。使用钩时,吃力应在钩背上,以防止钩被拉直或变形。钩的强度比相同直径的卸扣要小,吊挂的重量大时,使用卸扣比钩安全。还应注意,当钩尖开口部分明显增大,超过其原开口间距的15%时,应停止使用。

为了防止绳索脱落,长期挂重时可用绳子扎在钩尖和钩把之间。钩子斜钩在甲板、舷墙等处的活动眼环上时,应使钩尖朝上以防钩受力滑动使钩尖滑脱,如图7-3所示。在吊货钩的本体上应标注有许用负荷,若没有,则圆背钩的许用负荷可用下式估算:

$$许用负荷 = 9.8D^2(N)$$

其中,D——圆背钩钩背直径(mm)。

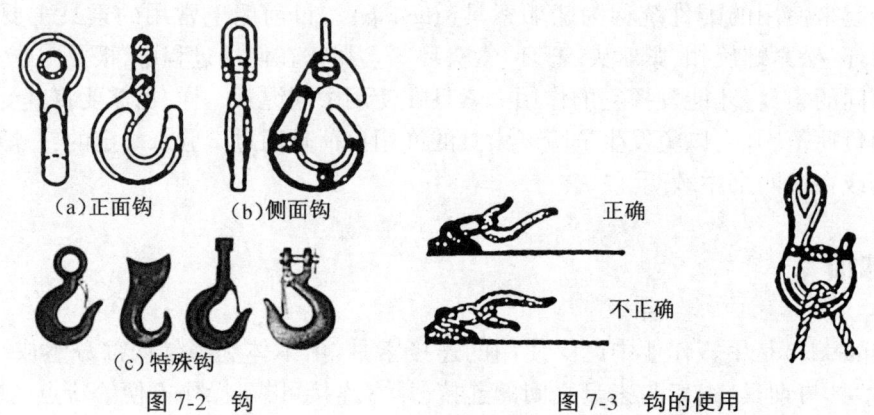

(a)正面钩　　(b)侧面钩

(c)特殊钩

图7-2　钩

正确

不正确

图7-3　钩的使用

三、眼板

眼板(eye plate)是一块带眼的钢板,垂直焊接在舷墙顶板或甲板上,如图7-4所示。三角眼板供拴系吊货索及钩子,甲板眼板供拴系支索或稳索之用。

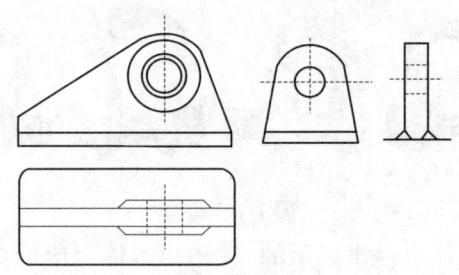

图7-4　眼板

眼板的强度可以根据其厚度用下列公式进行估算:

$$眼板许用负荷 = 75.46D^2(N)$$

其中,D——眼板厚度(mm)。

眼板应定期检查、测量磨损情况,若有脱焊、变形或磨损、锈蚀超过原板厚的1/10,应及时修复或换新。

四、眼环

眼环(ring plate)由一个固定眼环和一个活动眼环共同组成,主要用以钩挂各种动索,如千斤索、稳索等。其强度与眼板相比不如眼板大,如图7-5所示。

其许用负荷可用下式估算:

$$许用负荷 = 29.4D^2(N)$$

其中,D——活动眼环直径(mm)。

眼环应定期检查、测量磨损情况,若有脱焊、变形或磨损、锈蚀超过原直径的1/10,应及时修复或换新。

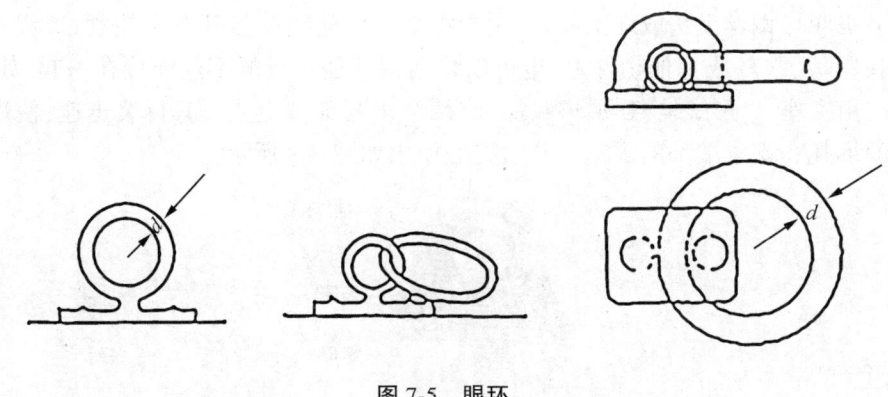

图7-5　眼环

五、松紧螺旋扣

松紧螺旋扣(rigging screw)也叫作松紧螺丝、花篮螺丝,是用于收紧钢丝绳或拉杆的专用甲板索具,如图7-6所示。它由一个两端螺纹方向相反的螺丝套筒和两根螺纹方向相反的螺丝杆两部分组成。螺丝杆两端的连接构件制成钩、眼环或卸扣等形状,便于不同场合使用。使用时转动螺丝套筒,使两根螺丝杆伸长或收缩,以达到收紧或放松钢丝绳或拉杆的目的。根据螺纹筒体的结构,螺旋扣可分为开式螺旋扣和闭式螺旋扣两种类型。螺旋扣的大小以整个螺旋扣伸出的最大与缩进后的最小长度和螺丝杆的直径来表示。使用时,应注意螺杆上的钩、卸扣或眼环的强度。

螺旋扣使用时要注意防止损伤螺纹,且应经常加油活络,保证螺丝杆能灵活转动。用于露天静索的螺旋扣,为了防止长时间暴露在外而生锈或堵塞,应在涂油后用帆布包扎。另外,为了防止松紧螺旋扣受力或经常振动时引起自由转动,可在螺杆间嵌入制止块。还应注意的是,在起重设备系统中不得使用带钩子的松紧螺旋扣。

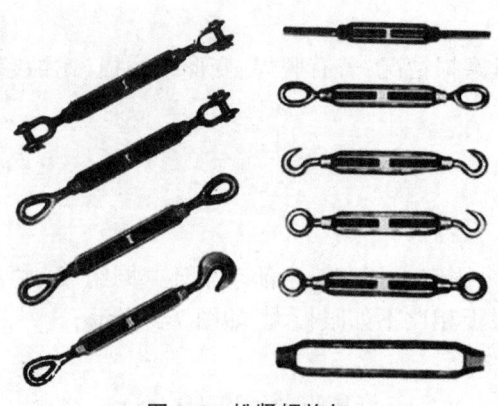

图 7-6　松紧螺旋扣

六、紧索夹（clamp）

紧索夹也叫作钢丝夹头或绳头卸扣,用于将钢丝绳的绳端与其绳干扎紧,形成一个绳环,以便拴系在眼板、眼环或其他物件上;也可以将两根直径相近的钢丝绳接在一起,如图 7-7 所示。紧索夹由夹座、U 形螺栓(U 形环和螺母)两个主要部分组成。其拆装迅速,使用方便,常用于货物的绑扎和支索端部的固定。紧索夹的使用如图 7-8 所示。

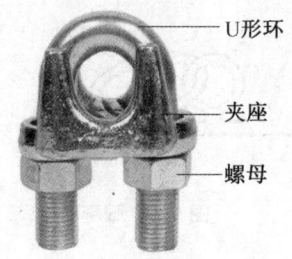

图 7-7　紧索夹

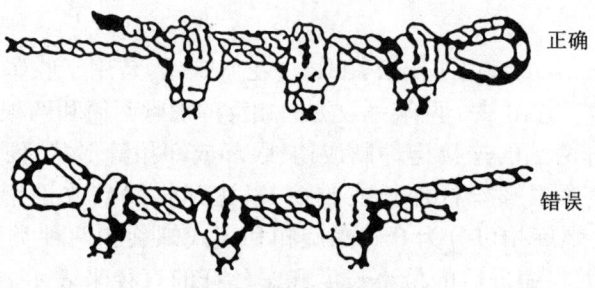

图 7-8　紧索夹的使用

紧索夹的大小由 U 形螺栓的开档值来衡量,单位为毫米(mm)。选用时,开档的尺寸应与钢丝绳的直径相匹配。一般不少于 3 只夹紧索同时使用,其间距约为钢丝绳直径的 6 倍。

七、心环

心环(thimble)也叫嵌环或牛眼圈,是外缘带凹槽的钢制金属环,绳索在插接眼环时,将其固紧在眼环内,来防止绳索过度弯曲和磨损,如图7-9所示。较大的心环上铸有表示型号和强度的标志,可根据绳索的使用要求选用。

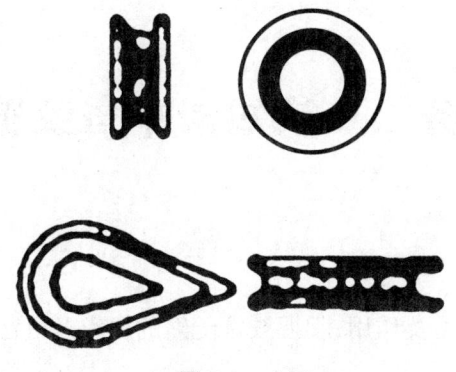

图 7-9 心环

八、索头环

索头环(socket or swaged terminal)是安装在钢丝绳的端部,用来与卸扣连接的金属构件,有叉头索头环和环头索头环两种类型,如图7-10所示。环的下部是一个上大下小的锥形孔,锥形孔的内径与钢丝绳的直径相当。使用时,将钢丝绳绳头由外向内从小孔穿入,打散绳头,若有油麻芯应剪除,然后注以铅锌金属溶液,使绳头与索头环连成一体。这样既牢固又美观,常用于桅支索等强度要求大的静索上。索头环的强度是以环部或横销的强度来衡量的。

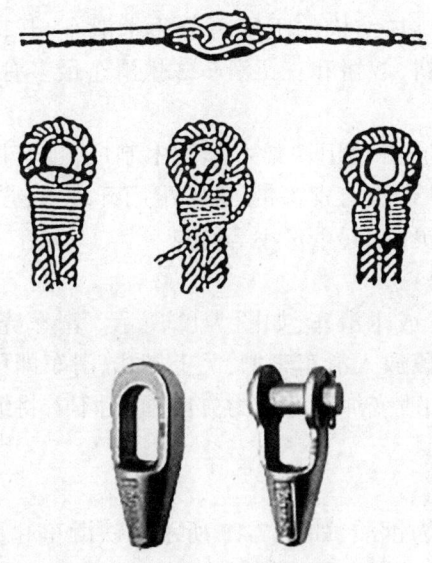

图 7-10 索头环

国产索头环上铸有表示型号和强度的标志代号,如 A6CSC5-59 与 B2.1CSC5-59 等,其中 A与 B 分别表示叉头(开式)索头环和环头(闭式)索头环的型号,6 与 2.1 表示索头环的安全工作负荷,分别为 $6 \times 9.8 \times 10^3$ N 和 $2.1 \times 9.8 \times 10^3$ N,CSC5-59 为产品的分类代号。

任务二　认知滑车与绞辘

【任务目标】

熟悉掌握滑车、绞辘的种类及作用,掌握绞辘配绳的要求及方法,能够估算出省力倍数。

【任务(知识)储备】

滑车与绞辘是起货设备中的主要装置,也是船上许多工作的必备工具。它既可以改变用力的方向,也可以达到省力的目的。为了保证工作的顺利进行,必须掌握它们的构造和性能,以及其使用和保养的方法。这不仅有助于延长其使用寿命,而且可以有效防止事故的发生。

一、滑车

(一)滑车的种类

滑车(block)按照制作材料与结构的不同可分为木滑车、开口滑车和铁滑车三种主要类型;按照滑车的滑轮数分为单饼、双饼和三饼滑车。铁滑车最多有八饼。

1.木滑车(wooden block)

木滑车的滑车壳是木制的,滑轮用铁梨木等硬木制成,也有用铜、铁等金属制成的,如图7-11所示。木滑车的车带有铁带也有索箍带,通常配用纤维绳,强度较小,仅供吊放轻便物料用。木滑车具有重量轻、使用灵活、起重量小等特点。

2.开口滑车(snatch block)

开口滑车是单轮的铁滑车或木滑车,如图7-12所示。滑车壳上有一开口,开口处装有搭扣,打开搭扣可以把绳索的中段放入滑车索槽,关上搭扣,滑车即可工作。

这种滑车用来引导绳索和改变绳索的拉力方向,而用不着将绳子穿过滑车,故又称为开口导向滑车。

3.铁滑车(steel block)

铁滑车的滑车壳、滑轮均为钢质,如图7-13所示。铁滑车起重量比较大,多配用钢丝绳,在船上较为常见。起货设备上的滑车都用铁滑车,并按其作用分别命名为:吊货滑车、千斤滑车和导向滑车。起货设备上的滑车一般是自润滑式的。这种滑车要求易于随时加油和易于检查,并在滑车头上装有转环。

图 7-11　木滑车

图 7-12　开口滑车

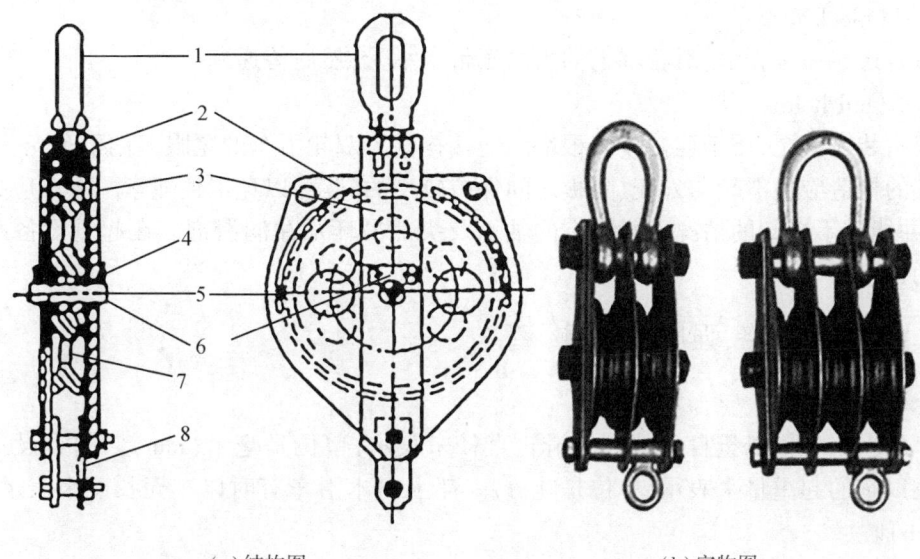

（a）结构图　　　　　　　　　　（b）实物图

图 7-13　铁滑车

1—挂头（hanger）；2—车壳（block shell）；3—车带（block fork）；4—轴承（bearing）；5—轴钉（spindle）；6—制动板（brake plate）；7—滑轮（sheave）；8—车尾（block tail）

（二）滑车的结构

不同种类的滑车的结构基本上是相同的。其结构及组成如图 7-13 所示。

1.滑轮（sheave）

滑轮供辘绳滑动，以改变力的方向。滑轮的轮缘制成圆弧形凹槽，叫作绳槽，供辘绳通过，并增加其接触面，以减少圆孔的磨损和滑轮转动的摩擦阻力。

2.轴钉（spindle）

轴钉又叫作轮轴，是一钢制圆轴，供滑轮绕其转动，承受并传递滑轮上的力。它穿过滑轮后固定在车带上。其固定的方法有单头螺丝、双头螺丝和压板三种。受力大的滑车的轴都应采用压板固定法。

3.轴承(bearing)

滑轮的中心为一轴承,是由铜、合金钢或滚珠制成的。轴穿过轴承,滑轮在轴上能自由转动。

4.车壳(block shell)和隔板(clapboard)

车壳用钢板或木头制成,用以保护滑轮和防止绳索滑脱。多轮滑车的滑轮之间则用隔板加以隔开,用以分隔滑轮和辘绳。车壳的头部用螺栓与挂头连接。

5.车头(block head)和车尾(block tail)

车头是指车壳的头部,一般附有挂头。车尾是指车壳的尾部,无挂钩,一般设有尾眼,供辘绳根端连接。

6.挂头(hanger)

挂头是指在车头上的钩、眼环、旋转环和卸扣等构件,可根据工作需要来选取,是供系挂重物或固定滑车用的。它的强度代表滑车的强度。

7.车带(block fork)

车带直接连在车壳上,滑轮轴上的力由车带来承受,然后传递到挂头上。

8.尾眼(tail hole)

尾眼指装在车尾,用于连接辘绳根端的连接构件。双轮滑车的尾眼多偏于车壳一侧。

滑车的构造应使滑轮与外壳、隔板之间保持较小的间隙,以免卡住绳索。滑车应具有有效的润滑,并能在不拆卸的情况下对所有的轴承及头部吊环加注润滑剂。在起重设备系统中不允许使用开口滑车。

(三) 滑车的规格、强度及配绳

1.滑车的规格

滑车的大小规格以量自索槽底的滑轮直径来表示,单位是毫米(mm)。起重设备上的滑车规格还以它的起重量来表示,单位是吨(t)。船上对木滑车有时以车壳长度来表示,单位为英寸(inch)。

2.滑车的强度

滑车的强度主要由其挂着设备的强度(如挂头、卸扣及钩子等)决定。

3.滑车的配绳

滑车辘绳的配备与滑轮的大小有一定的比例关系,为了保证滑车的安全使用,在配备绳索时,根据规范的要求,滑轮直径与绳索直径之比应不小于表7-1所列数据。

表 7-1　滑轮直径与绳索直径之比

滑车种类	绳索种类		滑轮直径与绳索之比	
			动索	静索
铁滑车	钢索	吊杆装置(包括吊杆式起重机)	13	8
		起重机、潜水器吊放系统	19	8
	纤维索		6	
开口滑车	钢索或纤维索		12	
木滑车	纤维索		滑车长度不小于绳子周长的3倍	

二、绞辘

滑车配上辘绳在一起使用时就称为绞辘(tackle)。

(一)绞辘的各部位名称

绞辘的各部位名称如图7-14所示。

(1)辘绳(tackle-fall):贯穿在滑车上的绳子。

(2)根端(standing end):辘绳固定在滑车上的一端。

(3)力端(running end):辘绳用力拉的一端。

(4)定滑车(fixed block):固定在某处不动的滑车。

(5)动滑车(movable block):钩吊重物,能上下移动的滑车。

图7-14 绞辘

(二)绞辘的种类

1.单绞辘

单绞辘由1个单轮滑车和1根辘绳组成。

2.复绞辘

复绞辘由1个定滑车加上1个动滑车和1根辘绳组成。习惯上根据2个滑车的滑轮数量不同称为1-2绞辘、2-2绞辘等。其中,前面的数字代表定滑车滑轮数;后面的数字代表动滑车滑轮数,如图7-15所示。

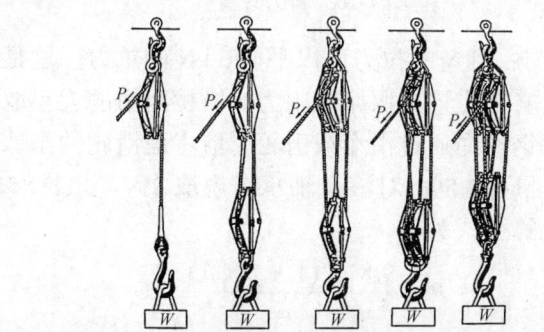

①单绞辘 ②1-1绞辘 ③2-1绞辘 ④2-2绞辘 ⑤3-2绞辘

(a)复绞辘

(b)机械差动绞辘实拍图

图7-15 复绞辘与机械差动绞辘

249

3.机械差动绞辘

这种铁制绞辘是使用铁链来拉动的,用较小的力便可以拉起很大的重量,因此也叫铁链滑车或神仙葫芦。一般动滑车是一个单饼滑车,而定滑车是两个直径不同的双饼滑车,是利用齿轮传动比来达到省力的目的。它具有结构坚固、吊起重物平稳、占用地方小、带有自锁装置、松手后重物不会倒滑等优点,但也有吊升高度有限、工作速度慢、效率差等缺点,适宜在机舱等狭小的地方拆装笨重设备。起重负荷烙印在车壳上,常见的有 1 t、3 t、5 t、7 t 等。

(三)绞辘的省力计算

绞辘具有省力的作用,用一根绳子连接起来的绞辘的省力倍数,等于动滑车上的绳子数。图 7-16 中(a)、图 7-16(b)同样是 2-2 绞辘,但图 7-16(a)的省力倍数是 4,图 7-16(b)的省力倍数是 5。因此,绞辘的省力倍数可总结为:当力端从定滑车引出时,它等于两个滑车滑轮数之和;当力端从动滑车引出时,它等于两个滑车滑轮数之和加 1。

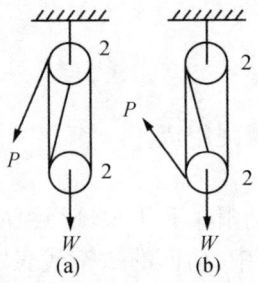

图 7-16 省力计算

如果省力倍数是 6,就是说 1 kN 的拉力可以平衡 6 kN 的重力。这是在无摩擦力的理想状态下的结果,但在实际使用中,还应该克服摩擦阻力。摩擦阻力的大小取决于辘绳穿过的滑轮数及滑轮轴承的类型。通常钢丝绳通过滑车或滑轮时应考虑滑轮的摩擦系数和钢丝绳的僵性损失,此数值对滑动轴承来说应取 5%,对滚珠轴承来说取 2%。此要求也适用于其他所有起重设备。辘绳拉力的近似计算公式为:

$$P = \frac{9.81W(1 + f \times n)}{m}$$

其中,P——拉力(N);

W——货物重量(kg);

n——辘绳穿过的滑轮数;

m——动滑车上的绳子数量;

f——每一滑轮的摩擦系数(木滑车为 10%,铁滑车为 5%,使用滚珠轴承的滑车为 2%)。

(四)并联及串联绞辘

并联绞辘是两副绞辘同时吊起一件重物,若受力均匀,则每副绞辘的负荷为物重的 1/2,但要注意到,在起重过程中,是不易做到均匀的。

串联绞辘是一副绞辘起吊重物,再用第二副绞辘的动滑车与第一副绞辘的力端相连接,如图 7-17 所示。它的省力倍数是两副绞辘省力倍数之积,摩擦力是所有滑轮摩擦力之和。串联绞辘虽然省力比较大,但省力不省功,重物拉起很短距离第二副绞辘的两个滑车就可能靠拢,不能再工作,因此在实际中很少使用。

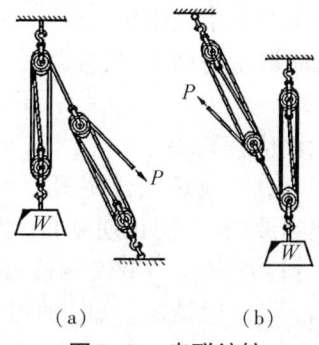

(a)   (b)

图 7-17 串联绞辘

有时一副绞辘不是由一个或两个滑车所组成的。分析它的省力倍数时,由于每个滑轮的两边和每个滑车的上下两端的力是平衡的,可以设力端的力为 1 个单位,由力端往货物方向分析,如图 7-18 所示。其中,图 7-18(a)省力倍数为 3,图 7-18(b)省力倍数为 4。

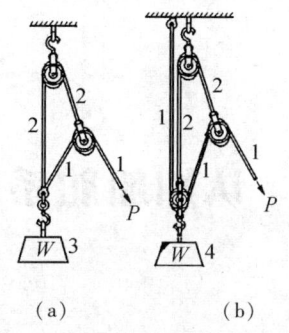

(a)   (b)

图 7-18 由三个滑车组成的绞辘

(五)绞辘穿法的要求

(1)应正确掌握穿引绞辘的方法,并应做到:滑车受力均衡、辘绳不相互摩擦、绞辘工作平稳、安全省力,并应根据滑车的滑轮数量多少采取不同的穿法。

(2)由实际情况可知,当两个滑车的滑轮数相同时,辘绳的根端和力端都在同一个滑车上;滑轮数不同时,根端在滑轮数少的一个滑车上,而力端则从滑轮多的一个滑车上引出。因此,在穿引绞辘时,为了使绞辘辘绳力端向下,方便人员操作。当绞辘的两个滑车滑轮数相等时,辘绳的根端应固定在定滑车的尾眼上;绞辘的两个滑车滑轮数不等时,应将滑轮数多的作为定滑车。

(六)绞辘的使用及保养注意事项

(1)滑车使用时要检查车壳、滑轮等有无裂纹,必须按规定正确选配辘绳,以免造成滑车或辘绳过度磨损。辘绳太粗会与车壳、隔板相互磨损,增加拉力的损耗;太细则强度减弱,且容易滑脱卡住滑轮而引起危险。

(2)辘绳的穿法应正确,以达到安全、省力的使用目的。

(3)必须准确掌握绞辘的许用负荷。确定许用负荷时,不仅要考虑到滑车和辘绳的强度,还应考虑到固定滑车和吊挂重物的构件的强度,应以其中最薄弱构件的许用负荷作为绞辘的许用负荷,不允许超负荷使用。起重时还应注意绞辘各部的受力情况,防止发生事故。

(4)滑车在使用过程中,若发现有吱吱作响的摩擦声,一种原因是轴承损坏,使滑轮与隔板、车壳相摩擦;另一种原因是缺油而滑轮转动不灵,应及时调换或加油。不能盲目使用,以免发生事故。

(5)雨天辘绳容易打滑,使用绞辘应特别小心。

(6)用化纤绳穿配的绞辘,不能与其他绞辘联合使用。

(7)平时绞辘不用时,辘绳应适当放松,不能长期绷紧,以免过度疲劳而使其强度下降。

(8)经常使用的绞辘应定期进行检查保养。不仅要检查滑车,还应检查辘绳及其他附属构件,拆装轮、轴,检查磨损情况及油路畅通情况。轴、轴衬、挂头等构件磨损超过原尺寸的10%时应换新;滑轮与车壳、隔板应保持适当的间隙,以免磨损。铁滑车的间隙不得超过3 mm。

(9)绞辘入库存放应避免堆压,要保持通风,注意防潮,并定期晾晒和检查保养。

任务三　认知船舶系固设备

【任务目标】

了解船舶系固设备有关概念,掌握非标准、半标准系固设备和标准系固设备类型及作用,能够合理选择使用系固件进行货物的系固。

【任务(知识)储备】

对海上运输的货物单元进行适当的积载和系固对于海上人命安全是相当重要的。不当的积载和系固已经造成了许多严重的船舶事故及人员伤亡。为了避免船上由于货物单元的不当积载和系固而造成的危险,国际海事组织(IMO)已将1991年11月6日通过并经修正的《货物积载和系固安全操作规则》(Code of Safe Practice for Cargo Stowage and Securing,《CSS规则》)列入《国际海上人命安全公约》(《SOLAS公约》),作为强制性要求。

根据该规则的要求,除移动平台、渔船、仅装载散装液体或固体货物的船舶及符合国际海事组织(IMO)《国际高速船安全规则》的高速船外,所有国际航行的船舶均应在装载货物单元时随船配备经批准的《货物系固手册》(Cargo Securing Manual,CSM)。非国际航行的船舶可参照有关规定来配备,但为非强制性规定。本节将就货物系固手册的核心组成部分——货物系固设备做一专门介绍。

一、一般定义

1.货物单元(cargo unit)

货物单元是指车辆(如公路车辆、滚装拖车)、铁路车辆、集装箱、板材、托盘、便携式容器、可拆集装箱构件、包装单元、成组货,以及其他货物运输单元如船运箱盒,件杂货如线材卷,重货如火车头和变压器等。不是永久固定在船上的船舶自带装载设备或其他部件,也被视作货物单元。

2.标准货(standardized cargo)

标准货是指已根据货物单元的特定形式在船上设置了经批准的系固系统的货物(如集装箱)。

3.半标准货(semi-standardized cargo)

半标准货是指在船上设置的系固系统仅适应货物单元的有限变化,如车辆(包括车辆、滚装拖车)及铁路车辆等。

4.非标准货(non-standardized cargo)

非标准货是指需要专门积载和系固安排的货物,如普通件杂货等。

5.货物系固设备(cargo securing devices)

货物系固设备是指所有用于系固(secure)和支持(support)货物单元的设备,有固定式和便携式两种。

6.最大系固负荷(maximum securing load,MSL)

最大系固负荷是指船上系固设备的许用负荷。当能提供等同或较高的强度时,安全工作负荷(Safe Working Load,SWL)可代替 MSL。

7.固定式系固设备(fixed securing device)

固定式系固设备是指焊接在船体结构内部(主要指货舱)及外部甲板、舱盖与支柱上的货物系固点及其支撑结构。

8.便携式系固设备(portable securing device)

便携式系固设备是指用于货物单元系固和支撑的移动式设备。

二、非标准与半标准货物系固设备

(一)非标准货物系固设备

依据非标准货物的定义,用于固定干货船、多用途船、滚装船、装载货物单元的散装货船和客船及近海供应船与电缆铺设和管道铺设专用船等在装载集装箱(无专用系固设备)等时所用的设备即为非标准货物系固设备。

1.固定式系固设备

固定式系固设备直接焊接在舱壁、舷侧强肋骨、支柱及甲板上,必要时也可直接焊接在舱底及舱盖上。其主要类型有:

(1)眼板(pad eye,eye plate):为一带眼的钢板,其结构形式可参见本项目任务一"船舶索具"部分,如图7-4所示。

（2）眼环（ring plate）:由一固定眼环和一活动眼环组成,其结构形式可参见本项目任务一"船舶索具"部分,如图7-5所示。

（3）地令（lashing ring）:为一固定焊接眼环。

2.便携式系固设备

便携式系固设备种类主要有:

（1）系固链条（lashing chain）及紧链器（tension lever）如图7-19和图7-20所示。

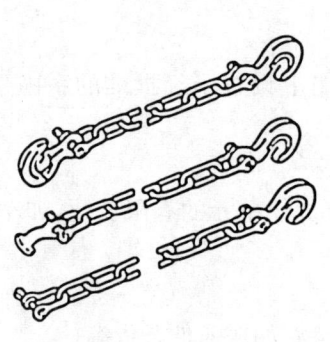

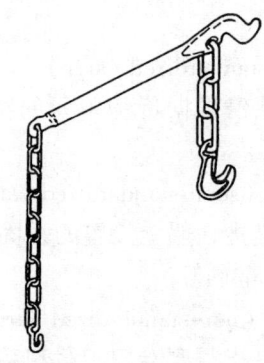

图7-19　系固链条　　　　　　　图7-20　紧链器

（2）钢丝绳（lashing wire rope）:结构形式参见项目四任务二中船舶缆绳相关部分。

（3）系固钢带（lashing steel band）。

（4）卸扣（shackle）:结构形式可参见本项目任务一"船舶索具"部分,如图7-1所示。

（5）花篮螺丝（turn buckle）:结构形式可参见本项目任务一"船舶索具"部分,如图7-6所示。

（6）紧索夹（clamp）:结构形式可参见本项目任务一"船舶索具"部分,如图7-7所示。

3.便携式系固设备的配套使用

便携式系固设备的种类较多,且具有各自的特点。因此,其在实际使用时必须紧密结合各自的特点与要求与其他设备配套使用,如钢丝绳必须与紧索夹、花篮螺丝配套或与紧索夹、花篮螺丝及卸扣配套,系固链条只有在利用紧链器的情况下,方可系紧货物。

（二）半标准货物系固设备

依据半标准货物的定义,用于固定滚装船在装载车辆（包括公路车辆、滚装拖车）及铁路车辆时所使用的设备即为半标准货物系固设备。

1.固定式系固设备

（1）系固槽座（lashing pot）结构形式如图7-21所示。

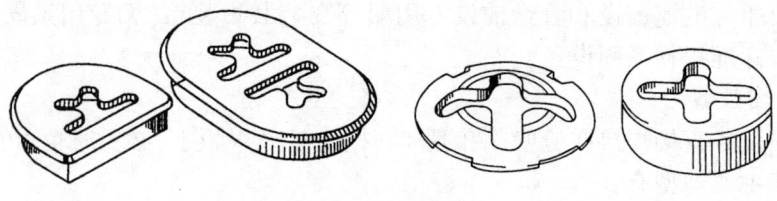

图7-21　系固槽座

（2）可折地令（lashing eye）结构形式如图 7-22 所示。

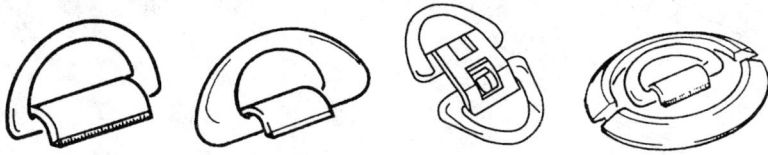

图 7-22　可折地令

2.便携式系固设备

（1）系固链条及紧链器如图 7-19 与图 7-20 所示。

（2）绑扎带（lashing band）：系固车辆及滚装拖车专用设备，如图 7-23 所示。

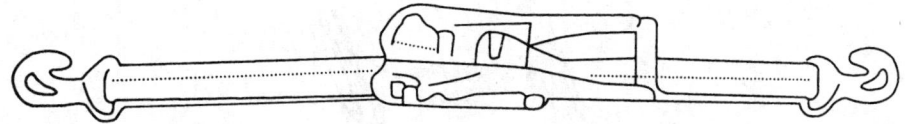

图 7-23　绑扎带

（3）象脚（elephant feet）：与其他便携式系固设备相连，使用时插入槽座即可达到紧固货物之目的，如图 7-24 所示。

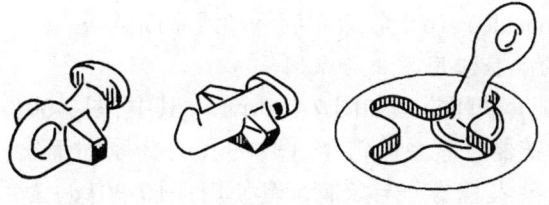

图 7-24　象脚及其使用

（4）拖车支架（trailer trestle）：用来支撑并固定拖车，如图 7-25 所示。

（5）拖车千斤顶（trailer support jack）如图 7-26 所示。

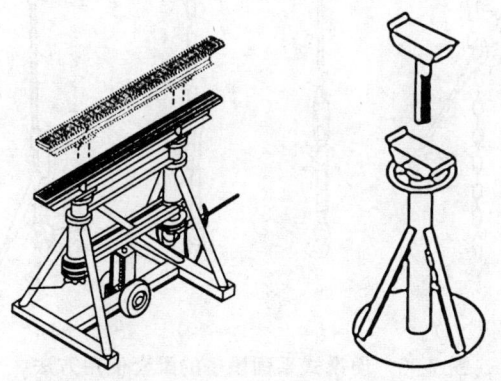

图 7-25　拖车支架　　　图 7-26　拖车千斤顶

（6）轮楔（wheel chock）：固定车轮，防止车轮滚动以增大摩擦力，如图 7-27 所示。

（7）系固钢丝（lashing wire）如图 7-28 所示。

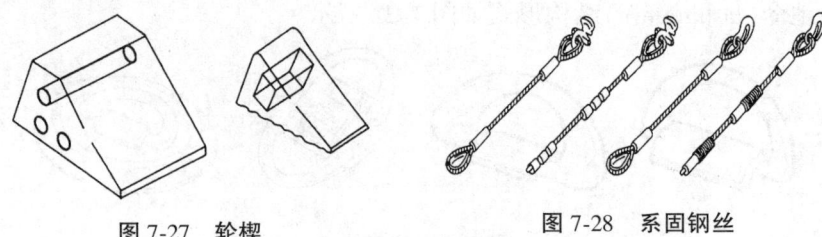

图 7-27　轮楔　　　　　　　　图 7-28　系固钢丝

（8）快速释放紧索器（quick release lashing）：用于收紧并可快速释放系固钢丝，如图 7-29 所示。

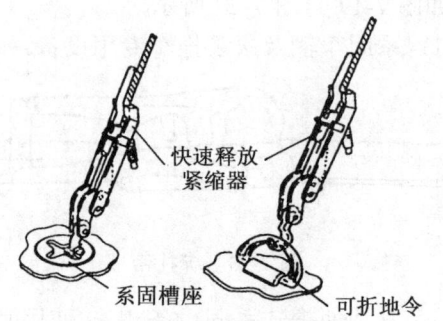

快速释放
紧缩器

系固槽座　　　可折地令

图 7-29　快速释放紧索器

（9）花篮螺丝（turn buckle）：用于收紧系固钢丝或系固链条。

3.便携式系固设备的配套使用方法与系固

便携式系固设备的配套使用方法如图 7-30 所示。其中，图 7-30（a）为系固链条、紧链器与象脚配套使用，并利用紧链器收紧系固链条；图 7-30（b）为系固钢丝、花篮螺丝与象脚配套使用；图 7-30（c）为系固链条、花篮螺丝与象脚配套使用；图 7-30（d）为系固钢丝与快速释放紧索器及象脚配套使用，并利用快速释放紧索器收紧系固钢丝。

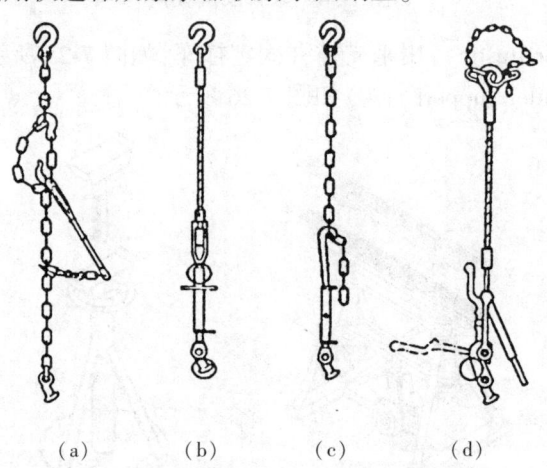

（a）　　　　（b）　　　　（c）　　　　（d）

图 7-30　便携式系固设备的配套使用方法

典型半标准货的系固方法如图 7-31 和图 7-32 所示。

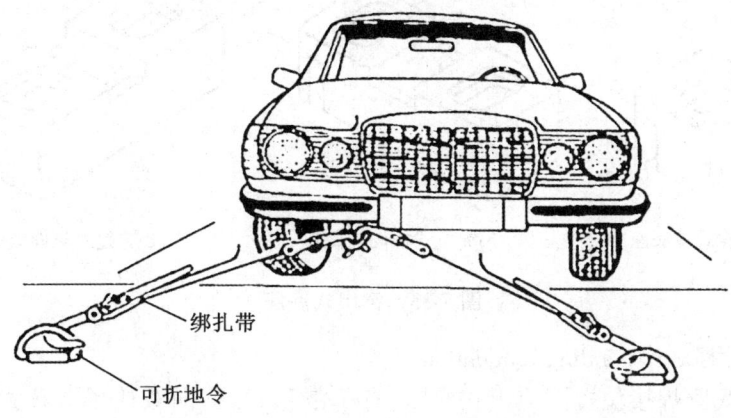

图 7-31　典型半标准货的系固方法

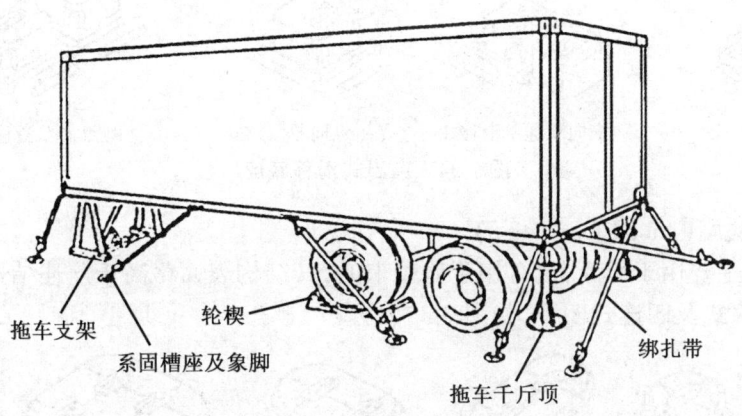

图 7-32　拖车的系固方法

三、标准货系固设备

按标准货的定义,用于固定专用集装箱船及多用途船(适用时)在装载集装箱时所使用的设备即为标准货系固设备。该类系固设备均是经批准的专用设备。

(一)固定式系固设备

1.底座(foundation)

底座直接焊接在舱底、甲板、支柱及舱盖上,相互之间的间距按集装箱四角角件孔的尺寸设计,并通过安放在其上的扭锁、底座扭锁或定位锥来对集装箱进行定位和固定。底座的种类主要有以下几种:

(1)突出式底座(protruding foundation)

突出式底座主要用于舱盖、支柱及甲板上,其主体部分突出在上述结构的表面,用于安装并固定扭锁。突出式底座有单式、横向双式及纵向双式三种形式,如图 7-33 所示。

257

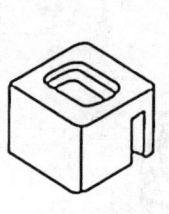 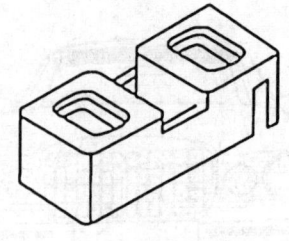 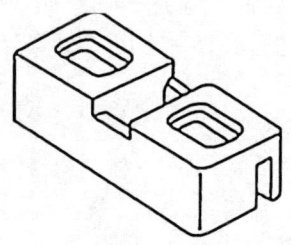

(a)突发式单底座　　　　(b)突发式横向双底座　　　　(c)突发式纵向双底座

图 7-33　突出式底座

（2）突出式滑移底座（sliding foundation）

突出式滑移底座焊接位置同突出式底座,有单滑移式、横向双连单滑移式、纵向双滑移式三种形式。这种滑移式底座允许适当调整底座间的间距,如图 7-34 所示。

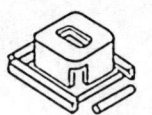 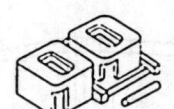 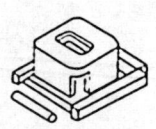 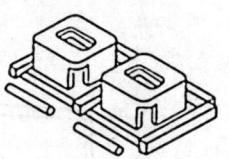

（a）横向单滑移式　（b）横向双连单滑移式　（c）纵向单滑移式　　　（d）纵向双滑移式

图 7-34　突出式滑移底座

（3）埋入式底座（imbed foundation）

埋入式底座主要用于舱底,也有用于舱盖上的,其结构表面略高于前述结构表面,有单式、纵向双式、横向双式及四连式四种,如图 7-35 所示。

  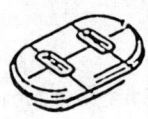 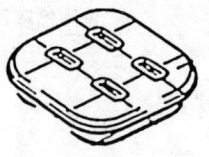

（a）单式　　（b）纵向双式　　（c）横向双式　　　（d）四连式

图 7-35　埋入式底座

（4）燕尾底座（dovetail foundation）

燕尾底座又称燕尾槽,主要用于舱盖及甲板支柱上,并专用于固定底座扭锁,有单式与横向双式两种,如图 7-36 所示。

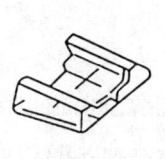 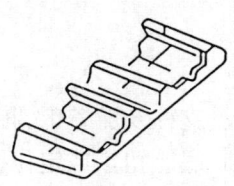

（a）单式燕尾底座　　（b）横向双式燕尾底座

图 7-36　燕尾底座

（5）板式底座（doubling plate foundation）

板式底座主要用于舱底，并与堆锥配套使用，如图 7-37 所示。

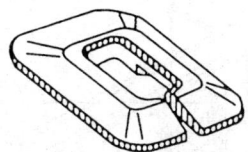

图 7-37　板式底座

（6）插座（socket）

插座一般用于舱内，并与底座堆锥配套使用，如图 7-38 所示。

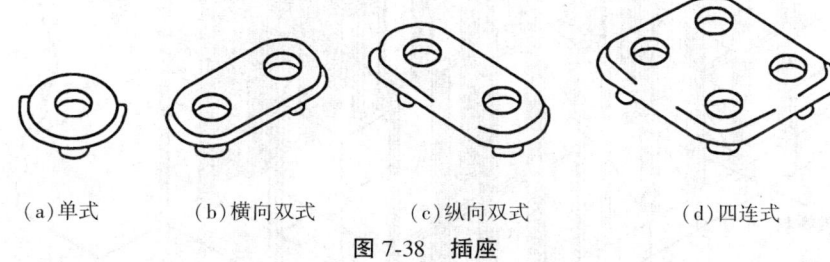

（a）单式　　　（b）横向双式　　　（c）纵向双式　　　（d）四连式

图 7-38　插座

2.固定锥（welding cone）

固定锥通过一覆板直接焊接在舱底的前后端导轨底脚处，用于固定舱内最底层集装箱（固定锥插入集装箱的角件孔内），如图 7-39 所示。

3.可折地令（lashing eye，D-ring）

可折地令又称 D 形环，主要用于舱盖、甲板、集装箱支柱及绑扎桥上，多用途船也将其用于舱底。其主要作用是作为一个系固点与花篮螺丝、绑扎杆等组成一系固系统固定集装箱。可折地令如图 7-40 所示。

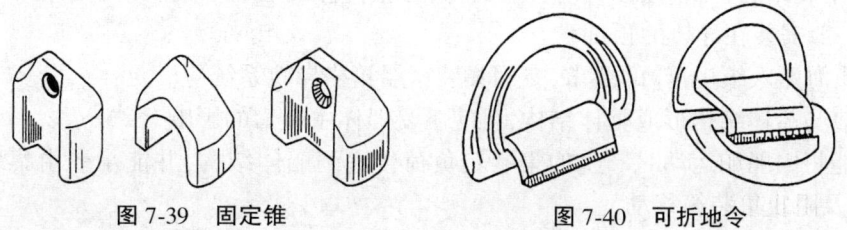

图 7-39　固定锥　　　　　　图 7-40　可折地令

4.眼板（lashing plate）

眼板使用位置与作用同地令，但一般不用于舱内。眼板有单眼、双眼、三眼及四眼等几种，其形式如图 7-41 所示。

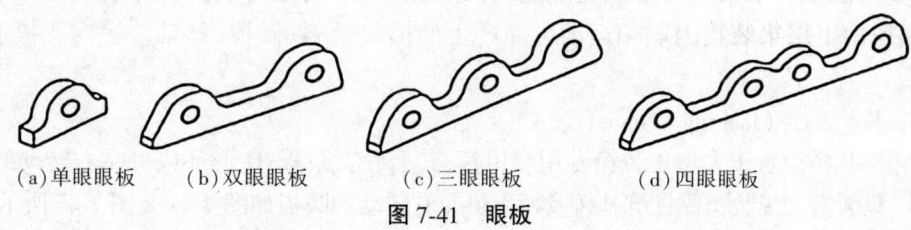

（a）单眼眼板　　（b）双眼眼板　　　（c）三眼眼板　　　（d）四眼眼板

图 7-41　眼板

5.箱格导轨系统(cell guide system)

箱格导轨系统设置于舱内,也有在甲板上无舱口的位置处设置该系统的,如图7-42所示。

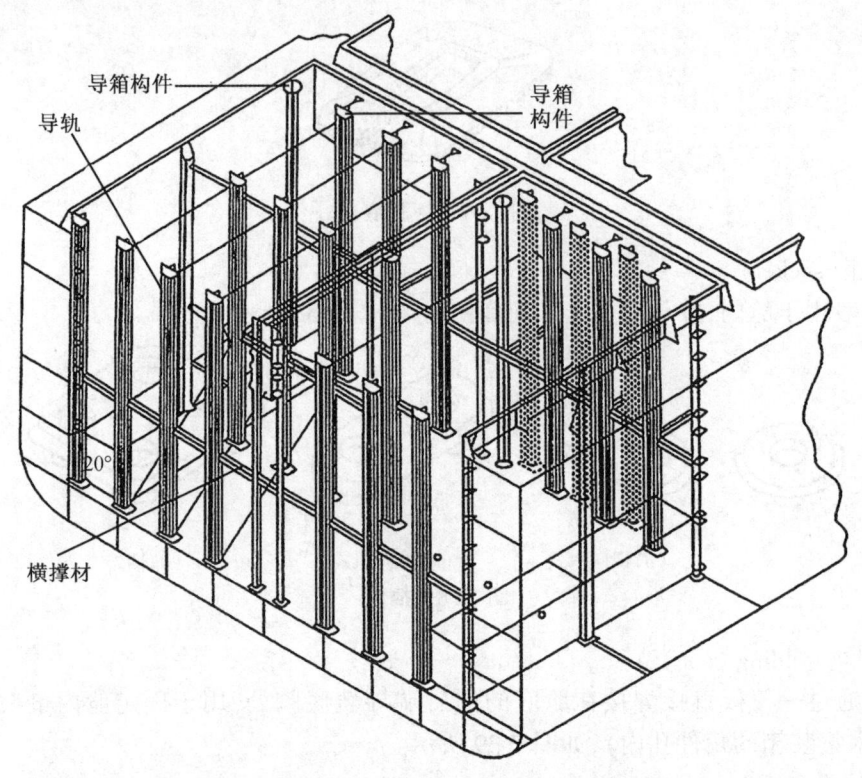

图 7-42　箱格导轨系统

箱格导轨系统一般由钢板和型钢构成,主要由导轨(guide rail)、横撑材(transverse prop)、导箱构件(container guide member)等组成。导轨从内底延伸至导箱构件的下缘。整个系统的作用是控制集装箱的歪斜、倾覆与滑移。其中,导箱构件又是引导集装箱进入箱格导轨系统的重要构件,一般安装在导轨的顶部。

按《钢质海船入级规范》的要求,专用集装箱船箱格导轨系统应满足:

(1)不应与船体结构形成整体结构,且应不受船体主应力的影响。

(2)应能将因船舶运动时产生的集装箱负荷传递到船体结构,并能承受由集装箱装卸时产生的负荷及阻止集装箱移动。

(3)为确保顺利吊装集装箱,每只集装箱与导轨之间的横向间隙之和应不超过25 mm,纵向间隙之和不超过40 mm。

6.横向支撑底座(lateral support foundation)

横向支撑底座一般设置于多用途船舱内两舷侧,其作用是与横向支撑装置组成一支撑系统,以控制舱内上层集装箱因船舶运动可能产生的横向歪斜、倾覆、移动。横向支撑底座如图7-43所示。

7.集装箱绑扎桥(lashing bridge)

集装箱绑扎桥设置于大型集装箱专用船甲板,其上设有眼板、D形环或可左右转动的眼板,用于系固高层集装箱。集装箱撑柱绑扎桥及桥上可左右转动的眼板如图7-44及图7-45所示。

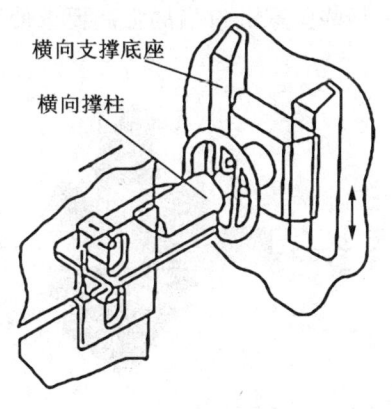

图 7-43 横向支撑底座

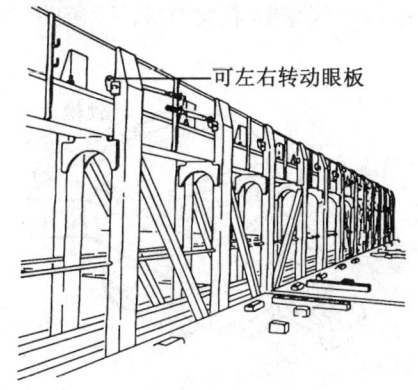

图 7-44 集装箱绑扎桥

图 7-45 可左右转动眼板

(二)便携式系固设备

1.扭锁(twist lock)

(1)普通扭锁(ordinary twist lock)

图 7-46 所示为普通扭锁,主要用于甲板上上下层集装箱之间的连接锁紧或底层集装箱与突出式底座之间的连接锁紧,以防集装箱的倾覆及滑移。

扭锁有左旋锁与右旋锁之分。图 7-46 所示的为左旋锁,即当操作手柄位于图中虚线位置时,扭锁处于非锁紧状态;当操作手柄从右向左旋转至极限位置时,扭锁为锁紧状态。为此,使用时,应首先将操作手柄置于非锁紧状态并将其放置在下层集装箱顶部的角件孔或突出式底座内,待上层集装箱堆放妥当后,转动操作手柄,即可将箱与箱或箱与底座连接起来。卸箱时应首先用扭锁操作杆(operating rod)将操作手柄转至扭锁非锁紧位置方可卸箱。

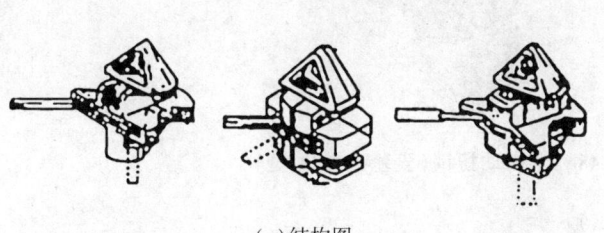

(a)结构图

(b)实物图

图 7-46 扭锁

(2)半自动扭锁(semi-automatic twist lock)

半自动扭锁如图 7-47 所示,作用同扭锁。因半自动扭锁具有无须装卸工人爬到集装箱上将其安装和取下的过程这一优点,故能最大限度地减少工人上高作业的危险,从而保证安全。

因此,该种扭锁不仅得到了大力推广和应用,同时也是某些国家港口当局强制要求使用的扭锁(如美国)。

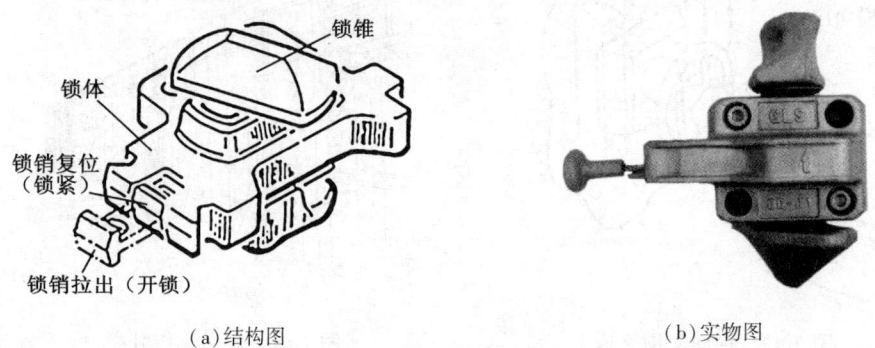

（a）结构图　　　　　　　　　　　　　　　（b）实物图

图 7-47　半自动扭锁

半自动扭锁是在码头上当桥吊将集装箱吊起至人手臂举起的高度时,从下向上将其插入集装箱角件孔内,待吊上船并对准突出式底座或另一集装箱角件孔时放下,该锁的自动装置即起作用并转动锁锥将箱与底座或箱与箱连接锁紧。

卸箱时,应首先用操作杆将锁销(locking pin)拉出,从而打开扭锁与突出式底座或另一集装箱顶部角件孔的连接,吊起集装箱至码头,人工将其卸下。

（3）全自动扭锁(automatic twist lock)

全自动扭锁在装载和卸载集装箱时皆可自动完成,较半自动扭锁的人工手动解锁更省时和安全,同时还具有强制联锁的功能,可以手动锁上全自动扭锁。该特性有助于限制绑扎杆和花篮螺丝的峰值力,提高货物的安全性。图 7-48 所示为全自动扭锁(麦基嘉 C8A 型)。

虽然全自动扭锁为集装箱装卸提供了一种可能,但也曾出现过由于全自动扭锁松脱而造成集装箱掉落海中的事故。但从经济角度和确保码头装卸安全的角度来看,全自动扭锁的推广使用势在必行。

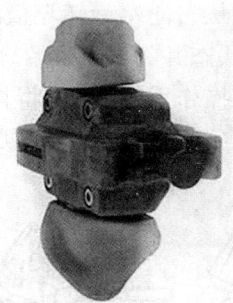

图 7-48　全自动扭锁(麦基嘉 C8A 型)

（4）底座扭锁(bottom twist lock)

底座扭锁如图 7-49 所示,仅与燕尾底座配套使用。其作用与操作使用方法同扭锁。

2.堆锥(stacking cone)

堆锥按使用位置及功能的不同,可分为以下几种:

（1）中间堆锥(inter-bridge stacking cone)

中间堆锥上下锥头固定,垂向方向无锁紧功能,故仅用于舱内箱与箱之间的连接。中间堆

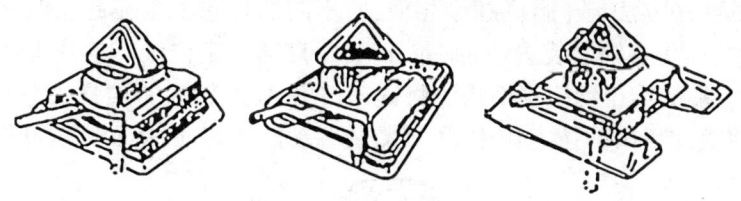

图 7-49 底座扭锁

锥有单头与双头堆锥两种,如图 7-50 所示。

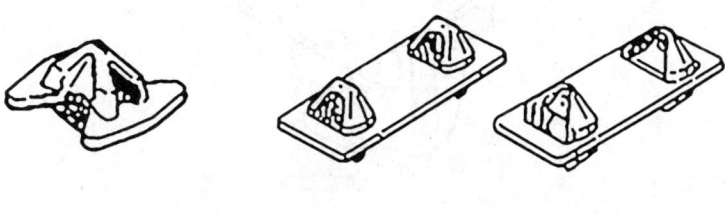

（a）单头堆锥　　　　　　　　　（b）横向双头堆锥

图 7-50 中间堆锥

（2）底座堆锥（bottom stacking cone）

底座堆锥之一又称可移动锥板（removable cone plate）,如图 7-51 所示。其结构特点是上为锥头下为插杆,仅与插座配套使用。可移动锥板有单头、横向双头、纵向双头及四连四种。另一种底座堆锥为单头,但上下均为锥头,如图 7-52 所示。这种堆锥与板式底座配套使用。

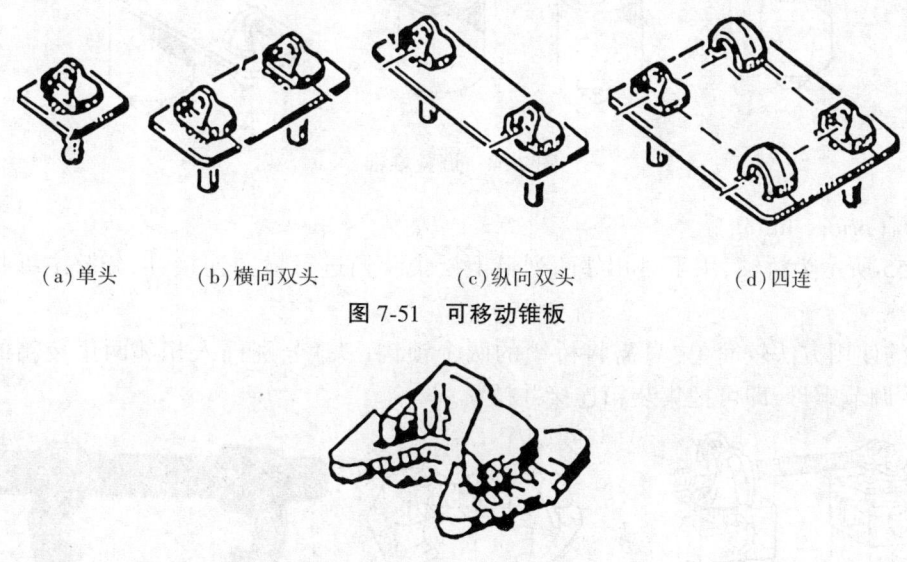

（a）单头　　　　（b）横向双头　　　　（c）纵向双头　　　　（d）四连

图 7-51 可移动锥板

图 7-52 单头底座堆锥

（3）自动定位锥（automatic fixing cone）

图 7-53 所示为自动定位锥,用于固定甲板上 40 ft 箱位处在装 20 ft 箱时位于中间的箱角,并与半自动扭锁配合使用,即 40 ft 箱位的前后两端用半自动扭锁,中间（20 ft 处）用自动定位锥。这样不仅可起到半自动扭锁的作用,同时也克服了 40 ft 中间狭窄空间处无法操作的缺陷。目前自动定位锥已得到了较为广泛的使用,并且是美国等国家港口当局强制要求配备的。

　　自动定位锥的使用方法与半自动扭锁相似,所不同的是它不存在卸箱时必须先由人工将锁销拉出这一过程,而是靠锁紧装置(locking device)自动将定位锥转换成非锁紧状态。即首先将 20 ft 集装箱一端的半自动扭锁由人工将锁销拉出,使之转为非锁紧状态,桥吊缓慢起吊,此时自动定位锥将会在桥吊的拉力作用下,锁紧装置动作并解锁,从而完成卸箱工作。

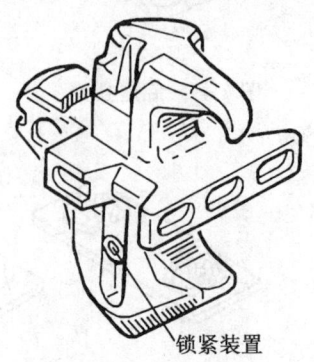

图 7-53　自动定位锥

　　(4)调整堆锥(leveling stacking cone)
　　调整堆锥又称高度补偿器,用于在装载某些非标准高度的集装箱时调整其高度至标准状态,如图 7-54 所示。

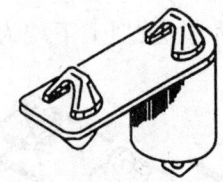

图 7-54　调整堆锥

　　3.桥锁(bridge fitting)
　　图 7-55 所示为桥锁,用于对相邻两列最上层集装箱进行横向连接,以分散主绑扎设备的负荷。
　　桥锁的使用方法较简单,只需将桥锁的两个锁钩(头)分别插入相邻两集装箱的角件孔中,再旋转调节螺母,即可把集装箱连接并拉紧。

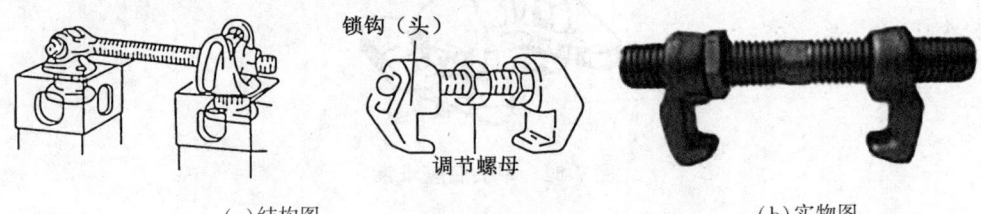

(a)结构图　　　　　　　　　　　　　　　　　　　　　　　(b)实物图

图 7-55　桥锁

　　4.花篮螺丝与绑扎杆(turn buckle & lashing bar)
　　花篮螺丝(又称松紧螺旋扣)与绑扎杆(又称绑扎棒)如图 7-56 所示。该两种设备通常需组合成一个整体后,方可达到系固集装箱的目的。

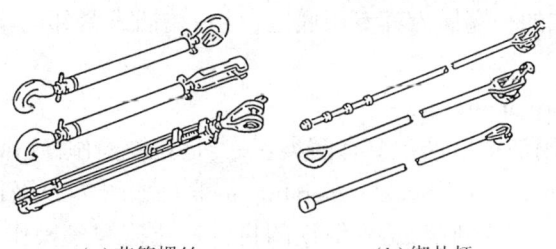

(a)花篮螺丝　　　　　(b)绑扎杆

图 7-56　花篮螺丝与绑扎杆

图 7-57 所示为利用花篮螺丝与绑扎杆组合后系固集装箱的示意图。其操作方法是首先将绑扎杆的一头插入集装箱的角件孔中,另一头与花篮螺丝相连,再通过花篮螺丝与地令或眼板相连,最后调整花篮螺丝,使整个系固系统紧固。

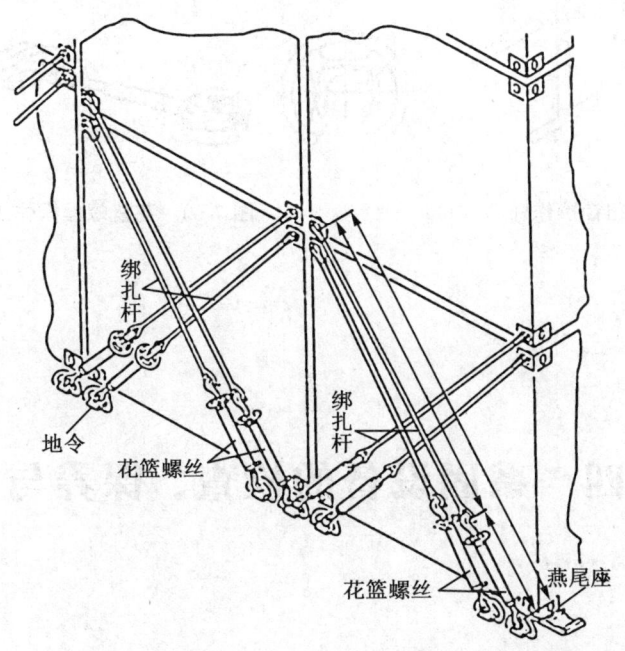

图 7-57　花篮螺丝与绑扎杆组合后紧固集装箱示意图

有时在利用上述系固系统系固时,由于绑扎杆长度的原因,或有特殊系固要求,需加长绑扎杆,为此需要使用加长钩(lengthening hook),以满足系固需求,如图 7-58 所示。

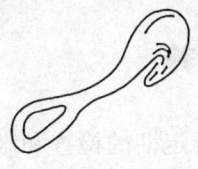

图 7-58　加长钩

5.横向撑柱(lateral support element)

横向撑柱如图 7-43 所示,用于舱内无箱格导轨或多用途船舱内装载集装箱时,对舱内紧靠两舷侧的最上层集装箱进行支撑,以防集装箱歪斜、倾覆或横移。

　　使用时,将横向撑柱的一端插入其专用底座,另一端插入紧邻的集装箱角件孔内,再利用调整装置使其拉紧受力。

　　6.辅助工具(accessory appliances)

　　便携式系固设备所用辅助工具主要有两类:一类是扭锁操作杆(twist lock operating rods);另一类是花篮螺丝操作工具(turn buckle operating tools),如图7-59及图7-60所示。扭锁操作杆的作用是控制扭锁的手柄或锁销,达到解锁的目的。花篮螺丝操作工具的作用是将花篮螺丝收紧或松开。

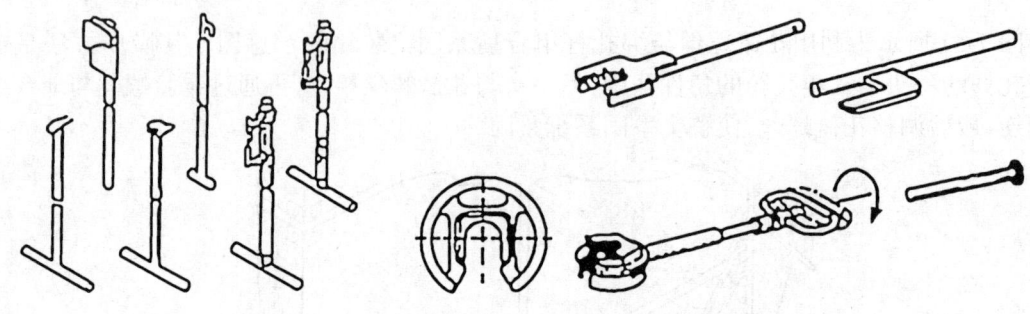

图7-59　各种扭锁操作杆　　　　　　　图7-60　花篮螺丝操作工具

任务四　系固设备的检查、保养与检验

【任务目标】

熟悉系固设备的检查与维护保养以及检验要求。

【任务(知识)储备】

一、系固设备的检查与维护保养

　　船上系固设备应在船长负责下进行定期的检查和维护保养。这些检查和维护保养应至少包括以下各项:

　　(一)对所有零部件的日常外观检查和保养

　　(1)所有固定式系固设备,在使用完成以后,应立即进行受损检查。重新使用前,对已损坏或怀疑受损部件应修复并进行适当的强度测试。

（2）所有便携式系固设备在使用完后及再次使用前应有专门人员负责损坏检查。种类不同的设备、已检查和尚未检查的设备、常用和备用设备均应分类并整齐地加以存放。每隔3个月，应对所有可移动系固设备进行一次详细检查和加油活络。

（3）上述检查和维修保养在经历了恶劣天气、海况以后和特别加固用途以前应进行更加严格的检查。

（二）按要求检查

应按主管机关的要求接受各项检查和重新测试。

（三）船上应备有足够数量的系固设备备品

对于系固设备的备品，一般规定为船上系固设备总数的10%。

（四）对不同种类系固设备具体的检查和维护保养要求

应对每一设备的损坏和磨损情况进行检查，以发现有损于充分、安全地发挥其设计性能以及可能导致人身伤害的缺陷。若需用于特殊目的，使用前应对其进行检查，以确定其强度和功效是否适用。

1.各种底座、系固眼板、地令、固定锥、槽座及集装箱箱格导轨系统

（1）应检查这些固定式系固设备与船体结构的焊接部位，若有缺陷和裂缝，则应开槽后复焊。若船体本身存有缺陷（如不平整），则应先将该设备将要重新焊接处的船体部分用合适的方式予以修复。该船体部分包括舱底、横舱壁、舱盖、舷侧、集装箱支柱及甲板等。

（2）应检查其磨损、变形和其他缺陷。若该设备缺陷轻微且不影响其功能，可暂不修理；若有较严重的缺陷，则应用至少同等强度的设备进行更换（同型号或其他型号）；该设备重新附着船体的焊接操作应由持有相应证书的电焊工进行，并严格按照焊接工艺操作，特别是靠近油舱的焊接操作。

（3）在使用该设备前，应将该设备处的灰尘、碎石以及前几航次的残留物清除干净。

（4）集装箱箱格导轨系统应定期检查，以防止因变形、损坏而影响装卸货及货运安全，对变形和损坏的部分应及时修复。

（5）正常的除锈油漆保养工作。

2.花篮螺丝及绑扎杆

（1）花篮螺丝应经常加油活络，防止因锈蚀而咬死无法转动。

（2）应检查花篮螺丝的螺纹损坏情况，防止由于错咬而无法转动，当螺纹损坏严重时应及时换新。

（3）应检查与绑扎杆连接端的磨损情况，若磨损严重应及时换新。若一端为卸扣时，应同时检查卸扣端弹簧栓的状况。

（4）绑扎杆除应注意检查本体外，还应注意检查两端的磨损情况。若磨损严重或不能有效地绑扎时，应及时换新。

（5）上述本体若有裂纹出现，则应及时更换。

3.扭锁、桥锁、堆锥（包括自动定位锥）及横向撑柱

（1）在使用前，应检查其变形、损坏情况，若发现扭锁转不动、手柄断裂，应进行修复，使其

恢复功能,对损坏严重以致影响其功能的,应及时换新。在此应特别注意半自动扭锁及自动定位锥的自动功能,若已失去此功能,应及时修复,无法修复的则应换新。

(2)桥锁及横向撑柱应经常加油活络,并检查螺纹的情况。

(3)若发现上述设备本体有裂纹,则应立即换新。

(4)在集装箱的装卸、系固和拆系过程中,上述设备容易受到损坏,特别是在提升和放落这些设备时应避免野蛮操作而造成损坏。

(5)使用完毕后,此类设备应及时收集在专用的盛具内,以防丢失。

4.系固钢丝绳、系固链条、快速释放紧索器及紧链器

(1)应详细检查系固钢丝绳(包括一般系固用钢丝绳),看其是否有永久性扭结、压扁、油麻芯或纤维芯干枯或外露。若有发现此类影响使用强度的情况,应及时予以更换。

(2)在系固钢丝绳的整个长度范围内,若在其10倍直径长度内发现有超过5%的钢丝断裂、磨损或严重锈蚀,则应及时换新。

(3)系固钢丝应定期涂钢丝油润滑,以防因锈蚀而缩短其使用寿命。

(4)存放于露天甲板的系固钢丝绳应用帆布罩罩好,避免日晒雨淋使其受损。

(5)必须注意检查快速释放紧索器,以保证其操作灵活、可靠。

(6)对于系固链条和紧链器,若发现其严重锈蚀或损坏,则应及时换新。

(7)应仔细检查系固链条和紧链器每一链环的状况,若发现其本体有裂纹出现,则应及时换新。若仅为轻微变形、磨损、腐蚀但不影响其强度和功能,则无须更换。

5.卸扣和紧索夹

(1)应经常加油活络,防止因腐蚀而咬死无法转动。

(2)本体若有裂纹出现,则应立即更换。

(3)应检查螺纹损坏情况,防止由于错咬而无法转动,当螺纹损坏严重时应及时换新。

(五) 系固设备的检查和维修保养记录簿

船上应有系固设备检查和维修保养的记录,以证明船舶对系固设备进行检查和维修保养所采取的行动。船舶系固设备记录簿应由大副记录和保管。

二、系固设备的使用注意事项

为保证系固的可靠性,确保航行安全,在使用系固设备的过程中必须注意下列事项:

(1)所有系固设备必须具有由主管机关签发的证书。对正在使用但又无相应主管机关签发证书的现有系固设备,使用前务必确认其系固的可靠性,若无法确认,则应弃之不用。

(2)配套使用系固设备时,必须注重考虑各自最大系固负荷(MSL)的协调性,且应以系固设备中最小的 MSL 作为整个系固系统的 MSL。

(3)某些系固设备 MSL 的确认方法如表7-2所示。

表 7-2　由破断负荷确定 MSL

系固设备	MSL
卸扣、环、甲板孔、低碳钢花篮螺丝	50%破断强度
纤维绳	33%破断强度
纤维网状绑扎件	70%破断强度
钢丝绳(一次性使用)	80%破断强度
钢丝绳(可重复使用)	30%破断强度
钢带(一次性使用)	70%破断强度
链	50%破断强度

（4）补充或更新普通扭锁时,应注意新上扭锁与现有扭锁的转锁方向必须保持一致,否则将会给装箱后的系固带来极大麻烦。

三、系固设备的检验

船舶系固设备应接受的检验种类与船舶应接受的检验种类相同,具体如下:

1.初次检验

对系固设备的初次检验与对船舶的入级检验同时进行。

2.年度检验

系固设备的年度检验与船舶的年度检验同时进行。其目的是对系固设备进行一般性检查,以确认其是否处于有效的技术状态。

3.中间检验

系固设备的中间检验与船舶的中间检验同时进行。其要求与年度检验的要求相同。

4.特别检验

系固设备的特别检验与船舶的特别检验同时进行。检验项目有:

（1）对箱格导轨结构做全面检查,特别是垂直导轨与横撑材间的连接节点,导轨与导箱装置应处于良好的技术状态。

（2）全面检查可拆卸式框架或其他的约束装置。

（3）检查固定在船体结构上的配件,对位于液舱区域的配件,其四周应无泄漏。

（4）对照《船舶系固手册》全面检查所有的便携式系固设备。

（5）若发现系固钢丝绳在等于其直径 10 倍的任何长度内有超过 5%的钢丝断裂、磨耗或腐蚀,则应及时换新,若发现钢链发生蚀耗或损坏,也应及时换新。

（6）若需更新系固设备,则新的系固设备应为认可的型式和产品。若无试验证书,则应按有关要求对新的系固设备进行相应的试验。

复习思考题

1. 试述绞辘各部分的名称及复合绞辘是如何命名的。

2. 何为船用索具？船用索具主要有哪些种类及它们的作用是什么？

3. 货物系固设备与最大系固负荷是如何定义的？

4. 系固设备的种类有哪些？又是如何定义的？

5. 半标准货物固定系固设备、标准货物固定系固设备的种类主要有哪些？

6. 简述导轨系统的组成与应满足的要求。

7. 简述半自动扭锁的操作使用方法。

8. 简述自动定位锥的使用特点与方法。

9. 系固设备的使用注意事项有哪些？

10. 系固设备应接受的检验种类有哪些？

项目八
船舶堵漏器材及其使用

项目介绍 >

　　了解船舶常用堵漏器材的类型、作用及使用方法,掌握堵漏器材的保管,能正确地选配和养护堵漏器材,并进行船舶应急堵漏。

学习目标 >

◆ **知识目标**

　　1.熟悉各种船舶堵漏器材及堵漏方法;
　　2.熟悉船体破损后的应急措施。

◆ **能力目标**

　　能正确地选配和养护堵漏器材,并进行船舶应急堵漏。

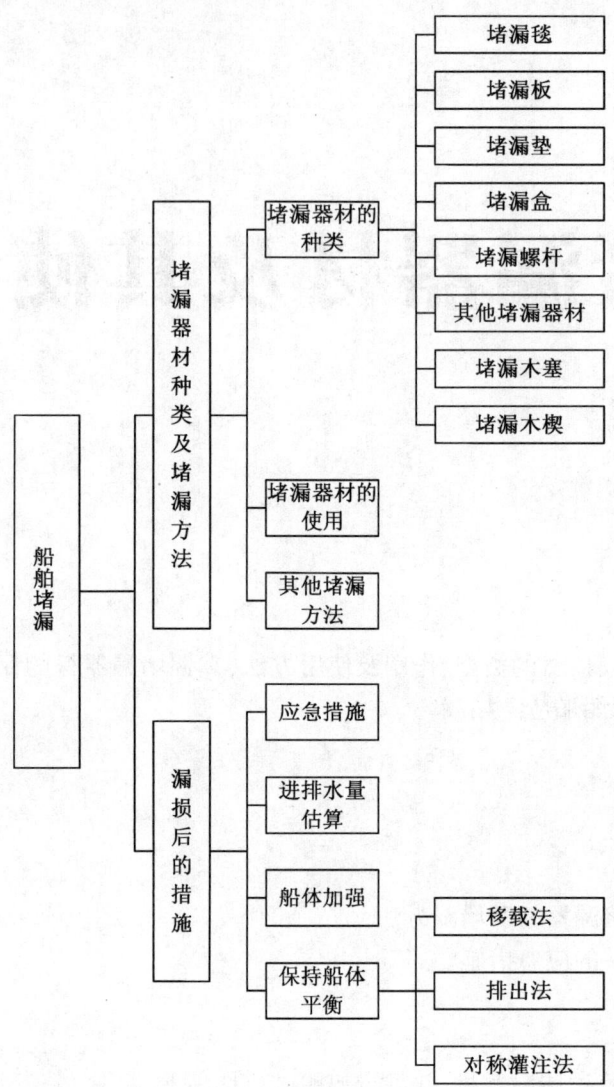

【任务(知识)储备】

船舶在发生漏损时,应及时使用船舶所配备的各种堵漏器材进行堵漏,以减少进水,防止破损部位进一步扩大,为排水抢修创造有利条件。为此,一般船舶均配有相应的堵漏器材。

一、堵漏器材的种类及堵漏方法

堵漏器材是根据船舶的大小、类型及航行区域来配备的。堵漏器材包括堵漏毯、堵漏垫、堵漏盒、各种规格的木塞、各种螺丝钩、水泥、黄沙、木柱、木板、木楔等,使用时应根据破洞大小、部位、破损情况等灵活应用。

(一)堵漏毯

1.作用

堵漏毯又称堵漏席,是进行舷外堵漏的有效工具,适用于舷外水线附近及以下船壳较平坦和一般弯曲部位,不适合艏艉弯曲太大的部位。它虽不能将船壳水下破口完全堵严,但能大大减少破口的进水量。

2.种类、结构特点与规格

(1)种类

堵漏毯有轻型和重型两种。

(2)结构特点与规格

轻型堵漏毯由三层帆布缝制而成,四周的帆布边缝有麻绳以增加其强度。堵漏毯的一面缝有油麻绒,堵漏时应将有麻绒的一面朝向破口,靠水压将堵漏毯压紧在船壳板上,堵住破口。

重型堵漏毯是用钢索编成网,四周镶有钢丝绳,网的两面各贴以一层厚帆布。每个方形钢索圈内垫以几层小块厚帆布,缝合在两层帆布中间。四周所镶的钢丝绳外面又镶着一条粗油麻绳。它以细麻绳缠扎在钢丝绳上,四角和上面装有眼环,如图8-1所示。堵漏毯的形状呈方形,规格有 2 m×2 m、2.5 m×2.5 m、3 m×3 m、3.5 m×3.5 m、4 m×4 m 等。

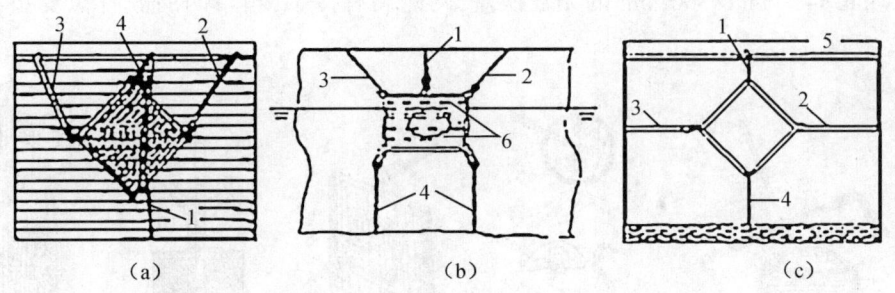

图8-1 堵漏毯及其使用
1—顶索;2—前张索;3—后张索;4—底索;5—船壳板;6—钢管

3.堵漏毯的使用方法

堵漏毯主要有两种使用方法:一种是菱形挂法,如图8-1(c)所示。该种方法配合使用1根过底索、1根顶索另加2根张索,主要适用于平直和一般弯曲处。另一种是方形挂法,如图

8-1(b)所示。该方法配合使用2根过底索1根管制索及2根张索,主要适用于水线附近及水线下较平直船壳处。

(二)堵漏板

堵漏板主要有螺杆折式、圆形折式及方形折式等三种。

1.螺杆折式(折叠式)

螺杆折式(折叠式)是从船体内部进行堵漏的一种工具,用以堵住直径在280 mm以下的近似圆形破洞。它由3块铁板铰接而成的堵漏板、撑架、螺杆和蝶形螺母等组成。堵漏板的四周嵌有橡皮衬垫,如图8-2(a)所示。

2.圆形折式

圆形折式是从船体内部进行堵漏的一种简易型堵漏工具,主要由拉索、橡皮垫及由铰链连接而成的2块折式铁板等组成,如图8-2(b)所示。

3.方形折式堵漏板

方形折式堵漏板是从舷外向内进行堵漏的一种工具,主要由吊索、拉索、铁板及橡皮垫等组成,如图8-2(c)所示。

(三)"丁"字形堵漏垫

图8-2(d)所示为"丁"字形堵漏垫的构造。使用时先把"丁"字形螺杆扳直,从破洞舱内一侧伸出后,再恢复"丁"字形,旋紧螺母利用木垫板把棕垫压紧在破洞上。它适用于堵塞直径在300 mm左右的圆形或近似圆形的漏洞,且该处卷边向外。

若漏洞有较大的向内卷边,则应使用螺杆折式(折叠式)堵漏板为宜。

(四)堵漏盒

堵漏盒也称堵漏箱,是一种从船内进行堵漏的器材,主要用于覆罩有较大向内卷边的洞口,或有一些小型突出物的船壳裂口,或以木塞、木楔塞漏后四周仍不规则的缝孔等。其结构为一个400 mm×400 mm×300 mm的无盖铁盒,两侧装有拎攀,箱口四周嵌有橡皮垫,如图8-2(e)所示。

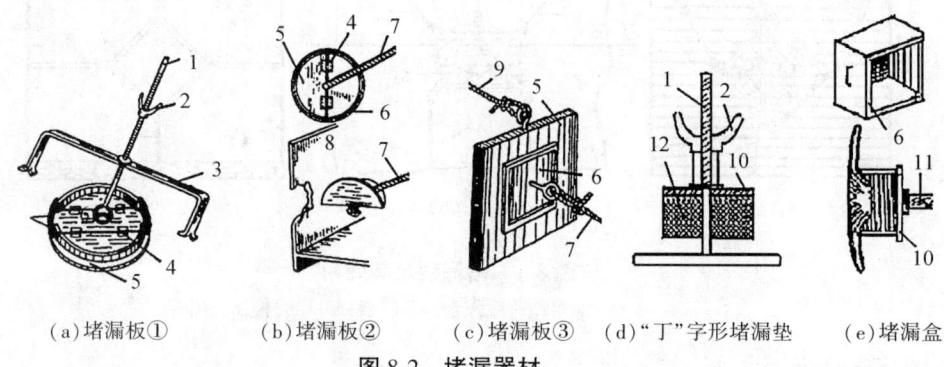

(a)堵漏板①　　(b)堵漏板②　　(c)堵漏板③　(d)"丁"字形堵漏垫　　(e)堵漏盒

图8-2　堵漏器材

1—螺杆;2—螺母;3—支架;4—铰链;5—铁板;6—橡皮;7—拉索;8—船壳板;9—吊索;10—堵漏箱;11—支柱;12—棕垫

(五)堵漏螺杆

堵漏螺杆主要有钩头螺杆(螺丝钩)、T形固定式螺杆及活动T形螺杆三种。堵漏时与软垫及垫木配合使用,如图8-3(f)所示。

1.钩头螺杆(螺丝钩)

钩头螺杆(螺丝钩)通常用来堵塞形状不规则,又有向外卷边而用木塞和木楔无法堵住的漏洞。其结构如图8-3(b)、图8-3(c)所示,使用方法如图8-3(e)所示。

2.T形固定式螺杆

T形固定式螺杆用于堵船壳上的裂口,是从船内经船壳裂口向外堵的一种工具,如图8-3(a)所示。

3.活动T形螺杆

活动T形螺杆也是一种从船内经船壳裂口向外堵的工具,如图8-3(d)所示。

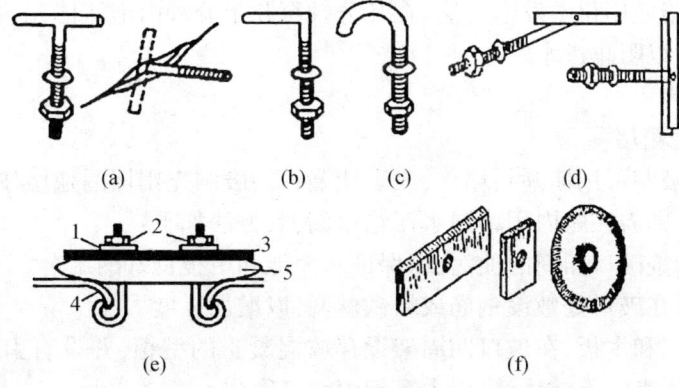

图8-3 堵漏螺杆

1—垫片;2—螺母;3—垫板;4—破口卷边;5—软垫

(六)堵漏木塞

对于水线附近直径小于76 mm的小孔,可用吸水发胀的软木塞堵住。大的木塞可从舷外塞住中型破洞。塞法是,在木塞两端均旋上一个螺丝环,环上各系一根绳索,大的一端为吊索,由船内用带钩艇篙经破洞钩入拉索,然后拉紧系牢。

(七)堵漏木楔

木楔用来衬垫支柱,一般长度为厚度的5~6倍。衬垫时应两块尖端相对、上下叠起,为防止木楔滑出,可在两边用木钉钉住固定。

(八)其他堵漏器材

500号高强度水泥、黄沙(占水泥的50%)及促凝剂(苏打或水玻璃)均为其他堵漏器材。其中,促凝剂的用量是:苏打占水泥的2%~6%、水玻璃占水泥的1%~3.5%。

(九)裂缝的堵法

裂缝不能直接用木塞打入。应先在裂缝两端钻小孔止裂,用麻丝、破布或木塞将裂缝堵塞之后,再用螺丝旋入小孔堵塞。

(十)其他堵漏方法

1.焊补
情况许可时,可以用船上电焊设备进行破洞焊补。

2.粘补
使用黏合剂用钢板粘补,黏合面要平坦洁净,可先用汽油去污,粘补后静止固化,在 20～25 ℃时,初步固化要 2～3 h,10 h 左右才基本固化。

3.泡沫体堵漏
泡沫体堵漏是指使用化学发泡方法,在几分钟至几十分钟内泡沫体充填到破损舱室内,使损伤处被泡沫密封,以阻止进水。

4.用混凝土堵漏
(1)用堵漏水泥箱堵漏

小于堵漏板的破洞可用堵漏板堵住,大于堵漏板的破洞先用堵漏毯堵住后,为防止大量漏水或堵漏强度不够,则需在舱内用堵漏水泥箱堵漏,其方法如下:

①把水抽出,清洗破口四周的油污,以保证水泥能和甲板良好的结合。

②若有可能,可在破口处敷设钢筋或粗铁丝网,以增加强度。

③利用船体骨架和木板,在破口四周架设存放混凝土的型箱,并设有引水管,以便倒入混凝土后水能漏出。当水泥干结后,可用木塞把引水管塞住。

④将 500 号水泥与 50% 的细砂搅拌后,再加入 2%～6% 的苏打,然后用淡水调成水泥浆灌入型箱,并捣实。

(2)用混凝土包堵漏

使用混凝土包堵漏时,先用堵漏板将破口堵住,然后将搅拌好的混凝土装在麻袋里(只装满 70%～75%),将混凝土包交错排密,压在堵漏板上。

二、堵漏器材的保管

(1)堵漏器材应存放在水线以上容易取到的规定地点,指定专人(水手长)保管,不能移作他用,舱室外应有明显标志。堵漏器材一般每半年检查一次。

(2)各种金属堵漏器材与部件应注意保养,防止锈蚀。活动部件应经常加油润滑,以保持灵活。

(3)由纤维质材料制作的堵漏器材,如堵漏毯、软垫、帆布和麻絮等,应经常晾晒通风,保持干燥,防止霉烂。

(4)木质堵漏器材不要置于高温、潮湿处。

(5)橡胶垫或填料不可涂油、涂漆,也不宜置于高温或潮湿处。

(6)水泥要注意防潮,防止受潮结块,一般应不超过一年更换一次。

(7)黄沙应保持清洁,防止被油污染。

三、船舶漏损后的措施

船舶发生漏损进水后,应立即采取应急措施,以确定破口位置和进水速度,估算排水能力与进水量,以确定后续的措施,并做好必要的救生准备。若横倾较大,应尽量保持船体平衡。

(一)应急措施

船舶发生意外事故而漏损后应采取下列应急措施:

(1)发出堵漏警报信号(两长声一短声,连续发出 1 min),船员按应变部署表要求立即采取堵漏行动。

(2)停车或减速以减少水流、风浪的冲击,并将漏损部位置于下风,减少进水量。

(3)根据本船破损控制图迅速关闭各层甲板及货舱的水密舱室界限上的一切开口、水密门、窗以防止进水的蔓延,并开动全部排水泵排水。

(4)检查吃水和船舶倾斜的变化,随时掌握浮性和稳性等情况。

(5)尽快测定漏损部位以便采取有效的堵漏措施。测定漏损部位的方法较多,例如:根据事故发生的部位判断;根据船体倾斜方向判断,一般倾斜侧为进水侧;观察舷外四周有无油污泛出,油污泛出处附近为进水处;静听各空气管的排气,若空气管排气声迅速,则该处可能进水;用榔头敲击相邻舱壁听其声音有无变化;用简易探测器在舷外水线下船壳板处移动时的吸力情况来判断等方法。

(6)对将会受到影响的相邻舱壁进行支撑加强。

(7)船舶横倾严重时,应采取移载法、排出法或对称灌注法等方法使船舶保持平衡,以防发生倾覆。

(8)把救生艇放出舷外,以免船倾斜后不易放艇。

(9)应及时把破损事故的时间、地点、破损程度、抢救情况及要求援助等情况向上级机关报告,与附近港口以及过往船只保持联系,以便救援。

(二)进排水量的估算

1.进水量估算

破洞进水量的大小与破洞面积、破洞距水线的距离成正比。

水线下破洞的进水量可按下式计算:

$$Q \approx 4.43\mu F\sqrt{H}$$

如果舱内水面高于破口位置,则进水量为:

$$Q \approx 4.43\mu F\sqrt{H-h}$$

其中,Q——破洞每秒进水量(m^3/s);

μ——流量系数,取 0.60~0.75,破口越大,系数取值越大;

F——破洞面积(m^2);

H——破洞中心至水面的距离(m);

h——破洞中心至舱内水面的距离(m,当舱内水位高于破洞时)。

2.排水量估算

船舶排水能力以排水管内径来决定,一般可按下列公式估算:

排水能力:

$$q \approx 50 \times \left(\frac{d}{4}\right)^2 \ (\text{t/h})$$

其中,d——管内径(in)。

(三)船体加强

船舶进水后,对不进水一侧的舱壁压力很大,为防止舱壁被压破和水的蔓延,应用木柱等支撑物对舱壁加以支撑,如图8-4所示。支撑时应注意:

(1)支撑点的位置应位于舱内水位高度的1/2或1/2~2/3高度处,即水侧压力中点附近,撑脚应选择在船体的骨架处。

(2)支撑点应加木垫以分散应力。

(3)支柱与舱壁应尽可能保持垂直,用"人"字形支撑法时,其合力应垂直于舱壁。支柱应结实,其横截面应不少于100 mm×100 mm。支柱应用木楔打紧,并用马钉将其固定。

(4)要有足够的支柱数量,一般情况下每3~4 m² 面积要有一根支柱支撑。

(5)若舱壁已变形,不能用支柱或千斤顶进行矫正,以防破裂。

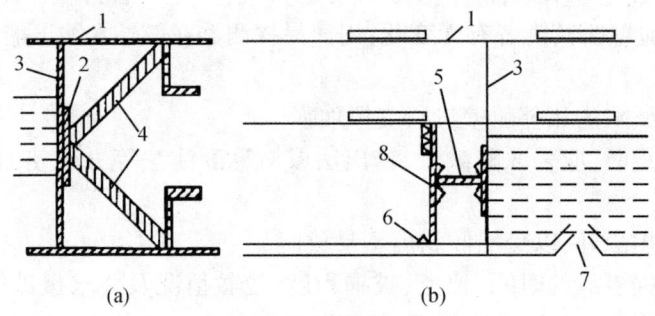

图8-4　舱壁加强示意图

1—甲板;2—挡板;3—舱壁;4—"人"字形支柱;5—支柱;6—木楔;7—破口;8—辅助支柱

(四)保持船体平衡

当船舶破损进水后,不仅要注意船舶的剩余浮力,更应密切注意船舶的稳性。如果丧失稳性,船舶就会立刻倾覆。因此,当船舶破损进水后,应尽量保持船舶平衡。通常有下列三种方法保持船体平衡:

1.移载法

将进水一舷的油水舱内的油水或货物移至另一舷,从而产生倾侧力矩,以抵消由于进水产生的倾侧,即为移载法。这种方法不影响船舶的浮力,但可供调驳的数量有限,因此作用有限。

2.排出法

排出法也称卸载法,即排出进水相同一舷的油水甚至货物,以达到船舶平衡。这种方法可以增加储备浮力,但需要较大的动力。

3.对称灌注法

向进水一舷的对称侧的舱室内灌注海水,以恢复平衡,即为对称灌注法。这种方法效果较快,又不需过多的动力,但浮力损失较大,因此只能在少量进水或紧急情况下使用。

 复习思考题

1.简述船舶堵漏器材的种类及各自的适应场所。

2.简述对船舶堵漏设备的保养要求。

3.船舶漏损后的应急措施有哪些?

4.船舶破损后,如何估算进水量及排水量?

5.简述船舶进水后对局部加强时应注意的事项。

6.简述船舶漏损后保持船体平衡的方法及各自适应的场合及有关注意事项。

项目九
船舶修理

内容要点 >

熟悉船舶修理的类别及要求,能够正确地编写船舶修理单,具有对船舶修理进行检查和验收的能力。

学习目标 >

◆ **知识目标**

 1.熟悉船舶修理的类别及要求;

 2.熟悉船舶修理的准备工作及安全注意事项;

 3.了解船体结构与设备的损耗检查;

 4.熟悉修理单的编制过程;

 5.了解对修船工作的检查与验收程序。

◆ **能力目标**

 1.能够正确地编写船舶修理单;

 2.能够对船舶修理进行检查和验收。

学习导图 >

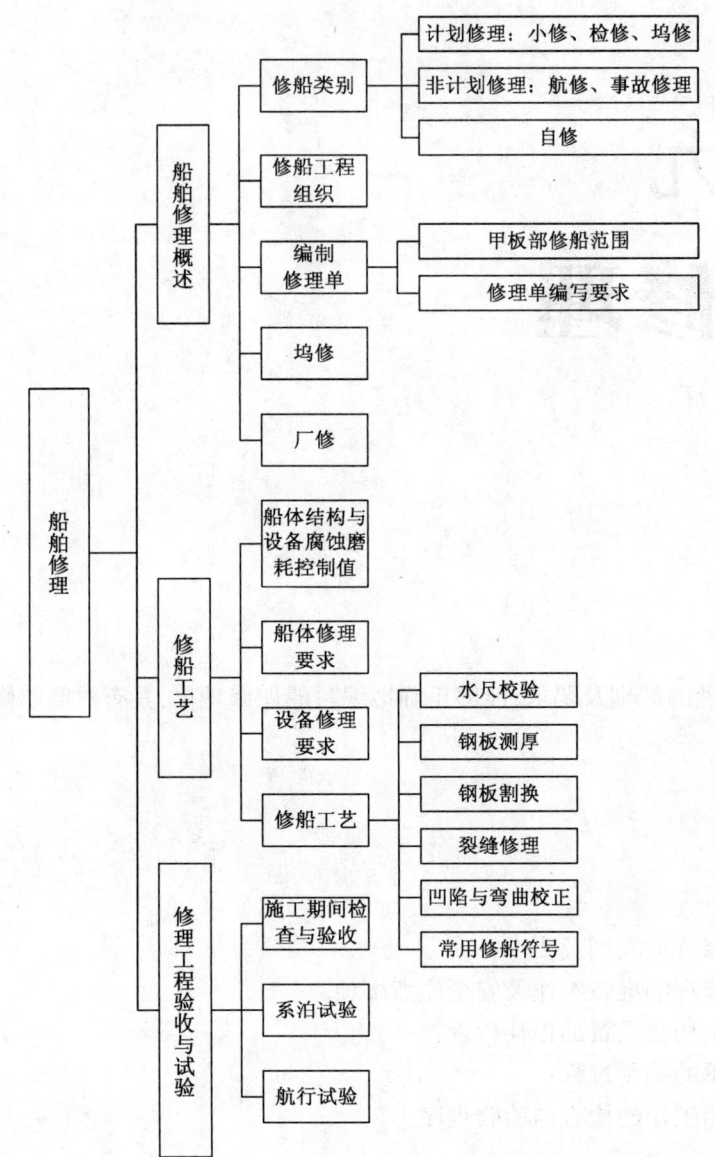

船舶在运营过程中,由于受多种因素的影响,船体和船舶设备不断受到磨损和腐蚀。在交变应力和外界冲击力的影响下,船体和船舶设备还会产生不同程度的变形和扭曲,甚至产生裂缝直至断裂等损坏。这些都会影响船舶的技术状态,也逐渐对船舶的正常营运产生影响,给船舶安全带来威胁。因此,定期或不定期地对船体和船舶设备进行检查、维护和修理是船舶管理的一项重要工作。

此外,意外海损事故会给船体和船舶设备带来重大损坏,使船舶丧失航行能力,为使其恢复原有的技术状态,也必须进行修理。

因此,船舶修理是使船舶保持和恢复原有技术状态的有力保证。

任务一　船舶修理概述

【任务目标】

熟悉船舶修理的类别及要求,掌握修理单编写要点,熟悉坞修和厂修的准备工作,掌握其主要工程项目。

【任务(知识)储备】

一、船舶修理类别

船舶修理(ship repair)分为计划修理、临时修理和自修。计划修理(planned repair)多结合船舶的各种检验有计划、周期地进行,包括小修、检修和坞修。临时修理(occasional repair)是由于意外事情而进行的非计划修理,包括航修和事故修理。

(一)计划修理

1.小修(current repair)

按规定周期有计划地结合船舶的期间检验或年度检验而进行的厂修和坞修工程称为小修,也称为岁修(annual repair)。小修主要是对船体和机舱主要设备进行检查、保养和修理,使船舶能安全营运到下次计划修理。其基本工程有船体除锈油漆、修换部分船体构件、主辅机及管系等的一般检查和修理。

客船和客货船的小修间隔期常为 12 个月,钢质货船的小修间隔期常为 12~18 个月。

2.检修(overhaul repair)

检修是船舶修理的最大修理类别,是按规定周期结合船舶的定期检验或特别检验而进行的厂修和坞修工程。其目的是对船体和全船所有设备及各类系统进行全面检查、维护和修理,保证船体强度以及各主要设备和主要系统能安全营运到下一次检修。除小修工程外,检修的基本工程还包括船体测厚、主机解体检查修理、辅机解体吊厂检查修理、各管系的彻底检查修理等。

检修一般在 2~3 次小修后进行一次,即间隔期一般为 4~6 年。

3.坞修(dock repair)

必须在船坞(dock)内对船体水下部分的构件和设备进行检查和修理的工作称为坞修。它一般结合小修或检修进行。由于坞修的费用较高,故减少坞修时间是降低修船费用的重要保证。

(二)临时修理

1.航修(voyage repair)

航修是船舶运营过程中产生的影响正常运营而必须由船厂或航修站进行的一般修理工程或一般事故修理。它一般在船舶两航次间停港时进行。为缩短修理时间,减小对正常营运的影响,有条件的,可随船抢修。

2.事故修理(accident repair)

由于意外事故致使船体和设备遭受损坏,因此要做临时性修理以恢复船舶原有的技术状态,这种临时性修理称为事故修理。若涉及索赔问题,应邀请有关机构见证。

(三)自修

在船舶营运过程中或船舶进厂修理时由船员自己完成的修理项目称为自修。自修可以是计划性修理项目,也可以是临时性修理项目;可以在营运中进行,也可以在修船时进行。计划性的自修应单列计划清单。自修不仅可以提高船舶的营运效率,降低修理费用,减少非生产性停泊时间,还可以提高船员的业务技术水准,了解船舶各种设备和其工艺特点性能,合理地进行维护保养,及早消除隐患,保持良好的技术状态。

小修、检修和坞修属于计划性修理,是按一定周期进行的。航修和事故修理属于随机性的临时修理,常不列入计划。自修若结合维护保养的计划进行,为有计划的修理,突发性事故引起的修理则是随机性修理,是没有计划的。

二、修船工程组织

全船在船长领导下分甲板和轮机两大部门。船舶所属公司的机务部门为船舶修理的业务主管部门,负责对船舶修理进行指导和安排。

甲板部由大副负责,领导和安排甲板部人员分工,管理甲板部各工程项目的监工、安全和验收。轮机部由轮机长负责,领导和安排轮机部人员分工,管理轮机部各工程项目的监工、安全和验收。修船期间,各部门对在船人员进行组织分工,分成自修组、安全组和厂修组。

自修组:主要负责船员及雇用人员进行的自修工程。

安全组:负责船厂人员、船舶工作人员和船舶本身的安全。

厂修组:主要是监督和协助厂修的各项工程,按照日程计划注意进度,对各项设备的检查和修复,由厂修组的分管人员现场检验,发现问题及时解决。

三、编制船舶修理单

(一)甲板部负责的修船范围

根据部门分工情况,甲板部应负责的修船范围包括:

(1)船体:包括船壳、各层甲板、舱室及各骨架构件等。

(2)舱内设施:包括舱盖、舱口围板、舱内梯子、污水沟(井)、各种管系及罩壳等。

(3)系泊设备:包括系缆桩、导缆设施(孔、钳等)、绞缆机械和缆车等。

(4)锚设备:包括锚、锚链、锚链筒、锚链管、锚链舱、制链器、弃链器和锚机等。

(5)起重设备:包括吊杆、桅、起重柱、起货机、滑车、各转动轴、地令和眼板等。

(6)舵设备:包括舵杆、舵叶、操舵装置等。

(7)救生与消防设备:包括吊艇架、救生艇、救生筏等,各种救生用品的支架,各种固定消防系统的管路及消防用品的支架等。

(8)舱室内部及厨房设施。

(9)各种甲板管系及水密设施。

(10)声光信号及航海仪器设备和火警监测仪等。

(11)舷梯及其附属设施。

(二)船舶修理单的编写

1.船舶修理单(repair list)

船舶修理单是船舶与机务部门向船厂提出修船的正式文件,是机务部门安排修船计划、分配修船费用的依据,也是船厂估工估料、编制各种作业计划及材料供应计划、确定修船时间、签订修船合同的依据。因此,修理单的编写应力求技术合理、部位清楚、情况准确。这样保质保量按时完成修船任务才有保证。

2.船舶修理单分部

船舶修理单分甲板部和轮机部两部分,分别由大副和轮机长负责汇总编写。修理单应一式三份,其中两份送交公司机务部门,一份留船。船舶检修应在进厂前4个月将修理单送交机务部门审核批准。

3.船舶修理单编写的主要依据

(1)查阅历次修船记录,特别是上一次的。

(2)查阅日常养护记录和保养修理计划。

(3)根据船舶应接受各种检验的要求。

(4)实际使用中发现的需要修理的地方。

(5)查阅损坏记录、测量记录及缺陷清单(defect list)。

(6)结合规范和法规中的技术标准。

4.编写船舶修理单的注意事项

(1)写明修理部位名称(即应修理构件的名称与部位)。

如外板,必须注明左/右舷第×到第×块或第×到第×肋位。甲板应注明哪一层。舱室应注明舱室的名字和位于哪一层甲板。甲板设备应注明哪层甲板,第几舱的左/右舷。

(2)写明损坏情况,如属于何种损坏及损坏的程度和范围等。

应根据实际情况,写明属于何种损坏及损坏的范围和程度,如锈蚀、锈死、弯曲、变形、折断、裂缝等。

(3)写明修理要求和方法,但工艺方法和技术标准可不写。

应根据实际情况提出具体意见,如局部割换、覆补、校正、换新、堆焊磨光等。凡因修理或检查需要而进行的拆装工程,也都应明确写出。

(4)写明对材料的要求,如材料名称、规格、型号和数量。

对要求修复、换新的构件、备件,都应写明材料的性能、规格及数量。对某些特殊的设备备件还应注明厂家代理商,特殊的构件应画出图样,注明各尺寸和何种材质,有利于厂方提前准备,缩短修船期。

(5)写明因修理工程所引起的附带(附加)工程。

(6)对平时无法拆检的隐蔽工程,应注明待进厂拆检后决定修理的内容,但应估计需换零部件的材料名称、规格、型号和数量等。

(7)写明检验修船质量的标准,如试验报告、检验报告等。

(8)其他认为应写明的。

四、厂修与坞修

(一)修船的准备工作

(1)根据船舶状态及船检部门的要求,首先要确定本次修船的规模及项目、修理天数、经费数额及修船日期。

(2)准备好修理工程单,报几家船厂询价。

(3)重大的备件要提前半年至一年订货,进厂前必须到货。

(4)准备好船舶有关的图纸。

(5)安排好厂修和自修工程,对船员进行组织分工,做到分工明确,互相协作。

(二)厂修

1.准备工作

(1)向全体船员说明本次修船的范围、重点和防范事项。

(2)进行组织分工,将船员分成自修组、安全组和厂修组。

(3)根据平时的检修与测量记录,结合有关规定,在动员各主管人员及全体甲板部船员的基础上,由大副负责最后汇总填写好甲板部船舶修理单,并上报船长。

(4)将油舱、油柜、管路和污水沟(或污水井)内的残油、残水和船上垃圾清理干净。

(5)吊杆放平,吊货索具及滑车是否需更换或维修保养,货舱打开,双层底舱、深舱、边舱、艏尖舱、艉尖舱、淡水舱等的人孔盖打开,污水系统打开,以备检查。

(6)妥善处置易燃、易爆危险物品和高压容器等设备。

(7)一切暂不用且可移动的备件和物品装箱入库。

（8）凡要送厂修理的零部件，拆下后应及时标记并挂上标记牌。

2.安全工作

安全工作是安全组船员的主要职责，如负责船厂人员、船舶工作人员及船舶本身的安全等。

船舶修理时，因工程繁多，且有大量的明火作业，修理的各项工程几乎同时展开，进而造成船上的作业点多、人员多、人员上下频繁。为保证安全，必须认真做好安全工作。主要的安全措施应从防火、防坠落、安全用电、防滑和防冻等方面考虑。

（1）防火

防火是安全措施中首要的。所有易燃、易爆物品均应妥善集中存放，并用醒目标志标明。明火作业现场应按规定备妥数量合适且适用的消防器材与设备，同时派专人监视。每次作业后应对作业现场及相邻处所仔细检查。在整个修船期间均应妥善管理消防器材与设备，以确保随时可用。装上通岸接头，备好消防管系，熟悉消防单位的地址和联系电话。

（2）防坠落

脚手架要系牢固，木板宽度应不小于600 mm，高空、舷外作业时应系好安全带，船岸间的跳板要有栏杆，其下应张好安全网，梯口与开口处须设栏杆，夜间应有足够的照明。

（3）安全用电

需临时照明的场所，若使用活动行灯，则必须使用36 V以下的低电压电源；若用110 V以上电压的临时线路，应系挂在高处，并做明显标志，用后及时拆除。

（4）防滑

用木屑及时消除甲板油污，油污的扶梯把手应用草绳包扎。冬天甲板和露天过道结冰时，应及时铲除或撒沙防滑。

（5）防冻

冬季修船时各种管系内残水要放尽，灭火器要包棉套防冻裂，消防水管要用草绳包扎。

厂修实景图如图9-1所示。

图9-1　厂修实景图

(三) 坞修

1.主要坞修工程

(1)船体重载水线以下船壳板的测厚、除锈、油漆或局部换新。

(2)船名、水尺和船籍港标志的油漆。

(3)水尺的校验和船体纵向变形的测量。

(4)防腐锌板(anticorrosive zinc plate)(图 9-2)的更换。

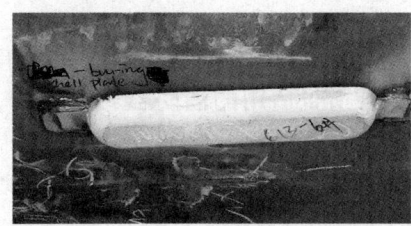

图 9-2 防腐锌板

(5)双层底、深舱(deep tank)、油水柜和污水沟(井)的清洁、测厚、除锈、油漆或涂水泥、换新。

(6)各船底塞的拆装检查和封塘水泥,海底阀的拆装研磨。

(7)助航仪器船底装置的检查。

(8)舵的拆装检查与舵系间隙测量。

(9)艉轴与螺旋桨的拆装检查与间隙测量。

2.坞修准备工作

进坞修理前除应做好厂修时的各项准备工作外,还应做好:

(1)彻底清除全船油舱、油柜、双层底、深舱、污水沟(井)内的油脚和污水。

(2)清除全船垃圾,封闭厕所、浴室和厨房。

(3)收进舷外突出物。

(4)尽量减轻船舶重量,调整船舶纵倾不超过 1%L,横倾不超过 1°。

(5)备妥进坞图(docking plan)和舵结构图(rudder construction plan)及其他有关图纸;了解坞墩排列情况;坐墩位置应与上次错开,避免测深仪和计程仪的通海装置、船底塞、海底阀的出口坐落在墩上。

(6)备妥系泊设备,主机、舵机及锚机能用的应备妥,若不能用应事先通知厂方。

3.坞修注意事项

(1)坞内水排干后即应会同厂方检查坐墩情况。

(2)接妥电话、岸电与消防水龙,增设消防器材。

(3)油水杂物不可倒入坞内,禁用厨房、厕所和浴室。

(4)航海仪器的船底装置应用白纸贴封。

(5)拆船底塞时,大副和木匠应在场。

(6)海底阀应封锁好,做好标记,以防误拆修。

(7)进入油水舱作业,应严格按照有关作业规程操作。

(8)进行水压试验前,应检查人孔和船底塞是否封妥,水压是否符合要求。

（9）工程完成后出坞前，应检查所有坞修工程是否确实完成，并应检验合格；同时还应仔细检查船底塞、海底阀是否封好、航海仪器的船底装置纸贴封是否撕掉和完好、防腐锌板是否装妥并不得涂油漆（可事先用牛油将防腐锌板的四周涂好，再刷船壳板油漆）。

（10）为减小船舶起浮后的吃水差，出坞前可适当压载。

（11）若需做倾斜试验，可在坞内放水后进行。

4.进浮船坞的注意事项

（1）严禁在浮坞（floating dock）开锚范围内抛锚。

（2）进坞前船应无横倾，纵倾幅度与浮坞负责人协商，但最大不超过 1%L。

（3）在风力增大至一定程度时，应尽可能出坞以保证浮坞安全，待风过后再重新进坞。

（4）凡在浮坞内需放水、调整压载水或补充水等都必须事先征得浮坞负责人的同意。

坞修实景图如图 9-3 所示。

图 9-3　坞修实景图

（四）进入油、水舱作业安全注意事项

（1）准备作业的油、水舱在作业前，应首先打开有关的人孔盖和其他开口进行充分的机械或自然通风，然后再进行氧气及其他有毒有害气体体积含量的测定，严禁盲目进入。

（2）待舱室内的氧气体积含量应达到人体正常呼吸所需的氧气量 21%，且油舱内可燃烃气的含量应在爆炸下限（LEL）的 5% 以下，H_2S 有毒有害气体不超过 10ppm 时，人员方可下舱；若需明火作业，则可燃烃气的浓度应不超过 1%LEL。

（3）作业人员至少应由 3 人组成，其中 2 人入舱，1 人舱口守护，且应事先确定好通信联系方式，同时还应在舱口准备好有效的呼吸器与急救用担架。

（4）作业舱内，应有足够的安全照明（电压为 24 V 或 36 V），入舱作业时间不可太长。

（5）开口向上的作业舱室，应有防止人员坠落的安全措施。

（6）在整个作业期间，均应保持不间断的通风。

（7）油、水舱作业完成后，应检查是否有工具遗忘在舱内；封闭人孔盖时应仔细检查里面是否有人。人孔盖周围应敷设橡皮垫圈，螺母应对角方向成对拧紧，以确保均匀受力，保证水密。

任务二　修船工艺

【任务目标】

掌握船体结构与设备的腐蚀磨耗控制值及修理要求。

【任务(知识)储备】

一、营运船舶船体结构与甲板设备的腐蚀磨耗控制值

(一)营运船舶船体结构的腐蚀磨耗控制值

营运船舶船体结构的腐蚀磨耗控制值是指船体构件与设备的变形、锈蚀和磨损有一个不允许超过的规定限值。

1.总纵强度衡准

$L \geqslant 65$ mm 的船舶,船中 $0.4L$ 区域内在甲板处和船底处的船体梁剖面模数应不小于 0.9 倍的规范所要求的船体梁剖面模数。

2.局部强度衡准

按中国船级社(CCS)规范建造的船舶,船体各板材和构件的腐蚀磨耗厚度应不大于规范要求或原建造厚度乘以表 9-1 所列的百分数。

表 9-1　船体各板材和构件的腐蚀磨耗

构件名称	腐蚀磨耗极限	
	$L \geqslant 90$ m	$L < 90$ m
①强力甲板、外板、内底板、纵舱壁、顶(底)边舱斜板等; ②纵向主要构件,如纵桁、连续舱口围板等; ③横向主要构件,如强肋骨、强横梁、双层底实肋板等; ④货舱内横舱壁板、深舱的水密舱密板、舱壁顶(底)凳	20%	25%
其他板和构件,如开口线内甲板、纵骨、肋骨、肘板等	25%	30%

对不是按上述要求设计的船舶,船体各板材和构件的腐蚀磨耗可参考上述标准执行。

(二)营运船舶甲板设备的腐蚀磨耗控制值

1.舵杆(销)等允许蚀耗值

(1)舵杆(销)一般在下舵承处(或舵销处)的轴颈应大于非工作部分的轴颈,否则应进行

修理或换新。舵杆工作轴颈表面允许存在少量分散的锈蚀斑点,但深度不应超过舵杆(销)直径的1%;舵杆非工作轴颈允许减少量为原设计直径的7%。

(2)舵销与舵钮,或舵叶与舵托平面极限间隙一般为安装间隙的50%。舵承和舵杆若超过磨耗极限,应及时换新。

2.锚设备的腐蚀极限

(1)锚链环、连接链环、锚卸扣、转环及其环栓磨耗后的平均直径,不得小于原规范直径乘以下列百分数:Ⅰ类航区88%;Ⅱ、Ⅲ类航区85%。

(2)锚链链环的变形:有挡链环伸长不超过原长度的7%,无挡链环或卸扣伸长不超过原长度的8%。

(3)锚的失重不应超过原锚重量的20%。

(4)若锚机基座蚀耗达原厚度25%,应及时换新或加强,当底座螺栓、螺母蚀耗严重时,应及时换新。

(5)链轮的轮齿磨损不超过原厚度的10%;若有个别轮齿断裂,应及时修复;蜗轮蜗杆磨损不大于原齿厚的15%。

(6)锚销允许磨损在原直径的10%以内。

(7)锚杆、锚爪和锚冠大横销磨损变形严重或锚爪、锚杆有晃动时,销轴应及时更换。经验船师同意,可在锚头两端轴孔镶套做临时修理。

3.起重设备固定及可卸零部件的腐蚀极限

(1)吊杆轴线挠度不应超过其长度的1/1 500,臂架轴线挠度不应超过其长度的1/1 000。

(2)起货设备固定及活动零部件的最大磨损超过原尺寸的10%、销轴的最大耗蚀超过原直径的6%或发生裂纹或有显著变形者均不得使用。

(3)使用吊货钩前,需做变形、磨损、锈损和裂纹检查,若有裂纹或钩尖开口部分的伸长超过原有间距的15%,则必须换新。

(4)钢丝绳在其10倍于直径的长度内,发现有5%钢丝断裂或整股断裂或钢丝绳有过度磨损、腐蚀及其他显著损坏,则必须换新。

(5)滑车的滑轮衬套或轮毂有显著磨损、轮缘折断或裂纹、滑车轴及耳环弯曲或显著磨损(大于10%)时,不能继续使用。

(6)钢质桅、吊杆、起重机的金属结构壁厚的蚀耗超过原厚度的20%时,应及时换新或加强。

(7)吊杆、臂架、桅柱等金属结构件的焊缝表面应均匀,不得有裂纹、焊瘤、咬口、气孔、夹渣及未填满的凹陷存在。

(8)对于转环或转钩,当其环栓上发现有显著变形或不能保证转动时,则不许继续使用。

(9)对起货设备的制动装置,当发现制动衬垫有显著磨损而露出铆钉时,必须换新。

(10)起货机齿轮上有损坏的牙齿或弯折的轮缘或轮毂及车壳上有裂纹时,则不许继续使用。少数牙齿损坏时,进行修补后仍可继续使用。

4.舱底水、压载水、甲板排水及货油等管系的腐蚀极限

上述管系应接受外观、无损检测及液压(压水)三项检查与试验。受内压钢管管壁厚度的腐蚀极限:

(1)淡水管为0.8 mm。

（2）货油管为 2.0 mm。

（3）海水管为 3.0 mm。

除经工作压力下的压水试验无泄漏可限期使用者外，当钢管管壁腐蚀厚度超过上述极限时，一般应及时换新。

二、船体结构与设备的修理要求

（一）船体修理要求

1.船体结构修理的基本原则

（1）各种船体结构的修理，应避免将焊缝布置在应力集中处。

（2）船体结构中的平行对接焊缝的间距应不小于 100 mm，且应避免尖角相交；对接焊缝与角接焊缝之间的平行距离应不小于 50 mm。

（3）所用材料应满足规范要求。重要部位使用的材料级别应与原材料等同，同时应提交合格证明。

（4）未经验船师同意，不得任意拆除或移动船体强力构件或在强力甲板、舷侧外板及水密舱壁上临时开口。

（5）船体水密结构修理后，均需进行密性试验，必要时应进行无损探伤。

（6）除紧急情况下允许覆板临时修理外，原则上覆板修理不应作为船体结构的永久性修理。

2.几种典型缺陷的处理

（1）分散坑点腐蚀

当腐蚀坑点直径在 15~50 mm 之间，深度超过原建造厚度的 50% 时，一般可允许堆焊填补。堆焊前应进行表面清洁，焊后表面应磨平。

（2）局部疤状腐蚀

当疤状宽度大于 50 mm、深度达到原建造厚度的 40% 时，原则上要求局部割换。

（3）均匀腐蚀（包括麻点腐蚀）

当均匀腐蚀超过蚀耗极限时，应及时换新。

（4）裂纹的修理一般采取局部割换，或在裂纹两端打止裂孔，彻底铲除，开 V 形坡口重新焊补。

（5）船体构件变形，钢板皱折与凹陷的修理一般采取割换或矫正，必要时进行加强。

（6）对船壳板蚀耗后的修理

此类蚀耗一般不准使用覆补方法。对拆换船壳板确有困难或维持使用的老旧船舶，经验船师同意，可局部采用覆补。凡采用覆补的水密构件，如内底板、深舱舱壁、水密肋板等，覆补前均应做密性试验，确定无漏后，才允许覆补。覆板与被覆板之间表面应涂防腐涂料。在骨架理论线处应进行间距不大于 30 倍板厚的塞焊。所有覆板的焊缝完成后，应进行密性试验。起货机、锚机等基座处的钢板（平台）超耗时，一般要求割换。经验船师同意后也可采用覆补，但覆板厚度不得大于被覆板的原厚度，塞焊间距不大于 300 mm。

（7）焊缝修理

当角焊缝焊脚的腐蚀超过最大允许腐蚀极限（规范规定的 20%）及对接焊缝腐蚀后其边缘低于钢板表面时,应进行堆焊修理,施焊前金属表面应进行除锈和清洁。

（二）舵设备的修理要求

舵承和舵杆（销）若超过磨耗极限,应及时换新或修理。舵销和舵杆表面一般不允许堆焊修理。在进行堆焊修理时应进行预热,并在整个施焊过程中保持预热温度,焊后应做消除内应力的退火处理。舵杆裂纹允许用焊补方法修复。舵系经修理安装后,应进行舵系性能试验。

（三）锚设备的修理要求

（1）对于变形的锚爪、锚杆应火工校正,锚爪、锚杆的裂纹允许电焊修理。其方法是在施焊前应先将裂纹两端钻直径为 8 mm 的止裂孔,再将裂纹磨去,然后才能补焊。当含碳量超过 0.27% 时,应预热至 100 ℃,并在整个施焊过程中保持预热温度,焊后进行退火处理。修复后应做拉力试验。

（2）锚链环上若有裂纹,应将裂纹均匀磨去避免出现应力集中的凹痕,若磨去裂纹后,平均直径大于允许值,可以继续使用;若小于允许值,应堆焊修理或换新。

（3）铸钢链环上若有砂眼,应补焊修理。验船师认为必要时,需进行热处理。

（4）锚链环有弯曲变形时,应予火工校正修理,并做拉力试验。

（5）当锚链横挡（撑挡）松动时,应采取烘火紧挡;当采用电焊时,只在横挡的一端与链环焊牢。

三、修船工艺简介

（一）水尺校验与船体纵向变形的测量

船舶进坞时,应对船底纵中线进行船底望光测量（light measure with eye for the bottom deforming）。船底望光的主要目的是校验水尺与测量船体纵向变形,如图 9-4 所示。

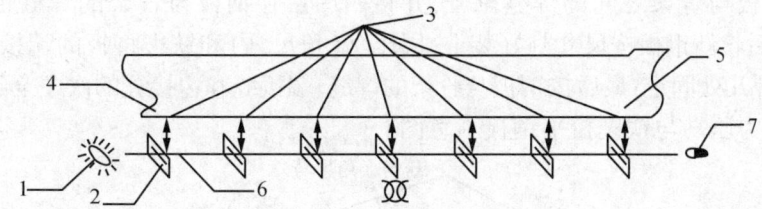

图 9-4　船底望光
1—扁光源;2—遮板横缝;3—测量站;4—艉端;5—艏端;6—光线;7—目测

当船舶搁于坞墩时,由于坞墩在船舶重量作用下产生变形,船体也随同变形。如果船舶重量及其分布不变,坞墩刚度相同（进同一船坞）,则船底望光记录的变化能反映船体的纵向变形。

具体方法是:在船底水平部分的艏、艉两端各设一有横缝的遮板,两横缝距船底的距离相等(一般为150~200 mm)。在艉端(或艏端)的遮板外侧与遮板横缝等高处设一扁光源,在另一端进行观测。在船中以及相隔一定距离处选取若干测量站(为避免因局部变形而影响测量的准确性,应尽可能设在隔舱壁处),依次在各站竖起有同样横缝的遮板,然后在艏端(或艉端)进行观测。在图9-4中,当光线从艉端、各测量站和艏端等各横缝相继透过时,则说明全部遮板的横缝位于同一水平线上。此时测量各测量站遮板横缝至船底板的距离,即可得到船底望光记录(表9-2),从而达到掌握船体纵向变形的情况。

表9-2　船底望光记录

肋位	10	40	70	100	130	160	189
测量距离(mm)	150	130	115	110	120	135	150

(二)钢板厚度的测量

目前,普遍采用超声波测量仪测量钢板厚度,如图9-5所示。具体做法是:先将被测钢板用砂轮打到露出钢板本色,在其上涂一点水玻璃以改善探头与钢板的接触,将探头紧压在该处便可直接在仪器表盘上读出钢板的厚度;然后用白漆将测得厚度记在被测点旁边,并记录在外板展开图、甲板图或舱壁图上。

图9-5　钢板测厚

(三)钢板的割换

超过腐蚀极限或某些局部烂穿的钢板都需进行割换或挖补。新钢板应进行拉力、冷弯和冲击物理试验。

1.整张钢板的割换

先将要拆钢板与骨架之间的焊缝割开,并将四周留存钢板与骨架的焊缝也割开一段,长300 mm左右;然后将新钢板按尺寸割好装上,用压马(角尺马)和铁楔将板的端接缝和边接缝压平;再用电焊点焊几处固定;最后按钢板与骨架的焊缝、端接缝和边接缝的次序全部烧妥电焊。

图9-6所示为压马与铁楔校平钢板示意图。

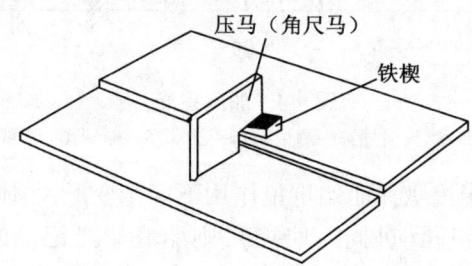

图9-6　压马与铁楔校平钢板示意图

当需同时拆换钢板与骨架时,则应先拆骨架,且拆换骨架的长度应超过板宽(或板长),新骨架与原骨架的连接缝应距钢板的边接缝(或端接缝)100 mm 以上。

2.挖补

若是方形(或长方形)挖补,则开口的四角必须呈圆弧形,以免应力集中而使钢板产生裂缝,如图9-7所示。焊接时,应先将横缝与竖缝的直线部分焊妥,再焊四角的圆弧部分。每焊一遍应用小锤敲打一遍,以清除内应力(同时也可清除焊渣),防止焊缝开裂。

图9-7　钢板挖补

(四)裂缝的修理

船上裂缝较容易出现的部位是各种开口的角隅处。

首先,应仔细检查裂缝(crack)部位,找出裂缝的起始与终止点;然后,在该两点处钻直径8~12 mm 的止裂孔(stopper hole),并做好记录;最后,再对裂缝进行补焊或挖补。

裂缝不能用覆补的方法修复,因为覆补加强作用小,且影响继续对裂缝的观察。

(五)凹陷与弯曲的矫正

凹陷与弯曲原则上应进行割换修理。

1.钢板凹陷的矫正

钢板凹陷的矫正方法视具体情况分下列几种,即红火木槌敲打法、使用矫正卡板(俗称排)、红火与千斤顶配合法、红火锤打与油压机压平法。

当钢板较薄且凹陷面不大时,可在钢板凸出面逐次一点一点用氧乙炔火焰加热,加热点的大小视板厚和变形程度而定,一般为直径50~100 mm 的圆形范围。每加热一个点后即用木槌敲打加热点及四周,再用冷水浇在该点上,使其冷却收缩产生反变形而达到使钢板恢复平整的目的。

对较厚或凹陷面较大且较深的钢板,可用矫正卡板(俗称排)来进行,也可在钢板凸出面装置千斤顶,采用在凹陷面加热的同时用千斤顶顶出。但顶推的动作应缓慢且均匀,以防钢板产生裂缝。

当钢板凹陷面很大且连同骨架一起变形时,一般是将变形部分连同骨架一起割下,送船体车间用红火、锤打和用油压机压平矫正后再装复。

2.骨架弯曲变形的矫正

骨架弯曲变形后,一般用水火矫正,即用氧乙炔火焰局部加热,同时用水对其急剧冷却,使骨架产生反变形以抵消原有变形而得到矫正。

(六) 常用修船符号

常用修船符号及含义如表9-3所示。

表9-3　常用修船符号及含义

符号	含义	符号	含义
⊕	换新	W	焊补
×	拆掉	回或▨	覆板
□	拆装校正(校平或校直)	(8.5)	测厚点厚度为 8.5 mm
△	现场校正(校平或校直)	✳	已检查过
↔	部分割换	#9l0	肋位(No.90 肋位)
$	割换线	‖	舱壁位置

任务三　船舶修理工程的验收与试验

【任务目标】

掌握船舶修理工程的检查要点及试验内容。

【任务(知识)储备】

为确保船舶修理质量,必须对各项修理工程进行检查、验收与试验。归纳起来一般包括以下几个主要阶段:施工中、完工后对项目的检查或检验与验收;完工后的系泊试验与航行试验;消除缺陷及扫尾工作;业务性账目核对;完工签证。其中系泊试验与航行试验是关键阶段,进行该两项试验前,应事先由厂方根据所修的工程项目拟定出试验大纲并报经船级社批准,同时厂方还应备妥必要的图纸、技术文件和试验报告单等。

一、施工期间各项目的检查或检验与验收

从施工开始至完工的整个施工期间对项目的检查或检验与验收,应根据厂方修理工程的

进度交叉进行,对不符合要求的应及时指出纠正,以免造成返工而影响工期。凡是须经验船部门验收的项目,必须由授权的验船师现场检查或检验。

(1)对所选用的材料、配件及属具等是否具有合格标记及证书的检查与验收。

(2)对照修理单检查外板、甲板和构件等割换安装时是否符合要求,同时检查相邻区域的状况。

(3)锚链的换节连接应牢固可靠。

(4)舵和螺旋桨的安装应符合标准;船底塞水泥的封搪应光滑、牢固。

(5)防腐锌板(anticorrosive zinc plate)的分布应符合防腐要求,艉部、舭部等重点部位应占40%,其他部位占60%。

(6)修复后的各管系应符合规范的布置要求,并应畅通无阻。对测量管和空气管还应检查其管口的盖子和封闭装置是否完好。

(7)对焊缝(包括焊补)的质量检查与缺陷修补:

①外观检查(external examination)

在有足够亮度的前提下,应用肉眼和焊缝卡板、量具进行外观检查,必要时可借助低倍放大镜。应对所有焊缝进行外观检查。焊缝表面应成型均匀、致密、平滑地向母材过渡,无裂纹和过大的余高,不应有的焊瘤、弧坑、气孔、裂纹和咬边等缺陷存在。

②内部质量检查(internal examination)

对一些重要的构件和部位应用 X 光、γ 射线、超声波、磁粉探伤或其他适当的方法进行无损检测,以查明焊缝内部是否有气孔、裂纹、夹渣和未焊透等缺陷。无损检测的工艺和评定标准应经验船部门同意。散装运输液化气体船舶所有舱壁板的全焊透对接焊缝均应进行100%的射线检测。

③缺陷修补(imperfection mend)

若检查表明焊缝缺陷超过标准允许值,应在船体完工试验前,对缺陷处进行修补。外观检查发现的缺陷,通常应在无损检测前修补完毕,表面微小缺陷可用砂轮磨去。所有需要焊补的缺陷,应在焊补前彻底清除干净。必要时可用无损检测的方法进行检查,以证实缺陷确已清除。焊缝经修补后应对该处进行外观检查和相应的无损检测,并应符合验收标准。

二、系泊试验

完工后的系泊试验(mooring test)是在船厂码头边进行的一系列试验,是航行试验的准备。试验的主要内容有:

(一)密性试验

对有水密要求的船体结构在建造或修复后均应进行密性试验(watertight test)。试验前船体结构的密性焊缝区域应清除焊渣及氧化物,不得涂刷油漆、水泥或敷设隔热材料等。对易受大气腐蚀的部位,经验船师同意可以涂上一层薄的不影响密性试验的底漆。对船体的水下部分以及下水后无法检查的部分,应在下水前(在船台上或船坞内)做密性试验。密性试验根据具体情况采用下述方法:

1.冲水试验(hose testing)

冲水试验具体是指,用具有一定压力的水枪冲射试验部位,喷水出口处的压力至少为0.2 MPa(或试验时水柱高度不小于10 m),喷嘴直径不小于12 mm,喷嘴距焊缝的距离不大于1.5 m,应采用正向冲射的方式且对垂直焊缝应自下而上冲射。

水密舱壁、水密平台、水密门、风雨密门、窗、艏、艉及舷门和舱盖等应用冲水试验。

2.压水(灌水)试验(water test)

压水(灌水)试验是指把水灌至所规定的高度10~15 min后,保持在该水压高度(压头)下检查有关结构和焊缝,不应有变形和渗漏现象。表9-4是有关舱室压水试验压头高度的要求。

表9-4　有关舱室压水试验压头高度的要求

项目	压水试验压头高度	空气气密试验要求压力
深舱、燃油舱、尖舱、压载舱、边舱	至舱顶最高点以上2.4 m	0.02 MPa
双层底舱、底边舱、边舱	最大工作压力或至溢流管顶,取大者	
用于压载的货舱	至舱顶最高点以上2.4 m(舱口除外)	不适用
液货舱、隔离空舱、空舱		0.02 MPa(化学品船不适用)
水密门(客舱)	至舱壁甲板(安装前)	不适用
顶边舱-边舱-双层底组合舱	至舱顶最高点以上2.4 m	
舵叶、导流管	2.4 m的水压头	0.02 MPa

3.淋水试验

淋水试验是指用水淋洒在被试的接缝上,检查其渗漏情况。

4.空气气密(充气)试验(gastight test)

用压缩空气对被试验舱充气,检查是否泄漏,空气气密试验压力在0.02 MPa以上,但应不大于0.03 MPa,试验时一般可充气到0.02 MPa。保持上述压力10~15 min,检查压力无明显下降后再将舱内压力降至0.014 MPa,然后喷涂或刷涂肥皂水做渗漏检验。

压水试验可用空气气密试验代替,但对全部液舱均采用空气气密试验的船舶,则至少应对每种类型的液舱中的一个做压水试验。充气试验应考虑结构强度是否允许,常要求钢板厚度大于6 mm。

5.煤油试验

在被试焊缝的一面涂上一层白粉,宽度一般应不小于50 mm,在焊缝另一面涂上足够的煤油,经过30 min后,检查涂白粉的一面是否有油渍渗出。

(二)锚、舵、起重及系泊设备试验

试验内容详见相关各项目任务。

(三)消防、救生设备

检查各种消防、救生设备的布置、数量、种类是否符合规范要求及有关船用产品证书。

(四)各种管系

对污水、压载、通风、甲板排水及消防管系等进行系统检查,并对管路进行试压和效用试验,以确认是否符合规范要求。

(五)舷梯

检查舷梯(gangway)的转动、翻身等灵活性,并做强度试验。

(六)航行与信号设备

检查其布置、数量、规格和能见距离是否均符合相关法规和规范要求,并对各种航行与信号设备(navigation and signal equipment)进行效用试验,同时尽可能测定其误差。

(七)通信设备

检查通信设备(communication equipment)配备的种类、数量,并对无线电通信设备和船内通信设备进行效用试验。

(八)倾斜试验

1.定义

倾斜试验(inclining test)是指船舶在建造或改装完成或接近完成时,处于或接近设计规定的空船状态下进行的试验。其目的是确定空船状态实际排水量及其重心的实际位置。

空船是指处于可正常航行的船舶,但没有装载船用消耗备品、物料、货物、船员和行李,且除机械和管系液体(如处于工作状态的润滑油和液体油)外,没有任何其他液体。

2.规定

新建船舶完工时,应进行倾斜试验。以后建造的船舶,若属同一船厂同批建造的同型船舶,第一艘应进行倾斜试验;以后建造的船舶,若空船排水量的偏差值超过2%或重心纵向位置的偏差值超过 $0.01L$(L 为船舶垂线间长),应重新进行倾斜试验。

改装或修理中使稳性变动较大的船舶,在完工时应进行倾斜试验。对稳性发生怀疑的营运中船舶也应进行倾斜试验。

对各类客船,在不超过 5 年的间隔期内,应进行一次空船排水量和重心纵向位置的核查,然后将检验结果与已批准的稳性资料相比较,如空船排水量的偏差值超过2%或重心纵向位置的偏差值超过 $0.01L$(L 为船舶垂线间长),则应重新进行倾斜试验。

3.要求

(1)试验环境与系泊条件

①应在现场风力不大于 2 级(最大不超过 3 级)的好天气条件下进行。

②应尽量安排在平静无流(浪级不超过 2 级)、不受外来干扰的围蔽水域(最好在船坞内)进行。特殊情况可在有潮流的水域内进行,但应尽量选择平潮时,且船首应正对流向。

③船舶四周及船底应有充分的水域空间,缆绳应系于中纵剖面内且保持松弛,拆除接岸物件,以保证船舶能自由浮动与自由横倾。

(2)每舷最大试验横倾角应达 2°~4°,受条件限制的应不少于 1°。

(3)凡属正常航行时应备有的各种设备、仪器及备件等应按规定位置安放妥当,多余的清除。对一切可产生摇摆或移动的装置、设备等均应系固。

(4)所有液体舱柜应彻底抽空或灌满,否则应进行自由液面修正。

（5）对条件限制难以达到空船状态的，可允许有少量多余或不足物件，但总重量应不超过空船排水量的1%。

（6）应尽可能减少初始纵倾。若纵倾超过船长的1%，则应按实际纵倾状态进行静水力参数计算。试验时的初始横倾角不应超过0.5°。

4.倾斜角（clinometer）的测量

可使用倾斜仪测量倾斜角，或使用悬锤测量法。

三、航行试验

为全面检查船舶各项设备的适航情况与操纵性能，在系泊试验合格后，还应进行航行试验（navigation test），其试验内容主要有：

（一）主机试验

测定主机功率，在各挡速度时正车与倒车的转速、转速表的正确性，主机启动与停车所需时间及可靠性，主机换向所需时间、灵活性及可靠性等。

（二）惯性试验（冲程试验）

1.试验目的

测试船舶主机的应急停车性能，并掌握从发布全速倒车至船舶停止的时间和距离。

2.试验方法

（1）记录试验时间、初始航向、初始航速、水深、海况。

（2）舵机保持在正舵位置，由驾驶台控制，操纵车钟从"前进三"（full ahead）降为"停车"（stop）或"后退三"（full astern）。记录下令时间与船位。

（3）当航速降为零时，试验结束。记录航速降为零时的时间与船位。

（4）计算从下令"停车"或"后退三"到航速降为零的时间和距离。

（三）旋回试验

1.试验目的

测试舵机性能，测定船舶操纵性能。

2.试验方法

（1）以稳定的试验航速直线航行时操左满舵35°并保持，直至艏向变化达360°。

（2）恢复船舶稳定航向航速状态。

（3）操右满舵35°并保持，直至艏向变化达360°。

（4）再次恢复船舶稳定航向航速状态。

（四）抛锚试验

1.试验目的

测试锚的性能，以及锚机制动刹车功能是否可靠。

2.试验内容

(1)松开制动刹车,使锚落下,下落过程中每半节锚链刹车一次,下落 5 节锚链停止(下放长度根据水深调整)。

(2)抛锚完毕以后,用制动器刹住锚链,船舶倒车将锚拉紧,检查制动刹车的可靠性。

(3)起锚,检验破土情况。在锚链自由悬挂状态下提升 2 节锚链,记录提升时间。

(4)左右锚分别做抛起锚试验。

(5)检查记录冲水装置水流情况。

(五) 通信设备与各种助航仪器设备的试验

进行实际的船岸通信和应急通信的效用试验,检查其工作情况、可靠性、稳定性和频率的正确性等。对各种助航仪器设备的试验是测试其性能是否达到规定的技术标准和误差是否在允许的范围内。

⚓ 复习思考题:

1.船舶修理是如何分类的?

2.甲板部的修船范围主要有哪些?

3.修船期间的安全工作主要应从哪些方面去考虑?

4.坞修的注意事项主要有哪些?

5.进入油、水舱作业的安全注意事项有哪些?

6.船体结构修理的基本原则有哪些?

7.船舶修理单编写的主要依据有哪些?

8.试述密性试验的种类及方法。

9.简要叙述航行试验的主要内容。

附录

船舶修理单的英文格式与实例

船舶修理单英文格式（Complete Repair List）

英文船舶修理单有以下内容（A complete repair list is composed of）：Ship's particulars.

e.g. L.O.A.：

L.B.P.：

B.M.：

D.M.：

G.T.：

N.T.：

Draught   light：

          full：

Date of building：

…

1.Docking repair

e.g. 101. Vessel（is）to be docked for inspection, derusting, painting and other underwater works.

  102. Shore electric power（A.C. 380 V.50 Hz. 300 A）（is）to be furnished

...

2. Deck department

e.g. 201. Cargo batten boards, defective and missing, 50 mm × 150 mm, about 300 m in total, to be renewed.

202. 20 steps of ladder, breadth 370 mm, bent, to be straightened up in place

...

3. Engine-room department

e.g. 301. Crank shaft deflection readings to be taken before and after repair work.

...

4. Electric department

e.g. 401. Main generator

One set generator to be disconnected and transported to shop.

402. Main switchboard

The following tests to be carried out for automatic air circuit breakers:

(1) Overload test

(2) Short circuit test

(3) Low voltage test

...

甲板部船舶修理单实例

(Example of Ship's Repair List for Deck Department)

M.V. "Sea Dragon" Repair List

VESSEL PRINCIPLE PARTICULARS:

GROSS TONNAGE	:	25,678
NET TONNAGE	:	15,613
DEADWEIGHT	:	46,286 MT
L.O.A.	:	189.56 M
L.B.P.	:	179.78 M
BREADTH	:	30.46 M
DEPTH	:	16.53 M

SUMMER DRAFT	:	1168 M
MAIN ENGINE	:	M1TSUI-M. A. N B&W 6S50MC
SHIP BUILDER	:	IMABARI SHIPBUILDING CO., LTD. MARUGAME
SHIP TYPE	:	BULK CARRIER
HUIJ. NO.	:	S-1239
OWNER NAME	:	CHINA SHIPPING CO., LTD.
FLAG	:	PANAMA
CLASSIFICATION	:	B.V.

Docking Repair（Hull Part）

101. Vessel to be docked and undocked with the assistance of tugs and linesmen for inspection, de-rusting, painting and other underwater work. The work also include tug assistance, mooting and gangway arrangement.

Note：Echo sounder and Doppler speedometer to be left during docking and they to be covered during painting.

102. General service

(1) Shore electric power (AC. 380 V, 50 Hz, 300 kW) to be furnished. Reading of ammeter to be checked and recorded together with ship's electrician before and after furnishing shore electric power. A suitable frequency transformer to be supplied if it is necessary.

(2) Cooling water for refrigerators to be connected.

(3) Fresh water to be arranged as requiring.

(4) Fire lines to be connected. (The hoses to be connected and disconnected each time.) Firemen to be arranged on board for fire extinguishing work.

(5) Rubbish container to be supplied and daily garbage to be disposed.

(6) Gangway to be arranged.

103. Hull cleaning and painting

(1) The bottom area from keel to light load line about 3,756 sqm, including rudder, rudder post, stern frame, to be cleaned with high pressure fresh water. The rusted area about 560 sqm to be sandblasted (GRADE SA-2), patched with two coats of bottom primer. Then the whole area to be applied with one coat anti-corrosive paint and one coat tropical anti-fouling paint.

(2) The boot topping area about 2,266 sqm, to be cleaned with high pressure fresh water. The rusted area about 400 sqm, to be sand-blasted (GRADE SA-2 1/2) and patched with two coats of primer and one coat of boot topping green paint, Then the whole area to be applied with one coat of boot topping green paint.

(3) The topside area about 2,469 sqm, to be cleaned by high pressure fresh water. The rusted area about 370 sqm, to be sand-blasted (GRADE SA-2 1/2) and patched with two

coasts primer, one coat finish grey paint. The whole area to be applied with one coat finished grey.

(4) All marks on hull, including draft figures, load line marks, ship's name and port of registry letters to be chipped to bare metal, applied two coats of primer paint, two coats of original colour paint.

Note: Each part of the hull should be examined by chief officer and obtained his agreement before painting.

104. Rudder

The rudder to be lifted up for examination and measurement.

(1) Clearance of rudder bearing to be measured and recorded. The bearing to be renewed if the wearing exceeds limitation. The records to be handed to chief officer in triplicate.

(2) Draining cock of the rudder to be dismantled, checked, made good if damaged. The drain water to be dried. Air pressure test to be carried out up to 0.02 MPa. Then the draining cock to be refitted in order.

105. Bottom base line

Ship's bottom base line to be sighted and measured. Three copies of records to be handed to chief officer.

106. Zinc plate

66 pcs zinc plate of rudder, stem frame and ship's hull to be renewed as the specimen.

107. Bottom plugs

All 27 pcs bottom plug to be dismantled, derusted, examined, greased and refitted. Any one to be renewed if found damage.

108. Anchor and anchor chains

Both bow anchors (each 6,900 kg) and anchor chains (dia 73 mm) of 22 shackles in length (each 11 shackles) in total to arranged in dock and repaired as follows:

(1) The anchors and chains to be cleaned by high pressure fresh water, derusted and applied with two coasts of bituminous solution.

(2) 24 Kenter joining shackles to be dismantled, derusted, cleaned, examined and refitted. Any one to be renewed if found damage.

(3) Loose studs of chain to be fixed by welding. Deformed chain link to be renewed. (quantities to be counted after inspection.)

(4) The first length of both P and S anchor chain to be shifted to the last length.

(5) Shackles of anchor chains to be marked with seizing wire and painted in red/white colour.

109. Chain lockers

Both P and S anchor chain lockers to be cleaned thoroughly. The rusted area total about 120 sqm to be chipped and scraped to bare metal and patched with one coat of bituminous solution. Then the whole area to be applied with one coat bituminous solution.

110. Propeller

Marine growth to be swept out, then to be examined, polished and varnished.

Deck Department

201. Fresh water tanks

The after peak fresh water tank(276 cbm), P and S fresh water tanks(277 cbm) total 553 cbm to be cleaned thoroughly. Rusted or damaged area bout 20 sqm. To be scraped to bare metal and patched with concrete. Then the whole area to be cement-washed 3 times. The tanks to be softened with fry ice. Manhole bolts and packing to be renewed if any damage being found.

202. Ballast water tank

The following tanks to be made rust free, wire brushed, cleaned and applied with two coats of special ballast tank paint. The manhole bolts and packing to be renewed if any damage being found.

After completion, hydraulic test to be carried out in dock.

Forepeak tank ·· 651.9 cbm

No.1 double bottom ballast tank ·································· 357.6 cbm

No.2 double bottom ballast tank ·································· 2×233.6 cbm

No.3 wing ballast tank ··· 2×686.2 cbm

No.4 wing ballast water tank ····································· 695.2×2 cbm

No.5 double bottom ballast water tank ·························· 2×227.7 cbm

No.2 port ballast water tank and No.4 port double bottom ballast water tank leading water each other, to be checked carefully and made good.

203. Port windlass and gear drive system to be dismantled, de-rusted, inspected. The gear drive wheels to be renewed if necessary. It is very difficult to let go port anchor. Meanwhile, it caused ship shake seriously and made terrible noise. Belt of port anchor to be renewed. The brake belt of starboard anchor to be dismantled and checked, inspected. The covers of port and starboard windlass gear drive system rotten, to be renewed.

204. 8 sets brake belts of fore and after mooring reels damaged, to be renewed.

205. 18 pcs mooring lead rollers, 30 pcs Panama rollers, to be dismantled, de-rusted, greased andrefitted. Any one to be renewed if being found damage.

206. Outside, arc shape edge of mooring rollers' seat rotten, to be renewed and polished. Fore 2 pcs×3 meter, 2 pcs×1 meter, after 2 pcs×3 meter, 2 pcs×1 meter.

207. 2 pcs leading rollers for hatch No.1 cover opening and closing wear out too much, to be renewed.

208. The cover of hatch No.1 starboard ventilator, 2 pcs ventilate doors of hatch No.3 rotten, to be repaired or renewed.

209. 2 pcs drain pipe at both side of hatch No.2 main dock, 1 drain pipe at after poop deck starboard blocked, to be dredged.

210. Gangway

(1) Two gangways to be discharged to shipyard and corrected.

(2) All rollers to be dismantled, checked, greased and refitted.

(3) Wharf milers of both gangway to be renewed.

(4) All hand rails to be corrected. 6 pcs hand rail stoppers to be rebuilt.

(5) Upper platform of both gangway rotten, to be repaired or renewed.

(6) Turning tables, the stanchions and chains of both gangway rotten, to be repaired or renewed.

(7) Both gangway wire to be renewed. (steel wire 14×92 m, 6×24)

(8) The boxes of both gangway electric control seats rotten, to be renewed.

211. About 40 sqm grating planks at both side of bridge decks decayed, to be renewed as original.

212. Cranes

(1) Top parts of 1-1 crane derrick rotten, to be renewed.

(2) Top side of 2-1, 2-2 crane handling cabin (including glass) damaged, to be renewed.

(3) 4 sets heel block groups, 4 sets topping lift block groups, 4 pcs cargo blocks to be dismantled, overhauled, dismantled, inspected and greased. The out shell of each block to be applied with two coats primer, two coats of enamel cream paint. Then they to be refitted. Any one to be renewed if necessary.

(4) 4 pcs cargo wires, 4 pcs lifting wires to be dismantled, greased.

(5) The links of two couple cargo hooks worn out too much, to be renewed.

(6) After completion repairing work, single crane SWL 16 ton, twin SWL 32 ton load test to be carried out. All records and certificates to be handed to chief officer in triplicate.

213. 14 pcs bilge well to be de-rusted, cleaned and applied with two coats of bituminous solution. 8pcs cover of the bilge well damaged, to be renewed as original.

214. The base plate (part of hatch coaming) of hatch cover tightening quick acting cleats rotten, to be renewed or strengthened by patch iron plate. (hatch No.2 after parts, hatch No.3 fore parts hatch No.4 after parts, hatch No.5 fore parts.)

215. Hatch cover

(1) The rubber packing of hatch No.2, 3, 4, 5 (320 meters of 10 cm× 4 cm and 450 meters of 7 cm× 4 cm) to be renewed. Packing groove to be chipped and applied with two coats of red lead paint. Damaged area of the groove to be rebuilt. Deformed area of the groove to be corrected.

(2) The tracks of milers of hatch No.2, 3,4,5 to be welded up according to chief officer's instruction at the spot.

(3) 64 pcs running milers of hatch covers to be dismantled, checked, de-rusted, greased. 64 pcs pins of the running rollers to be checked and measured. Damaged, wearing exceed limitation to be renewed. Deformed pieces to be corrected.

(4) 3 pcs arms of running milers of hatch: covers deforms, to be corrected or renewed.

(one at hatch No.4 starboard, one at hatch No.5 starboard, one at hatch No.3 middle.)

(5) Hatch No.2 port fore hatch cover connection parts deformed, to be corrected.

(6) All trigonal controllers of hatch No.2, 3, 4, 5 covers, total 16 pcs deformed, to be corrected or renewed.

(7) 8 pcs base plate for hatch cover chain stopper rotten, to be rebuilt.

(8) 16 pcs hatch cover tightening quick acting cleats rotten, to be renewed.

(9) Two sets double guiding rollers of hatch No.5 LTD cover broken, to be renewed as original.

(10) 20 pcs hatch cover chain stopper rotten, to be renewed.

(11) The cover of 2 LTD port side and 5 LTD port side deformed, to be corrected.

(12) Hatch No.1, 2,3,4, 5 covers water-tight test to be carried out. All records and certificates to be handed to chief officer in triplicate.

(13) Tighten hatch cover anti-rolling stoppers of hatch No.1, 2, 3, 4, 5, total 100 pcs to be dismantled, overhauled, de-rusted, greased and refitted.

(14) 13 pcs tighten hatch cover anti-rolling stoppers deformed, to be corrected or renewed.

216. Damaged, lost cargo battens in Hatch No.1,2,5 to be renewed and refitted. (quantities to be measured at the completion of the work.)

217. 18 pcs water-tight doors. 9 pcs manhole covers on upper deck watertight test to be carried out. All records and certificates to be handed to chief officer in triplicate.

218. 5 pcs cover of ventilators at accommodation area to be renewed. 2 pcs cover of ventilators at accommodation area to be patched.

219. Foot plates for lashing containers (hatch No.2 after 2×(10×0.6) sqm, hatch No.3 port fore and after 2×(10×0.6) sqm, hatch No.4 starboard after 1×(10×0.6) sqm, hatch No.5 starboard after 1×(10×0.6) sqm) rotten, to be renewed.

220. Platform and fails at No.1 crane couple turning table port side, platform and rails at port and starboard side of No.2 crane couple turning table rotten, to be renewed.

221. The rails at 1-2 crane tower top rotten, to be renewed. The protecting rails of No.1 and No.2 crane ladder rotten, to be renewed.

222. The protecting rails of 8 pcs cargo winches rotten, to be renewed.

223. About 40 meter hand rails on main deck damaged, to be renewed.

224. 10 meters cable protecting pipe of after mooring winch rotten, to be renewed.

225. Hatch No.1 derricks

(1) 20 blocks to be dismantled, overhauled and greased, derusted. Outside shell of each one to be de-rusted and patched with two coats of red lead and two coats of red deck paint.

(2) 2 pcs goose necks together with cross pins for them, to be dismantled, derusted, inspected, measured and refitted.

(3) 2 pcs cargo wires, 2 pcs lifting wires, 3 pcs guy wires to be de-rusted, greased.

(4) Derrick rusted area to be chipped to bare metal and patched with two coats primer,

one coat of enamel cream. Then the whole to be applied with one coat of enamel cream paint.

(5)SWL, 6.5 ton load test to be carried out at the completion of the repair work. All records and certificates to be handed to chief officer in triplicate.

226. Provision cranes

(1)2 provision cranes' derrick total surface about 26 sqm, rusted area about 8 sqm, to be chipped to bare metal and patched with two coats of primer paint, one coat of enamel cream. Then the whole area to be applied with one coat of enamel cream paint.

(2)2 pcs cargo wires to be renewed.

(3)Outer covers of port side provision crane handling box damaged, to be renewed.

(4)SWL 3 tons of each one load test to be carried out. All records and certificates to be handed to chief officer in triplicate.

227. 8 pcs store steel case on main deck whole rotten, to be renewed. 17 pcs store steel case on main deck bottom rotten, to be renewed bottoms.

228. Fore and after navigation mast lights' shelter plates rotten and loosed light, to be renewed. 2 pcs starboard navigation lights' seat rotten, to be renewed. All records and certificates to be handed to chief officer in triplicate.

229. 6 pcs posts on main deck total surface about 1,050 sqm. Rusted area about 60 sqm, to be chipped to bare metal and patched with two coats of primer, one coat enamel cream. Then the whole area to be applied with one coat of enamel cream paint.

230. 2 crane bases, 4 crane towers, 4 crane derricks, total surface about 870 sqm. Rusted area about 80 sqm, to be chipped to bare metal and patched with two coats of primer, one coat of enamel cream. Then the whole areas to be applied with one coat of enamel cream.

231. Hatch No.1, 2, 3, 4, 5 covers, total surface about 1,024 sqm, to be washed by high pressure fresh water. Rusted area about 150 sqm, to be chipped to bare metal and patched with two coats of primer, one coat of enamel grey. Then the whole areas to be applied with one coat of enamel grey paint.

232. Main deck surface total about 915 sqm, to be washed by high pressure fresh water. Rusted area about 100 sqm, to be chipped to bare metal and patched with two coats of primer, one coat of red deck paint. Then the whole areas to be applied with one coat of red deck paint.

233. The track-way of hatch No.1, 2, 3, 4, 5 total about 200 sqm, to be chipped to bare metal and patched with two coats primer, two coats enamel grey paint.

234. Fore and after signal mast to be washed by high pressure fresh water. Rusted areas about 10 sqm, to be chipped to bare metal and patched with two coats primer, one coat of enamel cream. Then the whole areas to be applied with one coat of enamel cream paint.

235. Accommodation area white paint area total about 1,760 sqm, to be washed by high pressure fresh water. Rusted areas about 170 sqm, to be chipped to bare metal and patched with two coats of primer, one coat of enamel white paint. Then the whole areas to be ap-

plied with one coat of enamel white paint.

236. The tripod of antenna at after poop deck, rusted area about 4 sqm, to be chipped to bare metal and patched with two coats primer, one coat of enamel cream, Then the whole areas to be applied with one coat of enamel cream paint.

237. Pitometer log out of work, to be checked and made good.

238. One set rain sweeper of bridge out of work, to be made good.

239. Chain stopper for hatch covers to be supplied 20 meters as spare materials.

240. One bow anchor(6,900 kg) to be supplied as spare anchor and fixed as request.

241. Company marks at both side of funnel to be renewed.

242. Nation flag store box at after poop deck to be renewed.

243. Smoke detector to be checked, cleaned. To be made good if being found any failure. Records and certificates to be handed to chief officer in triplicate.

244. Life boats and racks

(1) Two life boats to be discharged.

(2) Two racks rusted area about 6 sqm, to be chipped to bare metal and patched with two coats of primer, one coat of enamel white paint. Then the whole areas to be applied with two coats of primer, one coat of enamel white paint.

(3) All rollers and shelves to be dismantled, de-rusted, cleaned, inspected and greased. Any one to be renewed if being found improperly.

(4) 2 pcs life boats falls to be renewed. (expire date: 2004.06)

(5) 4 pcs chains and hooks of two life boats rotten, to be renewed as original.

(6) The base of one wooden cushion of No.2 life boat rotten, to be renewed or rebuilt.

(7) One stopping ring of No.2 life boat rack damaged, to be rebuilt.

(8) One electric cable at No.2 life boat supporting post loosed, to be re-fixed.

(9) Air filter protecting box of No.1 life boat decayed, to be renewed.

(10) After two life boat refitting, heaving and lowering test of each one to be carried out. All records and certificates to be handed to chief officer in triplicate.

(11) The drain valve of No.1 life boat rotten, to be renewed.

245. 5 pcs chemical powder extinguisher shelf damaged or lost, to be repaired or rebuilt.

246. Two fire valve in engine room leaking water, to be repaired or renewed.

247. One life buoy light shelf at hatch No.1 port side damaged, to be rebuilt.

248. 4 sets breathing apparatus to be checked, cleaned. Five air bottle to be recharged. Records to be handed to chief officer in triplicate.

249. 40 sets life jackets' buoyancy test to be carried out. Records to be handed to chief officer in triplicate.

250. 10 pcs folder chairs in dining room damaged, to be renewed.

251. The refrigerator in galley out of work, to be repaired or renewed.

252. The rubber packing of meat and fish store rooms' doors damaged, to be renewed.

253. 2 pcs 3-man sofa covers damaged, to be renewed. 6 pcs single man sofa covers damaged,

to be renewed.

254. 12 pcs foot steps of stairs inside of accommodation area damaged, to be made good as original.

255. One set "FACIT" navigational telex, one set "FLYING FISH" teletypewriter to be repaired and cleaned.

256. Plastic matting in crew and officer dining room damaged, to be renewed.

257. Plastic matting in 2nd poop deck gallery damaged about 10 sqm, to be renewed as original.

258. There are about 8 sqm plastic matting on bridge damaged, to be renewed as original.

Remarks: All paints will be supplied by ship's owner.

All zinc plates will be supplied by ship's owner.

All bituminous solution will be supplied by shipyards.

CHIEF OFFICER: ....

MASTER: ....

参考文献

[1] 王忠. 船舶结构与设备. 大连：大连海事大学出版社，2019.

[2] 李伟，薛满福. 船舶结构与设备. 大连：大连海事大学出版社，2011.

[3] 金永新，伍生春. 船舶结构与设备. 北京：人民交通出版社，2004.

[4] 夏国忠. 船舶结构与设备. 大连：大连海事大学出版社，1999.

[5] 刘有忠. 海船系缆船艺. 北京：人民交通出版社，1992.

[6] 吴仁元. 船体结构. 北京：国防工业出版社，1992.

[7] 中国船级社. 钢质海船入级与建造规范. 北京：人民交通出版社，2001.

[8] 中国船级社. 钢质海船入级与建造规范修改通报. 北京：人民交通出版社，2002.

[9] 中国船级社. 钢质海船入级与建造规范修改通报. 北京：人民交通出版社，2003.

[10] 中华人民共和国船舶检验局. 船舶与海上设施法定检验规则. 北京：人民交通出版社，1999.

[11] 中国海事服务中心. 船舶结构与货运. 北京：人民交通出版社，2012.

[12] 中国海事服务中心. 船舶操纵与避碰. 北京：人民交通出版社，2012.